SOUVENIRS
DE JEUNESSE

SUIVIS

DE MADEMOISELLE DE MARSAN

ET DE

LA NEUVAINE DE LA CHANDELEUR

PAR CHARLES NODIER
DE L'ACADÉMIE FRANÇAISE

SEPTIÈME ÉDITION
ACCOMPAGNÉE DE NOTES

PARIS
CHARPENTIER, LIBRAIRE-ÉDITEUR
28, QUAI DE L'ÉCOLE

1862

SOUVENIRS
DE JEUNESSE

ŒUVRES DE CHARLES NODIER

Publiées dans la Bibliothèque-Charpentier.

Souvenirs de la Révolution et de l'Empire.	2 vol.
Contes de la veillée.	1
Contes fantastiques (la Fée aux Miettes, etc., etc.).	1
Nouvelles (Trilby, Inès, etc., etc.).	1
Romans (Jean Sbogar, Thérèse Aubert, Adèle, etc., etc.). . . .	1
Souvenirs de Jeunesse.	1

PARIS. — IMP. SIMON RAÇON ET COMP., RUE D'ERFURTH, 1.

AVIS SUR CETTE ÉDITION

Les morceaux qui composent ce volume, c'est-à-dire, — *Souvenirs de jeunesse*, — *Mademoiselle de Marsan*, — la *Neuvaine de la Chandeleur*, — ont été publiés isolément à plusieurs années d'intervalle, soit en volumes, soit en articles. Ils se trouvent ici réunis tous trois pour la première fois, et ce n'est point au hasard, car ils sont liés entre eux par une même pensée, et ils forment la partie la plus intime et la plus personnelle des œuvres purement littéraires de Nodier, études psychologiques, nouvelles ou romans.

Dans les *Contes*, dans *Jean Sbogar*, *Inès de las Sierras*, la *Fée aux Miettes*, etc., tout en se montrant toujours un observateur plein de finesse, un rêveur plein de sensibilité, Nodier est surtout un homme d'imagination. Il court d'Espagne en Dalmatie, des montagnes du Jura aux montagnes de l'Écosse, partout enfin où le pousse le caprice de son esprit ouvert à tant d'impressions diverses. Charmé de tenir suspendu à ses lèvres de conteur ce public qui l'aime et l'écoute sans se lasser, il passe tour à tour des fictions du monde réel aux fictions du monde fantastique, et prend pour théâtre les domaines sans limites de sa fantaisie.

Ici, au contraire, il se renferme dans son cœur, s'arrête et se repose au milieu de sa vie, comme pour évoquer, en les embellissant encore, tous les enchantements de sa jeunesse. Il semble que dans ces pages, où l'on sent battre son cœur, il ait recueilli et fixé ses plus vives émotions, ses joies les plus douces et les plus sérieuses; il semble qu'il ait prodigué ses plus fraîches couleurs pour peindre ces portraits charmants, *Séraphine, Amélie, Diane, Cécile.*

Réunis aujourd'hui dans un même cadre, ces portraits forment une galerie complète, et, quand on les embrasse dans leur ensemble et d'un même coup d'œil, on reconnaît que cette dispersion qu'on a reprochée à Nodier est plus apparente que réelle, et que souvent elle tient uniquement aux hasards de la publication. Tel volume, après dix ans, se complète par un article de revue, tel article par une préface ou un feuilleton. Il s'agit de chercher et de lire. La donnée générale est plus persistante, l'unité plus sensible qu'on ne le croit au premier abord, et il est facile d'assortir dans un même écrin toutes ces perles semées au hasard. Chaque œuvre vient naturellement retrouver sa place. On en a la preuve par la composition même de ce volume.

Séparés par le mode et la date de la publication, les *Souvenirs, Mademoiselle de Marsan,* la *Neuvaine de la Chandeleur,* se rapprochent et se complètent par les sentiments qui dominent de la première à la dernière page, c'est-à-dire l'adoration idéale de la beauté de la femme et de la beauté de la nature, et le regret de la jeunesse rendu plus vif par le désenchantement de l'âge mûr. Nodier nous a donné dans ces pages l'idylle entière de ses belles années. *Séraphine, Thérèse, Clémentine, Amélie,* sont les sœurs de *Diane de Marsan,* comme *Cécile Savernier,* la rêveuse fiancée de *la Neuvaine.* C'est toujours *Maxime,* le héros des *Souvenirs,* qui est le héros de ces amours, et ces amours elles-mêmes se touchent, pour parler la belle langue de Nodier, « comme des nids placés sur les mêmes rameaux, comme des fleurs écloses sur les mêmes tiges. »

AVERTISSEMENT DE L'AUTEUR

Je ne dirai pas comment ces *Mémoires*[1] sont tombés entre mes mains, et quelle secrète sympathie de sentiments ou d'aventures m'a prévenu en faveur de l'auteur, au point de me faire oublier le soin de mes propres études pour prendre le temps de recoudre quelques lambeaux de son journal. Le mystère d'une impression aussi intime n'est pas une de ces idées qui se révèlent avec des mots, et, quand je parviendrois à le faire comprendre, il ne me justifieroit pas auprès des lecteurs qui ne sont pas disposés à goûter mon entreprise. Ce que je leur dois avant tout, pour ne pas les tromper dans leur attente, c'est l'aveu du peu d'importance des souvenirs personnels dont Maxime Odin se plaît à charmer aujourd'hui les ennuis désormais incurables d'une vie désabusée, et que je recueille presque au hasard dans ses tablettes. Jeune, c'étoit un de ces hommes d'émotions, qui ne vivent, au milieu de notre société artificielle et de nos mœurs de convention, que par le cœur et par la pensée; qui arrivent dépaysés dans le monde, étrangers à la langue qu'on y parle, à la loi des nécessités qu'on y subit, à

[1] La première édition de cet ouvrage parut sous le titre de *Mémoires de Maxime Odin;* les suivantes sous celui de *Souvenirs de Jeunesse,* que nous avons conservé.

la destinée qu'on s'y fait; et qui, après avoir inutilement prodigué autour d'eux les expansions d'une sensibilité crédule, finissent par se composer, bon gré, mal gré, une espèce de solitude où ils emportent leurs illusions à défaut de réalités. L'état qui résulte de cette aberration volontaire est ce qu'on appelle la vie romanesque; et j'ai entendu dire souvent qu'elle n'étoit pas sans douceurs. Il a du moins cela d'avantageux qu'il se concilie à merveille avec l'indépendance, et qu'il peut se passer d'aliments extérieurs, ou plutôt que tout est bon pour lui en tenir lieu. L'imagination, condamnée à chercher incessamment le type qu'elle s'est formé, ne trouveroit à la fin que le désespoir. Elle n'a qu'un moyen de le posséder dans toute sa perfection idéale, et ce moyen, qui seroit trop commode si la nature l'avoit mis à la portée de toutes les organisations, consiste à imprimer ce type de fantaisie au premier objet venu. Voilà un homme qui vous montre sa main pleine de sable, et qui vous dit : « Qu'est-ce que cela? — C'est du sable, » répondez-vous. Erreur grossière! il y voit des rubis, des saphirs, des topazes, des émeraudes, et ce qu'il voit y est réellement pour lui, parce qu'il regarde avec un prisme. Si Dieu est solitaire, ce qu'on ne peut se dispenser de croire sans faire tort du principal à son éternelle et suprême béatitude, je suppose que c'est ainsi qu'il doit voir et qu'il doit aimer les créatures qui procèdent de lui.

L'homme romanesque n'est donc pas celui dont l'existence est variée par le plus grand nombre possible d'événements extraordinaires. Il en arrive presque toujours tout autrement. C'est celui en qui les événements les plus simples eux-mêmes développent les plus vives sensations; celui dont l'âme, indifféremment avide de troubles et de voluptés, ne se lasse jamais de ces alternatives extrêmes; celui que tout émeut, et qui exerce sur tout ce qui l'émeut l'inépuisable faculté de jouir et de souffrir, sans soumettre ni ses craintes, ni ses espérances, ni ses peines, ni ses plaisirs, au jugement de la raison. S'il écrit, ne demandez pas à son livre les scènes à effet du drame, les habiles combinaisons du roman, le merveilleux des fictions fantastiques; n'y cherchez pas un plan, une méthode, un système littéraire, un style arrêté; il n'entend rien à tout cela. Il ne sait de l'univers que ce qu'il a senti. Sa vie, c'étoient ses affections; son génie, c'est son cœur. Ses exquises n'auront qu'un mérite très-relatif, la vérité ; non pas la vérité positive, la vérité des indifférents et des sages, la vérité des penseurs et des pédants, mais toute la vérité que peut comporter sa nature. Il se gardera bien d'y ajouter, d'en retrancher un seul détail. Ce seroit autre chose, ce ne seroit plus lui. Ce qui le charme dans ses souvenirs, c'est que ce sont des souvenirs, et la plus séduisante des inventions du poëte ne le distrait point de ces souvenirs tout simples, tout vulgaires, qu'on n'inventeroit pas, et qui ne valent pas la peine d'être inventés.

Mais ce qui ne vaut pas la peine d'être inventé vaut-il la peine d'être lu?

C'est ce qui vous reste à décider, et ne perdez pas de temps, car il va parler lui-même.

SOUVENIRS
DE JEUNESSE

SÉRAPHINE

Le plus doux privilége que la nature ait accordé à l'homme qui vieillit, c'est celui de se ressaisir avec une extrême facilité des impressions de l'enfance. A cet âge de repos, le cours de la vie ressemble à celui d'un ruisseau que sa pente rapproche, à travers mille détours, des environs de sa source, et qui, libre enfin de tous les obstacles qui ont embarrassé son voyage inutile, vainqueur des rochers qui l'ont brisé à son passage, pur de l'écume des torrents qui a troublé ses eaux, se déroule et s'aplanit tout à coup pour répéter une fois encore, avant de disparoître, les premiers ombrages qui se soient mirés à ses bords. A le voir ainsi, calme et transparent, réfléchir à sa surface immobile les mêmes arbres et les mêmes rivages, on se demanderoit volontiers de quel côté il commence et de quel côté il finit. Il faut qu'un rameau de saule, dont l'orage de la veille lui a confié les débris, flotte un moment sous vos yeux, pour vous faire reconnoître l'endroit vers lequel son penchant l'entraine. Demain le fleuve qui l'attend à quelques pas l'aura emporté avec lui, et ce sera pour jamais.

Tous les intermédiaires s'effacent ainsi dans les souvenirs de la vieillesse, reposée des passions orageuses et des espérances déçues, quand les longs voyages de la pensée ramènent l'homme, de circuits en circuits, parmi la verdure et les fleurs de son riant berceau. Cette volupté, j'en suis témoin, est une des plus vives de l'âme, mais elle dure peu, et c'est la seule d'ailleurs que puissent envier à ceux qui ont eu le malheur de vivre longtemps ceux qui ont le bonheur de mourir jeunes.

A l'âge de douze ans, j'avois achevé les études superficielles des enfants, et par conséquent je ne savois rien; mais j'avois heureusement appris ce qu'on apprend rarement au collége : c'est que je ne savois rien, et que la plupart des savants eux-mêmes ne savoient pas grand'chose. J'étois si avide d'instruction, qu'il m'est souvent arrivé d'épeler avec effort l'alphabet d'une langue inconnue, pour me mettre en état de lire des livres que je ne comprenois pas[1]; et dans d'autres circonstances que celles où j'ai vécu, cette vague et stérile curiosité seroit devenue peut-être une aptitude. Mais de tous les alphabets écrits ou rationnels que j'essayois de déchiffrer, il n'y en avoit point qui m'inspirât autant de ferveur que celui de la nature. Il me sembloit déjà, car je n'ai pas changé d'opinion, que l'étude approfondie des faits de la création étoit plus digne qu'aucune autre d'exercer une saine intelligence, et que le reste n'étoit guère bon qu'à occuper les loisirs futiles ou extravagants des peuples dégénérés. Un séjour de quelques semaines chez un bon ministre de Vindenheim en

---

[1] Cette précocité de Nodier, cette passion d'enfant pour la lecture, sont attestées par les témoignages de toutes les personnes qui l'ont connu. « La première fois que je le vis, dit M. Weiss, il avait huit ans, et portait sous son bras un volume de Montaigne. »

(*Note de l'Éditeur.*)

Alsace, fort amateur de papillons, m'avoit aidé à soulever le voile le plus grossier de cette belle Isis dont les secrets délicieux devoient mêler tant de charmes, quelques années après, aux misères de mon exil. J'étois rentré dans mes montagnes, le filet de gaze à la main, la boîte de fer-blanc doublée de liège dans la poche, la loupe et la pelote en sautoir, riche et fier de quelques lambeaux d'une nomenclature hasardée qui m'initioit du moins au langage d'un autre univers, où je pourrois marcher le cœur libre, la tête haute et les coudées franches, avec plus d'indépendance que ne m'en promettoit le monde factice des hommes. Quand on n'est pas organisé de manière à vivre avec eux, on en reçoit la révélation de bonne heure, et quiconque a reçu cette révélation sans lui obéir ne doit s'en prendre qu'à lui de ses infortunes. Il a été le seul artisan de sa mauvaise destinée.

Il y avoit alors dans ma ville natale un homme d'une quarantaine d'années qui s'appeloit M. de C...[1], et qu'au temps dont je parle on appeloit plus communément le citoyen Justin, du nom de son patron, parce que la révolution lui avoit ôté celui de son père. C'étoit un ancien officier du génie, qui avoit passé sa vie en études scientifiques, et qui dépensoit sa fortune en bonnes œuvres. Simple et aus-

---

[1] M. de Chantrans. Voici ce que dit à ce sujet M. Mérimée : « Parmi les hommes qui exercèrent sur l'enfance de Charles Nodier la plus grande et la plus utile influence, je ne dois point oublier un vieux gentilhomme, officier du génie, homme d'esprit, de savoir, véritable philosophe pratique à la manière de Xénophon. A Besançon encore, on ne parle de lui qu'avec attendrissement. M. de Chantrans, c'était son nom, avait remarqué les dispositions singulières du jeune Charles, et prenait plaisir à les cultiver. Il lui prêtait des livres, il satisfaisait à son inquiète curiosité, et, dans de longues promenades, il développait chez l'enfant le talent inné de l'observation, en lui inspirant un goût précoce pour l'étude de l'histoire naturelle. M. Nodier a fait dans *Séraphine* un portrait délicieux de ce sage, qu'il chérit toute sa vie, portrait d'une ressemblance achevée, et le seul, m'a-t-on dit, qu'il n'ait pu embellir. »
(Disc. de M. Mérimée à l'Académie, le 6 fév. 1845, p. 6 et 7.)
(*Note de l'Editeur.*)

tère dans ses mœurs, doux et affectueux dans ses relations, inflexible dans ses principes, mais tolérant par caractère, bienveillant pour tout le monde; capable de tout ce qui est bon, digne de tout ce qui est grand, et modeste jusqu'à la timidité au milieu des trésors de savoir qu'avoit amassés sa patience ou devinés son génie; discutant peu, ne pérorant pas, ne contestant jamais; toujours prêt à éclairer l'ignorance, à ménager l'erreur, à respecter la conviction, à compatir à la folie, il vous auroit rappelé Platon, Fénelon ou Malesherbes; mais je ne le compare à personne : les comparaisons lui feroient tort. Le vulgaire soupçonnoit qu'il étoit fort versé dans la médecine, parce qu'on le voyoit le premier et le dernier au chevet des pauvres malades, et qu'il étoit à son aise, parce qu'il fournissoit les remèdes; mais on le croyoit aussi un peu bizarre, parce qu'il étoit, avec moi, le seul du pays qui se promenât dans la campagne, armé d'un filet de gaze, et qui en fauchât légèrement la cime des hautes herbes sans les endommager, pour leur ravir quelques mouches aux écailles dorées, dont personne ne pouvoit s'expliquer l'usage. Cette analogie de goûts rapprocha bientôt nos âges si éloignés. Le hasard vouloit qu'il eût été l'ami de mon père, et je ne tardai pas à trouver en lui un autre père dont le mien fut un moment jaloux; mais ils s'entendirent mieux pour mon bonheur que les deux mères du jugement de Salomon. Ils se partagèrent ma vie pour l'embellir tous les deux. — Il le falloit. Il arriva une terrible loi, de je ne sais plus quel jour de floréal, qui exiloit les nobles des villes de guerre, et le plus sage des sages avoit le tort irréparable d'être noble. Depuis que cette funeste nouvelle s'étoit répandue, je ne vivois plus; je n'embrassois plus mon pauvre père sans le noyer de mes larmes, parce que mon ami s'en alloit. « Console-toi, me dit-il un jour; il ne va pas loin. J'ai obtenu qu'il ne se retirât qu'à trois lieues, j'ai consenti à te laisser partir avec lui, et, avec tes jambes de cerf, tu pourras venir m'embrasser sans pleurer une ou deux fois la semaine. »

Je crus que je mourrois de joie, car il me sembloit comme cela ne les quitter ni l'un ni l'autre. Nous partîmes donc; le peuple murmuroit sur notre passage : Voilà encore des nobles qui s'en vont! — Et c'est l'unique fois de ma vie que j'ai pris plaisir à entendre dire que j'étois noble. Nous allâmes habiter une joli village éparpillé sur les deux bords d'une petite rivière qu'on appeloit le *Biez*, suivant l'usage du pays, et qui étoit garnie de côté et d'autre d'un rang pressé de jeunes peupliers. Ils doivent avoir bien grandi! Notre maison étoit, dans sa simplicité, la plus magnifique de la commune, et l'appartement que nous occupions au premier et dernier étage auroit fait envie à dix rois que j'ai rencontrés depuis dans les plus méchantes auberges de l'Europe. Il se composoit de deux chambres enduites d'un plâtre blanc et poli, dont la propreté charmoit la vue. Celle du citoyen Justin, qui étoit la plus grande, comme de raison, ne manquoit pas d'un certain luxe d'ameublement, quoique le principal s'y réduisît à une couchette de paille (il n'avoit jamais d'autre lit, et je me suis fort bien trouvé dès lors d'avoir contracté près de lui cette habitude), à deux fortes chaises de bois de noyer, et à deux grandes tables de la même matière et du même travail, cirées comme des parquets et luisantes comme des miroirs. La première, qui avoit au moins cinq pieds de diamètre, occupoit de sa vaste circonférence le milieu du superbe salon dont je commence la description avec un sentiment si vif et si présent des localités, que j'en reconnoîtrois tous les détails à tâtons, si j'y étois transporté de nuit par la baguette d'une bonne fée, quoiqu'il y ait aujourd'hui, 12 octobre 1831, trente-sept ans, jour pour jour, que j'y ai laissé, à peu de chose près, la petite part de bonheur sans mélange qui devoit m'échoir sur la terre. Celle-là portoit tous nos ustensiles de travail et d'observation journalière, les presses, les pinces, les scalpels, les ciseaux, les poinçons, les loupes, les lentilles, les microscopes, les étoupes, les yeux d'émail, le fil de fer, les épingles, les goupilles, le papier gris, les acides et les briquels, pièces indispensables, s'il en fut jamais, d'un équipage de naturaliste ; c'est là qu'on analysoit, qu'on disséquoit, qu'on empailloit les animaux ; c'est là que l'on comptoit les articles du tarse ou les parties de la bouche d'un insecte imperceptible à l'œil nu, les étamines ou les divisions du stigmate d'un végétal, nain de l'empire de Flore ; c'est là qu'après les avoir desséchées, on étendoit les plantes avec une minutieuse précaution sur les blancs feuillets où elles devoient revivre pour la science, et qu'on assujettissoit leurs pédoncules et leurs rameaux sous de légères bandelettes fixées à la gomme arabique, en prenant garde de faire valoir leurs parties le mieux caractérisées, et de ne pas altérer leur port et leur physionomie ; c'est là qu'on essayoit les pierres au contact des houppes nerveuses les plus développées de notre organisme, au choc du fer, aux sympathies de l'aimant, au jeu sensible des affinités, à l'effervescence et aux décompositions que produisent les réactifs : c'étoit le modeste laboratoire où venoient se révéler l'un après l'autre tous les secrets de la nature.

Sur la paroi du fond, car je suis bien décidé à ne vous faire grâce d'aucun détail, étoit la couchette dont je vous ai parlé, flanquée de nos deux fauteuils de cérémonie, terminée au pied par le mobilier exigu d'une toilette philosophique, et appuyée sur l'arsenal de nos grandes expéditions, freloches de toutes les dimensions, de toutes les formes et de toutes les couleurs, outils à fouir, outils à saper, pieux à sauter des ravins, gaules à frapper les ramées. Il n'y manquoit qu'un fusil, mais c'étoit une arme interdite aux naturalistes suspects, et les nôtres n'inspiroient déjà que trop de défiance dans les mains d'un philosophe et d'un enfant. Dessous gisoient le marteau à rompre le roc et la pointe à déchausser les racines. Deux bâtons légers mais noueux, contre les loups et les serpents, complétoient ce formidable appareil de guerre. Je puis vous assurer que cela étoit terrible à voir.

La muraille de la droite ouvroit son unique fenêtre sur

une source murmurante qui alloit mourir dans le Biez, en bondissant sur les cailloux, et dont je crois entendre encore le fracas mélodieux. Dans la partie de l'appartement qui précédoit cette croisée, nous avions assis sur des consoles trois gracieuses tablettes dont la première ou l'inférieure supportoit les boites de chenilles et de chrysalides, fermées de fins réseaux, qui étoient confiées à mes soins particuliers, et la seconde, les planchettes polies où nous étalions nos papillons, sous des plaques de verre qui contenoient leurs ailes sans les froisser. La dernière étoit garnie de flacons bouchés à l'émeri, qui renfermoient le camphre destiné à saupoudrer tous les soirs nos boites de chasse, l'alcali volatil contre la piqûre des frelons et la morsure des vipères, et l'esprit-de-vin conservateur des reptiles et des petits ovipares. Une armoire pratiquée tout auprès, et dont le citoyen Justin portoit toujours la clef, étoit réservée pour les trésors cent fois plus précieux de la pharmacie domestique.

L'autre côté de la croisée étoit occupé par notre seconde table, dont je n'ai encore rien dit, quoiqu'elle en valût bien la peine; mais j'ai cru devoir sacrifier l'ordre logique à l'ordre descriptif dans cette topographie vraiment spéciale qu'on ne refera pas après moi, car je suis le seul qui m'en souvienne sur la terre, à moins que M. de C... n'ait conservé à quatre-vingts ans quelque mémoire de ces jours d'exil, qui furent pour moi des jours d'ineffables délices. Je ne savois pas même qu'il souffroit, et son attentive bonté me dissimuloit, sous une humeur douce et riante, des chagrins qui auroient empoisonné mon bonheur! — Cette table étoit bien longue, à l'idée que je m'en fais aujourd'hui. Toutes nos académies détruites par un vandalisme brutal mais naïf, et qui avoit au moins cette excuse de l'inexpérience qu'il n'aura plus, y siégeoient à mes yeux dans une seule personne. Un homme de génie écrivoit là ces pages admirables, dont quelques rares amis ont reçu la confidence, tirées à dix ou douze exemplaires, et qu'ignorera la postérité, qui ne pourroit plus les entendre. Devant lui, ses livres favoris étoient amassés sur trois rayons, dont le premier avoit peine à contenir nos auteurs usuels, le *Systema naturæ*, le grave Fabricius, le bon Geoffroy, l'ingénieux Bergmann, Lavoisier, Fourcroy, Berthollet, Macquer l'éclectique, et Bernardin de Saint-Pierre le poëte. Au-dessus étoient rangés une bonne édition d'Horace, un gros Sénèque le philosophe, que je ne lus pas alors, les *Essais* de Montaigne, que je lus deux fois de suite, et quelques volumes dépareillés du Plutarque d'Amyot, que je lisois toujours. Plus haut, il y avoit une grande *Gerusalemme liberata*, dont je n'ai jamais trop fatigué les marges somptueuses ; un *Ariosto*, qui me fit aimer l'italien ; un *Don Quichotte* espagnol, que je devinois à défaut de comprendre, et cinq ou six tragédies de Shakspeare, qui me transportoient d'enthousiasme, quand le citoyen Justin me les traduisoit, au courant de sa lecture, dans nos moments de récréation. — Je n'oublierai pas qu'il avoit profité d'un espace vide pour y glisser son carton de dessins, et qu'à l'extérieur il avoit suspendu son violon.

En face du lit de mon ami étoit pratiquée notre seconde croisée, qui avoit jour sur le Biez, et d'où l'on suivoit au loin ses détours, entre des fabriques charmantes et des îlots de verdure, jusqu'aux lieux où son cours aboutissoit à un point brillant qui trembloit longtemps comme un météore, et finissoit par s'éteindre sous les rayons du soleil. —Mais c'étoit à la cloison de gauche que nous avions rassemblé peu à peu toutes les merveilles de notre exhibition, les oiseaux perchés sur leurs baguettes, dans la vivacité de leurs attitudes naturelles, et auxquels il ne manquoit qu'un ramage pour figurer une volière vivante ; les papillons, déployés dans de beaux cadres d'or que nous avions apportés de la ville, et dont l'éclat de leurs ailes effaçoit la splendeur ; le serpent à la bouche béante, qui défendoit notre porte comme le dragon des Hespérides, et les chauves-souris, qui plongeoient leurs regards pétrifiants comme celui des Gorgones, du haut de son chambrale de sapin.

Le musée de ce village, quand j'y pense, auroit fait envie à plus d'une ville ; mais ce qu'il y a de plus certain, c'est que son Aristote méritoit un autre Alexandre.

Notre journée d'investigations commençoit régulièrement à midi, après le repas du matin, et duroit jusqu'à la nuit ; car nous étions d'intrépides marcheurs. Nous allions et nous revenions en courant, moi, questionnant sur tout ce qui se rencontroit ; lui répondant toujours et à tout par des solutions claires, ingénieuses et faciles à retenir. Il n'y avoit pas un fait naturel qui ne fournît matière à une leçon, pas une leçon qui ne fît sur moi l'effet d'un plaisir nouveau et inattendu. C'étoit un cours d'études encyclopédiques mis en action, et je suis sûr maintenant que tout autre que moi en auroit tiré grand profit ; mais mon imagination étoit trop mobile pour n'être pas oublieuse. Arrivés aux champs ou aux forêts, nous entrions en chasse, et, comme mes collections se commençoient à peine, chaque pas me procuroit une découverte ; je marchois en pays conquis.

Il n'y a point d'expression pour rendre la joie de ces innocentes usurpations de la science sur la nature rebelle et mystérieuse, et ceux qui ne l'ont pas goûtée auront peut-être quelque peine à la concevoir. Encore aujourd'hui, je me prends quelquefois à frémir d'un voluptueux saisissement en me rappelant la vue du premier *carabus auronitens* qui me soit apparu dans l'ombre humide que portoit le tronc d'un vieux chêne renversé, sous lequel il reposoit éblouissant comme une escarboucle tombée de l'aigrette du Mogol. Prenez garde à son nom, s'il vous plaît : c'étoit le *carabus auronitens* lui-même ! Je me souviens qu'il me fascina un moment de sa lumière, et que ma main trembloit d'une telle émotion, qu'il fallut m'y prendre à plusieurs fois pour m'en emparer. Que les enfants sont heureux, et que les hommes sont à plaindre, quand il ne leur reste pas assez de sagesse pour se refaire enfants ! Il n'en est pas de même des autres joies de la vie, lorsqu'elle a péniblement acquis la douloureuse expérience de leur instabilité. J'en ai beaucoup cherché depuis l'âge de vingt ans; j'en ai goûté beaucoup qui faisoient envie aux plus fortunés : pas une seule cependant que ma bouche n'accueillit d'un sourire amer, et qui ne pénétrât mon cœur d'une angoisse de désespoir. Que de larmes brûlantes j'ai versées dans les extases du bonheur, qui ont été comptées pour des larmes de ravissement, parce qu'elles n'étoient pas comprises! Faites comprendre, si vous le pouvez, à une âme éperdue d'amour, qu'il est un moment de vos jours passés dont sa tendresse ne peut combler le vide éternel, et que cette minute, dont la rivalité impérieuse et triomphante éclipse tous vos plaisirs, est celle où vous avez trouvé le *carabus auronitens!* Il n'y a pourtant rien de plus vrai.

Les jours de pluie ou de neige, car en 1794 il y eut dans nos montagnes de la neige à la fin de mai, nous passions le temps à régler la disposition du riche mobilier dont je viens de dresser l'inventaire, ou bien nous lisions alternativement; et, dans nos leçons comme dans nos promenades, chaque fait avait son instruction. Chaque heure avoit aussi son emploi; et rien n'est plus propre à enlever au travail sa physionomie sévère que la variété des études. Les mathématiques nous délassoient de la chimie, et les beaux-arts des sciences. Je m'entretenois avec facilité dans le souvenir tout récent de mes études latines par la lecture assidue et passionnée de nos méthodistes, qui avoit pris tant d'empire sur mes pensées, que je n'en concevois pas une seule sans qu'elle vînt à se formuler subitement en phrases concises et descriptives, hérissées d'ablatifs, comme celles de Linné; et, si je m'étois reconnu depuis ce don caractéristique du talent qu'on appelle le style, je n'aurois pas été embarrassé à en expliquer les qualités et les défauts par ces premières habitudes de ma laborieuse enfance. Il seroit peut-être plein, précis, pittoresque, propre à faire valoir les idées par leurs aspects saillants, mais trop chargé de termes techniques et de figures verbales; abondant en épithètes justes, mais qui n'expriment souvent que des nuances; étranglé comme une proposition arithmétique, toutes les fois que j'essaye d'y faire entrer l'expression sous une forme puissante ; complexe et diffus comme une amplification, quand je sens le besoin de l'étendre et de le développer ; obscur pour être court ou pâle pour être clair ; mais rappelant partout l'aphorisme dans le tour, et le latinisme dans la parole ; un mauvais style, enfin, si c'étoit un style ; et il n'y a pas dix hommes par siècle qui aient un style à eux ; mais un style sorti, tel qu'il est, de ma singulière éducation, et que les circonstances ne m'ont pas permis de modifier depuis. Cela, c'est le dernier instrument d'une existence qui n'a pas eu le choix ; et je le jette au rebut sans regret, quoique je n'aie plus ni le temps ni la force d'en changer.

Les matinées étoient à moi. C'est le temps où le citoyen Justin alloit vaquer à l'arpentage de la commune, visiter ses pauvres, soigner ses malades, ou prêter aux cultivateurs des environs le secours de ses lumières agronomiques. Il lui restoit à peine une heure avant midi pour reconnoitre les espèces qu'il avoit recueillies la veille, observer sous la lentille du microscope l'économie intérieure de ces républiques d'animalcules inconnus jusqu'à lui, qu'il avoit découvertes dans les *conferves* et les *byssus*, ou ajouter quelques lignes à sa correspondance hebdomadaire avec la société Philomathique de Paris, seule dépositaire alors de toutes ces brillantes acquisitions des sciences physiques dont l'Institut a recueilli l'héritage. Mon ministère particulier se bornoit à pousser des reconnoissances autour du village, sur tous les points où quelque accident favorable à de certains développements nous promettoit une abondante récolte de genres nouveaux. Je savois à ne pas m'y tromper le petit bouquet d'aunes ou de bouleaux qui balançoit à ses feuilles tremblantes des *eumolpes* bleus comme le saphir et des *chrysomèles* vertes comme l'émeraude ; la jolie coudraie qu'affectionnoient ces élégants *attelabes* d'un rouge de laque, si semblables aux graines d'Amérique dont les sauvages font des colliers ; la plantation de jeunes saules où le grand *capricorne* musqué venoit déployer les richesses de son armure d'aventurine, et répandre ses parfums d'ambre et de rose ; la flaque d'eau voilée de nénufars aux larges tulipes et de petites renoncules aux boutons d'argent, où nageoit le *ditique* aplati comme un bac, et du fond de laquelle l'*hydrophile* s'élevoit sur son dos arrondi comme une carène, tandis qu'une peuplade entière de *donacies* faisoient jouer les reflets de tous les métaux sur leurs étuis resplendissants, à travers les feuilles des iris et des ménianthes. Je savois le chêne où les *cerfs-volants* vivoient en tribu, et le hêtre, à l'écorce d'un blanc soyeux, où gravissoient lourdement les *priones* géants. Il y a quelque chose de merveilleusement doux dans cette étude de la nature, qui attache un nom à tous les êtres, une pensée à tous les noms, une affection et des souvenirs à toutes les pensées ; et l'homme qui n'a pas pénétré dans la grâce de ces mystères a peut-être manqué d'un sens pour goûter la vie. Les nomenclatures elles-mêmes, œuvre d'un génie tout poétique, et qui sont probablement la dernière poésie du genre humain, ont un charme inexprimable à cet âge d'imagination où la fable et l'histoire n'ont pas encore perdu leur prestige. Voyez-vous ces brillantes familles de papillons qui ne sont que des papillons pour le vulgaire ? C'est une féerie complète d'enchantements et de métempsycoses pour l'enfant d'un esprit un peu cultivé, qui les poursuit de son léger réseau. Ceux-là sont les *chevaliers grecs* et *troyens*. A sa cotte de mailles échiquetée de jaune et de noir, vous reconnoissez le prudent *Machaon*, fils presque divin du divin Esculape, et fidèle, comme autrefois, au culte des plantes qui recèlent de précieux spécifiques pour les maladies et les blessures : il ne manquera pas de s'arrêter sur le fenouil. Si vous descendez aux pacages, ne vous étonnez pas de la simplicité de leurs habitants. Ces papillons sont des *bergers*, et la nature n'a fait pour eux que les frais d'un vêtement rustique. C'est *Tytire*, c'est *Myrtil*, c'est *Corydon*. Un seul se distingue parmi eux à l'éclat de son manteau d'azur, sous lequel rayonnent des yeux innombrables comme les astres de la nuit dans un ciel étoilé ; mais c'est le roi des pâturages, c'est *Argus*, qui veille toujours à la garde des troupeaux. Avez-vous franchi d'un pas curieux la lisière des bois, défendue par *Silène* et les *satyres* : voici la bande des *sylvains*, qui s'égarent au milieu des solitudes, et les *nymphes*, encore plus légères, qui se jouent de votre poursuite, laissent bientôt un ruisseau entre elles et vous, et disparoissent, comme Lycoris, sans redouter d'être vues, derrière les arbrisseaux du rivage opposé. Tentez-vous le sommet des montagnes les plus élevées : vous n'aurez pas de peine à vous y rappeler l'Olympe et le Parnasse, car vous y trouverez les *héliconiens* et les *dieux* : *Mars*, qui se distingue à sa cuirasse d'acier bruni, frappée par le soleil de glacis transparents et variés ; *Vulcain*, flamboyant de lingots d'un rouge ardent comme le fer dans la fournaise, ou bien *Apollon* dans son plus superbe appareil, livrant aux airs sa robe d'un blanc de neige, relevée de bandelettes de pourpre. Je jouissois avec un enthousiasme que je ne pourrois plus exprimer de toutes ces ravissantes harmonies ; mais je ne jouissois de rien au monde autant que de ma propre existence. On a peint toutes les voluptés intimes de l'âme ; je regrette qu'on n'ait pas décrit la volupté immense qui saisit un cœur de douze ans, formé par un peu d'instruction et par beaucoup de sensibilité à la connoissance du monde vivant, et s'emparant de lui comme d'un apanage, dans une belle matinée de printemps. C'est ainsi qu'Adam dut voir le monde fait pour lui, quand il s'éveilla d'un sommeil d'enfant au souffle de son Créateur. Oh ! que la terre me paroissoit belle ! oh ! comme je suspendois mon haleine pour écouter l'air des bois et les bruits du ruisseau ! Que j'aimois le pépiment des oiseaux sous la feuillée et le bourdonnement des abeilles autour des fleurs ! et j'étois là, comme une autre abeille, caressant du regard toutes les fleurs qu'elles caressoient, et je nommois toutes ces fleurs, car je les connoissois toutes par leur nom, soit qu'elles s'arrondissent en ombelles tremblantes, soit qu'elles s'épanouissent en coupes ou retombassent en grelots, soit qu'elles émaillassent le gazon, comme de petites étoiles tombées du firmament. Les cheveux abandonnés au vent, je courois pour me convaincre de ma vie et de ma liberté; je perçois les buissons, je franchissois les fossés, j'escaladois les talus, je bondissois, je criois, je riois, je pleurois de joie, et puis je tombois d'une fatigue pleine de délices, je me roulois sur les pelouses élastiques et embaumées, je m'enivrois de leurs émanations, et, couché, j'embrassois l'horizon bleu d'un regard sans envie, en lui disant avec une conviction qui ne se retrouve jamais : « Tu n'es pas plus pur et plus paisible que moi!... » — C'étoit pourtant moi qui pensois cela!...

Dieu tout-puissant! que vous ai-je fait pour ne pas me rendre, au prix de ce qui me reste de vie, une de ces minutes de mon enfance! Hélas! tout homme qui a éprouvé comme moi l'illusion du premier bonheur et des premières espérances a subi, sans l'avoir mérité, le châtiment du premier coupable. Nous aussi nous avons perdu un paradis!

Le dimanche, c'étoit autre chose. Tout en chassant, tout en herborisant, tout en devisant, nous allions visiter nos voisins, causer histoire avec un vieux rentier goutteux qui s'étoit sagement réfugié au village contre les tempêtes de la ville, et qui savoit sur l'ongle toutes les alliances de toutes les familles princières, depuis Robert le Fort et Gontran le Riche; causer botanique et matière médicale avec un brave chirurgien qui estropioit intrépidement la langue des sciences naturelles (heureux ses malades s'il n'avoit estropié que cela!); causer économie politique avec un gros fermier qui avoit fait une fortune considérable aux affaires, et qui étoit tout fier, dans son patriotisme de publicain, de frayer de temps en temps avec le patriciat tombé en roture. Je me souviens que celui-ci avoit une fille de vingt ans, d'une beauté remarquable, élevée aux beaux-arts et au beau monde, nourrie de toute la belle prose et de toute la belle poésie de l'an II de la république, et si romanesque, si sentimentale, si nerveuse, que je l'ai regardée longtemps comme une exception. Cinq ou six ans après, je m'aperçus que l'exception n'étoit pas là : elle étoit déjà dans les cœurs naturels et simples qui sentent plus qu'ils ne peuvent exprimer, et qui ne font pas étalage de leurs émotions.

Mais nos visites de prédilection étoient pour un vieux château éloigné tout au plus d'une lieue du village que nous habitions, et qui se trouvoit, par un heureux hasard, sur la route de nos excursions familières. Il est vrai qu'au bout de quelque temps ce hasard étoit devenu si infaillible et si régulier, qu'on auroit pu y voir l'effet d'un plan prémédité. Le voyage en valoit la peine. Là résidoient trois aimables sœurs, exilées, comme M. de C.., pour le crime de leur naissance, et qui composoient, avec un vieux domestique et une petite négresse fort éveillée, toute la population du vénérable manoir. Je ne parlerai pas des deux aînées, qui m'occupoient très-peu, quoiqu'elles fussent charmantes, et que je n'occupois pas du tout. La plus jeune s'appeloit Séraphine ; elle avoit près de quatorze ans, ce qui suffisoit pour lui donner sur moi tout l'ascendant d'une grande fille sur un petit garçon ; mais la nature avoit pourvu à la compensation de nos âges par la délicatesse de sa constitution fragile et par le développement prématuré de mon organisation déjà presque adolescente. L'habitude d'un exercice actif et stimulant qui fortifioit tous les jours mon enfance robuste ; la pratique des rudes travaux de la marche, de la course et de l'escalade, par vaux, par monts et par rochers ; l'assiduité des études obstinées, qui imprime à la pensée un caractère viril dont les facultés physiques subissent l'influence, m'avoient donné sur les enfants même de la campagne, ordinairement si supérieurs à nous, un avantage prononcé de vigueur, d'adresse et d'audace. Je n'étois pas redouté ; cette triste gloire empoisonneroit tous les souvenirs de ma vie ; mais on s'appuyoit volontiers de mon amitié, parce que la foiblesse et la timidité sont portées d'une affection d'instinct vers le courage et la force. Comme je ne manquois pas de vanité, et je m'aperçois à la complaisance avec laquelle je reviens sur ces détails que je ne suis pas complétement guéri de cette honteuse infirmité de l'esprit, je prenois plaisir à multiplier, surtout devant les femmes, et sans savoir pourquoi, les aventureux exploits de mon habileté gymnastique. Elles aiment la témérité. Quand on les étonne on les intéresse, et quand on les intéresse on est bien près de leur plaire. J'ai compris tout cela depuis.

Les liaisons de cet âge sont bientôt faites; il est sans défiance, parce qu'il est sans expérience. Il faut avoir surpris quelque mauvaise pensée dans son cœur pour en soupçonner dans celui des autres. Après nous être vus deux fois, Séraphine et moi, nous aurions voulu ne plus nous quitter. Nos plaisirs étoient si purs, nos entretiens étoient si doux, nous pleurions ensemble avec tant d'abandon, et il est si doux de pleurer! C'est qu'elle avoit bien du chagrin! Sa mère étoit en prison à dix lieues, son père en prison à cinquante; de ses quatre frères il y en avoit trois proscrits, errants, sans ressources, en trois pays différents de l'Europe; l'autre étoit détenu à Paris sous le couteau du tribunal qui avoit égorgé dix de ses parents; et autour d'elle rugissoit chaque jour une populace armée de piques et de brandons d'incendie, qui la menaçoit elle-même, pauvre fille craintive et sans défense, dont les grâces touchantes auroient apprivoisé des panthères affamées! — Va, va, lui disois-je, console-toi! le règne des assassins ne sera pas long. Ma famille est républicaine, mais je me ferai aristocrate pour te venger! Je ne suis pas loin du moment de manier, comme un autre, une épée ou un poignard, et, puisqu'il faut du sang, je verserai sans pitié le sang de tes ennemis! — Ne parle pas comme cela! me répondoit Séraphine; je serois plus malheureuse encore si je craignois de te voir devenir méchant. Les méchants sont plus à plaindre que nous! Continue à bien acquérir du savoir et de la réputation, et, quand tu seras assez grand pour te faire écouter de ces messieurs les patriotes, fais ce que tu pourras pour empêcher qu'on ne nous tue; car, si on me tue aussi, quelle est la femme qui t'aimera jamais autant que moi?

Ce besoin d'être ensemble étoit devenu si vif, qu'il absorboit toutes nos pensées. C'étoit l'objet, le but, la vie de notre vie ; et jamais l'un de nous deux n'arrivoit jusqu'à l'autre sans trouver l'autre qui le cherchât. Quand je descendois de la montagne, j'étois sûr de voir de loin son voile blanc qui flottoit à l'air, ou son chapeau de paille qui voloit au hasard, sans qu'elle s'arrêtât pour reconnoître l'endroit où il iroit tomber, pendant qu'elle couroit à ma rencontre. Mais que je lui épargnois des détours en me précipitant au-devant d'elle, fendant les terres labourées, sautant les haies, écartant les broussailles, débusquant d'un taillis au moment où elle me cherchoit encore derrière! et je n'aurois pas allongé ma course d'un pas pour éviter un fossé de dix pieds de largeur. La terre élastique obéissoit à mon essor comme la raquette au volant, et j'arrivois, si preste et si joyeux, les bras autour de son cou et les lèvres sur sa joue, qu'elle n'avoit pas le temps de s'effrayer. Le temps se passoit trop vite, hélas! de mon côté en lutineries innocentes, du sien, en causeries tendres et sérieuses. Mon expansion étourdie se contraignoit alors, parce que je me rappelois que Séraphine étoit triste, et qu'elle ne pouvoit s'associer sans effort aux turbulentes saillies de ma joie et de mon bonheur sans souci. Mes idées, si riantes et si frivoles, se façonnoient peu à peu, au contraire, aux habitudes de sa mélancolie, et de ces deux éléments incompatibles en apparence il se formoit en moi une combinaison étrange de caractère, qui a tour à tour assombri ma jeunesse de sympathies douloureuses, et égayé mon âge mûr des instincts et des goûts d'un enfant. Tous les développements de mon âme datent de ces jours éloignés. Je n'ai rien acquis ni rien perdu ; mais, si j'étois mort en ce temps-là, ma vie n'auroit pas été moins complète. La vie est complète quand on a aimé une fois.

Il faut cependant que je m'explique sur cet amour, auquel le perfectionnement de notre langue et de nos mœurs n'a pas encore donné un nom. Rien ne ressemble moins à l'amour comme les hommes le comprennent, et c'est cependant un sentiment très-distinct des affections de la famille et des amitiés de collége. Cette différence, je la sentois sans l'expliquer. Je l'avouerai, comme si j'écrivois sous l'empire de mes idées de douze ans, je m'étois fait une singulière opinion de l'amour des romanciers et des poëtes, que j'avois lus avec avidité, dans la ferme persuasion que les passions qu'il décrivoient si bien étoient des fictions comme leurs sujets et leurs fables. Je le prenois pour une image fantastique des émotions simples de deux époux qui s'étoient aimés enfants, comme j'aimois Séraphine et comme j'en étois aimé, qui se trouvoient heureux de passer leur vie ensemble, et auxquels le mariage accordoit le délicieux privilége de prolonger le charme de cette douce intimité jusque dans les mystères de la nuit et la solitude du sommeil. J'admirois comment, de cette effusion de tendresse qui confondoit en un seul deux êtres bien assortis, résultoit l'existence d'un être nouveau, éclos sous des caresses et des baisers, fruit d'harmonie et d'amour; et je voyois dans ce phénomène moral, qui entretenoit à jamais la reproduction d'une espèce vierge, le signe le plus évident de la supériorité de l'homme sur les animaux. Je n'ai pas la prétention d'avoir inventé en ce temps-là une *conjugalité* plus solennelle que celle de Dieu, mais c'est celle que je m'étois faite, et les bonheurs de la jeunesse ne m'ont rien appris qui me consolât d'en avoir perdu l'illusion. Que dis-je? le regret de mon erreur a survécu à ces fiévreuses réalités du plaisir qui enivrent les sens aux dépens de l'âme, et qui la précipitent des hauteurs du ciel dans les misères de la volupté. Que de fois ai-je redouté d'être heureux comme les autres dans l'accomplissement de mes désirs, heureux que j'étois dans l'enchantement de mes espérances! Aujourd'hui même, il n'y a pas une de mes larmes d'amant qui ne m'ait laissé de meilleurs souvenirs que tous ces ravissements d'un bonheur sans lendemain, sur lesquels retombent les tristes convictions de la vie, comme le rideau d'un spectacle fini, comme l'obscurité de la nuit sur un feu d'artifice éteint. C'est probablement dans ce sens qu'on a dit que la première inclination étoit la meilleure. Son charme est dans son ignorance [1].

J'aimois ainsi Séraphine avec la naïveté d'une impression tout idéale, toute poétique, et dont l'innocence devoit avoir quelque chose de l'amour des anges. Aussi pure que moi, je suppose que Séraphine étoit un peu plus savante, et on vient de voir que cela n'étoit pas difficile. Elle étoit mon aînée de près de deux ans, elle étoit femme, elle vivoit depuis le berceau dans le monde que je n'avois fait qu'entrevoir. Sa conversation ingénue me laissoit souvent des doutes vagues à travers lesquels j'avois peine à retrouver le fil égaré de ma doctrine. Je méditois seul sur ce que je n'avois pas compris ; mais je ne méditois pas longtemps, parce que je n'étois pas curieux, parce que je croyois fermement dans mes idées, et surtout parce que j'aimois mieux penser à elle que de perdre le temps à me bâtir des systèmes inutiles. Elle étoit partout avec moi ; je savois la faire entrer dans tous mes entretiens, la lier en souvenir ou en projet à toutes mes actions, la ramener dans tous mes songes. Rêver toujours, et ne rêver que d'elle, c'étoit un bienfait de mon sommeil, une faculté que j'avois, que j'ai conservée longtemps, et qui m'a dédommagé de bien des douleurs ! J'étois parvenu à fixer dans mon esprit une des scènes les plus communes de nos jolies matinées : celle-là m'est aussi présente que si j'y étois encore. Après m'être fatigué deux heures à la chercher où elle n'étoit pas, je tombois ordinairement de lassitude sur le canapé du salon, et je feignois

---

[1] On peut rapprocher de ce passage, si plein de grâce et de fraîcheur, le remarquable morceau de Nodier : *De l'amour, et de son influence comme sentiment sur la société actuelle.* Les sentiments du poëte seront de la sorte élucidés et complétés par la délicate analyse du penseur. (*Note de l'Editeur.*)

de dormir pour la piquer de mon indifférence ou ne pas la contrarier dans sa malice. Elle arrivoit alors, légèrement soulevée sur la pointe des pieds, allongeant ses pas suspendus avec précaution, frissonnant au bruit du parquet avant qu'il eût gémi, et une corbeille au bras, ses cheveux s'échappant de toutes parts en ondes dorées sous le chapeau de paille mal attaché qui ne les contenoit plus, la tête un peu penchée sur l'épaule, l'œil fixe et craintif, la bouche entr'ouverte, le bras étendu pour gagner de l'espace ; elle promenoit doucement sur mes lèvres un bouquet de cerises moins vermeilles que les siennes. Je la voyois toujours ainsi, blanche mais animée, charmante de ses grâces et de son émotion d'enfant, arrêtant sur moi ses rondes prunelles d'un bleu transparent comme le cristal, qui plongeoient des regards de feu à travers mes paupières demi-closes pour surprendre à propos le moment de mon réveil, et me caressant tout près de son haleine de fleurs comme pour me défier de l'embrasser : c'étoit là que je l'attendois, et, quand elle pensoit à fuir, elle étoit prise. Alors c'étoient des cris, des gémissements, des bouderies à n'en pas finir ; c'étoient les sœurs qui arrivoient au secours; c'étoit Lila, sa petite Africaine, qui m'arrachoit les cheveux et qui me menaçoit les yeux. Un baiser de plus payoit les frais de sa rançon ; mais elle me détestoit pendant une heure au moins; et je m'en allois, je revenois, je pleurois, je demandois pardon, je ne l'obtenois pas, je repartois encore en courant vers le canal pour m'y précipiter dans un abîme de dix pouces de profondeur, jusqu'au moment où une petite voix, qui vibroit comme un timbre d'argent, daignoit enchaîner mon désespoir, et j'avois été malheureux d'un malheur affreux, d'un malheur pire que la mort, d'un malheur qu'on voudroit goûter, aujourd'hui, au prix de l'incendie d'un royaume ! — J'étois loin d'imaginer sous quel aspect m'apparoîtroient avant peu ces angoisses du premier amour. Je n'avois pas vingt ans que je résolus de mettre un clou à ma roue, comme dit Montaigne, et de ne plus vieillir d'un moment. Je m'en suis assez bien trouvé, mais j'aurois mieux fait de m'arrêter à douze.

J'ai dit que ma petite amie étoit d'une santé délicate. Je ne me doutois guère que toutes les jeunes filles fussent plus ou moins malades vers l'âge de quatorze ans. Ce mystère passoit la portée de ma science. — Séraphine étoit sujette à des maux de tête, à des éblouissements, à des hallucinations subites, à des mouvements de fièvre. Un soir je l'avois laissée souffrante ; je souffrois de son mal, que mes craintes exagéroient. Je me couchai tout habillé ; je ne dormis pas ; je me tournois sur mon lit de paille comme sur les pointes d'acier de Régulus ou les charbons de Guatimozin. Je me levai pour me promener dans ma chambre ; je la trouvai trop étroite : j'ouvris ma fenêtre ; le ciel aussi me parut trop étroit. On ne voyoit pas le château. Je mesurai la hauteur de ma croisée : une quinzaine de pieds tout au plus, si je m'en souviens. J'étois bien loin ; je ne sais si je courois ou si la terre fuyoit derrière moi ; mais je ne mis peut-être pas un quart d'heure à gagner la grille du parc.

Ce n'étoit pas tout. Le seul endroit où la clôture fût accessible étoit défendu par un bassin revêtu de larges dalles, où aboutissoient les eaux du canal, après avoir arrosé le jardin. Là elles dormoient à fleur de terre dans l'abreuvoir, puis se perdoient un moment sous la route, et alloient resurgir à quelques pas, mais libres et capricieuses, entre les saules de la prairie. Nous appelions cela le *bassin des salamandres*, parce qu'on y en voyoit un grand nombre frapper l'eau immobile de leur queue en rame, ou se traîner sur le pavé, en livrant de temps en temps aux caprices de la lumière leurs marbrures d'un jaune brillant ; mais on ne les voyoit pas à l'heure dont je vous parle ; on ne voyoit rien du tout. La nuit étoit calme et tiède, mais obscure ; et je ne pouvois apprécier que de mémoire la largeur du réservoir qu'il falloit franchir. J'étois seulement bien sûr qu'il n'avoit pas plus d'un pied de rebord du côté où j'allois tomber, et que je courois risque, selon la portée de mon élan, de me rompre la tête contre le mur, si je m'y abandonnois à l'étourdie, ou, si je le modérois trop, d'épouvanter de la chute d'un nouveau Phaéton le peuple des salamandres endormies. Dieu, l'amour ou l'adresse aidant, je descendis au but comme si j'y avois été porté par les ailes d'un oiseau. J'atteignis d'un bond la hauteur de la muraille, je gagnai d'un saut le niveau du jardin. Il restoit encore une haie de troënes, forte et serrée comme une palissade, mais sur laquelle j'appuyois facilement la main, en me dressant un peu, et je ne la touchai pas d'une autre partie de mon corps pour la laisser derrière moi. J'étois dans la grande allée de marronniers, qui se terminoit tout juste au pied de la tourelle où couchoit Séraphine; mais sa fenêtre, élevée d'un étage au-dessus de la terrasse, m'étoit cachée par l'épaisseur du feuillage; et le temps que je fus obligé de mettre à chercher la clarté qui en jaillit enfin par rayons épars, entre les dernières branches, me parut plus long que tout le reste du voyage. Alors je m'arrêtai contre un marronnier pour reprendre haleine, car j'étois déjà tranquille. Cette lumière étoit celle d'une bougie dont la blanche flamme trembloit contre les vitres, à côté de l'endroit où Séraphine suspendoit le petit miroir qui servoit à sa toilette de nuit. Elle y étoit debout, légèrement vêtue, souriant à sa gentillesse, roulant ses cheveux avec une grâce coquette, et puis prenant plaisir à les dérouler pour les voir ondoyer encore. Je restai là tant que la bougie ne s'éteignit point, et je ne sais si ce fut une minute ou une heure; mais je sais que cela vaut toute la vie, et qu'il n'y auroit que l'espoir d'y retrouver quelques instants pareils qui pût me décider à la recommencer.

Je mis plus de temps au retour. Le jour étoit tout près de se lever, quand je m'aperçus que l'accès de ma chambre étoit infiniment plus difficile que la descente. L'extérieur de la maison ressembloit à l'intérieur. Il étoit si propre, si uni, si soigneusement recrépi, que les mouches avoient peine à y fixer leurs crochets. Pas une pierre saillante, pas une fissure dans le plâtre, pas un interstice à glisser les doigts, qui pût servir à me hisser jusqu'à la banquette! et ajoutez à cela que le Biez couloit trop près derrière mes talons pour me permettre de prendre du champ. Un train de charrue au rebut, qu'il fallut amener de loin, me servit enfin d'échelle. J'arrivai, je dormis comme on dort à douze ans, quand on n'a point de chagrin, et je dormois encore quand M. de C... m'avertit pour la troisième fois qu'il étoit temps d'aller s'informer de la santé de Séraphine, dont j'étois si inquiet la veille. — Bon, bon! dis-je en me frottant les yeux et en étendant les bras, cela n'est pas dangereux ! — M. de C... me regarda d'un air étonné. C'étoit la première fois, je m'en flatte, qu'il m'avoit trouvé si insoucieux sur mes amitiés; et ma tendresse de troubadour ou de paladin, qui prêtoit à des plaisanteries de tous les jours, rendoit cette indifférence inexplicable. Sa méprise m'égaya; et, comme je n'aurois pas osé faire connoître à mon ami les motifs de ma sécurité, je trouvai piquant de l'accompagner, en me divertissant à toutes les bagatelles du chemin, et sans lui parler de Séraphine, jusqu'à l'angle d'un hallier bien fourré, où elle nous attendoit d'habitude, pour nous surprendre d'une espièglerie ou nous effrayer d'un cri. Elle y étoit, et j'avois, comme on sait, mes raisons pour n'en pas douter. Elle tomba dans mes bras, retomba dans les siens, revint à moi, fit sauter mon chapeau, se sauva pour être attrapée, et finit par se laisser prendre, en criant de dépit et de joie.

— Vous aviez raison tout à l'heure, quand je vous tirai d'un si bon sommeil, me dit M. de C... en riant. Cela n'étoit pas dangereux.

Je vous demande si ce fut là un grand sujet de colère, mais de colère morne, silencieuse et méprisante ! Séraphine prit l'avance avec dignité, en se donnant ces manières dédaigneuses que les jeunes filles nobles apprennent, je crois, en naissant; et, quand nous fûmes parvenus à l'allée des marronniers, elle s'assit sur notre passage, au bout du long banc de pierre sur lequel nous causions presque tous les jours. J'allai l'y rejoindre, elle courut à l'autre extrémité; je l'y suivis, elle reprit sa première place, et moi aussi; mais je l'y fixai d'un bras sur lequel je l'avois soulevée cent fois, et dont elle connoissoit la puissance!

— Halte-là, grondeuse! lui dis-je en feignant d'être sérieusement fâché. Mademoiselle, pourquoi boudez-vous?

— Moi, monsieur, bouder? Et à quel propos, s'il vous plait? On ne boude que ceux qu'on aime et dont on est aimé. Je ne vous boude pas, parce que vous ne m'aimez pas, parce que je ne vous aime pas. C'est naturel. On n'est pas forcé d'aimer quelqu'un.

— Ah! je ne t'aime pas, et tu ne m'aimes pas, Séraphine? C'est très-joli!...

— Non certainement, je ne vous aime pas, puisque je vous déteste, puisque je vous ai en exécration, monsieur! et je voudrois bien savoir, par exemple, pourquoi vous prenez la liberté de me tutoyer! Je vous le défends!... Mais voyez donc, ajouta-t-elle en s'efforçant de rire, ne faudroit-il pas bouder monsieur, qui dort si bien quand on est malade à la mort, et qui s'excuse en disant que *cela n'est pas dangereux?* Si vous aviez été malade, vous, je n'aurois pas été si tranquille! Mais lâchez-moi, je vous en prie! lâchez-moi tout de suite, ou je ferai du bruit! j'appellerai Lila... je vais pleurer!...

— Non vraiment, tu ne pleureras pas, laide et méchante que tu es! et je voudrois bien voir qu'on s'avisât de pleurer!...

— Qu'on s'avisât de pleurer! Comme vous dites, c'est fort joli, c'est de très-bon ton! d'ailleurs, je suis une laide maintenant! et qu'est-ce que cela vous fait qu'une laide pleure quand elle veut pleurer? M'empêcherez-vous de pleurer et de crier, si cela me fait plaisir? Vous ne me permettrez pas de pleurer, peut-être, quand vous m'étouffez! Vous êtes bien avantageux!...

Avantageux étoit un de ces mots de salon qui me déconcertoient toujours. Je passai l'autre bras autour d'elle, et je me hâtai de m'expliquer...

— As-tu pu croire, Séraphine, que j'aurois dormi sans m'assurer que *cela n'étoit pas dangereux*, et que tu te portois bien? Mais écoute-moi un instant, et n'essaye pas de te sauver, cela ne te réussiroit pas! Crois-tu que l'état de ma douce et belle Séraphine étoit bien *dangereux*, quand elle venoit à minuit, derrière la fenêtre de la tourelle, tresser autour de ces jolis petits doigts, que je baiserai tout à l'heure, ces longues mèches de blonds cheveux que je baise maintenant malgré toi — ou malgré vous; — quand elle ouvroit sa croisée et s'appuyoit en silence, pour écouter le rossignol, qui n'avoit garde de chanter, parce que je l'avois effrayé, et quand elle le défioit des cadences tendres et perlées de sa romance favorite :

> Amour, on doit bénir tes chaînes,
> Quand deux amants ont à souffrir...

— Quelle horreur! s'écria Séraphine; vous m'épiez, monsieur?...

— Tu appelleras cela comme tu voudras; mais, quand tu es malade, j'ai peur, et, quand j'ai peur pour toi, je ne sais plus ce que je fais.

Elle réfléchit un moment. Je sentis que je n'avois plus besoin de la retenir. A quoi devine-t-on cela? Mes bras s'étoient relâchés. Elle dégagea les siens, les étendit un peu pour les dégourdir, et les jeta autour de mon cou.

— Pauvre ami que j'accuse et que j'inquiète! reprit-elle en appuyant son front sur mon épaule... Il ne me le pardonnera peut-être pas! Avec cela que vous êtes bien capable, étourdi comme je vous connois, d'avoir passé par le *trou du hibou*?...

— Le chemin n'est pas beau, mais c'est le plus court, et j'étois trop pressé pour prendre l'autre.

— C'est à faire trembler, à ce que l'on dit! un sentier taillé dans le rocher sur un précipice épouvantable!...

— Un sentier large comme la petite allée du potager,

sur un précipice profond comme la terrasse, depuis la mansarde de ton pavillon.

— Eh bien, n'est-ce pas rassurant! il y arrive tous les ans des malheurs en plein jour! et si tu rencontrois le hibou?...

— Je l'emporterois dans ma freloche comme un papillon de nuit. Oh! je voudrois bien que ce fût seulement un *moyen-duc!* il y a trois mois que je l'aurois empaillé; mais un méchant hibou de son espèce n'est bon qu'à déployer comme un épouvantail sur la porte du château.

— Attendez, attendez, dit-elle en composant tout à coup sa jolie figure pour prendre un air solennel, et en s'éloignant d'un pouce ou deux, avec une admirable dignité. Ce n'est pas tout, monsieur, ce n'est rien! ce qu'il y a d'inexcusable dans votre conduite, c'est que vous n'avez pas pensé au danger de me compromettre!

Compromettre étoit bien autre chose qu'*avantageux*, ma foi! *compromettre* me foudroya.

— Te *compromettre*, Séraphine! Je serois au désespoir de te *compromettre;* mais... je ne sais pas au juste ce que c'est.

Elle laissa tomber sur moi le sourire d'une supériorité indulgente.

— Il suffit, monsieur, continua-t-elle, que je ne veux pas absolument qu'on se permette d'être de nuit dans le parc. Aujourd'hui je vous fais grâce, ajouta Séraphine en me tendant sa main à baiser, parce que je sais que votre cœur est pur; mais que cela n'arrive plus jamais! le monde est si pervers!

Il faut noter que *pervers* avoit un pied et demi dans la bouche de Séraphine. C'étoit le *verbum sesquipedale* de mon Horace.

— Eh! que m'importe le monde pervers! qu'a-t-il à dire à ma tendresse et à mes inquiétudes? Il lui siéroit bien, au monde pervers, de trouver mauvais que je fusse en peine de Séraphine, quand Séraphine est malade! Craindre pour ta vie, et ne pas tout entreprendre, ne pas tout braver pour te voir! certainement, je ne promettrai pas cela!

— Bien, bien, dit-elle en reprenant ma main, si j'étois vraiment en danger! Crois-tu que je voudrois, moi, mourir sans te revoir? Ce seroit pis que la mort!

Au même instant ses sœurs et mon ami nous rejoignoient et nous nous embrassâmes devant eux pour la première fois de la journée.

Les moments dont je parle étoient si doux, qu'il n'est pas surprenant que je m'abandonne au plaisir de les raconter longuement. Cela dura quatre ou cinq mois, et puis cela finit à toujours.

Au commencement d'octobre, je ne sais plus quel jour c'étoit de brumaire, nous vîmes arriver Chapuis, un ancien domestique de M. de C..., vieillard honnête, fidèle, et même affectueux, mais dont la figure sévère et rébarbative ne m'avoit jamais paru propre qu'à porter de mauvaises nouvelles. Celles qui me concernoient alors étoient accablantes. Mes parents, enchantés de quelques progrès qu'ils croyoient remarquer dans mes études, étoient convenus de m'en témoigner leur satisfaction en me faisant passer un hiver à Paris sous les yeux d'un homme aimable et sage, dont ils avoient éprouvé l'attachement. Le 9 thermidor venoit de mettre un terme aux sacrifices sanglants des druides de la révolution. La France, enivrée de son affranchissement, commençoit à se reposer des convulsions de la terreur dans une atmosphère plus pure. Elle renaissoit aux sciences, aux beaux-arts, aux loisirs des peuples civilisés. Elle renaissoit presque au bonheur; car tout pouvoit sembler bonheur le lendemain de l'anarchie. Je ne connoissois de la terre tout entière que la nature agreste et simple de nos solitudes. Il s'agissoit de me faire voir les collections, les bibliothèques, les monuments, les hommes, le monde enfin, dans lequel l'imagination du meilleur des pères m'assignoit en espérance une position agréable, et peut-être distinguée. Tout cela m'auroit souri comme à lui dans des circonstances où ce voyage n'auroit rien coûté à mon cœur; mais l'exil des nobles subsistoit toujours, et je me sentois défaillir à l'idée de quitter pour si longtemps mon ami, car la longueur d'un hiver est quelque chose d'incommensurable aux enfants. Je ne sais s'il vous en souvient. Je ne disois pas tout cependant; mais la pensée de m'éveiller vingt-cinq fois par une matinée de dimanche, sans pouvoir me promettre de voir Séraphine et de finir la journée auprès d'elle, me navroit si cruellement, que je ne m'accoutumois à la supporter que sous la condition d'en mourir. Vingt-cinq dimanches, hélas! jétois bien loin de mon compte!

Il fal.. : pourtant se soumettre. M. de C..., qui mesuroit mieux le temps, et qui savoit mieux ce qu'il vaut, me parloit de ces longs mois d'absence comme d'un jour que j'allois passer en plaisirs. Nous devions seulement des visites à tous nos voisins, avant l'époque qui étoit fixée pour mon départ, et dont je ne m'informois point, parce que je tremblois de le savoir. Ce projet de visites me consoloit un peu; il devoit me ramener au château, et je me démontrois bien à part moi que cinq heures de l'amitié, des regrets et des caresses de Séraphine dédommageroient assez ma vie de cinq mois de douleurs. Je m'aperçus dès le lendemain que nos lentes promenades m'éloignoient de plus en plus de l'unique objet de mes pensées, mais je ne m'affligeai point. Je sus au contraire un gré infini à M. de C... d'avoir donné cette direction à notre cérémonieux itinéraire.

— Tant mieux, disois-je tout bas, c'est par elle que nous finirons! son baiser d'adieu sera le dernier que j'emporterai sur mes lèvres, et je l'y conserverai avec tant de soin, qu'il en sera de ce voyage comme si je ne l'avois pas quittée!...

Il y avoit six jours que nous courions ainsi le pays, presque sans nous parler. M. de C... paroissoit amèrement triste, et, si je ramenois, selon mon usage, le nom de Séraphine au travers de nos courts entretiens, il se hâtoit d'en détourner la conversation comme d'une idée inquiétante et fâcheuse. Je me perdois à chercher le motif de cette réticence nouvelle entre nous; car il aimoit Séraphine presque autant qu'il m'aimoit, et j'aurois trouvé tout naturel qu'il l'aimât davantage.

Comme nous occupions le seul logement dont on pût disposer dans la maison, nous avions établi Chapuis dans ma chambre, où il dressoit tous les soirs son pliant au-devant de ma croisée. Le jour dont il est question, Chapuis me trouva comme à l'ordinaire occupé à tenir note sur mon journal des espèces que j'avois ramassées en chemin, et il se crut obligé de m'interrompre pour m'engager à dormir. Cette précaution inaccoutumée me surprit.

— C'est, voyez-vous, dit-il, que nous partons demain, à six heures précises, pour nous trouver au relais de la diligence de Paris, et, quoique j'aie déjà emballé toutes vos petites hardes dans la voiture, il est possible qu'il vous reste quelque chose à faire avant d'y monter. Vous n'avez donc que le temps de vous reposer un peu en attendant que je vous réveille.

— Demain à six heures! m'écriai-je. Cela n'est pas possible! je ne partirai certainement point sans avoir vu Séraphine!...

— Il le faut bien cependant, repartit Chapuis, car la diligence n'attend pas; et, quand vous resteriez, pensez-vous que M. de C... vous permette de voir mademoiselle Séraphine dans l'état où est la pauvre enfant! Il craindroit trop pour vous les effets de la contagion, comme on l'appelle. Il n'a pas eu d'autre raison pour vous éloigner d'ici toute la semaine.

— Séraphine est malade, et je ne le savois pas! Expliquez-vous, mon ami, je vous en supplie!

— Malade, malade! répondit Chapuis en hochant la tête. On m'avoit défendu de vous le dire, mais il faut bien que vous l'appreniez un jour ou l'autre; c'est que les nouvelles d'aujourd'hui n'étoient pas bonnes! Heureusement, la providence de Dieu est grande, surtout pour les jeunes gens, et, si elle le permet, vous retrouverez au printemps mademoiselle Séraphine plus vive et plus gentille que jamais. Et puis, on ne manquera pas de vous écrire sa guérison à Paris, et vous en aurez la consolation sans avoir eu le chagrin de la quitter malade.

Pendant qu'il parloit ainsi, Chapuis tourna la clef, la retira de la serrure, la mit dans sa poche, ferma la fenêtre, et se glissa dans son lit sans se déshabiller, pour être plus tôt prêt le matin.

— Que faites-vous, Chapuis? Vous fermez cette fenêtre, et vous savez que je ne puis me passer d'air! Je vous l'ai dit assez souvent!

— Bon, bon, reprit-il en s'enfonçant sous sa couverture, les voyageurs ne doivent-ils pas s'accoutumer à tout? Vous serez bien plus à l'étroit dans la voiture, ma foi! Vous imaginez-vous, mon cher jeune homme, que vous aurez toujours vos aises? On vous en donnera, dans votre pension, des fenêtres ouvertes en octobre! D'ailleurs, monsieur est trop bon pour ne pas avoir égard à mon rhumatisme, par le froid qu'il fait maintenant; c'est une vraie soirée d'hiver!

Je n'avois point d'objections contre ce dernier raisonnement. Ma situation étoit horrible. J'éteignis ma lumière et je ne me couchai pas. J'attendois qu'il dormît pour tenter de tourner l'espagnolette, et tomber d'un bond dans la rue par-dessus le pliant maudit, au risque de me rompre le cou. Le moment que j'espérois ne tarda pas; mais le sommeil de Chapuis étoit aussi léger que soudain, et, au moindre mouvement, j'étois averti par un *qui vive* brutal de la vigilance de mon inexorable sentinelle. Je revins dix fois aux approches, et dix fois je fus dépisté. Pendant ce temps-là, Séraphine m'appeloit peut-être! Ce fut une épouvantable nuit.

Enfin la pendule sonna quatre heures (c'étoit plus que je ne me croyois capable d'en compter encore), et le carillon du réveil m'avertit que Chapuis avoit choisi cette heure-là pour aller faire les préparatifs du départ. Je me roulai comme en sursaut sur ma paille bruyante, pour lui donner acte de ma présence pendant qu'il battoit méthodiquement le briquet, et qu'il éclairoit sa lanterne sourde. Je crus qu'il n'en finiroit pas. Qu'il me parut long dans ses opérations, et que je maudis la maladresse et les lenteurs de la vieillesse! Il sortit cependant, et j'entendis la clef retourner sur moi à l'extérieur. Je ne m'en souciois guère. Son dernier cri couvrit fort à propos le bruit de la croisée qui s'ouvroit. Avant que le prudent Chapuis fût à l'écurie, j'étois, moi, de l'autre côté du village.

Il ne falloit rien moins que mon habitude du pays pour me diriger dans les ténèbres de cette rigoureuse matinée. Il n'y avoit pas dans toute la nature un atome de lumière. Les objets les plus opaques et les plus obscurs ne dessinoient pas le plus foible contour sur l'horizon obscur comme eux. Il ne tomboit pas de pluie, mais l'atmosphère étoit inondée d'une brume noire, épaisse, presque palpable, qui pénétroit mes vêtements, et qui enveloppoit mes membres comme un bain glacé. Je n'avois rien vu, rien deviné, rien imaginé jusqu'alors qui me donnât une idée aussi effrayante de l'Érèbe et du chaos. Je trébuchois contre tous les obstacles, je tombois, je me relevois, je sondois la route du pied et la nuit du regard. Je n'étois orienté que par ma mémoire ou par mon cœur; je disois : Ce doit être là, et j'allois toujours.

Quand j'arrivai au *trou du hibou*, je ne le reconnus qu'aux saillies du roc, qui surplomboit dans de certains endroits de manière à m'obliger de baisser la tête, et que je suivois en tâtonnant pour ne pas m'exposer à perdre un pas hors du sentier; car il y alloit de ma vie. Ce sentier étoit effectivement assez large, comme je l'avois dit à Séraphine, pour donner place, dans les passages les plus étroits, à deux paires de pieds comme les miens; mais il étoit coupé dans la pierre vive, et le suintement des eaux qui l'humectoient sans cesse avoit sensiblement incliné sa pente et dégradé son bord extérieur, dont je rencontrois à tout moment les inégalités, quand j'essayois de prendre un peu de terrain pour me délasser de ma contrainte. La bruine se congeloit d'ailleurs en cachant sa surface froide et polie, et le tapissoit d'un verglas glissant où je n'assurois ma marche qu'avec d'incroyables efforts, en introduisant mes doigts dans toutes les anfractuosités du rocher, en me cramponnant de temps en temps à celles qui étoient assez profondes pour me soutenir, pendant que je reprenois, à la pensée de Séraphine, quelque force et quelque courage. — Tout à coup j'entendis un bruit singulier, et mes joues furent battues d'un lourd frémissement d'ailes, deux circonstances qui, dans la disposition de mon esprit, n'étoient pas propres à diminuer ma terreur; mais je pensai à l'instant que ce devoit être le hibou, dont mes tracasseries nocturnes avoient troublé la solitude, et bientôt je n'en doutai plus. Il alla s'abattre pesamment à quelques pas de moi, en fixant sur l'usurpateur de ses périlleux domaines des yeux ronds et lumineux.

— Je te remercie, lui dis-je, de venir prêter deux flambeaux à mon voyage; mais je ne m'y fierai qu'autant qu'il le faut pour ne pas te donner l'impitoyable joie de m'entraîner dans les fossés de ta maison de plaisance. Je sais que tu es un hôte insidieux, et je connois, grâce au ciel, pour les avoir toisées de l'œil plus d'une fois, les profondeurs qui nous séparent.

Il me précéda ainsi pendant longtemps encore, voletant, caracolant, miaulant comme un chat, sifflant comme une couleuvre, s'abattant d'espace en espace à des intervalles mesurés, avec un gémissement lamentable, qui auroit figé le sang dans les veines d'une femme. — Je ne craignois plus rien. La route s'étoit élargie. Je courois, je sautois, j'espérois, j'étois content, j'allois la revoir. — Et toutefois je me promettois bien de revenir par une route plus sûre. J'arrivai à l'allée des marronniers.

La feuillée s'étoit éclaircie depuis mon dernier voyage,

et je vis de plus loin vaciller entre les rameaux la foible et pâle lueur qui venoit d'une certaine croisée de la tourelle.

— Du feu chez Séraphine! pensai-je. Elle est donc malade encore! Je ne m'arrêtai point, je parcourus la terrasse, je cherchai, je trouvai la porte qui s'ouvroit de ce côté; elle céda sous ma main : elle étoit entr'ouverte; cela m'étonna. Je gagnai le corridor, j'atteignis l'entrée du petit escalier en volute qui conduisoit chez Séraphine. Cet escalier étoit aussi éclairé, contre l'usage. Après deux ou trois tours de spirale, je vis que cette clarté provenoit d'une bougie posée sur une marche au-dessus de ma tête, celle de Lila, de la pauvre Lila, qui étoit assise à côté, les coudes sur ses genoux, la tête dans ses mains noires, et qui paroissoit dormir, sans doute parce qu'elle avoit veillé, et que la fatigue venoit de la surprendre en descendant. Je passai près d'elle à petit bruit pour ne pas la déranger de son sommeil. Une lumière encore blanchissoit le palier; elle sortoit de la chambre de Séraphine. Les deux battants de la porte étoient appuyés aux murailles. La lampe étoit par terre; derrière elle, je discernai deux vieilles femmes que j'avois vues souvent demander l'aumône au château; elles se tenoient accroupies, muettes, occupées, et au mouvement de leurs bras il me sembla qu'elles cousoient quelque chose. Je m'élançai. Elles ne levèrent pas la tête. Je courus à l'alcôve; le lit de Séraphine étoit défait, l'oreiller renversé, les couvertures pendantes : il étoit vide.

Assailli d'idées vagues, confuses, impénétrables, je me retournai vers l'endroit où j'avois vu ces vieilles femmes, pour prendre d'elles des informations sur Séraphine et sur le motif qui l'avoit fait changer de lit; mais il ne me resta plus de forces pour entendre leur réponse. Leur réponse, je la savois déjà. Ce qu'elles cousoient, c'étoit un drap blanc, et ce qu'elles cousoient dans ce drap, c'étoit Séraphine.

On m'a souvent demandé depuis pourquoi j'étois triste.

THÉRÈSE

Il faut vous dire que, depuis la chute des assignats, le Directoire avoit senti plus d'une fois la nécessité de mettre une grande masse de métaux en circulation. Comme il touchoit à sa fin, et que les vieilles gens croient tout ce qu'on leur dit, le Directoire, qui s'étoit laissé dire que la France étoit extraordinairement riche en mines d'argent, dépêcha sur toutes les anciennes mines du pays des escouades d'explorateurs grassement payés, et qui, bon gré, mal gré, n'ont jamais envoyé une obole à la Monnoie. Je me trouvai colloqué dans l'expédition des Vosges, où l'on cherche de l'argent de temps immémorial, et dont les *ballons*, coupés de routes splendides, attestent d'immenses et inutiles travaux.

Nous étions tous jeunes, tous gens de bonne humeur et d'espérance, tous amis de notre devoir et impatients de découvertes. Nos travaux furent zélés et consciencieux, et longtemps même ils ne furent pas sans espoir. Je me souviens qu'il n'y avoit pas un de nous qui, au premier coup de marteau, n'eût découvert un filon ; mais ce filon ne menoit malheureusement à rien, et les moindres frais d'exploitation excédoient toujours d'un grand tiers les plus brillants résultats. C'étoit une succession d'extases et de désappointements pour lesquels je n'avois point alors de termes de comparaison. Je me suis aperçu depuis que cela ressembloit à la vie comme deux gouttes d'eau.

Nous arrivâmes au terme des fausses ambitions, au découragement absolu. Il falloit alors épargner à l'État une dépense ridicule ; mais cette défection désintéressée ne pouvoit s'appuyer que sur des calculs exprimés avec clarté. Je n'avois pas dix-huit ans, et toute ma science se réduisoit à quelques bribes de latin, et à la connoissance fort mal approfondie de quelques spécialités d'histoire naturelle, parmi lesquelles la minéralogie tenoit une toute petite place. Mes camarades, qui auroient distingué à la cassure, à l'odeur exhalée par friction, au contact de l'ongle, au happement de la langue, toutes les substances inorganiques alors reconnues en géologie, s'étoient aperçus de bonne heure de mon inaptitude ; mais ils ne me contestoient pas un assez joli mérite de rédaction que je rapportois fraichement d'une école de rhétorique dirigée par le bon et judicieux Droz ; et il est vrai que je traduisois lisiblement leurs pages un peu confuses, quand je parvenois à y comprendre quelque chose. Il fut donc convenu que je résiderois à poste fixe dans un lieu central où me parviendroient tous les documents, et d'où je ferois partir toutes les dépêches. Les employés se répartirent sur les mines ; le chef se réfugia, comme c'est l'usage, dans les délices urbaines d'Épinal, et mon poste fut fixé à Giromagny, près du ballon de ce nom, dont les trésors, trop vite abandonnés peut-être, étoient le principal objet de nos investigations. Par un élan de dévouement tout particulier, qui me fut avantageusement pointé sur mes notes de service, je me reportai d'une grande lieue de rayon vers le centre, dans un village qu'on appelle le *Puy*, parce qu'il est exactement à la base de la montagne ou du *Podium* ; mais ce n'étoit ni cet avantage de position, ni cette heureuse rencontre d'étymologie qui m'avoient déterminé dans le choix de mon domicile; je le pense du moins aujourd'hui, car alors je savois à peine ce que c'étoit.

Vous tous qui avez voyagé en tout pays, et qui n'avez pas vu la gorge romantique du *Puy*, il vous reste un voyage essentiel à faire, et ne craignez pas que j'anticipe sur les sensations délicieuses qu'il vous promet par une de ces descriptions postiches, qui au bout du compte ne peignent rien. En effet, je n'ai jamais senti plus profondément l'impossibilité de peindre. Quand vous serez arrivés de Giromagny au pied du ballon, à travers cette route étroite, et cependant moins opaque d'horizon que d'ombre et de fraîcheur, comme dit le poëte latin, qui aboutit toujours à cette coupole si pure, qu'on croiroit son hémisphère élégant émondé par le ciseau, ou, selon les aspects du soleil, bruni par le polisseur; quand vous aurez franchi ce dédale d'arbustes en fleur, jetés au travers d'un lac de verdure fraîche, soyeuse, émaillée, égayée par un ruisseau dont les reflets d'argent rient en bondissant jusqu'à la hauteur de la pelouse qui le cherche..... — Hélas! description, que me veux-tu? — Vous tous, disais-je, qui avez voyagé en tout pays, et qui n'avez pas vu la gorge romantique du *Puy*, quand vous serez arrivés de Giromagny au pied du ballon, vous conviendrez qu'il vous restoit à voir plus que vous n'aviez vu. Mais il auroit mieux valu y aller en 1799. Ce qui m'inspiroit pour le Puy, à moi, une prédilection si marquée, c'étoit l'impression toute récente d'une promenade que j'y avois faite quelques mois auparavant, dans la ferveur de mes recherches entomologiques, à la poursuite de deux magnifiques insectes vosgiens, la *lamia edilis* et la *lamia Schœfferi*, et dont je n'avois rapporté qu'une amourette, mais une amourette qui avoit bien son prix, car c'étoit la première. Cette émotion ineffable d'un cœur adolescent a depuis influé sur ma vocation littéraire et peut-être sur les autres. Elle m'a fourni les principaux détails de deux de mes

Nouvelles, dont vous ne vous souciez guère, ni moi non plus. Jeune, je goûtais le plaisir le plus vif à ramener partout le roman de mon histoire ; vieux, je m'amuse encore à retrouver dans mes souvenirs l'histoire de mon roman.

J'avois obtenu un logement au Puy chez l'honnête M. Christ, patriote ardent et sincère, qui figuroit depuis dix ans, selon les intermittences favorables à son opinion, dans les fonctions municipales les plus éminentes de l'endroit, et qui étoit rentré, au grand déplaisir des aristocrates, depuis le 18 fructidor. C'étoit un homme à vues droites, mais absolues, qui traçoit une idée politique comme un bœuf trace un sillon, et qui marchoit hardiment dans ses principes avec l'intrépidité du collin-maillard ; à droite, à gauche, au milieu, n'importe, et le tout en conscience. J'en ai vu dix mille comme cela. Il avoit trois maisons au Puy, et il m'établit dans la maison la plus éloignée de celle où il habitoit, parce qu'il avoit autant de filles que de maisons, et que ses filles étoient très-jolies. Je le savois fort bien, et, toutefois, il n'y en avoit qu'une qui produisît sur moi ces agitations bouleversantes qu'on sent mieux à dix-huit ans qu'on ne peut les exprimer à quarante-cinq. Comme ce prestige opiniâtre et délicieux désordonnoit mes facultés d'une manière assez préjudiciable à mon service, j'aurois eu lieu de m'applaudir d'être placé le plus loin possible du sujet habituel de mes distractions, si la pensée ne m'en avoit suivi partout.

Ma petite chambre au rez-de-chaussée, que je décrirai volontiers pour me dédommager de n'avoir pas décrit à mon aise le vallon élysien du Puy, étoit un parallélogramme étroit, horizontal à la cour, et clos en devant de sa porte vitrée et de sa large croisée à petits carreaux à losanges, comme c'est l'usage en Alsace. Au-dessous de cette croisée régnoit une immense table de bois de frêne peinte au noir de fumée, sur laquelle j'étalois mes documents et mes copies. Le fond de ma loge étoit une alcôve à portes de bois bien fermantes, dont une des extrémités communiquoit en dedans avec une espèce de cabinet de toilette, et l'autre avec un prie-Dieu. Si jamais on transporte ma chambre sur la scène, dans une de ces compositions à la mode dont tout le monde peut devenir le héros à son tour, je supplie le décorateur de ne pas oublier que son intérieur étoit à demi tapissé d'un papier gris de perles, fort boursouflé et fort poudreux, zébré de larges bandes bleu de roi, escortées de petites bandes bleues jumelles. On ne sauroit être assez ponctuel dans des matières de cette importance.

Je me levois ordinairement à six heures du matin (c'étoit à la fin de mai), pour mettre au net je ne sais combien de belles observations dont l'Institut ne se soucioit guère, et dont le Directoire ne se soucioit plus. A sept heures on m'envoyoit ma boite de crème du ballon, tantôt par un domestique, tantôt par une des filles aînées du père Christ, et alors je travaillois jusqu'à midi; quelquefois par Thérèse, qui étoit la cadette, et alors je ne travaillois plus. A midi, je dînois chez le père Christ, et les femmes n'assistoient point à ce repas. Heureusement il étoit très-court. Je rentrois chez moi; je reprenois Saussure, et Bergmann, et Wallerius, et mes manuscrits, et je copiois, j'analysois, je compilois le reste du jour, non sans voir quelquefois étinceler sous ma plume des traits brillants comme un regard, et dont le jeu éblouissant étoit bien plus difficile à définir que les iris capricieux de mes métaux. Inutilement je les voulois chasser de la pensée et du geste; ils revenoient toujours et glissoient toujours sur mon papier en sillons de feu. Cela m'arrivoit surtout quand Thérèse étoit venue le matin et qu'elle avoit appuyé sa main sur mes livres, ou renversé en jouant ma poudre d'or dans mon encrier. Si mon éducation philosophique n'avoit pas été faite, j'aurois cru que cette jeune fille étoit magicienne; mais je ne croyois pas à la magie, et c'est tout ce que ma philosophie m'avoit fait apprendre ou tout ce qu'elle m'avoit fait oublier.

J'avois deux ans de moins que Thérèse. Elle étoit vive et

cependant réfléchie. A travers sa mobilité même, on voyoit apparoître quelque chose de sérieux et de puissant. Il y avoit en elle de quoi faire une femme ravissante et un homme résolu. Enfin, ce regard qui me fascinoit manifestoit souvent d'ailleurs une pensée empreinte de tristesse et de fatalité, rapide, fugitive, inexplicable, et promptement éclaircie par un rayon de gaieté, mais qui ne pouvoit pas échapper aux miens, car je la regardois toujours. Moi, je n'étois qu'amoureux et timide; et la disproportion relative de notre âge, que la différence de sexe rendoit assez considérable, lui donnoit sur moi un étrange ascendant. Nous nous aimions beaucoup, nous nous aimions sincèrement, mais elle avoit sur moi l'avantage de savoir comment, et je ne m'en doutois pas du tout. Aussi elle me tutoyoit sans façon, usage que les habitudes républicaines de la maison de son père, la simplicité des mœurs du pays, le souvenir surtout de m'avoir vu plus jeune, ou, si l'on veut plus enfant, lui rendoient naturel et facile; et, quand elle ne me tutoyoit pas, je pensois qu'elle étoit fâchée. Je la tutoyois de mon côté, mais plus rarement et avec moins de confiance, parce qu'elle m'imposoit tellement quand elle étoit là, que sa présence si désirée, sa présence, qui le croiroit? m'en paroissoit quelquefois importune. Un matin qu'en jouant derrière ma chaise, et en laissant flotter à dessein sur mes yeux les longues boucles de ses cheveux d'un blond doré, elle avoit noué à plusieurs tours entre ses doigts un ruban de velours noir passé autour de mon cou...

— Qu'est-ce que cela, monsieur? me dit-elle avec le ton de voix le plus sévère qu'elle eût jamais pris; auriez-vous déjà, jeune comme vous êtes, des souvenirs d'amour? Est-ce un gage? est-ce un portrait?...

— Non! lui répondis-je en tirant de mon sein une petite croix d'acier qui y étoit suspendue; c'est une croix bénie à la châsse de saint Claude, et que ma tante Éléonore, la bénédictine, m'a donnée à mon départ, en m'assurant qu'elle me préserveroit de tout danger.

— De tout danger! reprit Thérèse en relevant sa tête et en la laissant retomber sur ses mains. De tout danger!... Et quel danger peux-tu craindre, toi, pauvre et doux jeune homme que personne n'aura jamais le courage de haïr? De tout danger! le crois-tu?... M'aimes-tu, Charles, m'aimes-tu? Donne-moi cette croix.

— Elle est à toi! m'écriai-je à ses genoux....., et, à compter d'aujourd'hui, quel danger ne puis-je pas braver? Elle est à toi, ma croix d'acier, comme moi, comme mon cœur, comme ma vie!... Prends ta croix de fiancée!...

Thérèse comprit alors, pour la première fois sans doute, que je m'étois trompé sur les sentiments qu'il m'étoit possible d'attendre d'elle. Cette impression même dut suspendre quelque temps le cours de ses idées, car elle me fit attendre sa réponse, l'essaya, l'interrompit, et l'articula enfin d'une voix altérée :

— Votre fiancée! mon ami... Comment pourrois-je l'être, puisque je suis mariée?...

Je n'ai pas besoin de dire que la foudre seroit tombée à mes côtés sans m'étonner, sans me consterner davantage. C'est une phrase jetée en moule, et si infaillible en pareille circonstance, qu'il n'y a pas un lecteur qui ne la supplée lorsque l'écrivain l'oublie.

— Mariée! depuis quand?

— Depuis six mois.

— Secrètement?

— Il le falloit.

— A l'insu de votre père?

En prononçant ces dernières paroles, qui contenoient moins une question qu'un reproche, et qui me donnoient sur elle une autorité dont le triste besoin de venger mon cœur me faisoit goûter amèrement l'avantage, je relevai mes yeux jusqu'à Thérèse, qui étoit restée debout, et baissa les siens.

— Il le falloit, répéta-t-elle avec une émotion plus sérieuse, et qui avoit déjà changé d'objet. Mon père est patriote, et mon mari est émigré.

— Émigré! et marié depuis six mois! Mon Dieu! le malheureux est-il au moins bien caché? Dites-moi qu'il n'a rien à craindre!

— Il est depuis six mois sous la protection du ciel, et depuis un moment sous celle d'une croix d'acier que vous a donnée votre tante, et qui a été bénie à la châsse de saint Claude.

— Cette croix d'acier, en effet, Thérèse!... il faut bien que je compte sur sa puissance, puisque c'est du moment où elle a cessé de battre sur ma poitrine que tout mon bonheur a fini. Puisse-t-elle le préserver de ses ennemis, et les malheurs qui l'attendoient ne tomber que sur moi!...

Je me connoissois à peine... je sentois à peine la main de Thérèse qui pressoit ma main, ses larmes qui l'arrosoient abondamment. Quand je fus entièrement remis, elle étoit sortie.

Oh! que j'aurois voulu n'être jamais venu au Puy! que j'aurois voulu surtout n'y être jamais revenu!

Par bonheur notre mission tiroit à sa fin. Trois jours ne se passèrent pas que je ne reçusse l'ordre de mon départ, et j'étois si pressé de partir, que rien ne me coûtoit pour en avancer le moment. J'avois pour mon travail l'infatigable main, la main diurne, la main nocturne du poëte, et la veille de ce jour, alors aussi impatiemment attendu qu'il auroit été redouté quelques jours auparavant, deux heures après minuit me surprenoient à ma besogne, quand un cri aigu se fit entendre à ma porte, qui retentit au même instant sous deux ou trois coups brusquement répétés. Je l'ouvris, et je vis Thérèse éperdue se précipiter dans ma chambre, les cheveux épars, les traits renversés, les pieds nus, le corps à demi vêtu d'un manteau en désordre. Tout ce que je pus remarquer, c'est que c'étoit celui d'un homme. Mon alcôve étoit ouverte; elle s'y précipita, et en retira la porte sur elle en me criant : — Sauvez-moi!

Un frisson me saisit, me glaça tous les membres. Je ne comprenois ni le danger de Thérèse, ni ma position avec elle au milieu de cette nuit de terreur dont un orage affreux augmentoit encore les épouvantes. La grêle bondissoit sur mes vitres ou s'assourdissoit sur leurs plombs ; la foudre grondoit avec un bruit capable de réveiller les morts ; des éclairs, si multipliés qu'on en distinguoit à peine les intervalles, jetoient sur tous les objets extérieurs une espèce de transparent enflammé. Ma première pensée fut que la maison du père Christ venoit d'être incendiée par le tonnerre. Tout cela dura si peu, que je n'eus pas le temps de former une autre conjecture. Ma porte se rouvrit. Cette fois-là je n'en avois pas tourné la clef. C'étoient six hommes armés de fourches et de vieilles lames de sabres, qui m'entourèrent presque avant que je les eusse aperçus. — Où est le feu? m'écriai-je. — Où est l'émigré? répliquèrent-ils.

Je devinai.

Le chef de ces perquisiteurs intrépides m'étoit, de fortune, fort particulièrement connu. C'étoit un ancien militaire nommé Jean Leblanc, qui cumuloit depuis quelques années les importantes fonctions de garde de nuit, de crieur public, de sergent de la garde nationale, et qui y réunissoit l'avantage d'être le maître Jacques du père Christ et le factotum de la mairie. Comme les honneurs appellent les honneurs, il m'avoit servi de piqueur ou de surveillant des pionniers dans le petit nombre d'opérations locales que je m'étois réservées, et j'exerçois sur lui cette espèce d'ascendant que le peuple accorde volontiers à un certain vernis d'instruction qui n'est pas trop gâté par une sotte suffisance.

— Que diable viens-tu me conter d'émigrés, lui dis-je, et où les cherches-tu? Il faut, pour oser te permettre chez moi une pareille algarade à cette heure de la nuit, et pour courir les rues par l'abominable temps qu'il fait, que tu aies au moins triplé ton énorme ration de kirsch de Faucogney. Laisse-moi travailler, au nom de Dieu, car je n'ai pas de temps à perdre avec des fous.

— Je ne suis ni fou ni ivre, mon officier, répondit Jean

Leblanc en secouant la tête ; un émigré étoit caché dans une maison voisine, c'est de notoriété publique. Nous l'avons débusqué il n'y a pas dix minutes, et mes camarades n'ont perdu sa trace qu'à quelques pas de votre porte.

— As-tu réfléchi, repris-je en appuyant fortement ma main sur son épaule, que le même chemin conduit à la tienne, et que le lit de Suzanne Leblanc, l'aimable et honorée femme d'un homme de ta connoissance, qui ne rentre jamais chez lui qu'au lever du soleil, est un asile plus sûr pour un émigré qui se cache que le cabinet d'un commissaire extraordinaire du Directoire exécutif?

A ces mots, toute la bande partit d'un bruyant éclat de rire, Jean Leblanc excepté.

— D'ailleurs, continua-t-il d'un ton un peu boudeur, mais en évitant de me répondre directement, et comme s'il ne m'avoit pas entendu ; d'ailleurs, ces lumières que je n'ai jamais remarquées chez vous à une heure aussi indue prouvent assez qu'il s'y passe quelque chose, et que nous n'y sommes pas venus sans raison.

— Elles prouvent, ami Jean Leblanc, que vous raisonnez comme un étourdi. Quand on veut cacher quelqu'un chez soi, on n'allume pas ses chandelles ; on les éteint.

Ici les éclats de rire redoublèrent, et je me crus délivré. L'escouade inquisitoriale avoit déjà passé la porte, quand un de mes braves s'avisa de dire : — Pourquoi n'avons-nous pas visité l'alcôve?

Ils rentrèrent. — L'alcôve ! l'alcôve ! cria Jean Leblanc.

— Quoique vous manquiez assez insolemment aux règles de la subordination, Jean Leblanc, et surtout aux lois du pays, qui vous défendent d'entrer de nuit dans mon domicile, pour que je me croie autorisé à vous brûler la cervelle (en ce moment, je me saisis de mes deux pistolets), je veux bien vous donner satisfaction pour mon alcôve. Il y a quelqu'un dans mon lit.— Ah ! ah ! s'écria la troupe, nous y voilà !

Je m'appuyai contre l'alcôve, mes pistolets tournés sur les assaillants.

— Il y a quelqu'un dans mon lit, il y a une femme, dont le nom et la vue sont interdits à quiconque de vous n'est pas pressé de mourir à l'heure même. Cependant, pour complaire, de tout mon pouvoir, à l'ardeur patriotique de Jean Leblanc, je lui permets d'entrer ici avec moi, et de reconnoître aux cheveux et à la main le sexe du prétendu émigré que je dérobe à vos poursuites. Si quelqu'un ose l'y suivre, je le tue.

— Il n'en faut pas davantage, reprit Jean Leblanc intimidé, qui ne désiroit guère moins que moi de voir son expédition mise à fin. Citoyens, restez en dehors.

— Couvre-toi de ton fichu et de tes cheveux, dis-je en ouvrant l'alcôve, et montre ton bras nu à ce héros... — Regarde, Jean Leblanc! est-ce là un émigré?

— Bonté du ciel! reprit-il en riant à son tour à gorge déployée, plût à Dieu qu'ils fussent tous comme celui-ci, les damnés d'aristocrates et de chouans! la paix seroit bientôt faite, au moins de mon côté. Mais n'êtes-vous pas, mon officier, un fier hypocrite, à votre âge, de débaucher ainsi la fleur de nos belles, sans avoir l'air d'y toucher? On ne m'y tromperoit, mordieu, pas, continua-t-il à mon oreille. C'est cette pauvre Jeannette du chemin des Paluds que vous avez endoctrinée de vos fines paroles et de vos tons sournois. Je donnerois ma tête à couper que c'est Jeannette la blonde, car il n'y a pas, à dix lieues autour du Puy, femme qui ait le bras si délicat et d'aussi beaux cheveux, si ce n'est mademoiselle Christ!...

A cette réticence, dont la témérité l'épouvantoit lui-même, il se mordit le doigt.

— Paix, Jean Leblanc! gardez pour vous vos impertinentes conjectures, et allez vous assurer, si vous m'en croyez, que l'alcôve de Suzanne ne vous réserve pas quelque découverte plus importante!

Je pensai qu'il m'étoit enfin permis de respirer. Ils étoient décidément partis; je mis les verrous. Tout pénible cependant que m'eût paru le cruel embarras auquel je venois d'échapper, je ne sais si le premier moment qui le suivoit ne me parut pas plus intolérable encore. On conviendra qu'il y avoit dans ce concours de circonstances qui donnoient mon lit pour seul refuge à Thérèse, à deux heures d'une nuit si chargée d'émotions et de terreurs de tout genre, que chaque minute sembloit nous isoler davantage du reste du monde, plus de sujets de trouble et de saisissement qu'il n'en falloit pour renverser la tête d'un amoureux de dix-huit ans. Mon sein palpitoit avec une telle violence, que je doute qu'il me fût possible, aujourd'hui même où les impressions de cet âge passionné disparoissent de plus en plus effacées par le temps, d'en exprimer les agitations avec une emphase moins lyrique et par une hyperbole moins extravagante que je ne le fis, une année après, dans le petit roman des *Proscrits*. « Il y avoit une tempête dans mon cœur comme dans la nature. » Je succombai enfin à cette lutte de pensées violentes mais confuses, à travers lesquelles je ne discernois la possibilité d'aucune résolution fixe, et je m'accoudai sur ma table avec une sorte de stupeur morne et muette, où je cherchai à perdre jusqu'à la faculté de réfléchir ; je ne peux pas dire combien de temps cela dura. Tout à coup mon alcôve s'entr'ouvrit, j'entendis des pas qui se dirigeoient vers moi, je sentis les doigts de Thérèse qui se glissoient entre mes mains et mon front. Je me détournai un peu, et je la vis, vêtue de quelques-uns de mes habits, coiffée de ma toque polonaise, qui ne paroissoit pas trop large pour sa tête, parce qu'elle y avoit rassemblé sa longue et épaisse chevelure, et plus piquante encore que d'ordinaire sous cet accoutrement improvisé :

— Ne penses-tu pas, me dit-elle de ce ton d'aisance et d'abandon que les femmes seules savent prendre dans les moments décisifs, ne penses-tu pas que j'ai des airs de Théophile ?...

Théophile, dont elle me parloit, étoit un bon petit jeune homme d'Orléans, que d'excellentes études en minéralogie m'avoient fait donner pour collègue dans notre scientifique expédition, et que je venois de faire partir pour Béfort, où il devoit prendre la voiture.

— Cela est frappant, lui répondis-je en souriant, parce que son intention m'avoit saisi d'abord, et vous pouvez rentrer sans danger, avec ce déguisement, dans la maison de votre père. Mais l'infortuné contre lequel je changerois si volontiers mon sort est-il aussi à l'abri de tout danger?

— Je le crois, reprit-elle; je ne me suis évadée qu'après m'être bien assurée de son départ; il a de bonnes armes, un cheval prêt au chalet où je vous ai vu pour la première fois l'année dernière, et votre croix d'acier passée au cou.

— Dieu soit loué! m'écriai-je, il faut espérer que cet heureux ouragan le protégera; mais il y a encore loin d'ici au pont d'Huningue, et je vous avoue que je me confie un peu plus, pour le salut de votre mari, à son cheval et à ses armes qu'à la châsse de saint Claude et à ma croix d'acier...

Après m'être assuré de l'extérieur, je la reconduisis; je rentrai plus tranquille. Je dormis.

Jean Leblanc vint me réveiller à sept heures, pour me prier, d'un air moitié humble et moitié rusé, de vouloir bien attester le beau fait d'armes qu'il avoit si glorieusement accompli la nuit précédente, et dont personne, en effet, ne pouvoit rendre plus pertinemment témoignage que moi-même. Je compris fort bien, à la gauche subtilité de ses expressions, qu'il prétendoit me faire acheter sa discrétion à ce prix, et, quoique la réputation de Jeannette la blonde eût déjà subi assez d'échecs dans le village pour ne pas mériter des ménagements bien scrupuleux, je fus enchanté de la sauver à si bon marché. Je me souviens même que je pris plaisir à faire de mon certificat une de ces magnifiques amplifications historiques dont le secret commençoit à se perdre depuis les *carmagnoles* de Barrère, et ne s'est retrouvé dès lors que dans les bulletins. Si Jean Leblanc a plus tard obtenu quelque décoration honorifique pour ses prouesses, et je n'en serois pas trop surpris, à la manière dont on les donne le plus souvent, ce persiflage aura sans doute admirablement figuré dans son dossier.

Pendant que j'écrivois, mes amis avoient réuni autour de moi leur petite caravane, et se disposoient gaiement à gagner pays, avec leurs ustensiles de minéralogistes, leurs boîtes de fer-blanc pour herboriser, et leurs filets à papillon. Ma chambre étoit pleine de monde quand Thérèse y entra.

— Voilà, dit-elle en jetant sur ma table un petit paquet proprement enveloppé d'un linge blanc, quelques effets que M. Théophile avoit oubliés chez mon père. Nous, continua-t-elle avec un regard significatif, nous n'oublions jamais rien!

— Et moins Théophile que personne, interrompit un de mes camarades; je parie que l'étourdi a mieux oublié que cela chez la belle Thérèse, et qu'il y a laissé aussi son cœur, car il ne parloit d'elle qu'avec l'enthousiasme d'un amant!

— Un amant! s'écria Thérèse en riant, un amant! Oh! mon amant est loin, s'il court toujours!

Ces paroles, si heureusement appropriées à la circonstance, et dont le tour populaire déguisait une communication si essentielle et si difficile, soulagèrent mon cœur d'un poids immense. Je n'avois pas besoin d'en savoir davantage.

Huit jours après, je n'avois perdu de vue ni Thérèse, ni l'humiliant et doux penser du premier amour frustré dans ses illusions; mais les événements étoient de nature à me distraire pour quelque temps de mon chagrin. Le coup d'État de germinal venoit de changer encore une fois l'aspect de la France. Les sociétés populaires se réorganisoient sous le nom de *cercles constitutionnels*, et sous la présidence d'un *régulateur*, assisté d'un *notateur*. La redoutable loi des otages, interprétée comme on interprète ordinairement les lois redoutables, c'est-à-dire de manière à consterner toutes les classes de la société, quoique, dans la pensée du législateur, elle n'en menaçât qu'une, alloit être mise en vigueur. La terreur se réveilloit, non pas comme le lion de Billaud-Varennes, ce seroit lui faire trop d'honneur, mais comme le tigre dont parloit Vergniaud ; les partisans de l'ordre tenoient bon, mais les autres étoient les maîtres. Je tombai à Besançon au milieu d'une bagarre, et j'y fus pris. Je n'étois pas chanceux dans les passions de ma jeunesse. La liberté me traita comme l'amour; et, bien que je ne puisse pas dire, même aujourd'hui, ce dont je fus accusé alors, je ne dus la vie, dans le partage des voix, qu'à l'humanité d'un juré, dont la rigueur m'auroit épargné bien des misères. Ce n'étoit guère le temps de me souvenir du *Puy*, de sa vallée enchantée, de ses ruisseaux et de ses nymphes !

Il faut convenir que je gagnai quelque chose à cette escapade, où j'avois joué un si gros jeu sans savoir pourquoi. Il n'y a rien qui attendrisse l'âme et qui la dispose à la tolérance comme le malheur; mais cette disposition s'accroît dans une proportion incroyable en face de cette cruelle légalité des passions politiques où les peines sont si peu en proportion avec les délits. En temps de révolution, et quel que soit le parti qui domine, si vous cherchez gens d'esprit et de cœur, exaltation sincère, sensibilité sympathique et bonne conversation, faites-vous ouvrir les prisons d'État. Depuis quarante ans on y a vu passer tout ce qu'il y a de généreux en France, et je doute qu'on eût beaucoup perdu si on avoit constitué un patriciat national sur écrous au lieu de le constituer sur brevets et sur parchemins. Disons mieux : les excellents citoyens qui réclament l'abolition de la peine de mort en matière d'opinion (et plût à Dieu que cet effroyable vestige des sacrifices barbares de nos aïeux disparût de notre législation pour tous les crimes, ce seroit un grand crime de moins!), ceux-là, dis-je, ne sont pas seulement de vrais philanthropes dignes de la reconnoissance du monde, ce sont encore des philosophes très-judicieux et des politiques très-profonds. Il n'y a rien qui sollicite le dévouement comme le cri du sang. Tout homme grandit quand il a devant lui la guillotine et le panier. J'ai vu telle des innombrables victimes de nos discordes et de nos réactions qui ne s'est jamais détournée de sa ligne, parce que l'échafaud étoit au bout, et qui auroit rebroussé chemin dès le troisième pas s'il s'étoit agi de l'admonition d'un commissaire de police ou de l'amende d'un écu. Ce qui nous flattoit, nous, ce qui nous entraînoit irrésistiblement, et je le sais bien, c'étoit la possibilité, c'étoit l'espoir de mourir, c'étoit l'émotion du peuple qui nous regarderoit aller, l'idée vague que nous laisserions dans un cœur de femme le souvenir d'enthousiasme ou du moins d'attendrissement que nous garderoit un parti. La représentation de la mort, pour une cause que l'on s'est accoutumé à croire bonne, en fait oublier le dénoûment; et puis, quand on a la vanité de son temps ou celle d'un caractère jaloux de célébrité, qu'importe quelle main vous jettera sous les yeux de l'histoire, fût-ce la main du bourreau! Aussi voyez comme ils meurent, et tuez-les encore, si vous l'osez, les royalistes, les républicains, les impériaux, les *carbonari*, les proscrits de toutes couleurs! Ils font envie à leurs juges.

La réaction de germinal ne s'exerçoit que sur les émigrés et sur une génération d'enfants qui ne vouloit point de la terreur, par tradition, ou par raisonnement, ou par instinct. Les émigrés prisonniers furent donc, du premier abord, nos amis naturels; et l'acte d'absolution qui nous rendit à nos parents ne relâcha point cette intimité contractée sous le poids d'une infortune solidaire. Nous continuâmes à les visiter et à les servir de toutes nos forces, quelquefois avec succès. Il n'y avoit rien de plus facile en ce temps-là que d'obtenir des certificats de domicile pour le premier venu dans les villages de nos montagnes, où tout le monde étoit essentiellement aristocrate, parce que les agents insensés de la démocratie avoient révolté contre leurs principes la classe du peuple la plus intéressée à les adopter, en violentant la conscience religieuse et en persécutant la pensée. On auroit à peine trouvé un bon chrétien sous le chaume, qui ne faussât très-volontiers le texte exprès des *commandements*, en prenant le nom de Dieu en vain pour racheter la tête d'un proscrit ; et, si c'est là un crime devant le Seigneur aux yeux des casuistes, je ne saurois penser que c'en soit un aux yeux de l'humanité. Les conseils de guerre, qui jugeoient sans appel en matière d'émigration, et qui se composoient d'honorables soldats fort prévenus contre ces cruautés injustes et inutiles, ne demandoient ordinairement pas mieux que de trouver un prétexte pour absoudre, et c'étoit plaisir de les voir renvoyer chaque jour d'accusation un marquis assez maladroitement déguisé sous le masque d'un paysan. Je me souviens à ce sujet d'une anecdote qui donnera quelque idée de cette immense laxité d'indulgence, heureuse compensation de la férocité des lois. Nous avions un compagnon de périculeuses aventures qui s'appeloit Léon de B..., et dont la destinée avoit été très-romanesque. Pris à Lyon les armes à la main, parmi les débris de la colonne de Précy, et condamné à mort par la commission militaire d'Orange, un défaut de forme ou d'occurrence tout à fait providentiel le ramenoit dans son cachot du pied de la guillotine, avec la seule expectative d'y monter le lendemain, quand arriva le décret de la Convention nationale qui révoquoit ce formidable tribunal et qui annuloit ses arrêts. Comme une charrette bien escortée le trainoit avec vingt autres à Paris, devant le tribunal révolutionnaire, dont les pratiques expéditives ne lui promettoient guère une meilleure chance, il s'aperçut un matin, au réveil, que son camarade de chaîne étoit mort, et il parvint à escamoter le passe-port du cadavre, qui n'en avoit plus besoin pour se rendre à son dernier domicile. L'individu qui venoit de prendre ce parti extrême d'une manière si opportune, et qui étoit un montagnard du Doubs, nommé Antoine Renaud, détenu sans cause, se trouvoit porteur d'un nez tellement *démesuré*, qu'on n'avoit pas imaginé d'autre expression que celle-là pour le décrire dans son signalement, et par une rencontre fortuite dont le pauvre Léon n'auroit pas été disposé à se flatter dans toute autre circonstance, le nez vraiment extraordinaire qu'il devoit aux bontés de la nature justifioit assez amplement cette gaieté bureaucratique pour lui ôter jusqu'aux apparences d'une exagération. C'étoit, mais trait pour trait, l'homme du *Cap des nez*, dont le passage à Strasbourg donna tant d'inquiétude à l'abbesse de Quedlinberg et à ses quatre grandes dignitaires. Le voilà donc transféré à Besançon, et rendu à ce qu'on regardoit comme sa juridiction naturelle ; il ne s'éleva pas une seule réclamation contre l'identité. Malheureusement notre infortuné Facardin (c'étoit son nom de guerre) avoit vu le jour dans le Quercy, par quarante-quatre degrés de latitude, et il n'étoit jamais parvenu à modifier si peu que peu dans sa prononciation la mélopée harmonieuse et richement accentuée de ce beau pays. C'étoit fait de lui s'il s'avisoit de proférer un seul mot devant le conseil. Il se contenta de présenter ses papiers à l'appui de cette configuration caractérisée qui lui servoit de sauvegarde, et il attendit la décision de ses juges dans un état de silencieux abattement qui ne coûte pas beaucoup à feindre en pareille situation. Mais sa sensibilité méridionale ne résista pas à la joie imprévue de l'acquittement, et il exclama les expressions de la reconnoissance dans je ne sais quel malencontreux idiome franc-comtois qui n'avoit jamais développé tant de souplesse de rhythme et de modulation, si ce n'est tout au plus entre Cahors et Figeac. Nous frémissions de terreur dans l'auditoire, quand nous vîmes les juges prêts à se rouler sur leurs banquettes, et le président se lever en répétant aussi distinctement que pouvoit lui permettre une envie immodérée de rire : — L'absolution est prononcée.

- Cette histoire m'en rappelle une autre qui est assez analogue, et j'en dirai tant qu'il en viendra. Celle-ci concerne un certain graveur de Nantua, nommé Chavan, jeune alors et probablement vivant aujourd'hui, garçon spirituel, industrieux, imperturbable, *artiste* enfin dans le sens spécial que les Génevois attachent à ce mot, et doué, tout au contraire de Léon, d'une aptitude presque miraculeuse à s'approprier les manières, le langage et l'accent de tous les pays, espagnol, anglois, italien, normand, provençal, bas-breton, suivant que la circonstance le requéroit; une académie des inscriptions et belles-lettres incarnée, une polyglotte qui s'étoit faite homme. Depuis deux ans qu'il avoit été capturé avec partie d'un régiment allemand, personne n'étoit parvenu à lui apprendre un mot de françois, à lui faire oublier un instant son rôle inamovible de *Kayserlich*. Le froid, le chaud, la faim, la soif, et il étoit fort altéré, ne se manifestoient en lui, dans ses besoins les plus extrêmes, que par le langage du geste ou quelques articulations incompréhensibles, contre l'impuissance desquelles il manifestoit lui-même son indignation par les scènes les plus comiques de désespoir. On le surprenoit dans une rêverie, on l'éveilloit en sursaut, on le frappoit à l'improviste, et son premier cri ne trahissoit jamais le secret duquel dépendoit sa vie. Ce n'étoit que le soir, quand les verrous étoient tournés, et au milieu de nos communications les plus particulières, qu'il dépouilloit la lourde et brutale stupidité du pandour pour nous égayer de folies charmantes, et développer devant nous toutes les richesses de sa gibecière encyclopédique. Le jour du jugement arriva. Chavan, les faces plombées, l'œil morne et nostalgique, l'air abruti d'un troupier à demi crétin, s'assit à côté de son défenseur sans lui adresser ni une parole ni un regard. Chavan étoit dans son identité un accusé important. Il avoit été condamné trois fois à mort, comme déserteur à l'ennemi, comme réacteur du Midi, et comme émigré. Vingt témoins le reconnoissoient sous son nom, et l'autorité de leurs dépositions unanimes pouvoit être confirmée jusqu'à l'évidence la plus absolue par le moindre indice de la plus légère émotion qui eût altéré son inaltérable sang-froid. Il les entendit sans sourciller. Son seul moyen de salut étoit la possibilité de l'existence d'un ménechme parfait né au village de Kircheberg, dans le grand-duché du Bas-Rhin, et dont il avoit pris le nom et composé l'individualité avec une supériorité de talent mimique propre à faire envie aux plus grands comédiens. Tout à coup le capitaine rapporteur annonça qu'un heureux hasard venoit de faire découvrir, parmi les interprètes du conseil, un bourgeois de Kircheberg. Il n'y eut pas un regard qui ne se tournât sur Chavan; mais Chavan n'avoit rien entendu : il puisoit une pincée de tabac dans sa boîte d'étain, la transportoit avec une lenteur solennelle au-dessus de sa large moustache, et la savouroit méthodiquement. A peine l'interprète eut pris la parole pour entrer en conférence avec l'accusé, que la physionomie de celui-ci parut s'épanouir; une hilarité subite anima ces traits si longtemps abattus, en s'accroissant graduellement jusqu'à l'exaltation, et les paroles se précipitèrent si abondamment sur ses lèvres, que l'oreille la plus exercée à son jargon tudesque auroit eu peine à le suivre. Ce flux de mots menaçoit de ne pas s'arrêter, quand le truchement se retourna vers le tribunal, pour attester que ce soldat étoit son compatriote, et qu'à moins d'être né à Kircheberg, il n'y avoit homme en Allemagne qui pût en parler aussi correctement le patois. Chavan fut mis en liberté avec une feuille de route. Comme il descendoit l'escalier il aperçut son interprète, lui saisit affectueusement la main, et lui souffla bas à l'oreille, en françois fort net et fort coulant :

— Quand vous écrirez à Kircheberg, mon cher camarade, je vous prie de ne pas m'oublier auprès de votre respectable famille.

Tous nos prisonniers n'eurent pas la même adresse ou le même bonheur. Il en est un dont le souvenir a laissé dans mon cœur une profonde impression de regret. C'étoit un capitaine de cavalerie, nommé Scheyck, qui avoit émigré au commencement de la Révolution avec son régiment, et que les sots dédains de Coblentz, l'ennui de l'inactivité, l'amour de la patrie sans doute, et peut-être aussi quelque changement de principes déterminé par l'âge et par la réflexion, avoient décidé plus tard, mais trop tard, deux ou trois mois après les délais de rigueur, à revoir son pays, étourdiment abandonné dans la confusion d'une équipée militaire. Comme il n'avoit point de ressources, il s'étoit refait soldat, et, comme il étoit brave entre tous les braves, il étoit redevenu capitaine. Depuis son premier galon jusqu'à sa dernière épaulette, il n'étoit pas un des degrés de son avancement qu'il n'eût franchi au prix de son sang, et qui ne rappelât dans ses états de service un acte brillant de valeur. Sa mauvaise fortune le fit passer à Besançon, et le hasard voulut qu'il y fût reconnu au spectacle par un de ses anciens subordonnés, qui avoit fait plus de chemin et qui exerçoit un emploi supérieur dans l'état-major de la place. La loyauté de Scheyck étoit trop sincère pour qu'il pût essayer de se soustraire à l'explication. Les lois étoient inexorables; il s'y soumit. Au bout de quatre ou cinq jours qu'avoit duré sa captivité, nous nous réunîmes dans sa chambre, comme la veille, à l'heure de communication dont jouissoient les prisonniers, pour y vider quelques verres de champagne. On fut gai, suivant l'usage, de cette gaieté exaltée dont il semble que les murs mêmes du cachot protégent l'expansion. Il y eut à l'ordinaire des toasts, et des chants, et du délire. A quatre heures, un officier entra et demanda si le capitaine Scheyck étoit prêt.

— Il est prêt, répondit Scheyck en lui tendant un verre.

Ce malheureux officier venoit le chercher pour mourir, et on ne se doutoit guère parmi nous que Scheyck eût été jugé le matin. Le capitaine nous embrassa, marcha au *Porteau* en fumant sa pipe, mesura du regard sa place sur la terre, comme s'il avoit voulu la marquer dans un bivac à la tête de sa compagnie, commanda le feu comme il auroit commandé un exercice en blanc, et tomba, du seul poids de son corps, la main sur le cœur et la face au soleil. Je ne crains pas d'affirmer que la république n'a jamais perdu de plus digne défenseur sur le champ de bataille.

Je n'ai pas encore parlé d'un de ces émigrés dont les prévenances et les témoignages d'affection me touchèrent d'autant plus, qu'il y avoit entre nous moins de cette sympathie qui résulte de l'harmonie des caractères et du rapport des âges. Il annonçoit une trentaine d'années, et nous avions entendu assurer qu'il figuroit déjà comme garde du corps dans cet assaut factice du château de Versailles qui prépara les sanglantes journées d'octobre. Ce document de prison, confirmé par une tenue et des manières d'ancien régime, que servoient fort bien d'ailleurs la tournure la plus svelte et la physionomie la plus distinguée que j'aie remarquées de ma vie, l'avoit fait surnommer à la geôle le *danseur de la reine*. Hippolyte Dam, plein d'effusion pour moi seul, étoit avec le reste des prisonniers réservé jusqu'à l'austérité, ou poli à ce point de délicatesse formaliste qui exclut l'intimité même du malheur. Son front blanc, couronné de petites boucles de cheveux châtains rudes et serrés, n'avoit jamais fait un pli. On ne le voyoit jamais sourire.

Aucun de nos amis ne s'étoit trouvé muni plus promptement qu'Hippolyte des pièces indispensables pour se soustraire à la mort, et, depuis que la diminution progressive des rigueurs légales rendoit les exécutions extrêmement rares, son sort avoit entièrement cessé de m'inquiéter. J'étois libre, et je n'allois presque plus en prison. Le tour le plus avantageux que pussent prendre d'ailleurs alors les affaires d'un proscrit, c'étoit de traîner en longueur. Bonaparte n'avoit fait qu'un pas de Fréjus aux Tuileries, et la France, fatiguée de vengeances et d'assassinats, embrassoit avec confiance l'espoir d'une amnistie universelle. Je fus donc fort étonné d'apprendre qu'Hippolyte insistât tout à coup, en dépit du conseil lui-même, sur la solution de son affaire; mais cette impatience ne me fit concevoir d'autre idée que celle de sa sécurité. Je ne m'alarmai point, parce que je n'imaginai pas qu'il eût été aussi pressé si les résultats de sa démarche avoient présenté quelque incertitude, et je m'étois couché fort tranquille sur lui le jour de son jugement. Il étoit six heures du matin le lendemain, quand la sœur Marthe me réveilla.

Vous vous rappelez tous cette bonne sœur Marthe Biget, la providence des malades, la consolatrice des affligés, la protectrice des prisonniers, l'ange gardien des proscrits, qui joignoit, dans sa virile stature, à l'énergie inflexible d'un héros la tendresse compatissante d'une femme et les vertus d'une sainte. Vous l'avez encore vue, si je ne me trompe, chamarrée par les souverains de l'Europe de rubans, de croix, de médailles, comme une image symbolique de la charité personnifiée, et fléchissant humblement sous le poids de ces magnificences pieuses, en rêvant au parti qu'elle pourroit en tirer pour le soulagement de ses pauvres. Elle n'étoit pas alors si superbement décorée. C'étoit tout bonnement la sœur Marthe en coiffe blanche et en béguin noir, en noir jupon de serge avec le juste pareil, en tablier de toile d'Orange bleue à pois blancs, un petit mouchoir de percale sur le cou, et parée pour toute richesse d'une grosse jeannette d'argent, dont le cœur énorme avoit été souvent engagé pour procurer quelque secours à un indigent ou quelque douceur à un condamné. Je n'avois point de meilleure amie que la sœur Marthe Biget, comme elle n'avoit point de meilleur ami que moi, et sa protection, si j'en avois voulu, ne m'auroit pas plus failli en 1814, auprès des rois et des empereurs, qu'elle n'eût fait, quinze ans auparavant, près des gendarmes et des guichetiers. Étrange vicissitude des choses! — Sa visite m'étoit si coutumière, quand elle avoit besoin de faire improviser un plaidoyer gratuit pour un accusé insolvable, que je ne fus pas surpris, à l'ouverture de mes volets, de la voir assise et immobile au pied de mon lit.

— Eh bien, sœur Marthe, lui dis-je, qu'avons-nous à faire aujourd'hui? S'il s'agit de vos émigrés, vous savez que mon nom n'est pas une bonne recommandation pour eux. S'il s'agit de vos déserteurs, je vous ai déjà dit que j'avois juré de ne jamais porter la parole devant le conseil qui a condamné entre mes mains Alleyme et Stevenard, contre le texte formel de la loi.

— Ce n'est pas cela, dit sœur Marthe en essuyant une larme d'un de ses gros doigts; c'est une commission d'Hippolyte.

— Hippolyte! m'écriai-je; et que veut-il?...

— Hippolyte! reprit sœur Marthe avec un regard étonné; tu ne sais donc pas qu'il a été fusillé hier au soir?

— Fusillé!...

— A quatre heures un quart. Il a refusé de faire usage de son passe-port et de ses certificats. Il s'est nommé. M. de Maiche l'a bien exhorté. L'abbé Artaud est venu le voir. Il est mort chrétiennement.

Et en même temps elle me tendoit une boîtelette de sapin, dont je faisois sauter le couvercle en grinçant les dents.

J'en tirai un flocon de coton qui enveloppoit une croix d'acier, et dessous il y avoit ce billet :

« Je vous adresse par une voie sûre, mon pauvre Charles, une croix que vous aviez donnée à Thérèse. De tout ce que nous avons aimé, Thérèse et moi, cette croix ne peut plus protéger que vous. Thérèse est morte il y a dix jours, et je vais mourir tout à l'heure. Souvenez-vous de nous deux.

« HIPPOLYTE. »

CLÉMENTINE

. . . .

J'avois alors vingt-trois ans, et je ne connoissois de l'amour que cette fièvre turbulente qu'on appeloit de l'amour dans cette génération de malheur dont la destinée étoit de se méprendre sur tous ses sentiments; maladie âpre, aiguë, dévorante, sans compensations, sans adoucissements, sans espérances, dont les émotions étoient des crises et les élans des convulsions; frénésie pleine de visions tragiques, parmi lesquelles apparoissoit une image de femme, comme Psyché aux enfers, fantôme inaccessible, insaisissable, qu'entouroient tous les démons de l'imagination, toutes les furies du cœur. Si une circonstance que je ne cherchois plus, parce que j'en connoissois les conséquences toujours semblables, si le caprice du hasard me livroit réelle et vivante l'illusion dont j'étois follement épris, si je parvenois à m'en faire une conquête — ou une proie, — je n'avois pas arraché son dernier voile, qu'il ne restoit dessous qu'un marbre insensible. Ma main se refroidissoit sur une main froide qui ne savoit pas la presser;

mes baisers s'éteignoient sur des lèvres glacées qui n'avoient jamais exhalé un soupir du cœur. Cette divinité n'étoit qu'une femme tout au plus ; je me disois : Ce n'est pas elle ; et je me replongeois impatiemment dans le vague de mes songes, pour leur demander un autre amour et d'autres douleurs.

Ce délire où ma vie se consumoit n'étoit pas l'accident individuel, l'infortune d'exception d'une organisation malheureuse. C'étoit l'horrible symptôme d'une passion inconnue, innomée, et cependant commune à la plupart des âmes que la nature avoit empreintes, en ce temps-là, d'un certain caractère d'énergie et d'exaltation; c'étoit un besoin profond et douloureux d'épreuves, d'agitations, de souffrances, et surtout de changement, la révélation d'un invincible instinct de destruction, d'anéantissement social, réprimé au sein d'un peuple dompté par des institutions de fer, ou distrait dans les camps par des ambitions sanglantes, mais qui rugissoit du fond des âmes oisives comme ces feux souterrains qui annoncent par un long grondement, avant de s'ouvrir un passage, les désastres dont ils vont épouvanter le monde. Toute cette puissance effrayante d'éléments confus, discords, irrités, qui se heurtent, se combattent, se conflagrent et finissent par rouler sur la terre, en éclatant, la tempête des révolutions, toutes ces fureurs trompées dans leur objet, et dont nous ne savions plus que faire, nous, fils orphelins de la liberté, déshérités par Napoléon, elles nous suivirent dans l'étroite carrière qui nous étoit laissée, au milieu des affections les plus naturelles, des sentiments les plus doux au cœur de l'homme. Encore une comparaison poétique pour débarrasser ma plume de quelques phrases de luxe qui empêchent l'encre de couler, et je n'en ferai plus. Quand un ruisseau de lave en fusion se trouve interrompu dans son cours par une muraille de rochers insurmontables, vous le voyez se révolter, monter en bouillonnant comme le flux contre la barrière qui l'emprisonne, bondir et retomber en hurlant, et se détourner enfin, s'épancher au loin, rouler, répandre ses flots enflammés à travers les vallées pacifiques et les vergers chargés de fleurs. Sous ces métaphores, il y a une histoire. C'est ainsi que nous avons goûté les félicités du bel âge.....

Je sens que j'ai de la peine aujourd'hui à me rendre compte de ces impressions que j'éprouvois si distinctement alors. Des mots, des mots, et rien de plus. La pensée n'est plus là pour vivifier la parole. Le foyer de l'incendie subsiste encore, mais il n'y a que de la cendre.

Le changement qui s'opéra dans mes idées fut soudain ; il fut étrange, il fut longtemps un mystère incompréhensible pour moi-même. Le désordre de mes passions métaphysiques m'éloignoit à Paris de ce monde méthodique et circonspect où la fougue sauvage que mes amis prenoient pour de l'enthousiasme ne m'avoit donné que la réputation d'un enfant maussade à cerveau dérangé. Les principes d'opposition hostile et violente dans lesquels je m'étois précipité en aveugle, probablement pour jeter dans ma route aventureuse quelques dangers de plus, m'auroient ouvert aisément deux ou trois salons d'aristocrates de la vieille roche, fort infatués de leur noblesse, mais fort accoutumés à descendre au besoin de ses sublimes hauteurs, quand il s'agissoit de lier aux intérêts de la bonne cause le dévouement d'un jeune courage ; mais je n'en fréquentois qu'un, parce que j'y portois des affections plus intimes, le penchant qui nous entraîne vers des compatriotes dont le nom a souvent retenti autour de notre berceau ; l'habitude du respect qu'inspire en province plus qu'ailleurs l'illustration d'une maison historique dont le collége et la tradition nous ont appris les services et signalé les monuments ; le souvenir surtout d'une bienveillance particulière dont les miens avoient ressenti les effets depuis plusieurs générations, et qui s'étoit en dernier lieu étendue jusqu'à moi. Bientôt je n'allai plus que là. Je fis plus, je portai la condescendance au point de m'y dépouiller, apparemment d'abord, et peu fort réellement, de ma mélancolie ombrageuse et de mon dévergondage sentimental. Ce qui m'en est resté n'est vraiment rien. Que ne feroit-on pas pour plaire davantage à ceux dont on se croit aimé?

Il y a des gens qui penseront que ce sacrifice eut peut-être encore quelque autre motif secret que j'oublie, et je l'ai cru depuis comme eux; mais je ne m'en doutois pas. Quoi qu'il en soit, je devins à peu près sage, et je m'aperçus que j'étois devenu sage parce que je devenois heureux.

Mes nobles patrons n'avoient pas d'enfants; mais l'amitié leur avoit donné une pupille charmante dans une jeune personne de notre pays commun, sortie depuis quelque temps d'un des brillants pensionnats de la capitale, et que sa mère avoit jugé à propos de laisser passer une année entière au milieu d'une société parfaitement choisie, pour y contracter des habitudes élégantes que l'éducation n'enseigne pas, et qui embellissent, dit-on, les plus heureux naturels. (Embellir le naturel, entendez-vous?) Elle étoit très-noble aussi, d'une de ces noblesses chevaleresques et féodales, à bannières et à créneaux, qui menoient, il y a cinq ou six cents ans, grandes fanfares dans les tournois, et qui remplissent de leurs prouesses les chroniques et les romans. C'étoit cependant la première chose que l'on oubliât auprès d'elle, tant elle étoit simple, modeste et gracieuse en son accueil; car la fantaisie même ne se composeroit pas, dans ces rêveries merveilleuses qui passent de bien haut l'œuvre de l'art, et quelquefois celui de Dieu, un assemblage plus achevé de charmes et de vertus, de naïveté et d'esprit, d'innocence et de sensibilité. Un autre oseroit la peindre; et moi, si je savois que Lawrence eût conçu cette insolente présomption; si l'on parvenoit à me persuader que le tableau sacrilége est suspendu là, derrière moi, à ce panneau vide et triste au regard, qui fait face à mon alcôve, et où quelque ornement moins précieux ne siéroit pas mal, je ne me détournerois certainement pas qu'un ami ne l'eût voilé par pitié. Non, je ne me détournerois pas, de peur d'altérer l'idée si vive et si pure encore que j'ai conservée du modèle. — J'ai les portraits en horreur!

Clémentine avoit dix-huit ans.

Il m'étoit facile de me méprendre sur l'attrait nouveau pour moi qui nous portoit l'un vers l'autre. Ces calmes entretiens qui remplissent le cœur sans le bouleverser, ces tendres effusions où deux pensées amies se confondent, ce plaisir ingénu de se voir et d'être ensemble, je ne les connoissois pas. Je n'avois éprouvé des rapports des âmes que ceux qui les froissent, qui les torturent, qui les poussent au désespoir. Je n'avois jamais imaginé d'amour sans hallucinations et sans fièvre; et ce que je sentois auprès de Clémentine, c'étoit un bien-être universel, qui tenoit de l'extase; une fête perpétuelle de cœur, qui se réfléchissoit sur toutes mes sensations; la préoccupation d'un esprit fasciné par des illusions délicieuses, qui s'y plonge avec ravissement, sans s'informer de leur réalité, et qui n'est pas même troublé dans leur possession par la crainte de les perdre. Il y avoit autour de Clémentine une atmosphère, une lumière, une nature, un ciel, qui n'étoient pas ailleurs. Sa voix avoit une autre mélodie que la musique; son regard étoit d'un autre élément que le feu. J'aurois distingué entre mille femmes le bruit léger de ses pas et le frôlement de sa robe; et, si j'arrivois avant elle à l'endroit où j'étois sûr de la rencontrer tous les jours, il étoit un moment où mes artères gonflées, où ma respiration suspendue, où mes yeux éblouis d'une lueur fantastique, m'avertissoient de son approche. Je disois comme la prêtresse qui reçoit les communications de sa divinité : — La voilà qui vient! Et elle venoit; car il y avoit des courants dans l'air, qui étoient insensibles pour les autres, et dans lesquels je puisois à une source de vie et de bonheur, quand le souffle de Clémentine s'y étoit mêlé. Je ne me chargerois pas d'expliquer ce phénomène.

De quel coup m'eût frappé alors l'homme cruellement sincère qui m'auroit dit, avec cette apathie d'égoïste qu'on appelle de la réflexion et du sang-froid : — Ce que t'inspire cette jeune fille, insensé que tu es, c'est de l'amour!
— De l'amour pour Clémentine! et à quel titre? et pour quel avenir? et sous les auspices de quelle religion, sur les degrés de quel autel pouvois-je recevoir ses serments? — Damnation! Les sceptres de vingt tyrans héréditaires dont elle portoit le nom se seroient plutôt levés de leurs tombes de marbre, en faisant siffler l'air, au brandissement de leurs épées si longtemps immobiles; les givres et les dragons d'armoiries, animés tout à coup par la fée protectrice de ses aïeux, seroient plutôt descendus des donjons en ruines, où ils embrassent encore un reste d'écu caché sous la mousse, pour venir se placer entre elle et moi sur le chemin du sanctuaire! Que dis-je?... Sa mère, qu'elle aimoit tant, et dont elle étoit si aimée, ne devoit-elle pas auparavant mourir de douleur, en la maudissant peut-être! J'aurois cent fois brisé mon cœur, si je l'avois jugé capable de s'ouvrir à une pareille frénésie! — Ce n'est pas tout. Clémentine étoit riche, beaucoup plus riche que je n'avois l'espérance de l'être jamais; et là-dessus ma résolution étoit prise irrévocablement. A ce genre d'incompatibilité je ne connois point de transaction possible. L'amour comptant des pièces d'or au seuil de la chambre nuptiale!... quelle ignominie! Du plomb fondu versé goutte à goutte dans mes veines pour lui épargner une larme, à la bonne heure!

Je n'avois aucune idée de ces dangers; ils ne m'ont jamais coûté une veille. Ce n'étoit pas de l'amour, à mon avis, c'étoit bien autre chose; je ne sais quoi cependant, et je n'aurois pas cherché à le dire. Qui auroit pu s'aviser avant moi de nommer un tel sentiment? Les gens qui font les mots savent-ils le secret de toutes les pensées qui s'éveilleront d'ici à la fin des temps au fond d'une âme d'homme? Les bons pédants, avec leurs noms et leurs définitions! Je renferme là, rien n'est plus sûr, une langue entière pour laquelle la voix humaine n'a pas une parole ; et cette langue, je la sais pourtant, quoique je ne puisse pas l'écrire. — Mais, si je l'écrivois un jour, l'entendroient-ils ?

Je m'aperçus au bout de quelques mois que mes visites, de plus en plus fréquentes, étoient reçues un peu plus froidement. Clémentine elle-même témoignoit à mon égard une réserve presque cérémonieuse, qui paroissoit plutôt imposée que naturelle à son caractère expansif. Un élan franchement tendre, un mot insignifiant que je savois comprendre, un regard sans objet apparent que je savois saisir, un de ces riens qui sont tout, suffisoit à me consoler. Cette position équivoque dura trop peu d'ailleurs pour me donner le temps de concevoir des inquiétudes sérieuses. Mon séjour à Paris avoit un terme déjà franchi ; malgré les instances de mon père, je ne sais comment je me serois résolu à partir, si Clémentine ne s'étoit disposée à revenir bientôt habiter notre province. Le jour des adieux vint enfin avec toutes ses tristesses, mais encore embelli, en espérance, d'une minute de bonheur. — Je me trompois. Clémentine n'y étoit pas.

A l'instant où je traversois, pour sortir, une petite pièce qui précède l'appartement, je la rencontrai. J'ai oublié ce que je lui dis, ce que j'essayai de lui dire ; mais je me souviens qu'elle ne me répondit pas. Nous étions assez éloignés l'un de l'autre ; car, du moment où nous nous étions vus, nous étions restés immobiles chacun à notre place. J'osai la regarder fixement, parce qu'elle ne me regardoit point, et cependant son attention ne paroissoit occupée d'aucun autre objet. Sa physionomie avoit une expression vague, mystérieuse, extraordinaire, que je n'avois pas encore remarquée dans ses traits. Elle étoit pâle ; elle avoit l'air de souffrir ou d'avoir souffert. Je n'insistai point en paroles inutiles ; mon imagination ne me les auroit pas fournies ; ma bouche auroit tenté vainement de les articuler. Soit que ma tête s'égarât, soit que j'eusse mal jugé des droits que me donnoit l'amitié, cette amitié passionnée dont je parlois tout à l'heure, je m'élançai vers elle avec une impétuosité extravagante; je saisis sa main; j'allois la porter à mes lèvres, quand elle la retira brusquement, d'une manière qui annonçoit de la colère et de l'effroi.—Clémentine! m'écriai-je en relevant subitement les yeux sur les siens. J'y trouvai le même mélange d'indignation et de terreur; mais j'eus à peine le temps de la voir, et je me persuadai assez facilement depuis que je pouvois m'être abusé sur la nature et la cause de son émotion. Elle avoit disparu en poussant une plainte indéfinissable, un gémissement sourd et profond dont l'accent me déchira. Il me sembloit que ce n'étoit point ainsi que nous devions nous séparer. Je partis cependant.

Tout cela n'avoit rempli qu'une minute. Cette minute remplit six mois de ma vie. Je la vis pendant six mois dans cette attitude, avec ce regard, et je ne vis pas autre chose. Pendant six mois, je sentis sa main s'arracher de la mienne, de ma main qui s'efforçoit convulsivement de la retenir. Ce cri douloureux qui pouvoit se traduire en tant de sentiments divers, et dont l'interprétation toujours nouvelle me faisoit passer dans le même instant de la volupté la plus pure au délire de la douleur, je l'entendis pendant six mois. Une étude grave, un péril pressant, une fête, un duel, rien ne pouvoit m'en distraire, et je n'aurois voulu à aucun prix en être distrait. Quand le monde m'entraînoit malgré moi dans le torrent de ses affaires et de ses dissipations, je ne cessois de répéter tout bas le nom de Clémentine, pour m'isoler de la multitude; je le faisois retentir comme un écho perpétuel de l'âme à travers toutes mes pensées. Je savois combien il falloit de temps pour le prononcer, pour l'écrire mille fois, et c'étoit le seul emploi de mes heures, la seule joie de ma solitude. J'étois parvenu à m'imaginer que la distance et le temps ne nous tenoient éloignés qu'en apparence; que je ne l'avois pas réellement quittée; qu'un autre moi-même, plus constant, plus assidu, avec lequel je communiquois sans effort, vivoit à ses côtés de sa vie et de sa présence, et que j'assistois par lui aux scènes peu variées de ses jours, comme un spectateur invisible. — Cette robe lui sied, disois-je ; elle l'a mise aujourd'hui parce qu'elle devine que je la vois, et qu'elle se rappelle qu'elle n'en a point dont la couleur me soit plus agréable. Quel souci fait passer une ombre légère sur son front? Je ne saurois m'y prendre ; car c'est son habitude alors de rouler ainsi ses doigts dans les boucles de ses cheveux. On lui parle d'une idée qui l'irrite et qui la contraint ; j'en suis sûr au pli imperceptible qui vient de se dessiner sur son sourcil à peine relevé. Peut-être est-elle menacée de quelque retard à son voyage! Grâce au ciel, l'obstacle est levé ; le sourcil redescend ; le pli s'efface ; elle sourit. Elle est donc heureuse de revenir !... Et moi aussi, j'étois heureux !

Un jour, on dit qu'elle arrivoit, et, quelques jours après, qu'elle étoit arrivée. Je doute que ce changement dans ma situation ne m'ait pas causé plus de trouble que de plaisir. Je comprenois peu le nouvel ordre de relations qui alloient s'établir entre nous. Je n'en prévoyois pas clairement la portée et les conséquences. Il me sembloit que je n'avois pas eu le temps de m'y préparer, et qu'il étoit trop tôt pour la voir ; j'aurois voulu quelquefois rester comme j'étois, sous un prestige doux, qui ne dépendoit que de moi seul, et dont aucune volonté étrangère à la mienne ne pouvoit rompre l'enchantement. Quand on me dit qu'elle alloit passer, ma poitrine se souleva comme si elle avoit dû éclater ; mes jambes défaillirent, mes yeux se voilèrent ; je ne la vis pas. C'étoit dans une promenade. Au retour, je me décidai à maîtriser mon âme, à l'affermir, à subir ce bonheur accablant qui m'effrayoit, parce qu'il n'y manquoit presque rien pour qu'il fût mortel. Nous la saluâmes. Elle répondit avec grâce, mais sans nous donner lieu de croire qu'elle eût remarqué entre nous personne en particulier. Je voulus renouveler cette épreuve. Elle regarda cette fois, mais ses yeux distraits se détournèrent quand ils alloient rencontrer les miens. Les jeunes gens qui m'accompagnoient grossirent bientôt un à un le groupe où elle s'étoit assise. Alors elle ne regarda plus. A son départ, le mouvement de la foule m'avoit poussé si près d'elle, qu'elle fut presque obligée de m'effleurer pour la traverser ; elle ne m'accorda qu'autant d'attention qu'il en faut pour éviter l'embarras qu'on trouve dans son chemin. C'étoit elle cependant : je l'avois vue d'assez près pour la reconnoître. Je l'avois même entendue ; elle rioit.

Il y a d'affreuses nuits.

Le lendemain, le surlendemain, souvent, je la rencontrai seule. Elle me saluoit encore, comme à regret, sans me regarder, ou tout au plus en laissant tomber sur moi un regard de plomb. Je crus deviner.

—Rien de plus naturel, dis-je amèrement. C'est en effet Clémentine ; mais ce n'est plus celle que j'ai vue : ce n'est plus le monde où nous étions placés tous les deux, et le monde, c'est l'élément par lequel elle vit, c'est la source où elle puise sa pensée. Dans cet immense chaos de Paris, toutes les inégalités disparoissent, toutes les conditions se confondent. On n'a pas inventé jusqu'ici l'art de blasonner la figure humaine. L'homme qui fréquente la noblesse en reçoit quelque reflet aux yeux du vulgaire. N'ai-je pas entendu dix fois des domestiques imbéciles m'affubler en m'annonçant de leur sotte particule? c'étoit le passe-port, la lettre de crédit du roturier présomptueux, l'insolente explication de l'accueil des maîtres, un sceau d'emprunt qui falsifioit ma valeur sociale dans l'intérêt de leur orgueil. Ici, je ne suis que moi, le bourgeois obscur dont ces murailles attesteroient au besoin l'honorable mais simple origine, le ver méprisable qui file un cocon grossier aux branches des arbustes, et dont cet essaim de papillons étourdis ne prévoit pas l'essor radieux ! Cette humiliation n'est au fond que la conséquence nécessaire de mon erreur. — J'ai rêvé !

Non, repris-je aussitôt; non, cela n'est pas possible. Une foiblesse aussi vulgaire se comprend facilement dans cette populace de nobles, qui est à peine capable de distinguer les choses de leur apparence; mais elle est incompatible avec les sentiments généreux d'une âme tendre, élevée, puissante, le chef-d'œuvre et l'honneur de la création. Quelques mois suffisent pour bouleverser des empires, pour niveler des montagnes, pour déplacer des fleuves de leur lit. L'éternité ne suffiroit pas à produire une telle métamorphose dans cette organisation d'élite où Dieu a déposé le germe de tant de sagesse et de vertus; où un naturel sublime a protégé ce germe précieux contre l'influence de l'éducation et des préjugés; où je l'ai vu se développer, se fortifier, grandir à une hauteur inaccessible au vol de l'enthousiasme! Il faut chercher ailleurs les motifs de mon infortune. Qui sait de quelles couleurs je puis avoir été peint devant elle? Qui sait, hélas! quel prétexte n'ont pas fourni aux mauvais offices de la haine les agitations, les violences, les excès de ces deux ou trois années d'épilepsie et de démence qui ont précédé le jour où je la vis pour la première fois? C'est sous ce rapport qu'elle me connoît aujourd'hui, si différent de ce qu'elle avoit imaginé, et mon caractère véritable, celui que je dois à la nature ou à Clémentine, n'est autre chose à ses yeux que le masque odieux d'un hypocrite. Elle croit m'avoir deviné. Elle me méprise, elle m'abhorre. Voilà tout!

Je m'arrêtai à cette idée, tout affreuse qu'elle fût. Je m'y arrêtai peut-être parce qu'elle étoit affreuse. Le hasard me procura bientôt l'occasion de l'éclaircir.

Je ne sais plus quelle obligation m'avoit livré aux ennuis d'une de ces soirées d'apparat et de fête qui sont insupportables partout, mais qui ne le sont nulle part autant que dans la *bonne* compagnie. Clémentine y arriva tard, en s'excusant sur une migraine dont elle avoit été tourmentée, et qui laissoit des traces trop sensibles sur son visage abattu. Je n'avois pu me soustraire à sa vue et à l'humiliante expression de sa politesse dédaigneuse; mais, quand tout le monde fut assis, je restai debout, et j'affectai de me diriger vers la porte du salon, pour lui faire comprendre que ce n'étoit pas l'espérance de la rencontrer qui m'avoit conduit dans cette cohue. Mon intention étoit en effet de me retirer, mais la force me manqua. Je tombai dans un fauteuil heureusement assez éloigné du cercle des conversations et des jeux pour que je pusse me croire seul, et m'abandonner sans contrainte aux idées pénibles qui m'oppressoient. L'espèce d'anéantissement où j'étois plongé me permit à peine de remarquer que le bruit diminuoit de plus en plus autour de moi, et que la société, attirée par des symphonies qui s'exécutoient dans un pavillon du jardin, s'y étoit jetée tout entière au milieu d'une avenue illuminée. Clémentine avoit sans doute allégué sa maladie pour se dispenser de prendre part à ces plaisirs, et, la tête appuyée dans sa main, d'où ruisseloient les ondes de ses blonds cheveux, elle étoit encore là, penchée sur le bras d'un canapé. Je tressaillis et je me levai. Elle poussa un foible cri en m'apercevant, et s'élança pour sortir. J'étois sur son passage.

— Pardonnez-moi avant tout, mademoiselle, dis-je en lui opposant mon bras étendu; mais n'allez pas plus loin sans me répondre. Le repos, le bonheur, l'honneur de ma vie, exigent que j'obtienne de vous une explication.

— Une explication! s'écria Clémentine étonnée.

— Mon impatience et mon trouble ne me permettent pas le choix des mots. Il y va pour moi d'intérêts plus graves qu'une vaine observation des bienséances. Pardonnez, je le répète, et oubliez bientôt, s'il est possible, ce qu'il y a d'irrégulier, d'inconvenant, de téméraire dans ma démarche; mais écoutez d'abord. Vous le devez à vous-même! Quels infâmes rapports, quels mensonges artificieux ont fait tomber sur moi la colère et le mépris de la seule personne dont l'estime me soit chère au monde?

— J'aurois singulièrement jugé, répondit-elle avec quelque hauteur, de l'impression que votre vue me fait éprouver, si elle se manifestoit sur ma physionomie d'une manière offensante. Je n'ai aucune raison de vous mépriser. La colère, la froideur même, supposent une habitude de relations intimes qui n'a jamais pu nous rapprocher. Personne ne s'est permis de me tenir sur votre compte un langage que je n'aurois pas pris la peine d'entendre, ou que j'aurois certainement oublié. Votre repos, votre bonheur, votre honneur, n'ont donc été sérieusement compromis que dans votre imagination, dont je n'ai ni le droit ni l'envie de réprimer les mouvements; mais qui m'obligera fort, à l'avenir, de m'épargner le rôle désobligeant qu'elle me fait jouer dans ses... lubies. Mon impatience et mon trouble ne me permettent pas non plus le choix des mots!

Elle fit un pas vers l'avenue.

— J'accepte sans difficulté cet éclaircissement rigoureux, repris-je en l'arrêtant, et je le tiens pour une satisfaction complète; mais il m'importe de vous dire encore que vous avez fait tort à mon caractère en le taxant d'une présomption trop hardie pour la foi que j'avois mise dans votre amitié. Une imagination moins sujette aux lubies que vous reprochez à la mienne s'y seroit peut-être trompée comme moi; la mémoire des sentiments ne s'efface pas si vite dans tous les cœurs, et, si mon cœur pouvoit s'ouvrir à vos yeux, si je pouvois, Clémentine, vous faire juger de la profondeur de sa blessure...

— J'espère qu'alors, monsieur, dit-elle en relevant la tête d'un air impérieux et décidé, vous auriez assez de sens et de délicatesse pour me dispenser de recevoir vos confidences!

Elle sortit, car je ne la retenois plus. Il ne me restoit pas une idée, pas une volonté. Elle avoit tué mon âme.

— Cela est bien, pensai-je quand je fus libre. Celle-là aussi n'est qu'une femme, et une femme noble encore, c'est-à-dire ce qu'il y a de plus pauvre et de plus petit dans l'ébauche d'un être avorté, multiplié par toutes les petitesses et toutes les pauvretés d'un préjugé stupide. Orgueilleuse petite fille! ne semble-t-il pas qu'elle tient mon existence dans ses mains, comme un jouet qui n'est bon qu'à jeter ou à rompre? et de quoi dépend la sienne, pour justifier tant de morgue et d'insolence? Les torches qui ont brûlé le château de son père sont-elles si bien éteintes que la vengeance et le désespoir ne puissent les rallumer? ma voix n'a-t-elle pas un pouvoir assez éprouvé sur ces hommes de carnage et de désolation, qui boivent le sang, et que le sang ne désaltère pas, pour les convoquer un jour à quelque festin de cannibales? Les révolutions ne sont pas toutes dans le passé, et je n'y ai marqué jusqu'ici définitivement ni mon drapeau ni ma place. Roturiers! nous le serons pour retourner, puisque vous le voulez, au travail de la terre. Nous la creuserons des doigts comme des hyènes, et nous y ouvrirons une fosse qui vous dévorera tous! Oh! qu'il feroit beau la voir s'échapper demi-nue à travers la meute de mes dogues affamés, chercher un refuge dans ces bras qu'elle repousse, presser son sein palpitant d'horreur sur le sein qu'elle déchire, et, le front renversé, crier grâce et pitié en cillant les yeux épouvantés aux lueurs du poignard! Pitié pour toi, vipère! et que peux-tu redouter? N'es-tu pas noble, Clémentine, et la peur a-t-elle troublé ton cœur d'enfant au point de te faire oublier que le fer du peuple se brise ou se rebrousse contre le flanc d'une fille noble? Où seroit autrement le privilége de ta race? Ton cœur? as-tu ménagé le mien? Rien ne pouvoit nous rapprocher, selon toi! qu'en dis-tu? C'est que tu ne pensois pas à l'étreinte de la victime et de l'assassin? Regarde! elle est aussi complète, aussi passionnée, elle est mille fois plus voluptueuse que celle de l'amour! — Comme tu es pâle! Comme tu crains de mourir! Comme tu m'implores lâchement! Va, il n'y a pas dans tes veines une seule goutte de sang noble! tu n'es pas plus courageuse que tu n'étois bonne et belle quand je croyois t'aimer! Que parles-tu de sensibilité, d'humanité, de pardon! Ah! j'ai une idée confuse des sentiments que tu me demandes, mais je les ai désappris tout d'une fois, je ne sais plus où, un soir de printemps, dans un salon de bal, au bruit d'une symphonie qui alloit à l'âme. Je m'en souviendrois peut-être pour un en-

7.

faut, pour un vieillard, pour un homme, quel qu'il fût, qui me diroit : Ne me tue pas! et qui me presseroit la main. Pour une jeune fille noble, jamais!... Il faut qu'elle meure !

Je disois ceci à haute voix en courant dans la promenade, déjà abandonnée de tout le monde, où le hasard m'avoit amené par des chemins que j'ignore. Ces derniers mots frappèrent mon oreille, comme s'ils avoient été articulés près de moi par un démon. — Ah! mon Dieu! mon Dieu! dis-je avec effroi, effacez du livre éternel ces blasphèmes exécrables! ce n'est pas moi qui les ai proférés! ce ne peut pas être moi. Je n'ai point d'armes; je ne veux point d'armes; je n'ai point de sang sur les mains! je n'ai tué personne!

Et je me précipitai au pied de l'arbre auprès duquel elle avoit coutume de s'asseoir. Le sable que frappa ma tête, elle l'avoit foulé la veille. Je le parcourus, je le pressai avidement de mes lèvres ardentes, et je le broyai entre mes dents.

J'avois compris tous mes malheurs à la fois. Ja savois, à n'en plus douter, que cette fièvre qu'elle avoit allumée dans mon sang, c'étoit l'amour effréné, l'amour malade et furieux, une passion absurde, sans espérance et sans excuse, dont l'extravagance ne pouvoit se mesurer qu'à ma misère. Je pleurai de rage et d'indignation contre moi-même; je craignis de devenir fou, et puis je le désirai. Un fou, il aime ce qui lui plaît, il ne voit pas d'obstacle à ses vœux; il souffre d'un malheur dont il attend la fin, et il ne souffre pas seul, car il est sûr d'être aimé. Il épousera cette femme sensible et fidèle dont le sépare la haine d'un rival qu'elle déteste, ou la malice d'un enchanteur qui la persécute aussi. C'est bientôt qu'il doit l'épouser; quand les galions de l'Inde lui auront rapporté ses trésors, ou quand ses vassaux révoltés viendront le prier à genoux de reprendre ses droits et sa couronne. Il croit à l'avenir; — et je ne connoissois point de bonheur possible qui valût son illu-

sion, moi, dont nul événement ne pouvoit changer la destinée, moi, qui n'aurois pas accepté la main de Clémentine, si elle m'avoit été offerte. — Affreuse tyrannie de la société, qui jette un homme dans un paradis de délices, et qui lui dit comme le Dieu jaloux : Tu ne toucheras point à ce fruit d'élite et de prédilection, parce que je me le suis réservé !
— Et pensez-y bien ! quand vous n'existerez plus que par le sentiment qui vous est interdit, on vous permettra, que dis-je ? on vous prescrira de vivre. On rivera la chaîne de votre âme à cette odieuse prison de chair dont tout le monde porte la clef sous la monture de son canif ou dans le fourreau de son épée ! Vraiment, l'imagination la plus riche en malfaisance, la plus ingénieuse en supplices, ne s'aviseroit pas d'une pareille recherche de cruauté ! Méconnoisse là qui pourra une œuvre de vengeance divine ! Le bonheur du maniaque ou le repos du cadavre, un cabanon à Bicêtre ou un lit de pierre à la Morgue, c'est tout. Si vous ne savez pas choisir, résignez-vous de bonne grâce à tous les raffinements d'une torture qui n'expirera que de votre dernier soupir, qui ne mourra que de votre mort, et qui recommencera peut-être ! Recommencer, revivre, se rappeler, et savoir que c'est pour toujours ! Il n'y a rien à comparer à cette idée dans tous les épouvantements de l'agonie.

Je ne paroissois plus. J'avois brisé tous ces fragiles liens qu'on prend pour des attachements, le filet de l'oiseleur sur un tigre blessé. Rien ne me sourioit. Rien n'étoit capable de dérober mon attention à ce chaos de rêves douloureux où rien ne la fixoit. Je ne me serois pas détourné pour voir crouler le soleil. On le remarqua, parce qu'on remarque tout, dans le cercle étroit des petits villes. Deux ou trois femmes vaporeuses, deux ou trois jeunes gens harassés d'ennui, qui venoient d'épuiser le texte ordinaire de la conversation, la pluie et le beau temps, le début d'une chanteuse, la toilette d'une amie absente, l'intrigue très-diaphane d'une étourdie et d'un sot, daignèrent se communiquer complaisamment leurs conjectures sur l'origine et les symptômes de la maladie morale qui m'éloignoit du monde, depuis l'époque solennellement mémorable où j'avois figuré pour la dernière fois parmi les acteurs d'une esclandre politique, les dupes d'une coquette, ou les victimes du brelan. On déplora le malheur inconnu qui causoit mon aliénation. Il falloit cela pour la constater.

Ces bruits parvinrent à mes compagnons d'école, que j'avois perdus de vue près de dix ans auparavant, entre le *Selectæ è profanis* et les *Fables* de Phèdre, à la clôture des anciens colléges. Ferdinand étoit du nombre de ces honnêtes gentilshommes des champs dont le colombier représente assez bien un donjon du moyen âge, quand on le regarde de loin et avec toutes les dispositions requises pour adopter cette illusion ; qui ont un grand salon garni de tapisserie délabrée et de vieux meubles, autrefois fort galants ; qui se promènent après leur dîner dans une galerie revêtue ou masquée jusqu'aux frises de portraits de famille inégaux de dimension et de bordures, mais vénérables de cuirasses, d'hermines, de barbes effilées ou d'amples perruques, d'inscriptions héraldiques et de gothique poussière, et qui passent le reste de leur temps entre la chasse aux chiens courants et le billard domestique, par respect pour les traditions des nobles exercices ; digne et vertueux jeune homme d'ailleurs, sans procès, parce que son père lui avoit laissé une fortune claire et solide qu'il s'inquiétoit peu d'augmenter ; sans emplois publics, parce qu'il ne connoissoit ni orgueil ni ambition ; et sans ennemis, parce qu'il étoit serviable pour tous, et qu'il ne portoit d'ombrage à personne. La nature l'avoit comblé de bonheur comme elle l'avoit pourvu de sagesse, et elle avoit bien fait. Il auroit aimé sa retraite par instinct ; il la chérissoit par habitude et par philosophie. Une excellente petite femme du même rang, mais du même caractère, étoit venue depuis quatre ans l'embellir en la partageant. Deux enfants, jolis comme des anges, et bien portants comme des paysans, avoient dès lors doublé cette heureuse famille, à laquelle il faut ajouter quelques gens de service qu'on traitoit comme d'autres enfants. A quatre lieues de la ville, au revers d'un coteau délicieux, tout près d'une forêt immense qui versoit jusque sur le château la fraîcheur de ses ombrages et la grâce de ses murmures, sous un toit bien spacieux et bien confortable, entre de bonnes murailles bien épaisses et bien cimentées, mais d'un aspect riant, qu'embrassoit un superbe clos de dix-sept arpents, dont la rivière baignoit l'enceinte blanche et entretenoit des viviers, il y avoit là un tableau à faire pleurer de joie.

Ferdinand vint me voir; il s'assit à côté de moi, me pressa cordialement la main, et, après un moment de silence expressif pendant lequel nous nous rappelâmes plus de doux souvenirs d'enfance que nous n'aurions eu le temps d'en raconter en deux jours :

— Tu souffres, me dit-il, et je ne t'en demanderai pas la cause : il y a des chagrins qui se soulagent à s'épancher, mais il y en a aussi qu'on aggrave en les montrant aux autres, comme ces blessures que l'air envenime, et dont le moindre contact irrite la douleur. Nous passerons donc là-dessus pour ne pas te contrarier, quoiqu'il y ait peut-être plus de remède que tu ne penses à ton affliction.

Je lui témoignai qu'il se trompoit.

— Soit, continua-t-il; je n'y reviendrai plus. Ne te guéris pas, si telle est ta destinée, ou si telle est ton envie; mais ne repousse pas du moins les soulagements qui peuvent rendre ta peine plus tolérable, en te donnant la force de la supporter. Tu n'en connois point?... Je m'en doutois. C'est comme cela que l'on raisonne quand on est malheureux ou qu'on croit l'être, ce qui revient à peu près au même. Il y en a trois cependant dont l'effet n'a jamais manqué, l'amitié, l'étude et le temps. S'ils n'aboutissent à rien cette fois-ci, c'est que tu es placé dans une exception de malheur dont il ne s'est présenté aucun exemple, et je veux bien te complaire en cette idée; mais tu te rendrois coupable d'injustice et d'ingratitude envers ma tendresse en te refusant à l'essai que je te propose. Écoute-moi ; tu ne renoncerois probablement pas à la solitude, et je le comprends. La solitude est une amie triste et sévère pour un cœur à plaindre; mais enfin c'en est une, et n'en trouve pas qui veut. Ce que je te demande, c'est d'en changer. Pars avec moi maintenant. Tu n'as pas besoin d'être annoncé. Gabrielle te connoit, elle t'aime. N'a-t-elle pas pris part à nos jeux d'enfants? N'est-ce pas elle, s'il t'en souvient, qui jouoit Clorinde au château, dans cette belle pantomime de la *Jérusalem délivrée*, où tu étois déjà si rêveur et si mélancolique sous l'armet du farouche Argant? Tu reconnoîtras ton bouclier de carton, magnifiquement couvert de papier d'or. Il est encore appendu au clou auquel tu confias son poids précieux, quand la fin des vacances nous força de quitter Solyme et l'armure des paladins pour retourner au collége et reprendre le dictionnaire. Tu reconnoîtras ta petite chambre au pavillon gauche de la façade, et, dans la pièce qui précède, et qui n'est jamais habitée que dans les occasions extraordinaires où nous recevons des visites, une bibliothèque assez nombreuse de son temps, que je n'ai pas mal augmentée.

— Je me souviens de tout cela comme si je le voyois, interrompis-je en reprenant la main de Ferdinand. As-tu coupé cette jolie pièce de bois qui faisoit un si joli rideau de verdure devant ma fenêtre?

— Le temps y a changé quelque chose, et non pas moi. Elle a grandi. C'est maintenant une futaie admirable, et je pense qu'il faudra peut-être te loger autre part, si tu crains une ombre trop épaisse pendant le jour, et le chant du rossignol pendant la nuit.

— L'ombre et le rossignol! m'écriai-je. Oh! certainement, c'est là que je logerai!

— Tu viendras donc? reprit Ferdinand d'une voix attendrie.

Un embrassement fut ma réponse, et nous partîmes.

La douceur passagère que ce petit voyage mêloit aux

amertumes de ma vie devoit avoir un charme bien puissant, à en juger par la place qu'il tient encore dans mes souvenirs. Si j'écrivois une nouvelle, une histoire, un livre, j'effacerois ces détails, qui n'ont que faire ici ; mais j'écris, j'écris ce que je me rappelle, ce que j'éprouvois, ce que j'éprouve ; et ces détails, les voilà.

Quelques semaines étoient passées. Mon esprit se ressentit du calme de ce séjour de paix où il n'y avoit pas une pensée qui n'eût pour objet de suspendre mes ennuis, ou de les effacer entièrement de ma mémoire.

— Nous y parviendrons, n'en doute pas, me dit un jour Ferdinand, en te réconciliant avec la société, que je recherche peu, mais qui n'est pas si haïssable quand on sait ne prendre d'elle que ce qu'elle a de bon, et lui prêter le concours d'une bienveillance qui est naturelle à tous les cœurs honnêtes, sans lui engager sa liberté. Le commerce des femmes surtout est une source inépuisable de consolations; mais tu les as jusqu'ici aimées avec la véhémence de ton caractère, et je ne concevrois pas que cette manière de sentir t'eût procuré auprès d'elles un seul moment de félicité complète et pure. Les sensibilités romanesques sont toujours dupes, et c'est la faute de leur exigence. Pour tirer parti de la fréquentation du monde, il faut le prendre tel qu'il est. En t'accommodant à ton espèce, tu aurois trouvé qu'elle a son prix ; je veux te voir entreprendre cette étude, sauf à y renoncer quand elle t'importunera. Nous allons recevoir une société charmante.

— Ne va pas plus loin ! Je crois tout ce que tu m'as dit, mais je n'en suis pas à ce point de ma guérison. Jouis d'un bien que tu comprends, il n'y a rien de plus naturel. Laisse-moi éviter un supplice qui me fait horreur ; nos conventions m'en donnent le droit. Je reviendrai quand il n'y aura plus ici de société charmante que celle de ta femme et de tes enfants. Ne me parle pas de l'autre !

— Sous cette condition, reprit Ferdinand, je ne gênerai pas ta liberté ; je te l'ai promis. Cependant j'espère encore que tu ne t'obstineras pas dans ta résolution trop subite. Il est un tel nom qui pourroit t'inspirer plus d'indulgence pour les visites que j'attends, celui d'Estelle de B..., par exemple, dont tu faisois l'autre jour un éloge assez vif, et qui seroit enchantée, j'en suis sûr, de te rencontrer ici.

— J'y reviendrai quand elle sera partie.

— A ton aise. — Ai-je oublié de te dire que sa fortune et celle de sa cousine étoient fort changées?

— De sa cousine? Est-il possible? Clémentine seroit-elle pauvre?

— Voilà qui est étrange! tu as dit cela comme si tu étois capable de le désirer!

— Quelle folie! personne ne fait des vœux plus ardents que moi pour le bonheur d'Estelle... et de Clémentine.

— Elles n'étoient que riches. Elles le sont bien davantage. Un parent éloigné leur a laissé par testament un héritage considérable, et, comme le plus beau domaine de la contrée en fait partie, je suis surpris de ne pas les avoir encore reçues depuis qu'elles en ont pris possession. Il n'est qu'à deux lieues de ma terre.

— Clémentine aussi! murmurai-je machinalement, sans prendre garde à l'expression que ce nom pouvoit avoir dans ma bouche.

— Clémentine aussi! répondit Ferdinand, qui me regardoit alors avec une attention pensive. Sans doute! — Clémentine aussi! Rassure-toi! je ne cherche pas à pénétrer ce mystère, quoiqu'il excite assez vivement ma curiosité. Quelle foi faut-il ajouter aux propos qui ont couru sur votre antipathie, sur votre haine, et dont le souvenir m'échappoit? Je n'y voyois en vérité qu'une fable extravagante!

— Et tu avois raison! mille fois extravagante! Dieu préserve de tomber sous ma main le misérable qui a compromis le nom de Clémentine dans ses impertinentes conjectures! L'antipathie est un sentiment, et Clémentine me doit-elle un sentiment, je te le demande? Où m'a-t-elle vu? Où m'a-t-elle parlé? Me connoît-elle seulement? Et tu ne permets pas qu'on s'enfuie dans un désert pour y maudire librement les hommes !

— Calme-toi. Tu oublies que cette conjecture, c'est ton émotion qui vient de me la rappeler, et que dans une autre occasion elle peut l'avoir fait naître.

— J'y pensois, continuai-je du ton le plus réfléchi que cette minute d'interruption m'avoit donné le temps d'affecter; il est trop vrai que ce nom fatal réveille dans mon âme une pensée douloureuse, qui doit se trahir sur mon visage quand je l'entends prononcer, mais qui se rapporte à une autre femme, à une Clémentine que j'ai connue autrefois, qui m'a été chère ailleurs, et que la terre ne possède plus. Cette circonstance explique tout. Fais-en l'usage que tu voudras, et laisse-moi partir.

Le soleil étoit déjà couché quand nous rentrâmes au salon par l'escalier de la terrasse, au moment où la porte opposée s'ouvroit pour laisser entrer trois femmes, la maîtresse de la maison et deux autres dont la voiture venoit de s'arrêter à la grille. La première passa devant moi en me souriant : c'étoit Estelle. La seconde, c'étoit Clémentine. Elle recula, comme si elle avoit marché sur une couleuvre.

Dans le trouble que j'essayois de contenir, je saisissois à peine de loin à loin quelques traits de la conversation. La voix de Clémentine me parvint plus distinctement.

— Nous espérions, en effet, dit-elle, passer quelques jours avec vous; mais une distraction d'Estelle nous force de retourner à la ville, et ce n'est pas sans regret que nous nous sommes aperçues qu'il étoit trop tard pour y arriver aujourd'hui. Elle a eu l'étourderie d'oublier chez son notaire les titres les plus essentiels de notre propriété.

Cette phrase-là, prononcée d'un accent ému et vibrant, avoit une tout autre signification que celle qui lui reste sous la plume. Pour Ferdinand et sa femme, c'étoit une défaite; pour Estelle, c'étoit un caprice; pour moi, c'étoit une insulte.

— Je ne te comprends pas, reprit vivement Estelle. N'avions-nous pas pensé que nos amis trouveroient aisément, parmi les gens du village, un homme exact et sûr qui nous épargneroit cette démarche? Il ne s'agit en effet que de remettre ce billet à son adresse, et de rapporter soigneusement le griffonnage de l'homme de loi.

— Je m'en charge! s'écria Ferdinand, qui se disposoit à s'emparer de la lettre.

— Et moi, ajoutai-je en faisant le même mouvement, si madame veut bien m'accorder assez de confiance pour ne pas chercher un autre émissaire, je me charge d'exécuter demain ses intentions de si bonne heure, et de lui envoyer la réponse qu'elle attend par un domestique si expéditif, qu'elle n'aura peut-être pas le temps de la désirer à son réveil.

— Vous nous quittez? me dit Estelle avec un son de voix et un regard qui donnoient à ces mots l'expression d'un reproche aimable et triste.

— Avant le jour, et j'en prévenois mon ami quand vous êtes arrivée. Un malaise pénible, mais que la nuit dissipera, m'a seul empêché de partir aujourd'hui.

Je reçus la lettre de ses mains, et je pus me retirer à la faveur du prétexte que le hasard m'avoit fourni. Je sortis sans regarder Clémentine; mais je supposois qu'elle étoit contente.

La nuit étoit tout à fait tombée quand j'entrai, sans flambeau, dans ma chambre. J'ouvris la croisée qui donnoit sur le petit bois; j'aspirai l'air extérieur, comme s'il avoit pu me soulager de l'oppression qui m'étouffoit; je calculois stupidement combien il me restoit d'heures à compter encore avant de me mettre en route, de manière à me trouver à l'ouverture des portes. Il y a des émotions qui suspendent l'exercice de la pensée, ainsi qu'il y a des douleurs physiques dont la violence, parvenue à un degré intolérable, tient l'action de la sensibilité quelque temps interrompue. On ne sent plus, on ne souffre plus, on n'est pas mal.

Cet état de répit finit vite ; le cœur reprend son élasticité pour soulever, pour peser encore le fardeau qui l'accable, pour s'épuiser en nouveaux efforts, et pour succomber toujours, toujours, tant qu'il se brise tout à fait.

— C'en est trop! dis-je enfin en marchant précipitamment dans cette obscurité, dont ma honte auroit voulu épaissir les ténèbres. C'est trop compter aussi sur la patience d'une âme énergique et fière, qui sait ce que vaut en désespoir une passion insensée, mais qui ne transige pas avec le mépris. Tue-moi, s'il le faut; tu en as le droit, puisque je t'ai lâchement livré ma vie; mais flétrir mon caractère, je te le défends! et prends-y garde, crois-moi! Je déchirerois plutôt ton cœur de ma main que d'y laisser vivre un sentiment qui m'outrage! Une tache à l'honneur, c'est affreux ; une tache de sang, ce n'est rien. — Sa haine! je la comprends sans me l'expliquer. Qui peut expliquer les misérables mouvements de cet organe imparfait qui palpite dans le sein d'une femme? Ce dédain offensant, je ne le subirai pas! Je le mériterois peut-être si je lui avois parlé de mon funeste amour, si j'avois eu l'infamie de solliciter le sien, l'amour d'une noble héritière..... Mais l'inexorable frénésie qui me consume, je l'ai cachée avec plus de soin qu'un trésor honteux, conquis par meurtre et par rapine. C'est mon mal et mon secret. Et son amour à elle, qui en veut? — M'a-t-elle assez avili cependant! A-t-elle porté assez loin le raffinement de l'injure! A-t-elle assez envenimé le dernier coup qu'elle me réservoit! Venir jusqu'ici, dans le sanctuaire de mes seules amitiés, pour me forcer à rougir d'un affront qui ne me promet ni réparation ni vengeance ; pour me signaler à cette famille, où je reçois un accueil de frère, comme un homme à repousser de l'air qu'elle respire! — Oh! je suis bien malheureux!

L'excitation passionnée de mon esprit avoit usé mes forces. Un spasme douloureux tordoit mes nerfs; un nuage brûlant flottoit sur mes yeux, et dévoroit mes paupières ; mes oreilles siffloient; je respirois avec effort; je me soutenois à peine. Je me jetai tout vêtu sur mon lit, et j'y fus surpris aussitôt par ce sommeil confus, orageux, turbulent, qui, loin d'endormir la faculté de penser, la tourmente de fatigues sans nombre, en la ballottant avec une sorte de malice amère entre les songes et la réalité. Je ne sais combien il y avoit d'heures que cet état duroit, quand je m'imaginai voir Estelle et Clémentine, et les entendre parler de moi. Je ne discernois pas le jeu de leur physionomie, je ne suivois qu'à demi le cours de leur conversation; mais mon nom y tomboit à intervalles égaux, comme un refrain qui rappeloit de temps en temps mon attention, au moment où elle étoit près de se laisser distraire par un autre rêve. Contre l'ordinaire des illusions de la nuit, celle-ci devenoit de plus en plus lucide, et tout à coup elle fut assez distincte pour me réveiller. Je regardai en sursaut dans ma chambre pour y chercher l'objet de mon étrange vision. J'étois seul; mais un jet de lumière qui la partageoit dans son étroite longueur, et la conversation qui continuoit sur le même ton et sur le même sujet qu'auparavant, m'avertirent subitement qu'il n'y avoit qu'un de mes sens qui eût été trompé. Si je ne les avois vues qu'à la merci des caprices du sommeil, je les entendois certainement encore. Mes idées se débrouillèrent promptement. La pièce voisine étoit destinée aux étrangers : je le savois de Ferdinand. Une des cousines, qui devoit l'habiter, y étoit reconduite par l'autre, et l'inattention d'un domestique maladroit, qui avoit laissé la porte de communication ouverte, me rendoit le confident involontaire de leur entretien. Je m'assis brusquement en appuyant avec force mes pieds sur le parquet, dans le dessein de l'interrompre; mais il étoit si vivement engagé, que l'on ne m'entendit pas. — Que faire? paroître ou parler, c'étoit une scène de terreur et de fantasmagorie digne des romans anglais, si fort à la mode alors dans les salons; c'étoit probablement pis encore : un guet-apens d'étourdi, que les extravagances de ma vie passée me permettoient à peine de justifier en le rendant tout entier au hasard; et il falloit, pour me croire, qu'on prît, contre toute apparence, la peine de m'écouter; c'étoit enfin une action loyale sans doute, mais qui pouvoit me perdre, et ne profiteroit à personne. Il avoit été question de moi, d'ailleurs, j'en étois sûr; et, si j'en croyois les notions vagues de mon dernier songe, il n'avoit été question que de moi. Comment expliquer, comment rendre sensible à un esprit irrité, dont je ne me dissimulois pas les préventions et l'inimitié, l'idée que j'eusse tout entendu sans rien comprendre? Ces propos n'étoient-ils pas de nature peut-être à inquiéter deux foibles âmes sur leurs résultats? Ne valoit-il pas cent fois mieux en garder dans mon sein le triste mystère que d'en aggraver les conséquences par un scandale dangereux ou du moins inutile, dont ma générosité indiscrète recueilleroit pour unique fruit le soupçon d'une lâcheté et d'un mensonge? Elles alloient se séparer, et, pendant que leurs pas s'éloigneroient assez pour qu'il me fût possible, avec un peu de précaution, de leur dérober le bruit des miens, j'arriverois à cette fenêtre ouverte, qui ne s'élevoit pas de plus de quinze pieds au-dessus de la terrasse, et j'en descendrois facilement pour gagner le petit bois et même la route. Je connoissois assez d'issues pour cela. Cette suite de raisonnements paroît longue à parcourir. J'aurois eu, je crois, le temps de les embrasser tous à la lueur d'un éclair. Je restai immobile; et, comme on n'avoit pas cessé de parler, j'entendis malgré moi, en appelant impatiemment de mes vœux l'occasion de sortir de cette contrainte insupportable, et d'exécuter mon projet.

— Je te le répète, poursuivoit Estelle, ces défaites indignes de ton esprit, comme ce procédé injuste et mortifiant est indigne de ton caractère, ne peuvent me faire changer d'opinion sur son véritable motif. Personne ne s'y est trompé. A ce changement bizarre et soudain de résolution, à la gaucherie de ton prétexte, à l'amertume intérieure qu'annonçoient malgré toi ton maintien et tes paroles, ce jeune homme, qu'on dit affligé de peines profondes, s'est

8.

empressé de renoncer aux consolations qu'il trouvoit chez ses amis. J'ai vu Ferdinand près d'essuyer une larme. Et toi, Clémentine, si ton miroir avoit pu te montrer ce qu'il y avoit alors de joie insultante et cruelle dans tes regards, je suis persuadée que tu en aurois rougi.

— Assez! assez! interrompit Clémentine. Crois ce que tu voudras. Il est possible que tu aies deviné.

— Achève donc de te faire comprendre! mon cœur en a besoin pour te pardonner cette fantaisie impitoyable, et tu sais s'il doit désirer de te revoir toute parfaite, comme il t'a vue jusqu'ici! Qui te force à navrer un étranger presque inconnu pour nous, mais d'une condition honnête et d'une vie estimable, un homme dont la société est recherchée par des gens qui nous valent, d'humiliations que tu ne voudrois pas faire subir au dernier des misérables? Quelques égarements de jeunesse, fort amplifiés par la sotte chronique des salons de province, et qui ne prouvent, à les bien considérer, que l'exaltation d'une âme trop sensible dont le temps et l'expérience n'ont pas encore réglé les mouvements? Ne les a-t-il pas réparés par une conduite sans reproche, qui lui concilie l'indulgence et même l'intérêt des juges les plus froids, les plus exigeants, les plus sévères, après une épreuve d'un siècle?..... — Ce n'est pas trop dire, puisqu'elle dure depuis près d'un an.

— Depuis son retour de Paris? dit Clémentine en laissant tomber ses paroles du ton d'une question sans conséquence.

— Je ne sais, — mais je pense que c'est depuis son retour de Paris. — Est-ce la différence de nos conditions? Je conviens qu'il n'est pas de notre rang, mais tout le monde n'en est pas; et la société, qui nous défend de certaines alliances, tolère pourtant des rapports de politesse, de bienveillance, d'amitié quelquefois, entre nous et nos inférieurs. Elle les rend souvent nécessaires.

— N'insiste pas à ma honte sur cette odieuse supposition; tu n'es pas heureuse aujourd'hui dans tes conjectures. —

La noblesse! que m'importe? Qu'ai-je fait pour être noble, et que dois-je à la noblesse pour me soumettre à ses lois, quand elles révoltent la nature et la raison? Ces lois cependant nous dominent, malheureuses que nous sommes! Elles sont la règle de notre destinée, elles font le supplice de notre vie! — La noblesse! veux-tu que je la maudisse?

— Je ne t'en demandois pas tant; — mais comment concevoir d'après cela...

— Pauvre Estelle!... tu m'as interrompue trop vite, car mon âme alloit s'ouvrir. — Écoute! — Et si ce jeune homme, *presque inconnu pour nous*, dont tu parlois tout à l'heure, aimoit la jeune fille noble à qui la société défend *de certaines alliances?...*

— Je le plaindrois; — mais cela est impossible! — Son expansion inconsidérée, son caractère extrême, auroient depuis longtemps laissé échapper un pareil secret.

— Attends encore! Et s'il l'aimoit autrement qu'il n'a jamais aimé! s'il le lui avoit fait comprendre sans le lui dire! — si enfin!... — Mais tu ne m'interromps plus! .

— Je le plaindrois, te dis-je, et ne te blâmerois pas moins. Sa passion seroit un malheur et non pas une offense. Elle te prescriroit la réserve, la froideur peut-être, et tu devrois l'éviter pour lui-même. Le repousser avec indignité.... non, Clémentine! cette inhumanité ajouteroit à sa misère, et je serois désespérée de trouver en toi cet affreux courage!

— Hélas! s'écria Clémentine, sait-on ce que l'on fait quand on lutte contre son cœur?

— Que dis-tu? Mais tu pâlis, tu pleures, tu n'achèves pas... — L'aimerois-tu?

— Ah! si je l'aime!...

— Clémentine!...

Ce dernier cri fut proféré par deux voix, mais le cri d'Estelle couvrit le mien, qui mouroit sur mes lèvres. J'étois debout, car il y avoit une minute que je commençois à craindre de ne pas veiller et que je cherchois à m'assurer de l'exactitude de mes sens par la liberté de mes actions. En ce moment, je cédai au sentiment inexprimable qui m'accabloit, mélange de délices et d'épouvante, d'extase et de désespoir, où ma pensée anéantie cherchoit en vain à se retrouver elle-même. Rien ne me parvenoit plus qu'un bruit de sanglots ; rien ne m'apparoissoit plus que les traits de Clémentine en larmes, et malheureuse de m'aimer. Cet aveu, qui n'étoit pas fait pour moi, cet arrêt de grâce, impuissant pour me sauver, cet amour du ciel, qui ne me délivroit pas de l'enfer, et dont l'accent profond se propageoit dans tous mes organes, ne m'en laissa pas longtemps le libre usage ; mes doigts, inutilement liés à la colonne de mon lit, se roidirent encore, et puis glissèrent. Je fléchis enfin, et je tombai sans force et presque sans connoissance. Je crus goûter le bonheur de mourir ainsi, mais le retentissement de ma chute me ranima, en me rendant la crainte d'être surpris. Il y eut quelque temps de silence.

— As-tu entendu ? dit Clémentine... là, dans ce cabinet ?

— Rien, répondit Estelle. — Le vent peut-être, qui souffle à travers ces croisées ouvertes.

Elle ferma la porte, et je n'entendis plus qu'un murmure vague, bientôt suivi du bruit d'une autre porte qui se fermoit aussi, et du grincement d'une clef qui tournoit dans sa serrure. Je respirois ! Je m'élançai, je courus ; j'atteignois ma fenêtre, quand ma porte se rouvrit.

— Ah ! s'écria Clémentine en se jetant dans un fauteuil, la tête renversée et en couvrant ses yeux de ses mains pour ne pas me voir, — vous m'avez écoutée ! vous savez tout ! malheur à moi ! Je ne vous aurois jamais cru capable d'une si basse perfidie !

J'étois couché à ses pieds, je palpitois, je balbutiois, je fondois en larmes, je me justifiois en termes confus, en protestations, en serments ; et, sans la voir, sans l'interroger, sans l'entendre, je compris qu'elle ne me soupçonnoit plus. J'ignore comment cela se fit, mais une joie si vive et si achevée combla mon sein, une vie si nouvelle remplaça la mienne, qu'il me sembla qu'une autre âme m'étoit donnée; j'élevai mes mains frémissantes vers elle; je trouvai une de ses mains qu'elle avoit laissée retomber. Je la saisis, et elle ne la retira point. Le feu qui en descendoit se répandit par torrents dans toutes mes veines; je le sentis envelopper mon cœur; je changeai tout à fait de nature. Je devins dieu!

— Ne parle pas! ne parle pas! dis-je avec transport. Que me dirais-tu? qu'ai-je besoin de savoir? Ce mot: Je t'aime! tu l'as prononcé tout à l'heure..., c'est le dernier que je veux recueillir de ta bouche. Le dernier! C'est assez, c'est trop pour une seule existence, pour une seule éternité... Ce que tu essayerois de m'apprendre sur mon bonheur impossible, sur mon avenir sans espérance, je le sais. Je n'aspire à rien, je n'espère rien. Mon bonheur, je le possède! mon avenir, je l'emporte! Il ne manque rien à mes jours : ils sont pleins. La société, le malheur, la mort, n'y peuvent rien. Tout mon être est dans un souvenir, dans une pensée, dans une parole qu'aucune puissance n'est capable de me ravir. Le reste, je le rêverai! — Ne crains pas! ne tremble pas! sois tranquille et heureuse! Va! tu ne me verras plus, tu ne m'entendras plus nommer, tu n'auras plus peur de ma rencontre; et, si le hasard me ramenoit sous tes yeux..., ton indifférence, tes mépris, ton indignation, je subirai tout, j'aimerai tout, je t'adorerai d'autant plus que tu me rebuteras davantage, parce que je mesurerai ta tendresse aux efforts que tu feras pour la cacher. Ne m'aimes-tu pas? que me faut-il? Et l'opinion, que me fait-elle? Ne tremble pas, ne crains pas, ne regrette pas ton secret! S'il est tombé dans mon cœur, c'est pour y mourir avec moi, maintenant, cette nuit, quand tu voudras! Ici, partout, au bout du monde, ma volonté, c'est la tienne! Dois-je m'éloigner, revenir, partir pour toujours? Je ne te demande ni un mot, ni un signe, ni un regard! Pense, et je devine; désire, et j'obéis.

— Partez, partez, je vous prie, dit Clémentine ; et, quoi qu'il arrive, pardonnez-moi !

J'abandonnai sa main humide de mes baisers, de mes larmes, et, sans me détourner pour la voir encore une fois, je m'élançai par la fenêtre. J'entendis une exclamation d'effroi, et je ne m'arrêtai pas. Je traversai le bois, je franchis les fossés, j'escaladai la muraille, je marchai droit devant moi, par les broussailles, par les ravins, par les rochers, sans chercher un chemin, sans éviter un obstacle, sans réfléchir, presque sans penser. J'arrivai ainsi aux glacis de la ville, qui étoit encore fermée. Je trouvai que cela étoit bien. J'avais besoin de marcher plus longtemps, de respirer à mon aise, de me sentir vivre. Le ciel étoit si beau, l'aube si fraîche et si pure, la nature si riante ! C'étoit une matinée de fête ! il y avoit des merveilles et des ravissements à tout ce que je voyois, à tout ce que j'entendois, à tout ce que je touchois. Je jouissois de tout comme si j'avois appris à exister ; je remarquois tout comme si je m'étois trouvé des sens et une âme pour la première fois, les aspects, les bruits, les parfums, le miracle éternel de la création qui recommence tous les jours. Et moi, plus heureux à moi seul que la création tout entière, si elle pouvoit s'admirer dans sa pompe et dans sa beauté ; moi, qui renaissois comme elle à des voluptés qu'aucune voix ne sauroit exprimer ; moi, ce jour-là, chéri, prédestiné, comblé de biens entre tous les enfants de Dieu ! moi qu'aimoit Clémentine !

Le bonheur passe vite au cœur de l'homme. Il se prolongea dans le mien comme une idée fixe, comme cette folie que j'avois un jour désirée. Il en différoit peu par sa réalité présente. Le fou et moi, nous étions à peu près condamnés à la même contrainte. Il en différoit peu par sa perspective imaginaire. Le fou et moi, nous devions nous rencontrer à peu près au même but. Le seul avantage qui fit pencher la balance en ma faveur consistoit dans un seul mot de Clémentine, dans une syllabe, dans un cri que le hasard m'avoit livré ; mais cette différence imperceptible

— il faut avoir aimé pour le savoir, — c'étoit le bonheur, c'étoit quelque chose de plus! Un bonheur qui l'emportoit en ivresse comme en pureté sur toutes les joies qui ont à jamais assouvi l'espérance la plus avide, sur toutes les illusions qui ont jamais fasciné l'imagination la plus féconde en rêves magiques! Notre amour n'avoit rien à attendre du temps, mais il n'avoit rien à en redouter. Il n'avoit point de terme heureux à trouver dans l'avenir, mais il n'avoit point de terme. Il n'étoit pas de notre vie, il étoit de notre âme. Il laissoit bien loin tous les amours de la terre qui savent leur destinée. Il savoit, lui, qu'il étoit sans destinée, et par conséquent sans vicissitudes, sans changements et sans fin!

Ma tristesse étoit dissipée, mon expansion revenue. Mes études me plaisoient; je reportois sur mes affections familières toute cette surabondance de sentiments heureux qui débordoient de mon âme. J'aimois plus que jamais la solitude, parce que c'étoit là que j'habitois avec elle, que j'osois l'aimer et lui parler comme si elle avoit été présente; mais j'en sortois plus content, plus transporté que d'un rendez-vous mystérieux où tout m'auroit été accordé ou promis. Je savois en prolonger les délices dans des nuits d'enchantements que j'étois parvenu à dérober au sommeil. Là nous conversions en amants, en époux, avec un abandon réciproque qui me trompoit moi-même, car ce qu'elle me disoit, elle me l'auroit dit. A force d'appeler son âme vers moi, je crois que je m'en étois emparé. Je lui faisois répéter : *Ah! si je l'aime!...* et il me sembloit l'entendre encore. Je me persuadois, et je ne pouvois pas me tromper, qu'elle étoit occupée de la même idée; qu'elle soutenoit le même entretien; que ses expressions s'accordoient avec les miennes aussi bien que si elle y avoit répondu. J'en saisissois jusqu'à l'harmonie accoutumée, jusqu'à l'inflexion agitée et nerveuse, jusqu'au soupir long et un peu haletant qui les suivoit, quand elle avoit parlé avec émotion. Combien de fois j'ai étendu le bras sur mon oreiller vide pour y appuyer sa tête fatiguée! Combien de fois je l'ai senti s'engourdir sous son cou, sous ses épaules, au point de me confirmer dans mon erreur, et de ne pas me laisser douter qu'elle y reposoit réellement! — Elle dort, disois-je, il ne faut pas la réveiller. — Et ma bouche perdoit sans le savoir le baiser qu'elle essayoit d'attacher à ses cheveux. Le jour venu, je concevois qu'elle n'y fût pas. Sa mère et le monde auroient-ils consenti à me la donner, et ne devoit-elle pas obéir à sa mère? Je l'avois obtenue d'elle et de Dieu : c'étoit assez.

J'avois d'autres plaisirs encore, des trésors dont je savois seul tout le prix; un morceau de ruban bleu qui étoit tombé à Paris sous ses ciseaux, une corde de sa harpe qui s'étoit brisée sous ses doigts, un brin de plume qui s'étoit détaché de sa coiffure, une romance qu'elle avoit écrite et notée, et dont j'ai baisé si souvent tous les caractères un à un! — Une ancolie surtout qu'elle avoit portée sur son sein, qui avoit senti battre son cœur et palpité avec lui, et dont je m'emparai sous ses yeux et de son aveu, un jour qu'elle la remplaçoit par une ancolie plus fraîche[1]. Nous aimions tous les deux cette triste fleur qui ne se plaît que dans les lieux écartés, sous des ombrages mélancoliques, et dont le front sombre et meurtri semble se pencher vers une tombe. Elle ne m'a jamais quitté depuis. La voilà !

[1] L'ancolie est la fleur favorite de Nodier, comme la pervenche étoit la fleur de Rousseau. Il en a parlé à plusieurs reprises dans ses livres. « Il y a, dit-il au chap. x des *Proscrits*, il y a dans la montagne une grande fleur qui ne croit guère que dans les endroits escarpés et parmi les sables : c'est l'ancolie, dont la coupe bleue, suspendue à une tige frêle et élancée, retombe tout à coup vers la terre, comme si elle étoit fatiguée de son poids; cette plante est l'emblème d'une vie qui a cessé d'être heureuse. » Il est encore question de l'ancolie au chap. xiv de cette même nouvelle, dans *Adèle* et dans le *Bengali :*

>Qui me rendra l'aspect des plantes familières,
>Mes antiques forêts aux coupoles altières,
>Des bouquets du printemps mon parterre épaissi,
>   Le houx aux lances meurtrières,
>   L'ancolie au front obscurci
>   Qui se penche sur les bruyères, etc.

(Note de l'Éditeur.)

Et quand elle étoit à la ville, que de soins pour éviter sa rencontre, que de regards jetés au loin pour me détourner à temps de son passage, que d'attention à obscurcir, à cacher ma vie, pour lui épargner jusqu'au souci de m'entendre nommer! Non, jamais amant ne mit plus d'artifice et de sollicitude à épier les démarches d'une maîtresse adorée, pour ne perdre aucune occasion de la voir, que moi pour n'en être pas vu. — Je la revis cependant.

Ferdinand ne venoit à la ville que pour les affaires qui exigeoient absolument sa présence, et dont je ne pouvois pas me charger à sa place; mais il avoit pris un de ces logements que les propriétaires campagnards appellent en province leur *pied-à-terre*, et où je n'allois que de nuit, quand ses intérêts le demandoient, parce qu'il étoit précisément en face de la chambre que Clémentine occupoit dans l'appartement de sa mère. Lorsque Ferdinand retournoit à la campagne, j'en conservois la clef. Un jour, au coucher du soleil, un orage qui commençoit à gronder, et qui parcouroit le ciel avec une impétuosité effrayante, m'obligea de prendre, pour abréger mon chemin, cette rue que je m'étois sévèrement interdite. Des gouttes de pluie, tièdes, larges et pesantes, marbroient déjà les pavés. L'ouragan mugissoit d'une manière horrible. Toutes les portes se fermoient, tous les passants avoient disparu. Il auroit fallu chercher le premier refuge venu. J'entrai dans la chambre de Ferdinand. La tempête éclata tout à fait avec un fracas à bouleverser les cœurs les plus résolus, mais qui transportoit le mien. Je ne soupçonnois pas que personne au monde partageât mon enthousiasme pour ce genre de spectacle qui fait rêver l'anéantissement de l'univers, et l'avènement prochain d'une éternité de repos. J'ouvris la fenêtre. Quel tableau! il n'y avoit plus rien d'animé que les éléments. La nuit tomboit. La lumière ne provenoit plus de l'occident; elle étoit partout dans l'atmosphère brûlante. La droite et longue rue ressembloit au lit de ces rivières infernales qui roulent des ondes enflammées. Les faîtes des toits, les pointes des paratonnerres, les flèches des clochers, s'illuminoient d'étincelles, de rayons, d'auréoles, de météores. Les vitres, rouges et ardentes, brilloient comme des bouches d'incendie. Celles de Clémentine ne brilloient pas. Sa croisée venoit de s'ouvrir aussi. Elle y étoit debout, immobile, ses regards fixés sur moi. Ce n'étoit pas une illusion. Je la voyois distinctement; mais le nuage grossit, descendit devant elle, s'étendit noir et impénétrable comme un mur de fer. Un éclair le traversa; elle reparut. L'obscurité recommença plus profonde, et s'éclaircit encore un moment pour me la rendre. Heureusement les éclairs devinrent si fréquents, que j'avois à peine le temps de la perdre de vue, et que cela ne m'inquiétoit plus. Je les comptois comme les pulsations d'une artère, comme les battements de mon cœur; et, à chaque fois que leur lueur me la ramenoit, l'effet fantastique de cette alternative de jour et de nuit la rapprochoit tellement de moi, qu'on eût dit qu'il ne falloit qu'étendre les bras pour la saisir et l'emporter, et pour me livrer avec elle à ce tourbillon confus de ténèbres et de feux. Alors rien ne m'échappoit. C'étoient ses mains qui me cherchoient, son sein qui se soulevoit comme pour venir toucher le mien, ses yeux humides et passionnés, plus resplendissants de ses larmes; sa bouche, qui articuloit des sons impuissants que couvroient les grondements du tonnerre. Je parlois aussi; j'échangeois aussi mes cris, mes vœux, mes serments contre les siens. Je remerciois, je bénissois, j'invoquois la foudre. Je souhaitois qu'elle nous frappât tous les deux ensemble; que le même glas chantât sur nos fosses voisines, que l'histoire de ce phénomène bienfaisant mariât au moins notre nom dans la mémoire des hommes! La foudre ne m'exauça point. Elle tomba près de nous au moment où, le corps à demi élancé, nous n'aspirions qu'à nous unir dans un embrassement de mort; car elle avoit eu certainement la même pensée. Ce fut là notre flambeau nuptial.

Bientôt après, l'intérieur de la chambre de Clémentine

s'éclaira. On y étoit entré. Elle n'étoit plus seule. Les croisées se fermèrent. L'enchantement étoit fini.

Je restai toute la nuit à la même place, et j'aurois voulu que cette nuit durât toujours. Il faisoit si bon ! L'air s'étoit épuré, le calme le plus parfait régnoit sur la terre et dans le ciel, la lune nageoit sans obstacle dans son océan bleu, que sillonnoient à peine quelques bancs étroits de nuages, éblouissants de blancheur comme de la neige, et roulés à flocons comme des toisons. Elle inondoit de clarté la pierre sur laquelle Clémentine s'étoit appuyée peu de moments auparavant, et que personne n'avoit vue ni touchée depuis. C'étoit un bien à moi ! — Vers minuit je vis reparoître une bougie, je vis une robe blanche flotter, un bras qui s'enlaçoit au rideau blanc et qui le laissoit retomber. Et puis la bougie s'éteignit subitement, et je n'aperçus plus rien. J'espérai qu'elle reviendroit, et le reste du temps s'écoula ainsi à l'attendre. Quand le jour parut, une ombre se leva au devant du rideau, qui s'entr'ouvrit et se referma sur ses pas : c'étoit Clémentine, qui avoit passé les mêmes heures assise entre lui et moi, et dont j'avois cru rêver à plusieurs reprises la forme vague et les foibles mouvements... Clémentine ou une ombre en effet ! — Ce fut pour jamais ! —

Huit jours après elle étoit partie, mais je savois mieux encore que son âme étoit avec moi. J'avois fait graver nos initiales dans une bague d'alliance, à la date de l'orage, et je m'imaginois follement que ma femme voyageoit. Je continuois donc à goûter le charme ineffable de mes promenades solitaires, quand le soir, à l'endroit le moins fréquenté, qui m'étoit par conséquent le plus familier, je fus surpris au détour d'une allée par cette aimable et douce Estelle, dont la curiosité obligeante m'avoit valu le bonheur de lire dans le cœur de Clémentine. C'étoit, selon toute apparence, la première fois qu'elle s'y montroit.

— J'étois impatient de vous voir, de vous parler, me dit-elle en s'appuyant sur mon bras, et, à vous dire vrai, je vous cherchois pour vous adresser une question, mais une question singulière! Vous proposez-vous de descendre à Paris, cette fois, dans le même hôtel que les années précédentes?

— Sans aucun doute, répondis-je en souriant, puisque mon logement y reste à ma disposition; mais je vous proteste que je ne me sens pas la moindre envie d'y retourner de longtemps.

— Vous n'y avez pas encore assez réfléchi, reprit-elle avec une expression vive et sérieuse à la fois. — Encore une question avant de vous donner le temps d'y penser. Connoissez-vous cette écriture?

Il m'étoit impossible de me méprendre un moment aux traits qu'elle fit passer sous mes yeux.

— Je ne crois pas, dis-je tout tremblant.

Et mon émotion devoit me démentir.

— Je soupçonnois que vous auriez pu la voir... dans une romance. Alors devinez donc, car ce billet n'est pas signé; mais lisez sans scrupule : il ne concerne que vous.

Je lus, et je n'ai pas oublié :

« Il n'y a pas un moment à perdre; il faut le voir, il faut lui dire de s'éloigner, d'aller à Paris; il faut lui dire que *je le veux*, et que j'espère qu'il se rappellera mes dernières paroles. »

— Vous entendez, poursuivit Estelle, et cela se passe d'explication. Lui, c'est vous. Elle, c'est... Qu'avez-vous donc? Quant à ses dernières paroles, elles auront peut-être laissé plus de trace dans votre mémoire que sa romance.

Je me les rappelois, ses dernières paroles, — *Quoi qu'il arrive, pardonnez-moi;* — mais à quoi bon? je ne compris pas.

La semaine n'étoit pas finie que j'arrivois à Paris. Je m'étonnai de trouver mon appartement préparé.

— Oh! c'est que monsieur étoit attendu, me dit le domestique de la maison. Voilà une lettre qui l'a précédé de deux jours.

Elle étoit d'Estelle, et je ne perdis pas de temps avant d'en rompre le cachet. Les premières lignes me glacèrent le sang. Il étoit évident qu'elles avoient été écrites pour me préparer un malheur. Je courus aux derniers mots, et mes yeux se fermèrent en les cherchant encore à travers un nuage. Clémentine étoit mariée !

Je ne sais de ce qui survint que ce qu'on m'en a dit. Je tombai, je me blessai dangereusement à la tête contre un meuble; on appela des médecins, on me saigna. Quand je donnai des signes de vie, j'étois en délire Je me souviens qu'il ne me restoit du passé qu'un sentiment confus et douteux comme un songe, mais que dominoit une résolution fixe qui m'occupa six mois. J'avois entendu parler d'une chartreuse établie en Suisse, selon la rigoureuse observance de l'abbé de Rancé. Je m'exerçai à ce genre de vie, à cette habitude de privations. J'y trouvai je ne sais quelle satisfaction amère qui ressembloit à du bonheur, à mon bonheur à moi, à celui que je pouvois encore concevoir. Les pratiques pieuses, les méditations, les prières, calmèrent peu à peu mon sang, et je passai pour guéri.

Quoi qu'il en fût, mon projet s'affermissoit de jour en jour, et une seconde lettre d'Estelle acheva de me décider à l'exécuter sans délai. Je partis pour les Alpes.

Cette seconde lettre contenoit aussi une affreuse nouvelle, — moins affreuse que la première cependant ! — Clémentine étoit morte.

AMÉLIE

Quand j'arrivai à Genève, j'étois déjà détrompé sur la possibilité d'exécuter le projet qui me conduisoit en Suisse. L'obscur et modeste établissement de la chartreuse avoit excité, non sans cause, la défiance de la police françoise, qui le croyoit fort propre à donner un asile aux ennemis désappointés du gouvernement de Napoléon, et qui ne pouvoit tolérer nulle part l'existence inoffensive du proscrit navré de désespoir et de misère. L'Europe n'avoit pas plus d'abri alors contre la tyrannie incarnée dans un homme qu'elle n'en aura désormais contre la tyrannie diffuse des masses. C'étoit Python, ce sera l'hydre.

Les moines venoient de fermer leurs portes au malheur pour la première fois, et de s'enclore, avec plus de sévérité que la règle du fondateur n'en imposoit, dans leur rigoureux manoir du Val-Saint.

J'avois à Genève un de ces amis que donnent les sympathies de l'étude, et puis une de ces amies que l'on ne doit qu'aux sympathies de l'âme, le docteur Jurine et madame P... — Je leur parlai de mes chagrins irréparables ; de tout ce que l'on croit avoir de profond désabusement et d'incurable amertume dans le cœur, quand on n'a pas longtemps vécu; de cette vocation d'éternelle solitude qu'un contre-temps inattendu venoit de trahir. Le philosophe me plaignit et me conseilla de chercher l'oubli des maux dans la pratique assidue de quelques douces sciences qu'il aimoit et qu'il m'avoit appris à aimer. La femme pleura, me laissa pleurer, et s'occupa secrètement de me pourvoir d'un emploi fixe et laborieux, qui pût distraire mon esprit de ses peines par l'habitude d'un devoir. Les relations de la librairie de son mari lui avoient fait savoir qu'il existoit à Berne un vieux savant anglois, nommé le chevalier Robert Grove, qui s'étoit fait toute sa vie une grande affaire de petites recherches philologiques sur les bons auteurs grecs et latins, et que la perte d'un collaborateur très-instruit forçoit à réclamer les soins d'un jeune homme doué de quelque aptitude à ce travail, ou capable au moins de lui en alléger le fardeau. Elle ne me fit part de ces détails qu'en me remettant une lettre de sir Robert, qui me prenoit pour secrétaire aux appointements de deux cents francs par mois, et qui se chargeoit de me défrayer au surplus de toutes les dépenses essentielles. Détourné par les principes religieux qui me dominoient en ce temps-là, et qui ne m'ont jamais entièrement abandonné, d'une résolution extrême dont la pensée m'étoit venue souvent; retenu peut-être aussi par le vague instinct d'un avenir que mon imagination active et romanesque peuploit encore d'émotions et de mystères, je n'avois pas d'autre parti à prendre dans l'état de ma fortune. Pouvois-je ne pas vouloir d'ailleurs ce qu'elle avoit voulu pour moi? — Bonne, charmante et digne femme! son nom seul seroit un éloge, et, si je ne le laisse pas échapper ici tout entier, c'est que j'ai craint d'en altérer la pureté en le mêlant à la déplorable histoire de mes passions. Il reste heureusement assez de cœurs sur la terre qui n'auront pas de peine à le deviner.

C'étoit un homme singulier que sir Robert. Sorti d'une

famille déjà chevaleresque et illustre du temps de Camden, il avoit fait d'excellentes études à Oxford. Ses débuts littéraires annonçoient une âme ardente et passionnée que l'amour et l'enthousiasme pouvoient mener loin, et qui obéissoit sans le savoir à cette impulsion de renouvellement dont le monde ignoroit encore le nom. Personne n'a su me dire ce qui lui arriva; mais vers l'âge de vingt-cinq ans il parut s'adonner à une piété d'abord mystique et contemplative, qui ne tarda pas à devenir scolastique et militante, parce que l'impétuosité de son tempérament et de son esprit ne lui permettoit pas de s'accommoder des partis moyens. Le troisième et le dernier de ses irrésistibles penchants le dévoua pour toujours à l'éclaircissement et à l'illustration des lettres classiques, dont il étoit plus nourri qu'aucun homme de son époque ; mais celui-là se fondit si naturellement avec les deux autres, qu'on auroit juré que les trois n'en faisoient qu'un, et qu'il y avoit dans ce phénomène, pour un théologien de sa force, un argument très-péremptoire contre les ergotismes de Servet; en sorte que, si l'on parvenoit à se représenter distinctement un type composé du fougueux Luther, du pointilleux Saumaise, et d'un Werther sentimental et sophiste, comme son modèle, on connoîtroit à peu près dans sa triple unité le chevalier Robert Grove. Sa nouvelle passion l'entraîna sur le continent à la recherche des manuscrits d'Allemagne, de France et d'Italie. Un beau jour il s'arrêta en Suisse, où il demeuroit à mon arrivée depuis près de vingt ans, et où il avoit réalisé en viager une fortune honnête, quoique assez médiocre pour un Anglais. Il aimoit à dire que ce fut la crainte du mal de mer, dont il faillit mourir à sa première traversée, qui lui fit prendre le parti de ne jamais repasser la Manche; mais on supposoit que des chagrins cachés pouvoient avoir influé sur cette résolution, et que la rencontre d'une de ces amitiés complètes dont la nature ne gratifie pas tous ceux qui en ont besoin acheva de le décider. Il l'avoit trouvée à Berne en Jacobus Th..., plus jeune que lui de quelques années, animé comme lui d'une sensibilité mélancolique et rêveuse, pénétré comme lui de l'instruction la plus vaste et la plus exercée, mais supérieur à sir Robert même, au jugement de celui-ci, par le tact imperturbable de sa critique. C'est cet ami que la mort lui avoit enlevé deux ans auparavant; le chevalier étoit alors enchaîné dans son lit par une goutte opiniâtre qui ne l'a jamais quitté depuis, mais il s'étoit fait transporter au chevet de l'agonisant pour recevoir ses derniers soupirs. A compter de ce moment, il sembloit avoir abandonné des travaux chéris, et le besoin seul d'occuper ses ennuis de quelque distraction utile aux sciences venoit de le décider à reprendre leur cours. C'étoit pour le seconder dans ce louable dessein qu'il avoit appelé le premier venu, et le premier venu, c'étoit moi.

Ce récit m'intéressa; je ne sais quelle puissance étrangère à ma volonté m'entrainoit vers ce vieillard, si cruellement privé de son frère d'adoption; mais j'imaginois, dans mon orgueil de jeune homme, que ces destinées sérieuses, méditatives et solitaires, n'étoient pas sans rapports avec celles que l'avenir me préparoit, et je croyois découvrir dans le hasard apparent qui m'ouvroit une carrière si austère pour mon âge une de ces préméditations providentielles qu'on ne finit de rêver que lorsqu'on est réveillé de tout. Cette superstition intime a joué un grand rôle dans toutes mes entreprises, et je sens que je m'y livrerois encore, si j'étois assez malheureux pour avoir à recommencer.

Mes conjectures ne m'avoient pas trompé sur sir Robert. Dans cette complication unique de caractères bizarrement contrastés, je trouvai seulement un homme de plus auquel je ne pensois pas, un homme bon, facile, expansif, abondant dans ses idées avec la naïveté d'un enfant content de lui, heureux de croire en lui et d'inspirer sa confiance aux autres; mais tolérant et même docile pour les opinions les plus opposées aux siennes, quand elles ne se présentoient pas sous une apparence tracassière et hostile; exigeant d'ailleurs pour ces formes de l'esprit, comme il l'étoit en amitié; plus boudeur au moindre nuage qu'une petite fille dont on a brisé la poupée; revenu à la moindre marque de déférence ou de tendresse, et faisant toujours les frais du raccommodement, en accordant plus qu'on ne lui demandoit; hyperbolique de paroles et de sentiments, d'éloges et de reproches, dans ses affections, dans ses haines, dans ses mépris, dans ses admirations, et ne connoissant point de nuances d'expression entre les superlatifs extrêmes, parce qu'il étoit lui-même un superlatif, une hyperbole morale, le plus excellent homme que la bonté divine ait jamais produit[1].

Je le vois encore d'ici dans sa petite chambre, quand j'y entrai une heure après mon arrivée à Berne. Je le vois couché à demi dans un fauteuil large et profond qu'il avoit inventé, et qui se mouvoit sur quatre roulettes par un mécanisme ingénieux et commode qu'il avoit inventé; les pieds

---

[1] Cette *hyperbole morale*, cet homme excellent, désigné ici sous le nom de sir Robert, est sir Herbert Croft, baronnet anglais, dont Nodier fut le secrétaire. On doit, entre autres ouvrages, à sir Herbert, qui vécut longtemps en France, un *Dictionnaire critique des difficultés de la langue françoise*, un *Horace éclairci par la ponctuation* et un *Commentaire sur le Petit Carême de Massillon*. Nodier, qui resta toujours fidèle aux amitiés de sa jeunesse, a consacré, dans les *Débats*, une notice nécrologique au savant et fantastique baronnet, notice qui est reproduite dans les *Mélanges de littérature et de critique* mis en ordre et publiés par A. Barginet. Paris, 1820, t. II, p. 429. On y lit que c'est le chevalier Croft qui a tiré de l'oubli le *Dernier Homme de Grainville*, et qui a sauvé de la destruction le manuscrit du *Parrain magnifique* de Gresset. M. Francis Wey, dans son excellente *Vie de Nodier*, rapporte que le chevalier Croft demeurait avec lady Mary Hamilton, et il ajoute : « Lady Hamilton, bas-bleu dont l'érudition linguistique se bornait à la langue anglaise, et qui avait la prétention de prendre rang parmi les auteurs français, écrivait, avec l'aide de sa femme de chambre, des romans inintelligibles, et, sous prétexte d'en revoir les épreuves, Charles Nodier, qui ne pouvait comprendre le texte original écrit *entre deux langues*, refaisait tranquillement un autre livre, dans lequel lady Hamilton avait la bonté de se reconnaître. Elle publia de la sorte un volume profondément inconnu, que Nodier m'a dit se nommer la *Famille Popoli*. » (*Note de l'Éditeur.*)

étendus sur un tabouret flexible qui se haussoit, s'abaissoit, s'éloignoit, se rapprochoit à volonté, et qu'il avoit inventé ; le coude appuyé sur une grande table pivotante à cinquante compartiments, qu'il avoit inventée aussi, car le chevalier ne se servoit de rien qu'il n'eût inventé. Il avoit inventé sa boîte à thé et sa boîte à tabac. Il avoit inventé son lit et son *somno*. Il avoit inventé son écritoire et ses tablettes. Il avoit inventé le bateau de voyage avec lequel il échoua sur les bords de l'Escaut en sortant de Valenciennes. Il avoit inventé la voiture de sûreté qui le versa au beau milieu de la plus belle route de France, dans l'avenue de Nevers. Je le vois, dis-je, frappant des mains à mon entrée, et m'accueillant d'un regard aussi bienveillant, d'un sourire aussi doux que celui de mon père. Je vois sa noble figure, plus que sexagénaire, mais fraîche, épanouie, vermeille, adolescente d'imagination et de pensées, et son vaste front chauve, blanc et poli comme l'ivoire, autour duquel se rouloient en boucles des cheveux d'un blond doré qui auroient fait honneur à un bachelier ; car la nature avoit pris plaisir à laisser à son vieil âge des vestiges de jeunesse, comme elle en avoit laissé à son âme.

J'ai dit que sa chambre étoit fort petite, et je n'ai pas eu besoin de dire qu'elle avoit toute l'élégance de la propreté, tout l'aspect de cette aisance confortable qui rend la vie si douce en Angleterre et en Hollande, et sur laquelle les heureux Bernois ont peut-être encore enchéri. Ce que je n'ai pas dit, c'est qu'elle s'ouvroit sur une belle galerie qui contenoit la précieuse bibliothèque du chevalier, précieuse par le choix des auteurs, par l'antiquité des éditions, par l'exquise perfection des exemplaires. Je crois pouvoir répondre qu'on y trouvoit tous les classiques anciens, et tous leurs commentateurs, dans les plus magnifiques reliures qui aient jamais réjoui les yeux d'un bibliomane. Le fauteil mécanique se promenoit souvent parmi ces rares merveilles, mais le chevalier n'avoit pas inventé le moyen de l'élever et de le soutenir à la hauteur des tablettes supérieures. Depuis longtemps même, il ne pensoit plus à ce perfectionnement digne du génie d'un Stévinus, parce que la Providence y avoit heureusement pourvu, en lui donnant un domestique gallois, géant massif et perpendiculaire de six pieds quatre pouces de hauteur, morne, épais, indégrossi comme les *dolmens* de ses aïeux, joignant à peine à la connoissance de sa langue celtique une douzaine de mauvaises locutions de l'anglais du peuple, mais doué d'une mémoire de noms et de lieux qui tenoit véritablement du prodige. Il n'étoit pas un volume indiqué par son titre et par sa date qui ne vînt se placer comme de lui-même sous la main du colosse obéissant. A droite, à gauche, en haut, en bas, de jour, de nuit, son instinct ne se trompoit jamais. Du temps de Cardan et d'Agrippa, on auroit fait de Jonathas, ou de l'homme longue-échelle (*master great ladder*), comme l'appeloit gaiement le chevalier, un gnome soumis par la magie ; et, si Walter Scott l'avoit connu, il ne l'auroit pas oublié dans sa galerie fantastique.

Ma chambre étoit située à la partie opposée de la bibliothèque, et c'étoit à travers le savant domaine de Jonathas que je venois chercher, à dix heures du matin, ma besogne quotidienne. Alors sir Robert travailloit déjà depuis quatre ou cinq heures, et ses notes, jetées sur des feuillets volants dont, par bonheur, elles n'usurpoient jamais le *verso*, étaient ordinairement parvenues avant mon lever au centième chiffre de pagination. C'est ce travail énorme qu'il s'agissoit de réduire à sa plus simple expression pendant le reste de la journée, que le chevalier employoit de son côté à grossir de quelques centaines de vers son ingénieux et interminable poëme sur une fleur de violette trouvée dans du thé suisse, ou à rêver quelque invention utile qu'il n'avoit pas encore amenée à fin. Hélas ! ce seroit bien malgré moi qu'une légère ombre de ridicule obscurciroit ces détails d'intérieur philosophique ! Il n'est point de supériorité morale qui ne trahisse l'homme par quelque foiblesse, et, si l'homme étoit parfait, il ne seroit plus question de le peindre : il suffiroit de le nommer. Ce qui faisoit sourire l'esprit dans les innocentes manies du chevalier faisoit en même temps pleurer l'âme. On se disoit : Voilà pourtant ce que nous sommes, quand nous sommes tout ce qu'il nous est permis d'être au-dessus de notre espèce !

L'aspect de l'effrayant manuscrit m'accabla d'abord, et puis je me sentis allégé d'un poids énorme en le feuilletant. Nos deux premières éditions critiques devoient être Horace et Tacite, parce que sir Robert avoit compris en deux ou trois mots d'entretien que je n'étois pas assez fort en grec pour le seconder de quelques mois dans la publication de Pindare, son classique favori. Cette découverte lui coûta un soupir. Elle devoit m'en coûter de plus profonds, de plus déchirants; et, si quelque jeune femme à l'œil doux et au cœur tendre étoit un jour tentée, après ma mort, de déchiffrer jusqu'ici ces pages barbouillées de pédantisme, elle ne se douteroit guère de la liaison intime que Pindare peut avoir dans le cœur d'un vieil écolier avec un souvenir d'amour. En s'aidant d'un peu de patience, elle arriveroit à la solution de ce problème, si j'avois la cruauté de l'y encourager; mais je m'en garderois bien. J'écris pour moi mille riens qui me charment, parce qu'ils me font revivre des jours pleins de douceur et d'illusions. Les géomètres disent : Qu'est-ce que cela prouve? Les femmes le disent aussi. Je retourne donc un moment à mes paperasses.

C'étoit, je le répète, une chose terrible à voir, mais qui ne m'épouvanta qu'un instant. Quand sir Robert avoit sous la main une phrase de Tacite ou un vers d'Horace, il dépouilloit tous ses éditeurs, tous ses annotateurs, tous ses commentateurs, tous ses glossateurs. Toutes les explications, toutes les interprétations, toutes les variantes, lui étoient bonnes; il n'auroit pas omis une hypothèse; il n'auroit pas dédaigné une faute d'impression. Le texte se noyoit ainsi dans une encyclopédie de mots et d'idées, d'où il ne me restoit qu'à dégager la leçon la plus vraisemblable et la glose la plus sensée. Le premier collaborateur du chevalier avoit eu cet heureux instinct d'élection, qui est plus commun qu'on ne pense, ou aussi commun qu'on le dit, car c'est tout bonnement le sens commun. Le mérite essentiel de ce labeur immense n'en appartenoit pas moins au chercheur infatigable qui avoit préparé et mis en ordre ce chaos de matériaux, et la plupart de nos gros livres classiques ne se sont guère enflés de pages sans nombre qu'aux dépens des veilles d'un érudit patient, qui s'étoit donné le temps de tout savoir et qui n'avoit pas pris celui de choisir. L'exiguïté de mes résultats parut tourmenter d'abord sir Robert, quoique j'y procédasse d'une manière plus prolixe encore que son mémorable ami Jacobus. Comme je m'attendois à cette impression, je lui rappelai l'adage latin qui dit que le moissonneur ne doit pas être jaloux du crible, et il me tendit la main en gage de consentement. Je continuai à travailler depuis en conscience, mais selon ma fantaisie; et, si je surprenois en lui un regret mal déguisé à quelque anecdote piquante mais intempestive, à quelque belle observation philologique, tirée de trop loin, qu'il étoit parvenu à faire entrer dans son commentaire, en vertu d'une propriété élastique d'imagination que ne déconcertoient ni les transitions les plus subtiles, ni les écarts les plus lyriques, je le consolois en lui montrant dans un *album* soigneusement tenu toutes les curiosités épisodiques rédigées d'avance pour une occasion plus opportune. Alors ses mécontentements mutins se changeoient en expansions de joie et de reconnoissance; j'étois son autre Jacobus, l'Aristarque de son sommeil homérique, le Phocion de son éloquence, la hache de ses discours, le suzerain adoptif de ses livres et de ses manuscrits, le *Paulo-post-futurum* de sa renommée. C'étoit là le *nec plus ultrà* de son affection démonstrative. Maxime n'avoit que les droits d'un secrétaire passif, mais *Paulo-post* auroit bâtonné impunément un volume d'érudition fait pour détrôner Scaliger.

Ce concours de zèle et de bon vouloir avoit accéléré la besogne. Nous venions de terminer en quatre mois toutes les odes d'Horace depuis *Mæcenas atavis* jusqu'à *Dicere laudes*. Tacite n'étoit guère moins avancé, et nous recevions déjà des épreuves de Leipzig, où nos deux premiers volumes étoient sous presse, quand je crus remarquer un soir, vers la fin du dîner, que sir Robert étoit travaillé de quelque souci intérieur. Il ne falloit pas pour cela un grand effort de discernement, car cette disposition d'esprit se révéloit en lui par trois symptômes invariables : un regard triste et vertical qui s'attachoit pensivement au plafond, un soupir à peine entendu qui s'élevoit lentement en suivant la même ligne ascensionnelle, et un léger sifflement, ou plutôt une modulation presque insaisissable du souffle qu'auroit cent fois couvert le *lila burello* de mon oncle Tobie. Je fis part de mon observation au chevalier.

— Cela ne te concerne qu'indirectement, répondit sir Robert avec douceur, en ramenant sur moi ses yeux paternels; mais je pense à ma fin, qui peut s'approcher ; et, si la postérité ne me connoît que par ces deux incomparables éditions d'Horace et de Tacite, *mirum opus et integrum*, les myrmidons de la science me contesteront dans quelques siècles mes études d'helléniste. Pourquoi faut-il qu'on s'occupe si peu du grec dans le système d'éducation de votre drôle de France, et qu'avois-je à faire aussi de te surcharger de travaux, au lieu de t'amener d'abord, et par des chemins de fleurs, cher *Paulo-post*, à lire plus couramment Pindare, sous ma direction, que le *Carmen sæculare*? Quel événement pour ton Institut, et pour tout le monde savant, que l'apparition simultanée du Pindare et de l'Horace de sir Robert, éditions modèles, éditions prototypes, éditions monumentales, dont le succès toujours croissant imposeroit silence à l'avenir envieux, et me sauveroit l'affront d'avoir été l'homme d'une langue et d'un livre!

— Je vous avois prévenu, monsieur le chevalier, de ma malheureuse insuffisance...

— Il ne s'agit pas de ton insuffisance, répliqua brusquement sir Robert, et je n'ai que trop de moyens d'y remédier! — Mais, ajouta-t-il en frappant fortement sur la table, j'hésite à jouer si gros jeu! — Holà, Jonathas! ma pipe, une bouteille de Porto, et le Pindare de Calliergi.

— Si gros jeu, mon noble ami! et qu'avez-vous à ménager?

— Ton bonheur, enfant, ton bonheur, dit le chevalier. Écoute-moi avec attention, et ne m'interromps pas. Je t'ai souvent parlé de Jacobus, qui étoit mon crible, mon Aristarque, mon Phocion avant toi; je ne t'ai peut-être pas dit qu'il possédoit imperturbablement toutes les bonnes leçons de Pindare; mais ce diable d'homme n'écrivoit pas, et ma vieille mémoire a perdu jusqu'aux moindres vestiges de ces riches traditions orales que je ne voyois aucune nécessité à fixer alors, puisqu'il étoit plus jeune que moi.

— Comment seroit-il possible de les retrouver maintenant? murmurai-je à demi-voix.

— Voilà la question; mais je t'avois dit de n'en point faire. — Le digne Jacobus n'avoit commis qu'une faute en sa vie, faute grave et irréparable : il s'étoit marié! Jacobus avoit épousé, avant mon établissement à Berne, une damnée de païenne française, belle et bonne créature, si l'on veut, mais infatuée de toutes les superstitions du papisme. — Et je te demande pardon, mon fils, si je te parle ainsi de ta foi. Tu sais que je ne l'ai jamais contrariée, et que mes entrailles ne se révoltent point contre l'innocent infidèle qui a eu le malheur de naître hors de la voie du Seigneur. Je dirai plus : si la pitié manquoit à mon cœur, ce seroit plutôt à l'égard de l'apostat qui a renié la foi de ses parents, et auquel je me crois incapable de faire grâce. — Il avoit eu deux enfants, un garçon et une fille, pieusement élevés dans la profession du saint Évangile, qui est l'éternelle alliance des vrais chrétiens; et il avoit nommé le premier Mithridate, parce qu'il avoit rêvé sur le berceau du nouveau-né, mon pauvre frère Jacobus, l'idéal d'un homme polyglotte qui apprendroit sans effort près de lui toutes les langues de Babel. La fille fut appelée Amélie, du nom de sa mère, et tu conçois bien qu'à mesure qu'ils grandirent, tous les soins de l'éducation se distribuèrent selon leur destination présumée : à la fille les maîtres des arts frivoles, au fils les leçons des savants. Mais la Providence, qui se joue de nos projets, en avoit ordonné autrement. Mithridate étoit à seize ans un musicien agréable et un joli danseur; quant au grec, je n'avois jamais pu faire entrer dans sa tête les premières lignes d'Ésope. Il auroit vainement pâli pendant une semaine sur un monostique de Théognis. Soit que le travail eût brisé cette jeune organisation, soit qu'il eût porté en lui dès sa naissance le germe de la maladie funeste qui avoit enlevé sa mère, à dix-sept ans il mourut. Le désespoir de Jacobus fut inexprimable; mais cette âme forte ne s'y abandonnoit que par secousse, et quand le trait poignant de la douleur venoit rouvrir sa blessure sans être attendu. Un jour qu'on auroit cru qu'elle avoit parcouru jusqu'à les rompre, avec ses doigts de fer, toutes les touches du clavier sur lequel le souvenir d'un enfant mort retentit, elle en trouva une qui n'avoit pas encore vibré. J'y étois, et nous avions ouvert devant nous ce Pindare que tu vois — Frère, me dit Jacobus en me serrant la main, je crois que je ne sais plus le grec; ma mémoire s'est fondue comme la cire des tablettes au feu de cette lampe qui a gardé une nuit son cercueil. S'il avoit vécu, avec son heureux naturel qui n'avoit pas encore répondu à toutes mes espérances, mais qui devoit les combler un jour, il me rappelleroit aujourd'hui toutes ces scolies de Pindare que je lui ai si souvent répétées... — Je les sais, moi, mon père, s'écria tout à coup Amélie en se jetant au cou de Jacobus, en couvrant de baisers ses yeux prêts à pleurer, et en me le cachant à demi sous ses longs cheveux. — Ces leçons me plaisoient, continua-t-elle. Je les ai écoutées; je les ai retenues : je n'en perdois pas un mot. — Elle les savoit en effet. Le grec, un jeu pour elle, comme toutes les sciences auxquelles le génie peut s'élever! Une autre Olympia Morata, une autre Maria

Schurman! un ange, une muse, une divinité descendue du ciel, avec une lyre que la pudeur et la modestie tenoient muette. Peu de mois après, Jacobus n'existoit plus.

— Amélie existe au moins? repris-je avec vivacité.

— Amélie existe, me répondit gravement le chevalier, — et elle sait toutes les leçons de Pindare! Aussitôt après la mort de son père, elle recueillit les foibles débris de cette fortune de savant qui ne suffisoit pas à une vie oisive, et elle se retira dans une maison de campagne à peu de distance de la ville, parmi quelques dames respectables qui s'y occupent de l'éducation des jeunes Bernoises. Promptement distinguée entre elles par la pureté de son caractère et la perfection de ses connoissances, elle est maintenant à la tête de l'établissement.

— Il me paroît, d'après cela, dis-je en souriant, que les leçons de Pindare ne sont pas perdues. Je comprends que votre infirmité passagère vous empêche aujourd'hui d'aller les recueillir; je comprends qu'il puisse paroître malséant qu'elle viole les engagements volontaires de sa solitude pour vous les rapporter; mais, s'il est indispensable de les entendre de sa bouche, ne me croyez-vous pas assez savant, du moins, pour vous servir d'intermédiaire, et pour vous rendre les paroles mêmes d'Amélie avec une intelligence aussi bornée, mais aussi fidèle, que celle dont Jonathas vient de faire preuve en déposant devant vous le Pindare de Calliergi?

— Je crois tout ce que tu dis là, mais je crois que la brute furieuse qui rouleroit des barriques de poudre vers le foyer d'un incendie, et le barbon malappris qui enverroit son *Paulo-post* bien-aimé recevoir quelques miettes de grec des lèvres d'une fille de dix-huit ans, capable de faire tourner la tête à Zénon, mériteroient d'être tenus pour également extravagants.

— Attendez, mon ami, et que ce ne soit pas cela qui vous arrête! Oh! mon cœur est prémuni contre tous les amours, et votre Amélie seroit pourvue des attraits fantastiques de cette princesse des *Mille et une Nuits* dont le regard faisoit mourir, que je pourrois lire impunément dans ses yeux de femme. Cependant qu'en résulteroit-il, au pis aller, qu'une émotion naturelle pour laquelle vous éprouvez encore de tendres et éloquentes sympathies, et qui, entre deux êtres que vous daignez aimer, parce qu'ils vous inspirent tous deux de l'estime et de la confiance, resteroit à jamais sans danger?

— Sans danger, malheureux enfant! sans danger, l'amour d'une protestante et d'un catholique romain, unis par leurs frénésies pendant des mois de délire, séparés par leur foi pendant l'éternité! Sans danger, la réputation et le bonheur de l'unique fille de Jacobus, qui sont plus chers au vieux Robert Grove que la prunelle de ses yeux! Sans danger, la malédiction des parents riches et avares dont elle attend le pain de ses vieux jours! Sans danger, grand Dieu! sans danger!

— Vous venez de me le faire comprendre, et non de me le faire redouter. C'est tout au plus dans les romans qu'on voit le destin de la vie dépendre d'une impression subite que trois jours effaceroient, si l'âme ne prenoit plaisir à l'entretenir. Quel homme assez insensé nourriroit un moment l'illusion qu'un acte de sa volonté peut détruire, quand il est sûr d'en mourir s'il la laisse vivre? Encore une fois, je ne crois pas à ces miracles de fascination dignes des contes arabes; mais, si un mouvement imprévu de mon cœur me forçoit à y croire malgré moi, je me garderois bien d'y céder! Monsieur le chevalier, vous dirois-je le soir même, renoncez à votre négociation ou à votre ambassadeur! ma raison s'embrouille à mesure que Pindare s'éclaircit, et vous n'aurez pas plutôt gagné deux ou trois variantes, que j'aurai perdu la tête. Restons-en là, s'il vous plaît.

— Et voilà ce que tu me dirois? reprit le chevalier en me regardant fixement.

— Je le jure sur l'honneur!

— Halte-là, digne jeune homme! ceci demande, entre nous, plus de solennité! A moi, master Greatladder! à moi, fidèle Jonathas! Dans quelle crypte inconnue de notre bibliothèque avez-vous caché votre belle stature in-folio et votre embonpoint atlantique? mon Jonathas, où êtes-vous?

Jonathas ne répondoit jamais; il s'avançoit seulement d'un pas méthodique, et se plaçoit, immobile et perpendiculaire, précisément en face de son maître.

— Voilà qui est bien, continua sir Robert. Remettez à sa tablette, cher Jonathas, ce noble Pindare de Calliergi, et rapportez-moi le Nouveau Testament grec du brave Froben, *editio princeps in membranis.* — C'est un beau livre, ajouta-t-il avec une expression exaltée d'admiration dans laquelle on ne discernoit pas aisément ce qui avoit le plus de part à son enthousiasme, de la beauté de l'Évangile ou de celle de l'édition.

Le volume parut, avec son splendide maroquin et ses riches fermoirs; il s'ouvrit par le milieu, en déployant à droite et à gauche ses pages fastueuses, et le chevalier poursuivit :

— Vous jurez donc sur ce livre sacré, mon enfant, sur ce livre qui contient la foi de nos pères et la nôtre, sur ce livre d'un Dieu qui a le mensonge et la perfidie en horreur, que, si vous vous sentiez entraîné à une passion dont les conséquences seroient mortelles pour votre vieux camarade, vous viendriez déposer dans son cœur cette foiblesse de la chair et du sang, et que vous n'hésiteriez pas à vous soumettre à tout ce qu'il exigeroit de vous! — Attendez, Maxime, attendez encore! ne vous livrez pas en aveugle à la présomption de votre jeunesse! ne prenez pas le nom du Seigneur en vain !

— Je jure, monsieur le chevalier ! — et jamais engagement ne m'a paru plus facile et plus doux à remplir.

— Alors, dit le chevalier après avoir rendu l'Évangile à Jonathas, va donc voir demain ce diamant, cette marguerite du monde, et tâche d'en obtenir ces diables de leçons de

Pindare, qui sont la pure fleur de toutes les scolies passées, présentes et futures; nous les introduirons dans les miennes aux dépens des miennes, et nous publierons Pindare cette année, sous les noms jumeaux de Jacobus et de Robert. Ce travail achèvera, s'il plaît à Dieu, ton initiation aux bonnes lettres grecques, et nous serons en mesure de lancer, l'année prochaine, Hésiode avec Tacite. *Monumentum exegi.*

Là-dessus, il me serra la main, et nous nous retirâmes également tranquilles, sir Robert sur le succès de ses éditions, et moi sur les résultats de l'entrevue la plus innocente dont il ait jamais été parlé dans les compositions des romanciers.

Quoique je n'aime pas les portraits, il faut cependant que je donne une idée d'Amélie. Elle étoit assise dans son jardin sous un cerisier en fleur, que le soleil pénétroit de toutes parts d'une pluie de rayons mobiles qui trembloient autour d'elle au moindre souffle de l'air. Elle se leva en m'apercevant. Moi, je m'exerçois à la voir. J'avois déjà remarqué sa taille svelte, élancée, harmonieusement souple, comme celle dont mes poëtes gratifioient leurs nymphes, sa robe blanche flottante, ses beaux cheveux noirs rattachés négligemment sur sa tête; et je ne l'avois pas vue encore. Elle parla. Je m'enhardis. Le charme incomparable de ses traits me frappa moins d'abord que son éclatante blancheur. Leur ensemble avoit cependant un défaut, si c'en est un. Ses yeux étoient trop grands, trop longs surtout; mais ils avoient une expression qu'aucune parole ne peut faire comprendre, qui ne passeroit pas tout entière, qui s'évanouiroit peut-être sous le pinceau d'un ange. Ils étoient d'un bleu plus foncé que celui du ciel profond et sans vapeur que j'ai contemplé si souvent du haut des Alpes, et le reflet qui en descendoit sur son visage avoit quelque chose de cette clarté veloutée que la lune verse à la surface des lacs et des prairies. C'étoit comme deux sources de lumière divine dont les flots subtils s'épandoient autour d'elle, et l'enveloppoient d'une sorte de vêtement.

Oh ! je n'accuse point le matérialiste disgracié de la Providence qui a cherché le secret de l'âme sans le trouver, mais je ne le comprendrois pas s'il avoit plongé une seule fois sa vue dans le regard d'Amélie !

J'ai dit qu'elle étoit pâle. Elle l'étoit souvent. Il sembloit que le sang ne circulât qu'à regret sous ce tissu délicat qu'un effort léger pouvoit rompre ; mais la plus foible émotion l'y rappeloit. J'essayai d'expliquer en balbutiant le message assez bizarre que sir Robert m'avoit imposé la veille. Elle rougit alors, et je n'avois pas imaginé jusque-là qu'elle fût si belle !

— Je suppose, dit-elle, que M. le chevalier ne vous a pas laissé ignorer le concours douloureux de circonstances qui me rappela ce que je savois du grec et de Pindare, et qu'il m'a épargné à vos yeux le ridicule d'une prétention si déplacée dans les femmes. — Je pris en effet plaisir à ces études, parce qu'elles procuroient un peu de consolation à mon père. Depuis notre séparation, j'ai oublié ce que j'avois retenu et ce que j'avois appris ; mais le désir de faire quelque chose pour sa mémoire et pour son ami peut m'inspirer plus heureusement que je n'ose aujourd'hui le penser ; il faut que je rouvre ce livre si négligé pendant deux ans, et que je lui redemande des souvenirs qui me fuient...

En parlant ainsi, elle avoit porté la main à son front.

— Écoutez, reprit-elle tout à coup, en l'imposant doucement sur mon bras — (mais cet attouchement m'incendia comme si la foudre m'avoit frappé. Je ne sais par quel sens j'entendis le reste). — Écoutez ; je serois plus sûre de ce que je puis — demain... — après-demain, — n'importe, et, d'ici là, le travail auquel sir Robert prend un si vif intérêt seroit peut-être commencé.

Il est probable que je m'engageai machinalement à retourner. J'entrevis encore Amélie comme un éclair dans la nuit ; sa voix me parvint encore comme une mélodie passagère dans le silence. Je revins à moi du réveil d'un somnambule qui se demande longtemps s'il a rêvé. J'étois sorti de la route. Je ne savois plus où étoit Berne. Mes jambes défailloient; mes yeux étoient offusqués de ces lueurs vagues, capricieuses, informes, violettes, cramoisies, orangées, taches éblouissantes enlevées au prisme céleste par un regard trop longtemps fixé sur le soleil. Je m'assis sur le rocher. Je couchai ma tête sur mes mains. Je pleurois. Je ne savois pas pourquoi je pleurois.

— Infortuné! m'écriai-je enfin, ton cœur n'étoit pas éteint! tu n'avois pas usé tout ce que Dieu t'a départi de misère et de douleur! voilà ton sang qui vit, qui fermente, qui bouillonne encore! Te voilà rejeté, comme une âme en peine, sur les limbes d'un paradis qui est à jamais fermé pour toi! te voilà condamné une fois encore à l'humiliation dévorante d'aimer sans espérance! — Bien plus! à l'horrible malheur de ne pouvoir aimer sans crime! — Aimer! répétai-je en me levant avec violence et en reprenant d'un pas assuré la route que j'avois perdue; aimer Amélie, peut-être!...

Amélie! Amélie! — et ce nom vibroit dans toute mon âme, et je ne comprenois plus que cela de ma pensée.

— Aimer Amélie protestante, continuai-je en marchant toujours, et renoncer à la religion de mon père, à l'estime de mes amis d'enfance, de mes frères selon le baptême et selon l'eucharistie; à celle de sir Robert même, qui me chérit catholique, et me maudiroit apostat! ou bien la perdre dans sa foi, la perdre dans sa réputation, la perdre dans sa fortune, et tuer d'une main d'assassin ce vieillard dont la bienfaisance m'a sauvé de la détresse et du désespoir, cet autre père d'adoption auquel m'enchaînent la reconnoissance et le serment! — Et le serment! mon Dieu! je l'oubliois!... Allons, allons, le serment, je le tiendrai, et j'en subirai les conséquences!

Quand je fus arrivé dans la chambre du chevalier, je tombai d'accablement à ma place accoutumée.

— A moi, s'écria sir Robert, à moi, Jonathas! A moi, de l'eau, des liqueurs, du vin de Porto! C'est mon fils excédé de fatigue, mon fils qui ne se soutient plus, mon fils qui se meurt! Ame de bronze! ingrat Robert! tu veux donc faire mourir ton *Paulo-post!*

— Non, mon ami, lui dis-je en saisissant sa main, je ne suis pas fatigué, je ne suis pas malade; mais j'étois pressé de vous voir et de vous parler.....

— Quelle nouvelle donc? reprit-il en rentrant dans la pensée où ma brusque apparition l'avoit sans doute surpris. N'imprimerons-nous pas Pindare?

— Nous l'imprimerons, monsieur le chevalier, répondis-je en souriant amèrement de sa méprise. Amélie a seulement besoin de quelques heures pour recueillir ses idées. Elle m'a, je crois, promis le commencement pour après-demain, — ou pour demain.

— Demain, dit-il après avoir un moment réfléchi, cela seroit indiscret. — Et si après-demain tu n'étois pas remis de ta fatigue?... Te voilà pâle comme un mort maintenant, et tu brûlois tout à l'heure.

— En vérité, je ne suis ni malade ni fatigué! J'irai après-demain, je vous le jure!

— Tu me le jures! A propos, quel effet a produit sur toi la vue de ma Calliope, de mon Uranie, de ma Mnémosyne, de ma déesse?

— L'effet que produit une déesse, la surprise, l'admiration, le respect.....

— Bien, bien, mon enfant! je ne m'attendois pas à moins! Une Calliope, une Uranie, cher Maxime! Une jeune fille qui sait mieux les leçons de Pindare que le chevalier Grove! Ce qui m'effrayoit hier, c'étoit de penser à tant de déesses qui se sont humanisées, comme de simples mortelles, pour des yeux bleus et expressifs, ou pour une chevelure blonde ou bouclée. Je t'en citerois, dans les mythographes, une douzaine d'exemples que nous lirions avec plaisir s'ils étoient en meilleur style, et si Munckerus et Staveren les avoient mieux entendus. Apporte-nous cependant les mythographes, Jonathas, toutes les collections des mythographes! Cela nous amusera en dînant.

Je respirai. Je savois bien qu'il ne seroit plus question d'Amélie, et que son souvenir alloit disparoître au milieu des digressions doctes ou riantes dans lesquelles l'imagination du chevalier aimoit à s'égarer. Quelle nécessité d'ailleurs de brusquer inutilement le secret insignifiant d'une première impression dont je me rendois à peine compte moi-même, sur laquelle je pouvois m'être mépris, et que j'avois encore le temps de vaincre? Et puis, désabuser si vite mon vieil ami de la possession de ce Pindare, en qui reposoit une partie de sa gloire, cela étoit aussi trop cruel!

— On ne sauroit croire combien la conscience la plus droite a de moyens de se faire illusion sur ses devoirs.

Le surlendemain me parut bien long à venir.

Amélie avoit déjà rassemblé en effet tout ce que sa mémoire lui rappeloit de ces leçons précieuses sur les premières *Olympiques*. Elle les avoit écrites avec soin, et, pour me les rendre plus intelligibles encore, elle daignoit me les relire ou me les chanter; car à tout le charme de cette mélopée grecque dont nous n'avons que des idées confuses, sa voix sonore, émue, pénétrante, ajoutoit le charme d'une mélopée qui n'étoit qu'à elle. La puissance de cet organe enchanteur tenoit aussi à un de ces mystères qui découragent la parole. Pour l'exprimer aujourd'hui dans une comparaison digne de la réalité, il faudroit faire comprendre ce que peut exercer d'empire sur l'âme une pensée de Lamartine proférée par la harpe éolienne ou par l'harmonica.

Quand elle eut fini sa lecture et qu'elle se fut assurée que je ne laisserois rien échapper de ces nuances fugitives de la pensée poétique dont elle avoit le secret mieux que Pindare, elle abandonna le volume. Nous étions dans le jardin comme la première fois; les rayons du soleil jaillissoient comme la première fois entre les blancs bouquets du cerisier, se brisoient sur sa tête en faisceaux légers et frémissants, ou l'entouroient en auréoles. Des fleurs qui commençoient à tomber, quelques-unes avoient jonché ses cheveux; le ciel mythologique n'auroit pas fait plus de fêtes à la muse elle-même, s'il l'avoit reconnue, recueillie et pensive, dans la plus chère de ses solitudes. — Et moi, je me taisois pour ne pas troubler cette solennité. Je ne suis pas sûr d'ailleurs que j'aurois pu parler si je l'avois voulu.

— Non, dit-elle, ce ne sont pas là des poëtes! cette magnificence d'images et cette pompe accablante d'harmonie et ce faste éblouissant de mots, ce n'est pas la poésie! Qu'importent les vaines gloires des peuples et l'orgueil de leurs triomphes et l'ivresse de leurs jeux? La poésie n'est que dans la foi et dans le sentiment, dans une croyance soumise ou dans une vive émotion du cœur. Elle n'a pas prêté ses véritables inspirations à l'extravagante vanité de ces nations antiques; elle ne les prêtera pas à cette fausse raison des nations modernes, qui n'est qu'une autre espèce de vanité. La poésie de l'âme, c'est le christianisme qui nous l'a faite, c'est la réforme et la philosophie qui l'ont tuée. Il faut croire pour entendre la poésie et pour la sentir. Qu'auroient produit nos Milton et nos Klopstock, oh! c'étoient de sublimes génies!... s'ils n'avoient remonté au berceau de la religion pour lui redemander ses mystères? Je m'étonne que les anciens, qui étoient si heureux et si riches en emblèmes matériels, n'aient pas représenté la poésie avec un bandeau, comme l'amour.

Je la regardai; ses joues s'étoient vivement colorées, ses lèvres trembloient, ses yeux jetoient du feu....

— Cependant, dis-je en tremblant....

Elle tressaillit.

— Pardonnez, monsieur, interrompit Amélie..... je suis sujette à céder ainsi à une impression qui m'a saisie, et je n'observe pas alors qu'on m'entend. C'est une étrange infirmité, mais je vis ordinairement si loin du monde! Pardonnez-moi, je vous supplie, si j'ai laissé échapper une seule parole qui vous offensât dans vos opinions. Vous êtes protestant, sans doute...

— Je suis catholique romain.

— Catholique romain ! s'écria-t-elle en se rapprochant de moi d'un élan. — C'est aussi, ajouta-t-elle en se retirant un peu, la religion dans laquelle j'ai été élevée, quoique je fusse née dans une autre.

— Ceci me confond, repris-je avant d'avoir pu démêler les idées qui m'assailloient confusément. Ce n'est pas ce que j'avois appris du chevalier.

— Votre étonnement est tout naturel, dit Amélie. — Mais rien n'oblige deux jeunes étudiants en grec à renfermer leurs confidences dans le cercle étroit d'une version. Ma mère étoit catholique.

— Sir Robert me l'avoit dit.

— Mon père ne l'étoit point ; il croyoit sa religion meilleure, et cependant il étoit persuadé que toutes les manières d'adorer le vrai Dieu lui étoient agréables, quand elles étoient naïves !...

— J'en suis persuadé comme votre digne père, Amélie ; j'en suis sûr ! Le Dieu souverainement bon, qui se trouvera peut-être de l'indulgence pour le crime, seroit-il inexorable pour une erreur pieuse et sincère ? je ne saurois le croire ; et Dieu ne peut pas avoir permis que la pensée de sa foible créature fût plus bienveillante que lui.

— Je fus instruite sous ses yeux dans la religion de ma mère. Ce fut sa fille catholique qu'il bénit en moi au moment de me quitter pour cette longue absence de la mort ; et, en m'embrassant tendrement, il me dit ceci : — Écoute seulement ta conscience ; évite, si tu le peux, le bruit inutile et souvent scandaleux de l'abjuration. Le Seigneur connoît les siens. Mais, quoi qu'il arrive, rappelle-toi toujours que le sanctuaire de la vérité, c'est une âme pure. Si tu te souviens de cela, nous nous retrouverons, avec celle que j'ai tant aimée, dans le sein du même Dieu ; car il n'y en a qu'un, et son nom soit glorifié sur la terre et dans le ciel !

— Après cela il sourit, et je venois d'entendre sa voix pour la dernière fois. — Voilà tout.

— Les parents qui vous restent sont-ils instruits de vos dispositions?

— La crainte de les affliger m'obligeoit à les tenir cachées. La crainte de tromper leur confiance m'obligeoit à les découvrir. J'aimai mieux leur donner un chagrin que de leur dérober une affection. Aucun de ceux dont j'avois quelque fortune à attendre n'ignore mes sentiments. Je n'eus pas même dans cet aveu l'honneur d'un sacrifice. Le peu que je possède suffit à mon ambition ; la loi m'accorde encore quelques avantages que mes économies rendent déjà superflus, et l'expérience m'a d'ailleurs appris qu'il n'y a point d'indépendance plus douce et plus assurée que celle qui résulte du travail.

Notre conversation dura longtemps peut-être, mais il me seroit aussi difficile d'en mesurer la durée que d'en rappeler l'objet. Cet abandon d'un moment nous avoit conduits à l'intimité de l'âme; alors tous les discours, tous les mots, toutes les infléxions de la voix, ont une signification que la parole ne peut traduire ; mais cela est ravissant dans la mémoire. Il faut l'avoir éprouvé ; il ne faut ni le raconter ni le lire.

Il y avoit deux existences dans Amélie ; il y avoit deux âmes : une âme de génie qui planoit au-dessus de toutes les idées de l'humanité, une âme de jeune fille qui compatissoit à toutes les foiblesses, à toutes les ignorances des créatures inférieures. Son exaltation étoit sublime, et sa simplicité charmante; elle avoit des tristesses solennelles comme une reine céleste exilée de son empire ; elle avoit des joies d'enfant. Je l'ai surprise à s'amuser d'un papillon, d'une fleur, à se parer d'une plume ou d'un ruban, à causer et à rire comme une simple femme, et cependant ce n'étoit pas une femme.

Ce que c'étoit, je ne le sais pas ; une apparition sans doute ; une de ces communications du monde imaginaire que l'on croit avoir eues, qu'on se représente sous une forme idéale, qu'on se souvient d'avoir perdues en peu de temps, et qui laissent une trace éternelle dans la pensée. Si je n'avois pas là ses lettres, ses cheveux, sa bague d'écaille, son portrait, je serois plus certain d'avoir rêvé. J'ai beaucoup lu depuis; j'ai lu *Julie*, la création d'un homme sensible qui sait quelque chose de l'amour par ouï-dire. J'ai lu *Corinne*, l'inspiration d'un poëte qui a beaucoup de tendresse dans l'imagination. En vérité, ces merveilles de style et de talent ne sont que de froides merveilles, parce qu'elles excèdent la portée habituelle de notre nature imparfaite. Amélie s'en éloignoit bien davantage encore; car Dieu est plus puissant que le génie, et c'étoit Dieu qui l'avoit faite. On ne me reprochera pas de l'avoir inventée; et qui inventeroit Amélie? Comment la ferois-je comprendre, moi qui n'ai pas le secret magique de ces gens-là? comment oserois-je dire : Voici quelle étoit Amélie, moi dont l'âme s'étonne et succombe encore, après tant d'années, au seul retentissement de son souvenir? A moi et pour moi ces réminiscences inexprimables, sans nom, sans forme, sans couleur! — Cela ne peut parler qu'à moi, comme le signe qu'un voyageur a laissé sur le chemin parcouru, comme la pierre blanche qu'un avare a cimentée dans la terre sur son trésor enfoui. Un jour, peut-être, il faudra bien que je me condamne à écrire des romans ou des nouvelles, puisqu'on ne m'a trouvé bon à rien de plus utile dans la meilleure des sociétés possibles; mais je me garderai de leur donner Amélie pour héroïne. Je connois trop les règles de l'art.

Je la quittai plus tranquille. Les capitulations de ma conscience me coûtoient moins. Ce danger que sir Robert redoutoit pour sa pupille, c'étoit un événement échu qui n'avoit pas dépendu de moi. Le serment que je lui avois fait, c'étoit un engagement dont l'objet n'avoit rien que d'imaginaire. Je ne pouvois le tenir sans violer un nouveau mystère plus important pour le bonheur d'Amélie, et pour celui du chevalier lui-même. Ses deux illusions les plus chères en dépendoient, la constance d'Amélie dans sa foi, et l'accomplissement d'une édition de Pindare immortelle comme Pindare. J'aurois été, je n'en doutois pas, délié de ma parole par un prêtre, et surtout par un avocat. Les confidences que je venois d'obtenir, sans le vouloir, me rendoient aussi libre que je l'étois avant de contracter une obligation téméraire. Si j'avois pu lui répondre, quand il m'exprima ses inquiétudes : Amélie est catholique, et ses parents le savent, — que lui restoit-il à me demander? Le serment de l'aimer avec pureté, avec une fidélité inaltérable, avec une résignation soumise aux volontés d'Amélie et de la Providence? Et qui l'auroit aimée autrement? Étois-je arrivé d'ailleurs au point qui rendroit un pareil aveu si nécessaire? Aimer Amélie, grand Dieu! Espérer qu'on seroit aimé d'elle! Ah! je n'avois pas tant d'orgueil!

Au reste, le chevalier ne s'en informa pas. Il n'interrogea pas une fois d'un regard mes regards, qui m'auroient trahi. Il étoit trop absorbé dans la contemplation de ces scolies que Pindare paroissoit avoir inspirées de son génie, et de cette glose plus poétique, plus élégante, plus harmonieuse que le texte. Combien de livres compulsés! Combien d'auteurs appelés en témoignage! Combien de savantes illustrations dédaigneusement confrontées avec les simples notes d'Amélie! Que de voyages pour Jonathas! Mais Jonathas étoit impassible, et, les bras chargés d'*in-folio*, il classoit tout devant son maître avec une obéissance mécanique dont la précision auroit déconcerté le bibliothécaire le plus habile. — Phénomène du siècle! s'écrioit sir Robert. Incomparable enfant qui a vu en Pindare tant de beautés célées à Schmidius, à Bénédictus, à Sudorius, à mon ami Heyne, et, je pense, à mon frère Jacobus, car je trouve ici telle découverte plus précieuse que l'or et les diamants, dont je ne lui ai jamais ouï parler! O Jacobus! où êtes-vous pour mouiller de larmes paternelles ce généreux rejeton, cette fleur prédestinée de votre tige glorieuse, cette vierge animée d'un esprit divin à laquelle j'élèverai un temple dans ma préface! Où êtes-vous, Jacobus? car mon cher *Paulo-post* est préoccupé de trop de pensées sérieuses pour prendre part à mon enthousiasme !

Je frémis. J'eus besoin de me remettre un peu pour concevoir que le chevalier me reprochât de ne pas sentir le prix d'Amélie et d'en parler froidement. Hélas !...

Ce n'étoit pas heureusement l'ouvrage d'un jour que cette édition de Pindare. Après les *Olympiques*, les *Pythiques*. Après les *Pythiques*, les *Néméennes*. Après les *Néméennes*, les *Isthmiennes*. Tout le monde sait cela ; mais la moindre difficulté exigeoit une visite à l'oracle, et j'aurois quelquefois pleuré comme Chapelle, que le chantre thébain n'eût pas assez vécu pour remplir un volume de la taille de Jonathas. Sir Robert, qui jouissoit presque autant de mes progrès que de ses acquisitions, étoit le premier à me presser de multiplier mes démarches. Il ne se plaignoit jamais que je partisse trop tôt et que je revinsse trop tard. Il pensoit que cette alternative d'exercice et d'étude étoit favorable à ma santé, à mon instruction, à mon bonheur. Il s'en informoit à Jonathas, en l'accablant de surnoms que lui fournissoit en foule son érudition mythologique, et d'épithètes caressantes qu'il ne trouvoit que dans son cœur ; mon doux Typhon, mon aimable Encelade, mon gracieux Prométhée. Jonathas, qui ne parloit, ainsi que je crois l'avoir dit, qu'autant qu'il y étoit contraint par une nécessité irrésistible, se contentoit d'exprimer son approbation par une légère inclinaison de tête et par un étrange sourire. Quant à moi, je n'ai pas besoin de dire que j'étois de l'avis de Jonathas.

Le livre du chevalier nous occupoit toujours, Amélie et moi, mais il ne nous occupoit pas longtemps. Je ne sais pourquoi je me trouvois de jour en jour plus d'aptitude à comprendre le travail, et moins d'impatience à le terminer. Il en falloit si peu d'ailleurs pour fournir à sir Robert des recherches sans nombre et des amplifications sans fin ! Aussi, au bout de quelques minutes, le poëte grec étoit abandonné, et il s'écouloit au jardin d'Amélie des heures délicieuses, pendant lesquelles on n'en parloit plus. Ce n'étoit pas qu'on fût distrait comme la première fois par quelque digression subite et saisissante qui absorboit toute la pensée. On n'en parloit plus, parce qu'on cessoit de parler. Plus l'âme est remplie alors, si je m'en souviens bien, plus la conversation devient insignifiante, et, quand le hasard fait qu'on a échangé quelques mots, on rougit de n'avoir trouvé que si peu de choses à dire. On a honte, on a pitié de soi-même, et on se tait. C'est beaucoup quand on ose s'exposer à la rencontre d'un regard que l'on cherche, — et que l'on évite. Oh! quand elle est près de vous, doucement pensive, colorée par une légère émotion, les lèvres entr'ouvertes par un souffle à peine entendu, les yeux fixés sur un objet qui n'est pas vous, mais qui ne la distrait point, car elle le regarde sans le voir, quelle agitation turbulente vient bouleverser le cœur au moment où elle les ramène sur les vôtres sans s'attendre à les trouver, et quelle existence ne se sent pas près de s'anéantir dans cette volupté peu mesurée à nos forces! On se recueille, on se réfugie en soi-même, on a besoin de lutter contre son bonheur pour n'en être pas accablé! Comme le sentiment de la vie est pur et complet! Comme le sein se gonfle à contenir, à posséder le présent! Et cependant, comme le temps vole, comme il s'en va! Vous avez beau vous imaginer que les soirées d'été sont longues, le son de l'heure n'a pas expiré sur la cloche que voilà la cloche qui en appelle une autre. L'ombre des arbres grandit pendant qu'on la mesure. Il faudra partir quand elle se plongera dans cette pelouse qui borde l'allée, et, lorsque vous vous réjouissez qu'elle en soit encore si loin, elle y est déjà.

Le hasard ou un moment d'expansion avoit un jour rapproché sa main de la mienne. Je ne saurois expliquer par quelle heureuse adresse j'y liai mes doigts de manière à ne pas la quitter. Cette communication, plus intime et plus douce que toutes celles que l'amour a inventées, devint pour les jours suivants un droit ou une habitude; cela, par exemple, rendoit tous les entretiens inutiles. Que diroient les paroles qui valût la correspondance muette de deux âmes unies par la surface d'un épiderme intelligent et sensible, par le frémissement sympathique des nerfs entrelacés, par le bouillonnement des artères, par la transfusion d'une moiteur tiède et pénétrante qui circule pour ainsi dire d'un cœur à l'autre? La possession d'une femme aimée, je sais bien ce que c'est : mais cela, tout le monde le sait-il? N'est-il pas pour quelques organisations tendres et passionnées quelque sens inconnu au vulgaire, quelque organe plus délicat, plus pur, plus exquis en perceptions, qui transforme, qui élève, qui spiritualise notre essence, et qui la fait participer par moments à la nature divine? Je l'avois jeune, cette faculté d'aimer autrement, d'aimer mieux que l'on n'aime! Je la conserve toute vivante au milieu des ruines de ma vie, et je plains sincèrement les hommes qui n'ont été qu'heureux comme les hommes le sont.

Quand on se séparoit, c'étoit autre chose. Là commençoit une nouvelle espèce de bonheur. Cette félicité profonde qui ne s'étoit pas comprise restoit tout à coup en face d'elle-même. Elle se contemploit avec surprise, elle se goûtoit avec ravissement. Ces calmes et silencieuses voluptés faisoient place à l'exaltation, au délire ; toutes les sensations ressuscitoient, et avec quelle vivacité ! Toutes les idées se développoient, et avec quelle éloquence ! On ne se contraignoit plus; on parloit, on crioit, on versoit des larmes à sangloter de joie ! On prenoit le ciel et l'univers à témoin de son extase, et il n'y avoit pas un atome dans la création qui ne s'animât pour sentir et pour répondre. Comment n'y auroit-il pas répondu? Quand on a un amour immense dans le cœur, on referoit un monde! On pourroit dire à la lumière d'être, et la lumière seroit! Je recomposois tout. Je remettois tout à sa place, elle, moi, la nature ; je revoyois Amélie, je la revoyois peu distinctement, comme je pouvois la voir, comme je l'avois vue. L'ensemble de ses traits m'échappoit, mais qu'en avois-je besoin? Qui a jamais vu dans leur ensemble les traits de la femme qu'il aime? qui s'en est jamais souvenu? Mais, comme j'entendois sa voix, son parler franc, brusque, sonoré, un peu cuivré, qui vibroit longtemps comme une flèche de métal émue, comme un cristal vide que le fer a frappé, qui retentissoit de plus en plus harmonieux dans mon oreille! Il y vibre, il y retentit encore!

Et puis, ma propre pensée se prenoit subitement pour moi d'un amour naïf, d'un enthousiasme d'enfant! C'étoit moi, moi seul qui avois passé quatre heures auprès d'Amélie, dans l'air qu'elle avoit respiré, dans le parfum de son haleine, dans les rayons de ses yeux. Je connoissois bien le côté de mon corps qui avoit pu l'effleurer. Je m'asseyois toujours à sa droite, parce qu'il y avoit à l'autre extrémité du banc un petit socle sur lequel elle étoit accoutumée à s'appuyer. Je me serois dérobé de ce côté à l'attouchement sacrilége d'un papillon d'or ou d'une touffe de roses, avec plus d'empressement que n'en met un naïre à éviter celui du paria. Ma main qui avoit pressé sa main, je la regardois, je l'aimois, je la trouvois heureuse, je la caressois de mes lèvres, je la cachois sur mon cœur; il me sembloit que j'étois la pierre de Bologne d'Amélie, que je réfléchissois quelque chose d'elle, que ceux qui m'apercevoient de loin se disoient tout bas entre eux : Voyez!

Le lendemain du jour fatal où j'avois rapporté à notre laboratoire classique la dernière note d'Amélie, le chevalier exigea que j'allasse passer quelques jours à visiter les merveilles de l'Oberland, pour me remettre des fatigues d'une si longue assiduité au travail. Il ignoroit qu'elles ne me fussent sensibles que depuis qu'elles étoient finies. J'acceptai cependant avec reconnoissance, parce qu'Amélie étoit sur le chemin. Je pourrai la voir, disois-je, et, si je ne la vois pas, je passerai si près d'elle!

Je la trouvai sur notre banc de gazon. Elle y avoit pris ma place. Elle la quitta, comme si elle étoit honteuse de l'avoir prise; je m'assis. Je ne la regardai pas, car j'avois à lui parler. Je lui parlai en effet de ma courte promenade dans l'Oberland, et du désir que j'avois éprouvé de la revoir pour la dernière fois.

— Pour la dernière fois ! répondit-elle en se rapprochant de moi et en m'abandonnant sa main, que je n'aurois pas osé prendre si vite. Pour la dernière fois ! continua-t-elle en souriant. Les voyages de l'Oberland sont-ils si dangereux ?

— Vous n'ignorez pas que je n'ai plus de prétexte à l'égard du monde pour revenir auprès de vous ?

— A l'égard du monde ! s'écria-t-elle avec étonnement.

— Il m'en reste moins encore aux yeux du chevalier.

— De sir Robert ! reprit-elle. Ah ! ah ! cela est vrai ! je n'y avois pas pensé. — Pour la dernière fois !

Nous ne dîmes plus rien. Elle ne s'étoit pas éloignée. Elle étoit là, près de mon sein ; elle me touchoit. Elle ne m'avoit pas retiré sa main. Sa main trembloit.

Il falloit qu'elle souffrit, car elle laissa tomber sa tête contre mon épaule. Cette fois-là, je sentis, j'aspirai son souffle. Ses cheveux s'étoient détachés ; ils se mêloient avec les miens ; ils flottoient sur mon visage. Un de leurs anneaux vint jusqu'à ma bouche, et je le retins avec mes lèvres.

Quelque temps après, je crus sentir que son corps fléchissoit. Je passai mon bras autour d'elle pour la soutenir. Il est difficile de s'expliquer comment on ne meurt pas alors, et cela seroit si bien !

Ce fut elle qui s'aperçut que le soleil étoit couché.

— Voilà la nuit, me dit-elle en s'élançant de quelques pas au-devant de moi. — Pourquoi n'êtes-vous pas parti ?...

— Je vais à l'Oberland, Amélie, et que m'importe quel sera mon gîte ce soir ? une cabane, une bruyère, un rocher, tout est bon ! — Je la suivis cependant.

Nous fûmes si longtemps à gagner la vieille et sombre galerie qui conduisoit à la porte, que les ténèbres finirent de s'épaissir. Amélie prit une lampe pour m'accompagner

dans ce passage, qui étoit long, ruineux, difficile, et qu
avoit appartenu à d'anciennes constructions monastiques.
Des parties de la voûte, qui s'en étoient séparées çà et là,
jonchoient le sol humide et mouvant, auquel le temps les
avoit incorporées comme des roches naturelles. Dans tous
les endroits où étoit parvenue la lumière du soleil, on
voyoit jaillir de leurs joints béants des poignées de mauvaises herbes, et surtout de la grande éclaire à fleurs jaunes

Amélie me précédoit en se tournant de mon côté presque
à chaque pas, surtout quand le chemin offroit quelque obstacle dangereux. Cette clarté livide qui projetoit en haut
les ombres de son visage, que je n'avois jamais vu éclairé
autrement que par le ciel, lui donnoit quelque chose de
l'aspect d'un fantôme. Elle me paroissoit plus triste, plus
grande et plus pâle. Une idée de mort s'arrêta sur mon
cœur. Je chancelai. La clef avoit tourné dans la serrure; le
gond avoit crié. L'air étoit devenu moins froid, l'obscurité
moins sombre. C'étoit déjà l'extérieur, le monde de ceux
qui croient vivre. Déjà cela! —

Je retrouvai la main d'Amélie. Je ne savois plus ce que
c'étoit qu'une main de femme. Je la saisis à la briser. Je la
portai à mon front, à mes yeux, à ma bouche. Je la couvris, je l'imprégnai de baisers dans lesquels j'aurois voulu
laisser mon âme. Eh! qu'avois-je besoin d'une âme à
moi, d'une âme qui n'étoit bonne qu'à souffrir! La porte se
referma. Je ne compris pas qu'Amélie ne fût pas sortie
aussi, qu'elle m'eût laissé seul, tout seul! Il me sembloit
qu'elle, c'étoit nous deux.

Tout à coup j'entendis un cri. Je me précipitai vers cette
porte, comme si elle n'avoit pas dû m'arrêter. Il y avoit là
un de ces petits treillis de fer qu'on voit aux maisons des
reclus, par lesquels on regarde, on parle, on interroge.
Amélie étoit immobile à la place où je l'avois laissée, absor-
bée par une pensée fixe, et les yeux cloués sur la terre. Sa
lampe tomba.

Je m'attachai à la porte; j'enfonçai mes doigts entre ses

moulures. J'essayai de crier aussi; je criai sans doute. On avoit entendu. L'extrémité de la galerie s'éclaira, et je vis la robe d'Amélie flotter, se cacher et reparoître tour à tour entre les débris. Elle arriva.

Je ne me soutenois plus. Je défaillis sur le seuil, je l'inondai de mes pleurs, je le frappai de ma tête; je ne l'aurois pas quitté, si une idée ineffable, comme celle qui doit s'éveiller à la résurrection dans l'âme d'un élu, ne m'avoit rendu la force et la vie.

Je me levai, je me tins debout, je marchai sans effort. Je m'étois dit : Elle m'aime peut-être !

Je passai huit jours à parcourir l'Oberland, à errer, à gravir, à méditer, à jouir du bonheur d'être libre et de vivre avec ma pensée. Amélie n'étoit pas près de moi, mais je croyois sentir que son cœur me suivoit. Depuis que je l'aimois, je n'avois jamais été aussi loin d'elle, et jamais je n'en avois été moins réellement séparé. Ce qui nous séparoit, c'étoit ce qu'on peut parcourir de la terre dans un demi-jour de marche, un peu d'air, un peu de ciel, pas un sentiment, pas une distraction. Sa voix étoit la dernière qui eût vibré dans mon cœur; sa main, la dernière que j'eusse touchée; son regard, le dernier qui se fût rencontré avec le mien. Je lui parlois, je la voyois, je la touchois encore. Une éternité heureuse, un vrai paradis pour l'âme, ce seroit une émotion pareille, ainsi prolongée, ainsi entretenue, sans altérations, sans vicissitudes, sans défiance de l'avenir, et toujours, toujours vivante !

Le jour de mon retour à Berne, il étoit grand matin quand je passai au-dessous de la maison. Je n'avois pas dormi. Je m'étois levé dix fois pour savoir si l'aube paroissoit. Ne devois-je pas voir cette maison, et pouvois-je la voir trop tôt? Enfin elle se détacha, blanche et frappée du soleil levant, au milieu de ses massifs d'ombrages, d'où elle s'appuyoit jusqu'à la route sur cette vieille aile de bâtiments délabrés qui probablement n'existent plus. Tant d'autres choses ont disparu depuis !

Il n'y avoit qu'une croisée ouverte : c'étoit celle d'Amélie. Je supposai qu'elle avoit voulu jouir de cette heure délicieuse où la nature s'éveille avec tant de grâce. Je me flattai que ses premiers regards s'y étoient tournés du côté de l'Oberland. J'espérai qu'elle y reviendroit. Elle ne parut pas. Rien n'étoit moins extraordinaire, et cependant je ne pus me défendre d'une étrange tristesse.

Cela m'étonna. Que manquoit-il au charme de cette matinée? L'horizon étoit si pur, l'air si doux, l'automne si beau avec ses magnifiques feuillages qui commençoient à peine à se marbrer de couleurs resplendissantes, comme si chaque arbre avoit porté des grappes d'or et de pourpre! Il manquoit Amélie; Amélie n'y étoit pas.

Je fus fêté du chevalier comme un enfant chéri qu'on n'a pas vu depuis des années, et qui arrive de loin. Cependant après quelque temps son visage se rembrunit, et sa tête, lentement renversée en arrière jusqu'à devenir horizontale au plafond, le frappa d'un de ces regards verticaux sur la signification desquels je ne pouvois plus me méprendre.

Je conçus qu'il étoit survenu quelque malheur. Mon cœur se serra.

— Es-tu entré chez Amélie à ton retour? me dit sir Robert.

— Chez Amélie? répondis-je. Et comment? A quelle occasion? A quelle heure? Pourquoi? Pindare est fini.

— Elle est malade, reprit-il en ramenant sa tête sur sa main aussi lentement qu'il l'en avoit éloignée.

— Malade! m'écriai-je. En danger, peut-être! Expliquez-vous, monsieur le chevalier!

Il étoit trop ému pour prendre garde à mon émotion. Il continua :

— En danger, — c'est selon. Les médecins ne le pensent pas. Ils parlent d'une indisposition, d'une espèce d'infirmité nerveuse qui ne compromet pas la vie; mais ils disoient cela aussi de... quelqu'un, d'une autre femme, d'un autre enfant, qui sont morts à la suite d'un mal qui avoit les mêmes symptômes. Oh! ceci, *Paulo-post,* m'est plus à cœur que les leçons de Pindare, plus à cœur que ma propre existence! Amélie est tout ce qui reste de mon Jacobus!

Je n'entendois qu'à peine ; je rassemblois mes idées. Je réfléchissois. J'avois entendu parler de cette maladie extraordinaire par Amélie elle-même ; j'en savois les caractères : son cœur palpitoit tout à coup avec violence ; ses oreilles bruissoient comme assourdies par la chute d'une cataracte ; ses yeux s'obscurcissoient, s'éteignoient, et puis son sang ne circuloit plus, son pouls ne battoit plus. Elle cessoit d'être un moment, car la crise, arrivée à ce point, ne duroit jamais qu'un moment ; elle n'en rapportoit d'autre souvenir que celui d'un songe confus, d'une excursion passagère dans les ténèbres de la mort ; mais elle s'en inquiétoit si peu, qu'elle avoit presque réussi à me faire partager son insouciance.

— Malheureusement, ajouta le chevalier, tu es trop fatigué pour aller t'informer aujourd'hui de son état, dont tu jugerois mieux que Jonathas...

J'étois parti.

— Mademoiselle a expressément exigé de rester seule, me dit une des filles de service qui vint m'ouvrir, mais elle a excepté les personnes qui se présenteroient de la part de sir Robert.

Je volai vers la chambre d'Amélie. Je m'étonnai, quand je fus entré, qu'on en refermât la porte sur moi ; mais je me souvins qu'elle avoit expressément exigé de rester seule.

Elle étoit seule en effet, — assise sur un fauteuil, la tête appuyée au dossier, les yeux fermés, le teint plus pâle que de coutume. — Je m'élançai vers elle, elle ne fit pas un mouvement ; — je saisis sa main, elle étoit froide. — Je poussai un cri, je tombai à genoux, je pressai cette main de mes deux mains, j'y collai mon visage ; je criai encore, je priai, je pleurai. — Je ne savois pas si c'étoit un des accès qu'elle m'avoit décrits ou si c'étoit la mort même. Cela dura un temps impossible à calculer : — une minute, — une éternité. — Je ne croiois plus, je ne pleurois plus, je mourois.

Sa main s'étoit réchauffée sous mon haleine, sous mes larmes, sous mes baisers. Mes doigts crurent y retrouver en s'élevant jusqu'à l'artère le jeu de la vie et du sang ; elle palpita enfin, elle se déroba à mes lèvres, et j'osai reporter mes regards sur Amélie, dont les yeux ouverts et fixes étoient attachés sur moi avec un étonnement inquiet.

— Maxime! s'écria-t-elle en jetant ses bras sur mes épaules ; Maxime! C'est lui! c'est toi!... c'est bien toi!... Tu m'aimes donc!...

— T'aimer, Amélie! Oh! t'aimer, t'adorer, vivre ou mourir de t'aimer, sentir mon âme s'anéantir dans cette pensée. — Mourir là... Maintenant... maintenant.

— Bien, bien, dit-elle en passant ses doigts sur ma tête, sur mon cou, en essuyant la sueur de mon front et les pleurs de mes yeux. — Le voilà donc revenu de l'Oberland! C'est toi! c'est Maxime! et je sais qu'il m'aime! Heureuse Amélie! je pouvois mourir un moment trop tôt!...

— Mourir! ah! tu ne mourras pas! je te le défends! j'ai de la vie, j'ai de l'avenir pour nous deux.

Et, pendant que je lui parlois, je la regardois plus fixement que je ne l'avois fait jamais. Je m'étonnois de voir ses joues animées de couleurs si vives, et sa prunelle s'épanouir en rayons de feu. Je craignis de m'être trompé sur sa résurrection, et que ce qui me restoit d'Amélie ne fût plus qu'une âme qui achevoit de se transfigurer pour le ciel.

— Attends, attends! repris-je. Calme-toi! calme ton cœur pour me le conserver! Pense qu'une émotion trop forte peut mettre en péril ta vie et la mienne, puisqu'elles n'en font plus qu'une! Pense que je ne résisterois plus à la douleur de te voir comme je t'ai vue tout à l'heure ; que tu as depuis ce temps-là toute ma destinée de plus à sauver!... Calme-toi, mon Amélie! repose-toi! Éloigne-moi! éloigne ma pensée! Je veillerai tout près!... A un signe parti de ta croisée, au moindre cri, au moindre appel, je serai à tes genoux, et tu te réveilleras encore !

— Mourir ! mourir ! quelle frénésie insensée ! dit-elle. Amélie mourir ! quelle crainte d'enfant ! mourir est bon pour la foiblesse et pour le malheur, mais je ne mourrai point ! Regarde, n'es-tu pas là ? ne me touches-tu pas ? ai-je encore la main glacée, les joues pâles ? mon sang se fige-t-il encore dans mes veines ? mon cœur se crispe-t-il encore comme sous la dent d'un serpent ? Il est si joyeux, mon cœur ! Il danse, il bondit dans mon sein ! Ah ! ce n'est pas ainsi que l'on meurt, ou la mort vaut mieux que la vie ! —

Son exaltation m'enivroit et m'effrayoit en même temps. Elle s'en aperçut. Elle appuya sa tête sur mon bras, car je m'étois assis auprès d'elle ; et, souriant, l'œil plein d'une joie douce et reposée, les mains nouées nonchalamment autour de moi, elle me dit à basse voix :

— N'aie pas peur !... ne t'inquiète pas !... Je suis tranquille ! je suis guérie ! je suis heureuse ! tu me retrouveras heureuse... — Vois-tu ! je suis la première encore à m'apercevoir que le soleil se couche ; et, ce soir, tu ne vas plus à l'Oberland !... —

Le soleil se couchoit en effet, et depuis longtemps le chevalier attendoit avec impatience des renseignements circonstanciés sur la position d'Amélie. C'est que ce jour-là les minutes avoient passé mille fois plus vite qu'à l'ordinaire ; c'est que cet entretien, qui s'écrit en si peu de lignes, étoit, comme le savent ceux qui ont aimé, inépuisable en détails toujours semblables et toujours nouveaux. Qui dira jamais ce qu'il y a de nuances de la pensée dans l'expression d'un regard, dans l'accent d'une syllabe, dans la modulation d'un souffle, dans le silence même qui succède plus éloquent encore aux paroles et aux soupirs ? Qui dira combien un mot répété à l'infini pourroit signifier de choses différentes, s'il s'échangeoit éternellement entre deux âmes passionnées qui se le renvoient comme un défi fantastique d'en saisir la dernière pensée ! qui comprendroit l'incompréhensible moment où deux amants qui viennent de s'avouer qu'ils s'aiment s'apercevroient qu'ils se le sont dit assez!

Je partis cependant. Il le falloit bien. J'étois tranquille d'ailleurs. Amélie ne souffroit plus. Elle me l'avoit juré! Quand je fus parvenu au dehors de la vieille partie des bâtiments, et que le circuit de la route m'eut ramené sous sa fenêtre, elle y étoit pour me jeter un signe d'adieu, et pour me suivre des yeux jusqu'au premier coude du chemin. Alors elle y étoit encore, et le signe se renouvela entre nous deux, avec un abandon que l'espace qui nous séparoit rendoit innocent comme son cœur et comme le mien. C'étoit un baiser peut-être!

Sir Robert n'avoit pas couvert un feuillet, — que dis-je! il n'avoit pas ouvert un livre depuis mon départ. Jonathas, immobile, debout et perpendiculaire, suivant sa coutume, épioit depuis trois heures sur le front soucieux de son maître cette velléité de l'édition *princeps*, ou de l'exemplaire *in membranis*, qui amusoit ordinairement sa solitude de distractions si douces. Je sentis que c'étoit l'inquiétude où je le laissois depuis trop longtemps sur la santé d'Amélie qui avoit absorbé toutes les facultés de cette âme tendre, accoutumée à vivre par les autres beaucoup plus que par elle-même; et je regrettai d'avoir été si longtemps heureux.

— L'état d'Amélie est meilleur, dis-je en m'appuyant sur le fauteuil du chevalier, et j'espère qu'en peu de jours il ne nous laissera plus de craintes.

Les traits de sir Robert se dégagèrent du nuage qui les couvroit. Sa bouche reprit le sourire qui lui étoit habituel, et il me pressa la main...

— Alors, reprit-il, tu retourneras demain de bonne heure, et je serai plus tôt rassuré.

Je ne savois pas positivement si c'étoit là un reproche, mais je me promis de ne pas m'y exposer davantage.

Quand j'arrivai, Amélie n'étoit pas seule, comme la

veille. Son rétablissement avoit fait assez de progrès pour qu'elle pût recevoir ses amies, devant lesquelles elle auroit craint de paroître dans l'état d'anéantissement où je l'avois surprise. Mes visites n'excitoient d'ailleurs aucune défiance dans la maison, et personne ne soupçonnoit que j'y fusse attiré par un autre amour que celui du grec. On ne tarda pas à nous laisser.

C'est une étrange position que celle de deux amants qui se retrouvent pour la première fois, quelques heures après la première expansion d'un sentiment qui s'est trahi de part et d'autre, et qui a, pour la première fois, confondu leurs âmes en une seule âme. Il se passe alors quelque chose d'extraordinaire dans l'esprit. Le bonheur qui l'avoit préoccupé d'une conviction si profonde et si délicieuse devient presque un objet de doute. On se demande avec effroi si l'on n'a pas rêvé, ou bien si cette lueur passagère de félicité qui suffiroit à toute la vie doit se refléter sans altération sur un seul lendemain. Il semble que l'avenir entier a été dévoré dans une minute de délire. On n'ose ni se regarder ni se parler, parce qu'on sait tout ce qu'on perdroit à échanger contre une émotion présente, refroidie par la réflexion ou par le caprice, l'émotion brûlante du passé. Une fois que je fus assuré qu'elle étoit mieux, j'aurois voulu n'être pas venu. J'aurois voulu, du moins, être sorti avant les étrangers, avant les indifférents. J'aurois moins redouté d'être confondu avec eux...

— J'annoncerai donc à sir Robert qu'Amélie ne souffre plus, dis-je en me levant sans tourner les yeux sur elle et en me disposant à partir sans attendre sa réponse.

Deux ou trois minutes de méditations ne m'avoient rien suggéré de plus adroit pour me soustraire à l'inexplicable embarras de mes pensées et de mon cœur.

— Oui, Maxime, vous pouvez le lui annoncer, en le remerciant de son intérêt et de ses bontés.

— *Vous pouvez le lui annoncer!* m'écriai-je à ses genoux. Ah! parle-moi comme hier, une fois, une fois seulement,

ou n'espère pas que je vive assez longtemps pour le revoir
et pour te nommer à lui !...

Elle remit ses bras autour de mon cou, elle me rapprocha
d'elle, elle laissa retomber sa tête près de la mienne, elle
couvrit ma tête de ses cheveux, comme la veille.

— Pauvre ami ! dit Amélie, que t'ai-je fait pour douter de
moi ? Hier, c'est toujours !...

— J'en étois sûr, repris-je en pleurant de joie, mais
j'avois besoin de te l'entendre dire encore !

Depuis ce jour-là nous ne fûmes plus en peine, et nous
n'oubliâmes plus de nous tutoyer.

Ces entrevues se renouvelèrent souvent ; elles durèrent
quelques semaines, soit que la parfaite guérison d'Amélie
me laissât quelques inquiétudes réelles, soit que l'intérêt
de ma passion et de mon bonheur m'eût réduit à la vile
nécessité de prolonger celles du chevalier. On va si loin,
sans le savoir, une fois qu'on a capitulé avec sa conscience,
une fois qu'on a menti !

La fausseté de cette position morale finit cependant par
m'inquiéter, au point de troubler mon sommeil, d'empoi-
sonner mes rêveries solitaires, jusqu'alors si douces et si
pures. Je me surprenois de temps en temps dans ces promenades, si remplies de la pensée d'Amélie, à me frapper le
front avec colère, et à me dire tout haut : Cela n'est cependant pas bien !

Je n'avois eu de mystère pour Amélie que celui-là. Je
me décidai à le lui livrer un jour tout entier. Je lui ra-
contai les premières craintes de sir Robert, et le serment
que je lui avois fait, et les excellentes raisons dont je m'étois
avisé pour ne pas le tenir. Elle resta quelque temps à me
répondre.

— Mon ami, me dit-elle enfin, nous sommes libres tous
les deux, et rien ne peut nous empêcher de nous aimer
toujours, car je ne douterai jamais de ton cœur ; mais
ne plaçons pas notre bonheur sous les auspices du parjure ! Tiens les engagements que tu as pris. Dis tout ; dis

que tu m'aimes! dis surtout que je t'aime, et que ma vie dépend de toi! Un devoir accompli est le premier de tous les biens. L'évènement qui nous priveroit du bonheur présent n'est rien au prix de l'avenir que Dieu peut nous donner.

Je disputai comme un enfant, mais je partis résigné à lui obéir. Je me répétois encore en entrant chez sir Robert :
— Elle le veut ! — C'étoit une autorité plus puissante pour ma foible raison qu'un serment prêté sur l'Évangile et dont j'avois pris Dieu même à témoin !

Le chevalier m'attendoit, et, à mon grand étonnement, le livre sacré étoit ouvert devant lui comme la première fois. Je ne l'avois pas revu depuis, mais je l'eus bientôt reconnu.

Je tremblai de tous mes membres. Une sueur froide coula de mon front. Je me demandai si je veillois.

— Vous souvient-il de ceci? me dit sir Robert; quelque chose de pareil s'est déjà trouvé entre nous.

— Pardonnez, dis-je en m'asseyant, car je me soutenois à peine. Un moment, au nom du ciel, pour que je n'expire pas devant vous; mais, auparavant, ne croyez-vous pas nécessaire d'éloigner Jonathas?

— Jonathas ne vous entend pas, Maxime. Il ne sait que ce que son intelligence mécanique lui a enseigné, pas davantage, et il faut que les affaires de votre âme soient en mauvais ordre, mon malheureux ami, pour que vous redoutiez une conversation françoise devant un Gallois qui ne sait pas même l'anglois.

— Je suis remis, monsieur le chevalier. Je n'ai plus peur. En me rappelant à mon âme, vous m'avez rendu ma sécurité. Vous êtes instruit, mais je peux tout dire. L'aveu que vous alliez me demander, je jure que je venois le faire !

— Et sur quoi jureras-tu cette fois-ci ? répondit le chevalier en laissant tomber sa tête sur le dos de son fauteuil.

— Arrêtez, sir Robert! Vous abusez de vos avantages. Vous me condamnez à mort avant de m'avoir entendu.

— Maxime, je vous écoute !

— Je vous ai promis mon secret ; et, le jour où je l'ai appris, ce secret funeste, il étoit déjà celui d'une autre, le secret de la vie d'Amélie ! Elle vient de me dégager !

— Elle vient de te permettre d'être fidèle à ton serment, sans doute !

— Elle vient de me le prescrire. Depuis notre seconde entrevue, je savois qu'elle étoit dans le cœur catholique romaine.

— Catholique romaine ! s'écria sir Robert éperdu ; où as-tu pris ce blasphème, calomniateur impie ?...

— Dans ses paroles, dans ses aveux, monsieur le chevalier, un jour qu'elle me croyoit protestant.

— Catholique romaine ! Apostasie ! parjure ! sacrilége ! profanation des profanations ! La fille de Jacobus catholique ! et il ne s'est pas levé de son tombeau pour la maudire !

— Il y est descendu en la bénissant. Le père d'Amélie savoit qu'elle étoit catholique romaine.

Ici la consternation de sir Robert fut à son comble. Son esprit paroissoit égaré dans un chaos d'idées confuses et de résolutions contradictoires. Ses yeux fixes exprimoient la terreur d'un homme frappé par une horrible apparition. Il répétoit en balbutiant :

— Catholique romaine, et son père le savoit ! Apostasie, apostasie et parjure ! — Et quand cela seroit aussi vrai que cela est faux, reprit-il au bout de quelques minutes d'agitation, mais d'une voix forte et assurée ; — quand elle auroit trahi son Dieu, devois-tu le trahir aussi ? Sont-ce là les enseignements que vous recevez de votre Église ? Ou, si tu ne crois pas même à la religion que tu attestois, les simples règles de la probité humaine ne t'engageoient-elles pas envers moi ? Qui t'avoit permis de tromper la crédulité d'un ami, dupe de sa folle confiance en tes promesses, d'un vieillard qui s'étoit livré à toi, faut-il que je te le rappelle, avec l'aveugle tendresse d'un père ?

— J'ai eu le malheur de croire que je comprenois mieux les intérêts de votre bonheur, en vous épargnant une peine irréparable. Mon erreur est grave sans doute, mais ce motif l'excuseroit, si elle pouvoit être excusée.

— Le parjure ne s'excuse point. Il porte toujours son châtiment, et le ciel veuille te l'épargner! Irréparable, dis-tu! Il n'y a rien d'irréparable ici que ta fatale passion, peut-être! Tu m'as dit qu'elle étoit catholique romaine dans le cœur. Hélas! cela n'est que trop possible! N'es-tu pas catholique romain? J'ai connu aussi le cœur des jeunes filles; et leur foi, c'est la foi de ce qu'elles aiment; leur religion, c'est leur amour. Mais elle n'a pas abjuré. Si elle avoit abjuré, ses ressources n'existeroient plus; l'opinion l'auroit repoussée, l'auroit flétrie! Elle seroit obligée d'aller cacher ailleurs l'opprobre qui s'attache aux renégats! Le penchant insensé qui l'entraîne au papisme s'évanouira aussi vite que l'illusion qui t'a dévoué son âme pour quelques mois. — Tu te révoltes contre cette idée, je le conçois, mais l'avenir te confirmera mes paroles, car l'affection des femmes est encore plus passagère que leur croyance, et une femme qui a délaissé Dieu peut bien oublier un amant. — C'est pourtant à cette courte jouissance de la vanité, à l'accès de délire d'une fièvre de jeune homme que tu as sacrifié la paix de mes vieux jours et l'honneur de tes engagements! Justifie-toi, si tu le peux!

— Je crois que je le pourrois, mais je n'en ai pas besoin. La pureté d'Amélie est sans reproches. Notre amour mutuel n'a été deviné que par vous. Il ne laissera ni rougeur à son front, ni remords à son cœur, ni tache à sa réputation. Quant à mes obligations, elles sont intactes et sacrées, comme le jour où je m'en suis lié volontairement. Je n'ai que mon bonheur de plus à immoler à mon devoir; mais cette considération ne m'arrêtera point. Ma vie vous appartient, monsieur le chevalier, et vous pouvez être sûr que je ne vous la disputerai point.

— Qui te demande ta vie, que j'ai plus à cœur que la

mienne? répondit le chevalier en me tendant la main. Suis-je assez fort maintenant pour te retenir sur le bord de l'abîme où je vous ai poussés tous les deux, moi, le plus coupable de nous trois? Oh! que la foudre anéantisse tout ce qui reste de Pindare, sans en excepter mon bel exemplaire de l'édition de Calliergi!... Malédiction sur Pindare, sur Calliergi et sur moi!

— Le Pindare de Calliergi? dit Jonathas en se penchant à l'oreille de son maître.

— Je n'en ai pas besoin, tendre et obéissant Goliath, répliqua le chevalier, qui tournoit en même temps un regard affectueux sur le Gallois attentif. — Je n'ai pas besoin du Pindare de Calliergi. Je ne veux jamais le revoir. Et, cependant, il feroit encore le bonheur de mes yeux, si j'avois trouvé dans l'âme d'un fils de mon choix, l'unique objet de mes espérances, la soumission résignée de ton âme de sauvage.

Alors Jonathas avoit compris qu'il ne s'agissoit plus du Pindare de Calliergi, et il n'avoit compris que cela.

Le chevalier nous regarda tous les deux, et il se mit à pleurer. — Il pleuroit sur moi. — J'étois à ses pieds.

— Mon maître, mon ami, mon père, lui dis-je en sanglotant, disposez de l'obéissance de Maxime comme de celle de Jonathas! Ordonnez! La journée n'est pas avancée! J'ai le temps de partir de Berne.

— Et de prendre la route de l'Oberland, dit sir Robert en pressant ma tête de ses mains.

— La route que vous voudrez! celle qui m'éloignera le plus d'Amélie, celle au terme de laquelle je ne pourrai jamais retrouver ni elle ni vous! Je la prendrai s'il le faut, pourvu que vous me conserviez, elle et vous, un souvenir d'estime et d'amitié!...

— As-tu réfléchi au moins à la portée de cette promesse?

— Elle sera accomplie dans une heure; je ne vous demande que le temps de lui écrire, de lui expliquer en quelques mots la résolution que vous exigez de moi, de lui dire une seule fois encore que mon cœur ne vivra jamais que pour elle! Je ne lui parlerai pas de mes projets, je ne lui indiquerai pas l'asile que je vais chercher. Je n'ai point de projets, point d'asile. Je ne sais où je vais. Tout ce que je sais, c'est que je vais où elle n'est pas, et que j'y vais parce que vous l'avez voulu. — Après cela, c'est fini, et Maxime sera pour vous deux comme s'il n'avoit jamais été.

— Comme s'il n'avoit jamais été! interrompit le chevalier avec exaltation. — Mon fils, mon cher fils, mon *Paulopost* bien-aimé! Comme s'il n'avoit jamais été! Est-ce donc une âme insensible au dévouement le plus généreux, sans compassion pour les erreurs de la sensibilité, sans admiration pour le courage de la vertu; est-ce un homme aux entrailles de fer que le vieil ami de Maxime?... Ah! condescends toi-même aux inquiétudes mortelles du pauvre chevalier Grove; prends pitié de sa rigueur, et tâche, s'il est possible, de ne pas l'accuser! Oui, mon ami, j'espère, j'espère encore que cette abjuration criminelle n'aura pas lieu, quand son premier, quand son unique motif aura disparu. J'espère que ce scandale effrayant, dans une personne d'une si rare élévation de caractère et de talents, n'affligera pas le peuple qui suit la loi de vérité. J'espère que l'impression de ce déplorable amour qui vous perdoit l'un et l'autre s'effacera en quelque temps quand vous serez séparés. Je ne compte pas sur l'impossible pour vous guérir; je compte sur ce qu'il y a de plus essentiel dans notre nature, de plus inévitable dans notre destinée, sur l'instabilité de deux cœurs d'enfants qui ont cru s'aimer parce que le hasard et l'étourderie d'un vieux fou les ont rapprochés par malheur. Je compte sur ce besoin insatiable d'amour dont tu te croyois affranchi à jamais, quand tu voulus te faire moine, et qui te tourmentera peut-être encore sous des cheveux blancs. Il ne manque pas de belles filles papistes qui aimeront mon Maxime, et qui seront fières d'en être aimées. — Et s'il en arrivoit autrement!... si la fatalité de ma vie m'avoit fait tomber sur une de ces passions de roman qui résistent à l'épreuve de l'absence et du temps, nous verrions alors ! Et tu sais, si tu ne m'as pas mal jugé, que tu trouverois dans mon sein un port assuré contre le désespoir. — Va-t'en donc, si tu en as le courage ; mais ne t'en va pas comme l'ami oublieux qui veut qu'on l'oublie. Écris-moi... tous les jours, et ne va pas loin !...

Pendant que le chevalier répétoit tout cela sous dix formes différentes, mais plus bienveillantes et plus expansives les unes que les autres, je laissois tomber sur le papier mes tristes adieux à Amélie.

— Voilà cette lettre, dis-je en la lui présentant tout ouverte. — Et, maintenant, je suis prêt.

Il la ferma sans la lire.

Quelques dispositions nécessaires m'appeloient un moment dans ma chambre. A mon retour, je trouvai sir Robert plongé dans le plus profond abattement. Je pris sa main pour la porter à mes lèvres, mais il m'attira dans ses bras...

— Et moi aussi, dit-il, moi dont le cœur s'est toujours amolli aux souffrances des autres, je fais preuve de courage ! d'un courage, hélas ! sans compensation et sans espérance ! Tout mon avenir, à moi, c'étoient les jours, le peu de jours que j'avois encore à t'aimer présent et heureux, et à me croire aimé de toi ! Qui m'aimera demain ?

J'avois été calme jusqu'alors comme un homme ferme qui entend prononcer sa sentence ; mais je commençois à céder sous le poids de sa propre douleur. Je l'embrassai et je m'enfuis. Je parcourus Berne sans rien voir. J'en sortis avec l'impression confuse et horrible de l'infortuné qui se précipite dans un abime obscur, et qui n'a pas même reconnu du regard l'endroit où il va se briser. Au bout de trois heures de marche sans but, j'arrivai je ne sais où, dans un village dont je n'ai jamais pu retenir le nom. J'étois sûr seulement de n'avoir pas suivi la route de l'Oberland.

Je marchai quelques jours, m'arrêtant partout, ne me fixant nulle part, du canton de Berne au Val d'Orbe. Ces sites romantiques et solitaires convenoient à l'état de mon âme. J'aurois voulu ne pas les quitter. J'y pensois couché sur le roc, par une belle après-midi de la fin de l'automne, quand des explosions d'armes à feu, répétées à peu de distance, me tirèrent de ma rêverie : je supposai qu'il y avoit là des chasseurs. Un instant après, des balles rebondirent à mes côtés. Je me levai; je portai les yeux autour de moi. Je m'étois reposé sous une cible. Voilà ce que la société a fait des magnificences de la nature.

Si j'avois été tué ainsi cependant, je mourois si pur et si heureux, je mourois dans la contemplation de Dieu et de ses ouvrages, dans cette pensée d'Amélie qui se mêloit à toutes mes pensées, qui étoit la source de tout ce qu'elles avoient de noble, de touchant et de passionné! Ma vie étoit si complète! Le bonheur de choisir, de marquer l'instant et le genre de la mort seroit trop achevé pour notre misérable destination de la terre. Il n'y a que le suicide d'heureux ; il n'y a que lui qui puisse disposer de ses jours à heure fixe, et je n'y songeois plus, au suicide. — Les suicidés n'entreront pas dans le paradis d'Amélie.

Il étoit tard quand j'arrivai à Yverdon, dans cette auberge qui est la première à droite en venant du pays de Vaud; Yverdon, ville douce et paisible, mais dont la position, les aspects, les harmonies pittoresques, les calmes et sérieuses beautés, sont frappés de je ne sais quelle fatalité de mélancolie qui saisit le cœur. Le lendemain, j'avois devancé le lever du soleil sur les bords de son lac, noir encore, immobile et sans bruit, parce que l'atmosphère humide et reposée comme lui n'étoit pas agitée du moindre vent. Je m'assis, j'attendis, j'épiai, je suivis du regard, à travers l'horizon qui s'élargissoit peu à peu, les progrès du jour naissant. Il survint un instant où les brumes, balancées par un mouvement qui leur étoit propre, commencèrent à blanchir, à relâcher leur réseau pénétré de rayons pâles, à s'éparpiller en folles toisons, à se rouler plus vagues et plus légères à la pointe des promontoires, à se pelotonner au loin sur les eaux comme des bancs d'écume, à s'écheveler à la cime des arbres à demi défeuillés, comme ces brins de soie flottants qu'un souffle égare dans l'air. La lumière croissoit de toutes parts; le lac bleuit. Je distinguai à sa surface l'entrelacement de ses rides frémissantes, mais trop peu émues pour être sonores. On auroit entendu d'une lieue le sursaut d'un poisson réveillé par la tiédeur de l'air matinal ou le battement périodique d'une rame. Et, alors, Granson dessina sur la côte opposée la blanche silhouette de ses maisons en amphithéâtre et les clôtures inégales de ses vergers. Ce spectacle triste et pacifique à la fois convenoit à l'état de mon cœur; il soulageoit ses perplexités en le pénétrant d'une langueur pleine de charme. J'aimois déjà Yverdon comme on aime une longue impression de regret et de douleur qui s'est identifiée avec la vie, et je ne savois pas encore pourquoi.

Le sentiment inexplicable que je venois d'éprouver se fortifioit à chaque pas que je faisois dans une promenade unique au monde, qui me ramenoit à la ville par des allées d'arbres immenses, dont la pompe magnifique et solitaire imposeroit aux cœurs les plus vulgaires un sublime recueillement. J'y pensois à l'Élysée de Dante, à cette grave et rêveuse immortalité des enfants morts sans baptême et des sages morts sans révélation. Un doute amer et profond m'avertissoit depuis longtemps que l'éternité ne me réservoit pas d'autres joies et d'autres récompenses. Il y a des âmes, longuement prédestinées à souffrir, pour qui le seul souvenir de la vie empoisonneroit à jamais la félicité des élus. Je pleurai, mais je ne pleurai pas sans douceur, et je compris que cet avenir sans fin étoit assez bon pour moi. Je m'arrêtai, avec une angoisse de tristesse et de volupté qu'on ne sauroit définir, à l'endroit le plus écarté, le plus sauvage, sur une pelouse épaisse et profonde qui ne paroissoit pas avoir été foulée. Je la sondai d'un regard prévoyant et altéré de repos; je lui demandai un refuge, et une de ces convictions lucides qui s'emparent on ne sait comment de la pensée m'annonça tout à coup que je l'y trouverois. J'en suis cependant bien loin aujourd'hui!

Je passai le reste de la matinée à rouler sur cette place un gros bloc de pierre blanche, et à le regarder avec l'extase d'un marinier démâté par la tempête, qui voit enfin le moment de s'échouer sur un joli rivage, garni d'ombrages, de fleurs et de fruits. — Dieu soit loué, dis-je, voilà qui est bien! — Je ne sortirai plus d'Yverdon.

J'arrangeai là toute ma vie entre quelques études sédentaires dont mon séjour chez sir Robert m'avoit fait contracter l'habitude, et ces promenades pensives que la chute du jour terminoit toujours trop tôt. Le bruit des feuilles sèches que le vent tiède encore d'un bel automne chasse dans l'air par volées, ou qui roulent en criant sous le pied, est si agréable à un homme qui souffre! — Pour moi aussi, disois-je, l'automne est venu faner toutes ces fleurs de la vie qui ne devoient m'apparoître que dans une courte matinée de printemps; moi aussi, je vais tomber sur la terre comme ces feuilles desséchées que fait pleuvoir de leur tige une bise matinale. Adieu mes rêves de bonheur, adieu mes espérances d'amour, adieu les hochets brisés de l'imagination, adieu Amélie et l'avenir!... Tomber où le premier orage me poussera, tomber et finir... c'est la destinée de toutes choses!

Et j'embrassois avec résignation cette nécessité de l'existence, parce que tout m'annonçoit que la nature entière y étoit soumise. Qui auroit pu me distraire de cette pensée, dans l'abandon déjà semblable à la mort où mon âme étoit descendue? — Une fois, une seule fois, j'entendis bruire à mes côtés une créature vivante, si l'état de cet être misérable peut s'appeler encore la vie. — Je m'arrêtai. C'étoit une vieille femme, horriblement décrépite, qui s'étoit accroupie sur le sol pour y chercher entre les herbes fauves quelques petits fragments de bois sec, que la dernière tempête avoit rompus aux branches, et qui les amassoit précieusement devant elle dans un vieux pan de haillons rapiécé de lambeaux de toutes les couleurs. Avec quel soin elle fouilloit à travers les touffes mortes, pour en arracher ces débris morts, de ses doigts presque morts qui se resserroient machinalement sur eux! Avec quelle volupté elle sembloit les entendre cliqueter dans sa guenille, et quel étrange regard de satisfaction elle plongeoit de temps en temps dans son trésor, quand elle l'avoit accru d'une pauvre poignée!

— Que cherchez-vous là, ma bonne mère? lui dis-je en m'efforçant de me pencher jusqu'à elle.

— Oh! oh! monsieur, répondit-elle en redressant autant qu'elle le pouvoit son échine courbée en cerceau pour me regarder de plus près, je ne fais tort à personne. C'est ma petite provision de bois pour l'hiver.

— Tenez, repris-je, brave femme, ceci vous servira pour autre chose.

Et je glissai une pièce d'or dans sa main.

Elle la regarda d'un air étonné, et la laissa tomber dans son tablier avec le bois qu'elle tenoit. Elle n'en avoit pas perdu un morceau.

C'est un singulier mystère que l'affection qui nous retient à la vie. Elle comptoit encore sur un hiver!

J'avois écrit au chevalier. Notre correspondance se suivoit avec une régularité si active, qu'elle me tenoit presque lieu de la douceur de nos entretiens. Quelques semaines à peine écoulées, Amélie étoit allée le voir, et il me le disoit. Elle voulut m'écrire une fois, et il le permit. Je lui répondis, et il lui rendit ma réponse. Je n'ai pas besoin de dire ce que nous nous promettions l'un à l'autre : on s'en doute bien.

Enfin, il arriva une lettre de sir Robert, qui m'apprit qu'Amélie étoit malade, plus sérieusement malade qu'elle ne l'avoit été jusqu'alors. Il me défendoit de partir, au nom d'Amélie ; en son nom à lui, il me supplioit de rester. C'étoient ses expressions. Il avoit réfléchi sur notre position à tous deux, sur la nature des convictions d'Amélie, sur l'impossibilité d'en triompher, quoi qu'il arrivât de nos relations et de nos sentiments. Il disoit qu'il n'avoit en vue que notre bonheur, et je n'en doutois pas. Il ajoutoit que le seul obstacle qui pouvoit s'y opposer ne viendroit pas de lui. Je le croyois : sir Robert étoit un si excellent homme !

Et cependant jamais la lettre d'un ami n'a pénétré l'âme d'un ami d'un plus cruel désespoir. Cet obstacle qu'il redoutoit, je craignois de le deviner. J'avois beau me répéter que cette maladie n'étoit rien, que la science n'y avoit vu qu'un accident léger et sans conséquence ; que l'amour même, si crédule à ses inquiétudes, s'étoit accoutumé à n'y pas voir autre chose ; que l'obstacle dont il parloit provenoit plus probablement des parents d'Amélie : cette réticence me confondoit, me faisoit mourir. J'allois sonner pour demander des chevaux, quand un petit billet, tombé de cette lettre déjà trois fois relue, vint changer ma résolution. Il étoit donc de la main d'Amélie, et ne contenoit que quatre mots : « Ne viens pas, j'irai ! »

Trois jours passèrent sur cette anxiété, sans que je m'arrêtasse à former un projet, sans que je parvinsse à démêler une idée. Je n'en avois que deux pourtant, deux idées obstinées qui s'étoient emparées de moi avec une égale puissance, et qui subjuguoient tour à tour toutes les forces de mon cœur.

— Un obstacle qui ne viendroit pas de lui. — Un obstacle étranger à la volonté d'Amélie, et qui nous sépareroit pour jamais ! Oh ! qui me dira cet obstacle !... — Infortuné ! tu le demandes ! Malheur à toi !

Et bientôt mon agitation se calmoit. — Amélie, reprenois-je, elle a dit qu'elle viendroit !... Je la verrai, nous serons ensemble, et nous n'aurons plus rien à craindre alors !... Cependant j'osois accuser la Providence !...

Un soir enfin, — c'étoit le 25 novembre 1806, — j'étois assis sur cette pierre d'attente qui marquoit ma fosse. Il étoit tombé un peu de neige. Il faisoit froid dans l'air, et mes veines rouloient du feu. Mille pensées confuses affluoient dans mon esprit comme les chimères des rêves ; mille voix contradictoires, écho tumultueux et discordant de mes terreurs et de mes espérances, hurloient autour de moi d'insaisissables paroles ; mes yeux ne voyoient pas ; mes oreilles bruissoient. — Tout à coup je sentis un papier s'introduire dans ma main ; je le reçus, je le froissai, je l'ouvris sans regarder qui me l'avoit donné ; j'avois reconnu l'écriture du chevalier ; il restoit assez de jour pour me permettre de le lire. Je n'essayerai pas d'exprimer dans leur ordre les émotions qui m'assaillirent pendant que je lisois. Je copie :

« Amélie veut partir, et j'y consens. Un homme dont le dévouement m'est connu l'accompagne auprès de toi. L'irrégularité de cette démarche a son excuse dans l'opinion que je me suis formée d'Amélie et de toi. Je t'en impose la responsabilité devant ta conscience et devant le ciel.

« J'ai pensé qu'elle auroit moins de scandale et de danger que l'abjuration publique d'Amélie dans une ville où elle est née, et sous les yeux de sa famille. Je n'aurois pu moi-même en être le témoin, et j'espère de ta tendresse qu'elle m'épargnera cette douleur, en prenant l'avance pour la cérémonie sur le moment qui doit nous réunir. Mariez-vous sans moi, puisque tu es autorisé par tes parents. Les papiers d'Amélie sont en bon état, et je me suis chargé de régler ici tous ses intérêts.

« Je n'ai pu la revoir. J'ose croire encore que l'amour et le bonheur la guériront, s'il y a quelque chose de réel dans l'amour et dans le bonheur. Le Dieu qui lui a permis d'abjurer peut permettre beaucoup.

« Voilà les dernières paroles rigoureuses que vous entendrez de moi. N'y pense plus.

« Pense à moi. Ma vie est en vous et avec vous, et, puisque le Seigneur l'a voulu, je me soumettrai à la finir au milieu d'une colonie de papistes qui respecteront ma foi.

« Toute ma fortune est transportée depuis quinze jours

entre les mains de M. Frédéric H..., d'Yverdon ; vous en disposerez. J'ai besoin de ne plus m'occuper de rien que des éditions. Je ne me réserve d'autorité que pour la direction des travaux. En tout le reste, il me convient de vivre comme votre enfant.

« Cherche-nous une retraite où tu voudras, car il ne faut pas songer à Berne. Achète une petite maison en bon état, avec une petite terre en plein rapport, comme l'eût aimée notre Horace ; mais ne t'éloigne d'Yverdon, dans les informations à ce sujet, que pour te rapprocher d'ici. Tu sais que mon infirmité ne me permet pas un long voyage, et je n'aurois jamais pensé à le tenter si vous n'étiez au bout.

« Tout ira bien si j'arrive ; en attendant, fais ce que tu jugeras à propos, comme s'il étoit sûr que j'arriverai.

« *Le chevalier* Grove.

« P. S. Assure-toi d'un emplacement commode pour mes livres, et d'un logement bienséant pour le digne Jonathas. »

Je me levai. Je cherchai l'émissaire, il n'y étoit plus ; à peine vis-je une grande figure disparoître au loin à travers les grands arbres des allées voisines.

Ma situation étoit bien changée. Cinq minutes auparavant, mon cœur étoit brisé entre deux impressions extrêmes qui s'excluoient mutuellement : l'espérance de voir bientôt Amélie comme j'en avois la promesse, et la crainte d'en être à jamais éloigné par cet obstacle inconnu dont je frémissois d'approfondir le mystère. Un pareil état de perplexité n'est pas le malheur absolu, mais il vient tout de suite après. Il n'accable pas l'âme, il la mine sourdement, il use ses ressources avec lenteur, il l'affoiblit pour la tuer. C'est le réseau captieux de l'araignée, c'est la salive empoisonnée que la vipère distille sur sa proie vivante. Un vaisseau chassé du port à l'écueil et de l'écueil au port, à la merci du vent qui le pousse et de la lame qui le renvoie, chaque fois, plus près de l'endroit où il doit périr, c'est à se coucher sur le pont et à jouer sa vie aux dés contre la destinée, sans songer à la défendre. — J'en étois là.

Maintenant tout prenoit un autre aspect. — Il ne l'avoit pas vue, mais il ne me disoit qu'un mot de cette maladie passagère, et c'étoit pour m'en faire pressentir la guérison. Il comptoit sur l'amour, il comptoit sur le bonheur; l'obstacle n'existoit donc plus, puisque l'amour et le bonheur pouvoient en triompher. De l'amour et du bonheur, nous en avions pour notre vie! Et cet avenir, ce n'étoit plus un prestige de mon imagination, puisqu'il y fondoit lui-même, dans le calme et dans le repos de sa raison, de si prochaines espérances! Que dis-je? c'étoit déjà le présent! — Étoit-il assez beau, assez complet de joies pures, d'inépuisable voluptés! On n'auroit jamais osé en souhaiter un pareil pour soi. — On l'auroit tout au plus inventé pour un frère! — L'indépendance assurée, le travail favori qui la paye largement en se jouant dans ses plaisirs, l'amitié sans laquelle il n'y a point de félicité achevée, et l'amour qui comble tout, l'amour d'Amélie, qui surpassoit tous les amours!... — Je ne me possédois pas, je ne me sentois pas d'enthousiasme et de ravissement. Je ne marchois pas, je volois. J'appelois Amélie tout haut, comme si elle avoit dû se trouver à ma rencontre, et que j'eusse ambitionné le prix d'une tendre émulation d'impatience en me faisant reconnoître d'elle avant d'en être aperçu. Et j'allois encore comme cela dans la ville, écartant doucement du bras deux ou trois passants étonnés, pour ne pas perdre de temps en allongeant mon chemin d'un pas inutile; et tout ce que j'entrevoyois me paroissoit elle : un chapeau de femme, un voile flottant, une robe déployée qui blanchissoit au premier reflet des étoiles; et, quand je ne voyois plus rien, je m'arrêtois, essoufflé, pour m'assurer que je ne l'avois pas entendue. C'est ainsi que j'arrivai. Je faillis renverser Henriette, — Henriette, une bonne fille, intelligente, zélée, affectueuse, qui étoit chargée des petits soins de la maison, et qui allumoit en ce moment-là le réverbère de l'escalier.

— M'a-t-on demandé, Henriette?

— On a demandé deux fois monsieur.

— Où est-elle?...

— Un jeune homme bien triste et bien défait qui est sorti pour vous chercher, et qui couchera au numéro 9.

— Qu'il cherche, qu'il se couche, ou qu'il s'en aille, — qu'importe?

— Et puis une jeune dame bien malade.

— Bien malade, Henriette! cela n'est pas vrai!... Où allez-vous prendre tout ce que vous dites? Et qu'attendez-vous de monter?...

— Une jeune dame qui paroît malade, et qui a un domestique muet, plus haut que monsieur de toute la tête. La jeune dame a demandé la chambre voisine de celle de monsieur, et, comme elle ne pouvoit plus se soutenir, je crois qu'elle y dort tout habillée sur ce grand fauteuil à pliants et à ressorts, où monsieur a dit quelquefois qu'il seroit commode pour y mourir. Lorsque je lui ai répété cela : — Très-bien, très-bien, ma chère amie, m'a-t-elle dit avec un charmant sourire, je ne veux pas d'autre lit.

— Qu'aviez-vous donc à m'arrêter avec tout ce verbiage de jeune homme triste et défait, dont vous êtes préoccupée comme une jeune fille? Venez-vous m'ouvrir enfin?

— Ah! monsieur, répondit-elle en montant et en m'éclairant de sa lampe, j'avois commencé par lui, parce qu'il m'a dit que vous n'auriez jamais plus grand besoin de le voir, et que la manière dont il l'a dit m'a fait peur.

— Vous avez peur de tout, extravagante que vous êtes! Vous disiez tout à l'heure que cette dame étoit bien malade; et, si elle étoit malade à ce point, elle n'auroit pas pu entreprendre le voyage de Berne à Yverdon. — Hésiterez-vous longtemps à ouvrir cette porte? Je ne vous ai jamais vue aussi gauche.

— C'est que si cette jeune dame n'étoit pas bien portante en effet, et qu'un moment de sommeil fût nécessaire à réparer ses fatigues, dit Henriette en hasardant la clef dans la serrure et en me regardant d'un air inquiet...

— Arrêtez, Henriette, arrêtez. — Pardonnez-moi... C'est moi qui ai tort. — Gardez-vous bien d'ouvrir! Attendez qu'elle sonne, chère Henriette, et, quand elle aura sonné, dites-lui que je suis revenu.

— J'attendrai à la porte, dit Henriette un peu rassurée sur mes emportements. — Pauvre fille!

Au même instant Amélie sonna.

Elle étoit à demi couchée sur le fauteuil pliant. Elle me tendoit les bras, je courus à elle. Je baisois son front, ses yeux, ses mains. Je ne parlois pas. J'avois été surpris d'un saisissement soudain qui m'ôtoit presque jusqu'à la force de sentir. Amélie étoit changée d'une manière incompréhensible. Ce n'étoit plus que son âme. La lampe d'Henriette me la montroit comme je l'avois vue une fois, quand elle me reconduisoit sous les arceaux rompus de la vieille galerie, à la porte qui donne sur la route de l'Oberland. Je me rappelai en tressaillant cette cruelle vision. Je restai quelque temps muet et immobile.

— Des flambeaux, Henriette, des flambeaux! m'écriai-je; éclairez cette chambre lugubre dont les ténèbres attristent le front de mon Amélie. C'est ma sœur, Henriette, c'est ma bien-aimée, celle qui est tout pour moi! C'est Amélie, mon Amélie, qui sera demain ma femme, et que vous aurez pour maîtresse, pour protectrice, pour mère, si vous voulez ne pas nous quitter!

Les lumières arrivèrent enfin. Amélie n'avoit pas détourné de moi ses regards. Ils étoient pleins encore d'amour et de vie, mais sa pâleur ne s'étoit pas dissipée.

— Cela est bon, dit Amélie. Je t'ai revu. Cette main que je touche, c'est ta main. Cette voix que j'entends, c'est ta voix. Maintenant j'existe et je veille. Tous les objets sont distincts autour de moi, et, si je les discerne mal, c'est que tu es là, et que toute la puissance de mon âme est occupée à t'entendre, à te toucher, à te voir. Je n'en peux plus douter, continua-t-elle avec expansion, je suis près de toi ; je craignois tant de ne pas venir jusqu'ici, de ne jamais dire : Je suis près de toi ! — Cela est bon, cela est fini. Je suis bien. Que me falloit-il davantage? — Où est ton cœur? donne... approche... reste... — Oh! je le sens qui bat! Tu ne me quitteras pas? tu ne t'en iras plus !... ni à l'Oberland, ni ailleurs?... Reste encore ! c'est ainsi que je veux mourir.

— Non, mon Amélie, je ne te quitterai jamais! Aujourd'hui, c'est toujours, comme tu le disois! Sois tranquille à présent. Ne te fais point de chagrins. Il n'y en a plus de possibles entre nous deux. Laisse là ces idées de mort. C'est de mariage et de bonheur qu'il s'agit. Crois-moi! une nuit paisible que doit suivre un jour sans nuages te rendra la force et la santé.

— Une nuit paisible que doit suivre un jour sans nuages! — C'est toi qui l'as dit. — Tu as raison. — Une longue nuit peut-être, mais que fait sa durée? T'avoir vu, te revoir, dormir ou mourir sur cette pensée, c'est égal. — Une nuit paisible, Maxime, une nuit heureuse! je rêverai.

— Oui, rêve, lui dis-je en affectant de prendre le change, rêve au doux avenir qui nous est promis. Tu connois les intentions du chevalier?

— A peu près. Je connois le chevalier, et ce que je n'ai pas encore appris de la bonté de son cœur, je le devine. Sais-tu, continua-t-elle d'un ton mystérieux, que je ne l'ai pas vu à mon départ, et sais-tu pourquoi? C'est qu'il me semble que, s'il m'avoit vue — comme je suis, — il ne m'auroit plus permis de venir. —

Elle me déchiroit. Je me détournois à tout moment pour lui cacher mon trouble, pour étouffer un soupir, pour dévorer une larme.

— Tu es distrait, reprenoit-elle. Tu regardes où je ne suis pas. Ce n'est pas bien. Qu'as-tu à regarder qui ne soit pas moi? J'ai peur que tu ne me trouves moins belle; car j'étois belle, puisque tu le disois. Henriette m'a demandé tantôt, après m'avoir aidée à me coucher, si je ne voulois pas faire un peu de toilette. — C'est que madame, a-t-elle ajouté, a quelque chose de singulier dans la figure, je ne sais quoi de terreux. — J'ai ri : — de la terre, tu comprends bien? Je pensois que ce n'étoit guère la peine de l'ôter.

— Hélas! c'est que je souffre de te voir souffrir, et de t'entendre parler ainsi! Je me flattois de te trouver mieux que tu ne crois être.

— Oh! je suis mille fois mieux que tu ne pourrois le croire toi-même! Depuis que je respire, il n'y a pas un instant où le sentiment de l'existence m'ait paru plus agréable à goûter. Enfant, qui crains que je ne sois mal, quand je n'échangerois pas une de mes minutes contre des siècles de délices! — Ton premier aveu, Maxime, ou le mien, car je ne me rappelle plus qui de nous a commencé, — ce fut une extase enivrante, une volupté suprême sans doute! mais qu'elle étoit loin de valoir ceci! — Entre le bonheur de ce jour-là et celui que j'éprouve maintenant, il y a une différence qu'on ne payeroit pas trop cher de sa vie! — Cependant qui le diroit? La misère de notre cœur est si grande, qu'il manque une chose, mais une seule chose, à mon contentement, et tu vas t'en effrayer encore.

— Parle, Amélie, parle, au nom du ciel!

— Écoute, continua-t-elle à voix basse, parce qu'Henriette ne s'étoit pas éloignée, — écoute, je n'ai pas abjuré! pas abjuré, entends-tu? et le ciel que tu viens de prendre à témoin, le ciel, Maxime, il est encore tout entier entre Amélie et toi... — Jamais il ne nous réuniroit, si demain...

— Je ne peux pas te dire cela. — Va me chercher un prêtre ce soir!

— Le ciel est dans ton cœur, ange de foi, d'innocence et de vertu! Si le ciel te répudioit, il faudroit renoncer au ciel!... D'ailleurs, ce soin peut se remettre, et une émotion aussi grave, aussi imposante, seroit peut-être dangereuse dans l'état d'accablement où la fatigue t'a réduite...

— Ne blasphème plus, répondit-elle en imposant son

doigt sur ses lèvres, et va chercher un prêtre, pour que j'en obtienne le droit de demander ta grâce à notre Juge.
— Et puis, l'abjuration ne doit-elle pas précéder notre mariage, et ce soin peut-il aussi se remettre? L'impatience que tu attribues à un pressentiment qui t'inquiète, pourquoi ne l'as-tu pas attribuée à l'amour? N'as-tu pas dit toi-même que je serois demain ta femme, ou l'as-tu si vite oublié?... — Ah! j'ai tort! — Va chercher un prêtre, va!... — Je te promets après cela de ne plus t'affliger de toute ma vie... qu'une fois.

Je laissai Henriette auprès d'Amélie, et je sortis presque au hasard. J'avois donné des ordres pour qu'on appelât un médecin, mais un prêtre romain me paroissoit plus difficile à trouver à Yverdon.

La première personne qui se présenta sur mon passage étoit le jeune homme qui m'avoit demandé dans la journée. Je poussai un cri et je tombai dans ses bras. C'étoit Ferdinand.

J'ai parlé autrefois de Ferdinand, mon ami d'enfance, mon camarade de collége, mon frère d'affection; de Ferdinand, dont la maison devint ma maison, dont la famille devint ma famille, à une époque où j'étois tourmenté d'autres douleurs. J'ai cherché alors à décrire sa douce retraite, son intérieur plein de charmes, son bonheur si parfait de calme et de sécurité. Il n'en étoit plus ainsi. Tout cela n'existoit plus. Sa femme étoit morte. Une maladie contagieuse lui avoit enlevé ses deux enfants dans le même mois. Il étoit resté seul de tout ce qui avoit composé son heureuse vie. Il avoit eu la force de survivre à tout : il étoit chrétien. Depuis il s'étoit départi de sa fortune, pour une moitié en faveur de ses parents les moins opulents; pour la moitié du reste, au profit des pauvres de son village. Ce qu'il conservoit, il le destinoit à une œuvre de bienfaisance et de piété. Il avoit embrassé les ordres. Il se consacroit au saint ministère des missions étrangères. Cette vocation exigeoit des connoissances variées qu'il s'étoit empressé d'acquérir. Il revenoit en ce temps-là d'un voyage en Allemagne et en Italie, où il avoit passé près d'un an à se perfectionner dans l'étude de la médecine, si utile à l'apôtre de la foi qui porte à des peuples sans lumières le bienfait de la vérité. Il étoit sur le point de se diriger vers le port d'où il devoit quitter l'Europe, quand l'envie de me dire un dernier adieu le conduisit à Berne.

Je savois tous ces détails ; ses lettres m'en avoient instruit. Je m'étois attendu à cette entrevue mêlée de tant d'amertume. Je l'avois désirée. — Je l'avois oubliée. Je n'y songeois plus.

A Berne, Ferdinand s'étoit informé de moi. Il avoit vu sir Robert. Il s'étoit entretenu avec les médecins d'Amélie. On l'avoit instruit de son départ assez à temps pour qu'il pût la devancer de quelques heures. C'étoit pour cela qu'il me cherchoit. Nous eûmes peu de paroles à échanger. Il ne lui restoit rien à apprendre, pas même mon trouble, mes angoisses, mon désespoir. — Il s'y attendoit.

— Prêtre et médecin ! m'écriai-je en l'embrassant ; c'est la Providence qui t'envoie !

— C'est mon devoir qui m'amène, répondit-il. — Mais, avant de voir Amélie, j'ai besoin de m'assurer tout à fait de l'état de ton cœur. Es-tu bien certain d'en avoir fixé enfin la perpétuelle mobilité ? — Ton parti est-il pris ? — Crois-tu fermement dans ton amour ?

— Ah ! si tu l'avois vue, si tu la connoissois, tu ne me le demanderois pas !

— J'interroge ta conscience. Je ne dispute pas. Je ne contredis rien. Ta conviction sera la mienne. — Ainsi tu persistes à croire que les déterminations dont tu as fait part à sir Robert...

— Sont inviolables !

— J'y souscris. Encore une question. Sais-tu qu'il n'y a d'inaltérable et d'éternel dans les affections de l'homme que ce qu'il en a placé hors de cette vie passagère ? Sais-tu que les joies de la terre n'ont qu'un temps, et que la félicité la mieux affermie en apparence est souvent la moins durable? Sais-tu que la plus essentielle des vertus de notre nature, c'est la résignation aux volontés de Dieu?

— Si je ne l'avois su d'avance, malheureux ami, ton exemple ne m'auroit pas permis d'en douter!

— Assez, assez, reprit-il d'une voix austère, l'Église m'a donné tous les pouvoirs dont vous avez besoin; — conduis-moi près de cette jeune fille. —

Amélie n'attendoit pas sitôt mon retour. Je lui avois souvent parlé de Ferdinand. Elle n'ignoroit rien de ses vertus, de ses infortunes, de ses résolutions, du double ministère auquel il s'étoit voué. Son nom, sa vue, ses paroles, rappelèrent à son front une lueur d'espérance. Et moi aussi, je pensai que le ciel commençoit un miracle. Quelle âme tendre n'en a pas attendu pour ce qu'elle aime?

Je les laissai seuls. — Une demi-heure après, la porte se rouvrit.

Ferdinand me regardoit avec une tristesse calme qui ne m'effraya point. Ce devoit être l'expression habituelle de sa physionomie.

Celle d'Amélie rayonnoit d'une satisfaction pure et reposée qui avoit quelque chose de céleste.

— Baise la main de ta fiancée, me dit Ferdinand, et laisse-lui prendre le repos dont elle a besoin. Henriette veillera auprès d'elle. Je vais lui donner les instructions nécessaires. Demain, nous nous reverrons ensemble. Je te ferai appeler de bonne heure.

La main d'Amélie me parut moins froide, sa respiration plus égale, son teint plus animé; elle sourit en me disant:
— A demain!

Ferdinand me quitta sur le seuil de ma chambre. — Sois homme, murmura-t-il à mon oreille en me pressant contre son cœur. La vie est courte, mais l'éternité est infinie!

Et il disparut.

Quelle nuit que celle-là! Je n'étois séparé d'Amélie que par une légère cloison, et le moindre bruit qui se faisoit chez elle ne pouvoit échapper à mon attention inquiète. Alors je m'arrêtois dans ma marche précipitée, mais mystérieuse. J'étois à pieds nus. — Je suspendois ma respiration, j'écoutois, je tremblois d'entendre une plainte ou un cri. Je tremblois surtout de ne rien entendre. Quand le silence avoit été long, il me sembloit qu'Henriette s'étoit endormie, et qu'Amélie, souffrant sans être secourue, avoit perdu la force de l'appeler. J'aurois voulu, dans ces moments-là, être encore assuré de sa vie au prix d'un gémissement. — Quelquefois j'étois frappé d'une voix, et je restois en suspens. — Quelquefois j'en distinguois deux, et puis plus rien, et j'étois quelque temps plus tranquille. — Souvent j'ouvrois doucement ma porte. A celle d'Amélie, j'entendois mieux. Les trous de la serrure et les joints mal unis des panneaux me laissoient apercevoir un peu de lumière. Quand la lumière se mouvoit, je sentois un frisson mortel parcourir tous mes membres. Quand elle avoit repris sa place, je respirois. — Henriette veille avec soin, disois-je, et Amélie dort. Il n'y a point de danger. — Je rentrois chez moi, je m'asseyois, et, la tête appuyée sur mes mains, je restois plongé dans une rêverie vague assez semblable au sommeil, jusqu'à ce qu'un nouveau bruit vînt me rendre ma terreur ou mon anxiété. Que je me serois trouvé heureux si j'avois pu passer ces heures interminables, la main appliquée sur son cœur, ou l'oreille attachée à son souffle! que le jour me parut long à venir! avec quelle impatience je cherchois les premières clartés du ciel! je n'avois pas trois fois parcouru la longueur de ma chambre, que je revenois me coller à ma croisée pour savoir si l'orient ne blanchissoit pas. Le soleil se leva enfin. Je crus que le danger étoit passé, qu'Amélie étoit sauvée. Je me trouvai plus calme, plus heureux que je ne l'avois été depuis son arrivée. Je m'aperçus que j'avois froid.

Un instant après, je reconnus le pas de Ferdinand. Il frappa foiblement. Il entra chez Amélie. Henriette ne tarda pas beaucoup à se retirer. Elle me dit qu'Amélie avoit eu quelques étouffements, quelques évanouissements de peu de durée, mais qu'elle ne sembloit pas plus mal que la veille. Je vins me mettre à genoux à sa porte. Il se passa ainsi plus d'une heure et demie ; mais je priois avec confiance, j'étois presque tranquille.

Ferdinand me trouva dans cette position. Il me releva et m'embrassa. Je remarquai qu'il étoit un peu plus ému ; mais cette impression fut si rapide, que je pensai m'être trompé.

— Amélie est entrée dans la voie du salut, me dit-il, ses devoirs sont remplis. Il te reste à remplir les tiens.

J'allois répondre, il m'arrêta d'un signe, et il continua :

— Ne m'allègue pas des sentiments auxquels je ne puis compatir, tant que les sacrements du Seigneur ne les ont pas légitimés. Ce n'est pas la foi de l'amant que je réclame ; c'est celle du chrétien. La tendresse que te porte cette âme d'ange deviendroit à mes yeux un motif de condamnation contre elle, si tu n'étois résolu à la sanctifier par le mariage. La démarche qui l'a conduite dans tes bras est un crime qui pèse sur sa tête, et qui retomberoit sur la tienne dans le cas où tu hésiterois à la réparer ; c'est à titre de devoir que je t'impose l'obligation dans l'accomplissement de laquelle tu ne vois que du bonheur. — Maxime, prenez-vous Amélie pour épouse ?

— Oui ! m'écriai-je d'une voix étouffée de sanglots ; oui, mon père !

Il m'introduisit dans la chambre d'Amélie. Les volets étoient restés fermés ; quatre bougies brûloient auprès d'elle, sur une table placée à côté du fauteuil pliant qu'elle n'avoit pas quitté, parce que Ferdinand avoit jugé, comme médecin, qu'elle y seroit mieux que partout ailleurs. Tous les préparatifs de la cérémonie étoient faits.

Mon premier mouvement fut de me précipiter vers Amélie. Ferdinand me retint.

Je m'arrêtai alors à la regarder. — Elle étoit tournée vers moi, et elle me sourioit comme elle avoit fait en me disant : A demain ! — Son teint présentoit quelque chose d'extraordinaire que je n'avois jamais remarqué. Il passoit avec une étrange rapidité de la plus effrayante pâleur au rouge le plus vif, et puis il redevenoit plus pâle qu'auparavant; et cette alternative, qui faisoit courir sur sa figure je ne sais quelle expression d'effort et de douleur, répondoit presque aux battements de mon cœur. Je la pris pour une illusion de mes propres organes, fatigués par la veille et par les larmes. Ses yeux avoient aussi quelque chose de vague et d'indécis que j'attribuai à la même cause. Je pensai d'ailleurs qu'elle pouvoit être éblouie par l'éclat des flambeaux qui nous séparoient, et à travers lequel ses regards cherchoient à percer.

— Détourne ta vue de ces lumières, lui dis-je; elles doivent te faire mal, car elles troublent la mienne et m'empêchent de te voir.

— Moi aussi, répondit-elle.

Mais elle ne changea pas de position.

En ce moment-là, Ferdinand vint me chercher à ma place, et il me conduisit auprès d'elle. Il prit ma main et la plaça dans celle d'Amélie.

Les prières continuèrent.

Il s'interrompit pour me demander si j'avois un anneau. On concevra que cette idée ne me fût pas venue.

— Tiens celui-là, reprit-il, et passe-le dans son doigt.

Il venoit de le tirer du sien.

— Prends, prends, continua-t-il. C'est celui d'Adèle.

Je frissonnai.

Il nous donna ensuite sa bénédiction, s'agenouilla près de moi, se releva et m'aida à me relever. Je m'appuyai sur lui pour me soutenir.

— Suis-je sa femme? est-il à moi? son nom m'appartient-il? dit Amélie.

— Les formalités qui manquent à votre union dépendent des hommes, répliqua Ferdinand. Elle est sainte et indissoluble devant Dieu.

Amélie poussa un cri de joie.

Je m'élançai vers elle. Ferdinand m'entraîna jusqu'à la porte ; il m'enveloppa de son manteau, et, pressant ma tête contre son sein de manière à étouffer ma réponse, il appliqua sa bouche à mon oreille, et me dit à voix basse :

— Maintenant, souviens-toi de ta promesse ! Élève ton âme à Dieu, qui t'a donné ce que tu aimes, et qui ne te l'a donné que pour un moment dans cette vie de misère. — L'anévrisme touche à son dernier période. Va recevoir le dernier soupir de ta femme, en homme digne de la retrouver.

Après cela, il sortit.

Je me rapprochai d'Amélie en chancelant. Je m'assis, je saisis ses deux mains ; je me rapprochai d'elle autant que je le pouvois sans la forcer à se mouvoir, je glissai un de mes bras sous ses épaules nues : elle palpita comme si elle avoit eu peur.

— Ne crains rien, Amélie ! tu es ma sœur, tu es ma femme.

— Je sais bien, répondit-elle en roulant mes cheveux autour de ses doigts. — C'est que je ne te vois pas, je ne sais pas pourquoi je ne te vois pas. Pourquoi ces lumières n'y sont-elles plus ? — Mais tu es là, toi, rien que toi ! Oh ! je suis heureuse ! — Attends, couche ta tête ici, tout près de moi. — Je suis ta femme ! il n'y a point de mal, n'est-ce pas ? — Viens plus près encore, que je sente ton souffle sur ma joue. — Heureuse ! heureuse ! je n'imaginois pas qu'on pût être si heureuse !

Elle releva un peu son cou sur mon bras qui l'appuyoit, et pencha sa tête sur la mienne, et nos lèvres s'unirent pour la première fois.

— Ah ! mon Dieu ! s'écria-t-elle.

Ma raison s'étoit anéantie dans ce baiser. Tout ce que je me rappelle, c'est qu'elle cessa de me le rendre... et je fus quelque temps à en comprendre la raison. — Mes sens m'abandonnèrent, je tombai ; je ne conservai de mon existence que la sensation d'un tumulte confus de pas et de voix, et de l'étreinte vigoureuse de deux bras de fer qui se croisoient sur ma poitrine pour m'emporter.

Quand je revins à moi, j'étois dans la chambre de Ferdinand.

Je jetai les yeux de tous côtés; je vis Jonathas. — Ferdinand, debout en face de moi, me regardoit fixement sans parler.

— Et Amélie, Amélie! où est-elle?
— Au ciel, répondit Ferdinand.

LUCRÈCE ET JEANNETTE

La baronne Eugénie de M... n'est plus jeune, comme on le verra plus apertement par la suite de cette histoire; mais ceux qui ont le bonheur de la connoitre savent qu'elle a conservé toute la fraîcheur d'esprit, toute la vivacité d'imagination qui la distinguoient autrefois entre les jolies, et qui la faisoient préférer aux belles. C'est encore plaisir pour elle que d'entendre narrer de tendres aventures, et c'est à son intention seulement, il faut bien le dire, que j'avois recueilli ces tristes souvenirs de ma jeunesse, meilleurs à oublier qu'à écrire. Je ne sais rien lui refuser. C'est une habitude que j'ai conservée avec les femmes, vieux que je suis, et même quand elles sont vieilles.

Un soir de cet automne que nous étions tête à tête au coin du feu, car, à Paris, il faut se chauffer en automne, la conversation vint à languir parce que mon portefeuille étoit épuisé, et puis parce qu'à notre âge la conversation languit nécessairement quelquefois. Elle se tournoit impatiemment dans son fauteuil; elle tisonnoit avec dépit, elle toussoit de cette toux nerveuse qui signifie intelligiblement qu'on s'ennuie, et moi, je la regardois d'un œil consterné, comme pour lui dire que je n'avois rien à lui dire.

— Savez-vous, Maxime, dit-elle tout à coup, que vos amours sont ce que j'ai entendu de plus lamentable en ma vie, et que je ne m'étonne plus, d'après ce que j'en sais aujourd'hui, de cette humeur morose et chagrine à laquelle je vous vois enclin depuis tant d'années? C'est comme une fatalité que ces passions-là, et il y a de quoi attacher au sommeil de l'homme le mieux portant tous les démons du cauchemar. La première de vos maîtresses n'aime en vous qu'un enfant aimable; elle est mariée, et meurt. La seconde vous aime un peu, je suppose, mais pas assez pour vous sacrifier ses préjugés; elle se marie et meurt. La troisième vous aime éperdûment et vous épouse, mais en vous épousant elle meurt. L'abbé Prévôt, qu'on lisoit tant dans ma jeunesse, et qui n'avoit pas, en vérité, l'imagination badine, n'a jamais inventé un héros de roman plus malencontreux!

— Que voulez-vous, baronne? Vous m'avez demandé l'histoire de ma vie, et moi, je n'invente pas.

— Je vous crois et vous plains; mais, s'il me souvient de si loin, et si j'en crois votre réputation et vos propres discours, car vous étiez passablement avantageux, l'amour n'a pas toujours été si rigoureux pour vous. Le sentiment est une loterie à laquelle vous avez joué trop souvent pour ne pas rencontrer quelques chances heureuses, et vous ne me montrez que des billets perdants!

— Il est vrai, baronne, dis-je en saisissant sa main avec l'expression la plus passionnée dont je fusse capable, il est vrai qu'une fois l'amour...

— Laissons cela! reprit-elle avec une sorte de colère. Il est probable que vous n'avez rien à m'apprendre sur ce sujet! Mais pourquoi ne m'égayez-vous jamais de quelqu'une de ces anecdotes qui réveillent des idées gracieuses, et qui ne donnent au moins ni spasmes ni mauvais rêves?

— Je puis vous l'avouer, répondis-je en riant. — C'est

que l'amour n'a jamais oublié de me rendre très-malheureux qu'il ne m'ait rendu souverainement ridicule.

— Eh bien, voyez le grand mal! je m'amuserois à vos dépens.

— Je le veux bien. Ceci ne doit pas aller plus loin, et personne ne nous écoute.

— Ajoutez à cela que vous devez commencer à mettre ordre à vos prétentions, si vous ne voulez pas être souverainement ridicule encore une fois!

— La première fois, dis-je après avoir un moment réfléchi...

— La première fois que vous fûtes amoureux, ou que vous fûtes ridicule?

— L'un et l'autre, si vous voulez La première fois, c'étoit une certaine Alexandrine, blonde, un peu langoureuse, mais svelte, élancée, faite à ravir, et charmante, sur ma parole, qui avoit la fureur des enlèvements.

— Je vous vois d'ici enlever la blonde Alexandrine.

— Et le plus heureux des mortels jusqu'au premier relais. Nous descendîmes pour cueillir des fleurs pendant qu'on changeoit de chevaux. Ce n'étoit pas tout que des fleurs; il falloit un ruban pour les attacher. A mon retour, plus d'Alexandrine. Elle s'étoit trompée de voiture, et couroit les champs avec un Anglois qui l'attendoit depuis deux jours.

— C'étoit justement l'année de la paix. Je me rappelle cette histoire comme si elle étoit d'hier.

— Une jolie brune daigna me consoler, et j'avouerai qu'elle y mit du courage; car il n'y a rien de mortel à l'amour comme un ridicule bien avéré. J'aimai Justine comme le méritoit un procédé si généreux. Je me serois fait tuer pour elle, et il ne s'en fallut guère. Un jeune capitaine de hussards, beau comme Adonis, taillé comme Hercule, et avec lequel je vivois dans la plus parfaite intimité, s'étant permis de la lorgner un jour au spectacle d'un air familier qui me déplut, je le provoquai brutalement en duel. Son régiment partant le lendemain au point du jour pour une autre garnison, la partie ne souffroit point de remise. Il me donna rendez-vous pour minuit dans une petite avenue, sous les fenêtres de ma reine. Un pareil stimulant étoit de trop pour mon courage; mais j'accédai à la proposition de mon adversaire sans lui demander compte de son caprice. Nous fûmes exacts, et nous mettions flamberge au vent, quand une averse épouvantable nous força à nous jeter sous une porte cochère qui se trouvoit ouverte par hasard. Nous n'en continuâmes pas moins à ferrailler; mais nous croisions nos armes en aveugles, et, au bout de quelques passes qui lui avoient donné l'avantage du terrain, la pointe de l'épée du capitaine me coupa la lèvre supérieure et m'enfonça une dent.

— Je me souviens qu'à mon gré cette balafre vous alloit en perfection.

— Je me trouve heureux de l'avoir reçue à ce prix, mais ce ne fut pas ce qui m'occupa pour le moment. Je me hâtai de bander ma plaie avec ma cravate, et de courir au domicile du chirurgien le plus voisin pour m'y soumettre à un appareil mieux entendu. Quelle fut ma surprise, en passant sous la croisée de Justine, de m'entendre apostropher par une voix qui me souhaitoit la bonne nuit et un prompt rétablissement!

— Vous dûtes savoir gré à votre maîtresse d'une attention si délicate?

— Ce n'étoit, parbleu, pas elle qui parloit, madame! c'étoit le hussard!

— Infortuné Maxime! cette brune-là valoit bien la blonde, vraiment!

— Quand j'y réfléchis, ma chère Eugénie, je pense qu'elles se valent toutes. Enfin, en 1803...

— Ah! vous allez y revenir! passons sur 1803, au nom du ciel!

— Je le voudrois de toute mon âme, Eugénie, puisque vous le désirez; mais les compositions les plus frivoles ont des règles impérieuses qui forcent la volonté d'un pauvre auteur, et je ne veux pas laisser de lacune dans mes mémoires.

— Alors je la remplirai. Je vous trompai, mon ami, je vous trompai pour un sot. C'étoit un mauvais procédé ; mais rappelez-vous que nous courions tous les deux notre vingt-unième année ; vous, tendre, exalté, véhément, fanatique de toutes vos illusions ; moi, veuve depuis un an, indiscrète, évaporée, sans expérience, joyeuse d'être libre, avec une tête parfaitement vide, et un cœur plus vide que ma tête. Je puis faire les honneurs de cet âge-là. J'étois une autre. Quand vous me dites que vous m'aimiez, je vous en dis autant, parce qu'il falloit absolument vous aimer, si on n'étoit décidée à vous haïr à la mort, et je ne m'étois pas trouvé tant de résolution. Un quart d'heure après, j'aurois donné un empire pour avoir à recommencer. Je ne voulois qu'indépendance et repos, et vous ne viviez un peu à l'aise que dans la région des tempêtes. Vos serments étoient des blasphèmes, vos joies des frénésies, vos jalousies des convulsions. Songez cependant que les passions romantiques n'étoient pas encore inventées, et qu'il n'en étoit pas plus question dans les *Contes moraux* qu'à l'Opéra-Comique ; et peignez-vous mon état quand je contemplai de sang-froid la terrible destinée que vous m'aviez faite ! Je me réveillai tremblante d'effroi sous le poignard de Maxime, comme Damoclès sous le glaive du tyran. Je ne savois où me sauver de mon bonheur, quand le sot dont il est question se présenta, si laid, si nul, si maussade, si insolemment suffisant, si profondément absurde, qu'on n'auroit pas autrement choisi entre cent mille pour vous venger en vous trahissant, et j'aurois pris alors cent fois pis, si cela eût été possible, pour me soustraire aux épouvantements de votre amour. Un sot, au moins, cela vit en apparence comme un autre homme ; cela parle, agit, existe à la manière de tout le monde, ou à peu près. Cela ennuie souvent, mais cela ne s'en aperçoit jamais. Cela ne préoccupe ni l'âme ni l'esprit. Cela n'est ni incommode ni imposant. Cela est sot, et voilà tout. Vous ne sauriez croire, Maxime, combien les sots sont merveilleusement imaginés pour faire des amants aux coquettes! — Eh bien, ai-je pourvu à cette lacune de façon à vous satisfaire? Qui vous arrête maintenant?

— Rien, madame! je reprends haleine de mon admiration, et je rentre dans mon récit à l'endroit où vous venez de le laisser. — Je n'étois pas de caractère à me désister facilement de mes droits, et je dois, à ce compte, vous avoir inspiré de cruelles inquiétudes, puisque vous ne trouvâtes moyen de vous dérober entièrement à ce que vous daignez appeler les épouvantements de mon amour qu'en mettant la France entre vous et moi. Vous prîtes le parti de vous retirer dans vos terres de Touraine. Tout mon bonheur disparut avec vous. Votre absence fit d'un pays que je chérissois la plus triste des solitudes, et je me décidai d'autant plus volontiers à le quitter aussi, qu'après trois mésaventures aussi criantes il n'y avoit pas, à vingt lieues à la ronde, enfant de bonne maison qui ne se moquât de moi.

— Si vous n'étiez encore plus aimable et plus galant que sincère, vous vous en seriez tenu à cette dernière raison. Elle pouvoit vous dispenser de l'autre.

— Je conviens qu'elle eut une bonne part dans ma résolution. Arrivé à Paris, je m'avisai pour la première fois de mettre un certain ordre dans ma conduite; et, pour ne pas laisser d'équivoque sur l'ordre dont j'étois capable, je vous expliquerai en deux mots ce que j'entendois par là : c'étoit tout simplement une méthode de désordre, une inconduite systématique, un plan réglé d'irrégularité, une bonne manière de mal vivre. Comme l'amour étoit ma principale, pour ne pas dire ma seule affaire, ce fut sur son terrain que je transportai toute ma philosophie. « Si les malheurs forment la jeunesse, me dis-je à moi-même, vous voilà, mon cher Maxime, assez formé pour votre âge. Depuis votre brillant avénement dans le monde, vous avez aimé trois femmes, et vous avez été trois fois dupe. C'est une espèce d'avertissement providentiel qui vous est donné de renoncer au sentiment. Puisque la destinée des cœurs tendres et confiants est d'être toujours trompés, la science d'être heureux consiste à ne pas se laisser prendre au dépourvu. Les engagements sincères et les passions éternelles sont du monde d'Astrée et de Céladon ; il n'y a que les enfants qui l'ignorent, et vous avez maintenant de bonnes raisons pour n'en pas douter. Que reste-t-il à craindre de la perfidie d'une maîtresse, quand on sait d'avance à quoi s'en tenir sur sa bonne foi ? La plus inconstante est la meilleure pour qui a vérifié que la plus constante ne l'est guère. Traitez donc désormais les affaires de cœur avec l'insouciance qu'elles méritent, et prenez l'amour comme il est fait, si vous ne pouvez vous en passer. On n'en fera pas un autre pour vous. »

— J'admire, à mon tour, mon ami, combien vous vous étiez perfectionné depuis notre rupture. Vous voilà tout à fait revenu de vos extravagances romanesques. Vous parlez principes !

— Ces idées ne me seroient peut-être pas venues d'elles-mêmes, et la reconnoissance me fait un devoir d'avouer que mon éducation vous doit beaucoup. — Bien convaincu, comme j'ai eu l'honneur de vous le dire, que le moyen le plus sûr de n'être trompé nulle part, c'étoit de s'attendre à l'être partout, je ne m'occupai qu'à trouver un digne théâtre à mes expéditions galantes, et ce fut au théâtre même que je m'arrêtai. Ce n'est pas là d'habitude qu'on va chercher les fidélités exemplaires et contracter les liens indissolubles de l'école des Amadis. L'intrigue y est légère, le nœud fragile, les péripéties multipliées, et il n'y a pas une scène dans les amours de ce pays-là qui ne coure au dénoûment suivant les règles de l'art. C'étoit précisément mon affaire. Je m'arrangeois volontiers en perspective d'un commerce où je serois presque aussitôt trahi qu'aimé. Il est aussi amusant qu'un autre, quand il amuse, et il fait perdre moins de temps. J'avois d'ailleurs une sorte de vocation prédestinée pour ce genre de sentiment, et je tenois cela de la nature ou de mon père. Mon cœur avoit battu dès l'enfance dans ma poitrine d'écolier aux roulades d'une virtuose et aux pirouettes d'une bayadère. Il y a un charme incomparable dans la possession d'une beauté à mille noms qui prend toutes les figures, qui revêt et embellit tous les costumes, qui parle tous les langages et interprète toutes les passions, qui change elle-même tous les soirs de passion, de langage et de génie, comme elle change de toilette. En province surtout, où les attributions du comédien sont ordinairement plus étendues, c'est quelque chose de divin. Vous pouvez dans le même tête-à-tête, à la fin d'un joli souper, vous attendrir jusqu'aux larmes avec Aménaïde, bouder avec Hermione, coqueer avec Célimène, ou fondre votre cœur en langueurs pastorales avec une des bergères musquées de Favart et de Marmontel. Si la perfide Eulalie vous a donné hier quelqu'un de ces motifs de misanthropie qui chiffonnent les esprits mal faits, vous aurez bien de la peine à résister demain aux preuves de l'innocence de Zaïre. Ajoutez à cela les triomphes de la vanité, si flatteurs, si enivrants pour l'homme qui est aimé ou pour celui qui croit l'être, ce qui est absolument la même chose, tant qu'on le croit, et vous conviendrez sans difficulté que l'amant d'une actrice à la mode est un de ces êtres privilégiés pour qui la vie n'est qu'un enchaînement de béatitudes et d'apothéoses !

— Grâce au ciel, vous êtes pour cette fois dans la voie du bonheur parfait, et, si quelque démon ne s'en mêle, nous n'aurons plus à parler que de vos triomphes. Je crains comme vous qu'ils ne soient pas durables, mais ils seront nombreux, et vous vous sauverez sur la quantité.

— Je m'en flattois. A dire vrai, l'économie de mon plan de campagne ne laissoit presque rien à désirer : j'avois combiné tous mes mouvements, choisi toutes mes positions, marqué d'un regard prévoyant mes campements, mes retranchements et mes forteresses. J'aurois dressé d'avance la carte de mes conquêtes, et je me voyois déjà suivi d'ovation en ovation par un long cortége de captives.

— César, je vous salue. Je vous attends avec impatience à la rédaction de vos *Commentaires!*

— C'est là malheureusement que le triomphateur s'embarrasse. Je n'eus pas mis un pied sur le terrain de l'ennemi, que je m'aperçus qu'il m'étoit impossible d'y mettre l'autre avant de savoir sa langue, et c'est une étude qui auroit déconcerté Pic de la Mirandole. Je croyois posséder assez bien mon Marivaux, mon Crébillon fils et mes *Bijoux indiscrets;* mais cet idiome sacré n'étoit ni plus ni moins tombé en oubli que les hiéroglyphes. Je m'avisai de retourner au sentiment, que je regardois encore comme le truchement universel des négociations amoureuses; mais, au premier mot qui m'échappa dans ce style, on me rit au nez en grand chœur, et toutes mes Sylphides s'envolèrent. — J'étois près de renoncer à mes magnifiques ambitions et de descendre aux grisettes, peuple naïf, heureux et fidèle aux bonnes traditions antiques, chez lequel ce langage délicat est resté vulgaire, sous les favorables auspices du roman, quand un événement imprévu vint me rendre les chances de ma fortune. — Vous n'avez probablement jamais su, madame, qu'il eût existé, rue Saint-Martin, n° 48, une succursale de Thalie, placée sous l'invocation de Molière?

— Je suis du moins bien certaine de n'avoir jamais eu de loge dans ce quartier-là.

— Aussi n'y alloit-on pas, baronne, pour regarder aux loges, ce qui seroit indubitablement arrivé si vous aviez fréquenté le théâtre. On y alloit pour voir une actrice enchanteresse, aux traits mignons et gracieux, à la physionomie idéale, à la tournure souple et aérienne, au son de voix frais et pur, aux intentions fines, spirituelles et mordantes. Elle sourioit, et tous les cœurs voloient à son sourire; elle laissoit échapper, entre des cils d'or, un regard, ou plutôt un rayon de feu, et l'incendie gagnoit partout. Elle parloit enfin, et le plus sage perdoit la tête. Quand je vous dirai que je subis le sort du plus sage, vous me croirez volontiers sur parole. C'étoit le diamant de la petite comédie, la perle du pays marchand, la Mars de l'arrondissement et de ses faubourgs. C'étoit la Jenny Vertpré du consulat !

— C'étoit ce qu'on voit tous les ans, la divinité de la vogue, et il ne me manque plus que son nom.

— Je vous le dirai, madame, en meilleur style que le mien ; car je ne saurois employer un des tours pompeux et grandioses de M. de Chateaubriand dans une occasion plus solennelle. Cette prodigieuse souveraine des esprits et des âmes s'appeloit Lucrèce.

— Miséricorde ! qui a jamais entendu parler d'une comédienne qui s'appelât Lucrèce ?

— Ce n'est pas là cependant le plus extraordinaire. — Le plus extraordinaire, et madame de Sévigné ne se feroit pas faute en pareil cas d'une page de synonymes, c'est qu'elle soutenoit la responsabilité de son terrible nom avec une résignation philosophique dont il n'y avoit jamais eu d'exemple au théâtre de la rue Saint-Martin, et peut-être dans quelques autres. On lui connoissoit mille adorateurs, et on ne citoit pas un heureux.

— Je vous arrête sur le fait et en flagrant délit de menterie. Vous promettez des histoires réelles, et, du premier élan, vous tombez dans le fantastique. On penseroit, à vous entendre, que la nature a tenu partout quelque phénomène en réserve pour fournir un texte à vos hyperboles. Que dira le critique ingénieux et malin qui suspend sur toutes vos périodes son point d'interrogation défiant et ricaneur ? Croyez-vous que ce terrible douteur, qui hésite à croire que vous ayez eu douze ans une fois en votre vie, que le hasard vous ait donné pour maître d'école un capucin de Cologne, et que la foule vous ait poussé, un jour où vous n'aviez rien de mieux à faire, sur une place de Strasbourg, dans laquelle il ne se trouvoit guère que douze ou quinze mille personnes, vous passe légérement une Lucrèce de coulisses? Oh! c'est un chapitre sur lequel vous ne nous en ferez pas accroire! Nous souffrons les invraisemblances des historiens, mais nous sommes intraitables avec les conteurs.

— Le critique en pensera ce qu'il voudra, ma chère baronne; c'est son affaire de critiquer; mais je suis, avec votre permission, beaucoup plus au fait de mes aventures que lui-même, quoiqu'il sache presque tout. Je me flatte, au reste, qu'il rabattra quelque chose de son rigorisme judaïque, et, puisque je lui ai permis de donner à dîner à l'abbé d'Olivet chez Marion Delorme, cinquante ans jour pour jour avant la naissance de ce digne académicien, il auroit mauvaise grâce à me contester une vertu presque anonyme au théâtre de la rue Saint-Martin. Remarquez d'ailleurs, s'il vous plaît, que je n'ai pas dit jusqu'ici que j'eusse mis du premier abord l'enchantement à fin, rien qu'en soulevant ma visière, comme un paladin du roi Artus. Il en arriva même tout autrement, et Lucrèce ne me reçut pas mieux que la Lucrèce de Rome n'avoit reçu Tarquin, quoique la mienne n'eût point de Collatinus. — Les difficultés, et surtout celles de cette nature, enflamment, comme vous savez, un généreux courage. Mon amour avoit bien des raisons de se mettre en frais d'empressement et d'obstination. Le théâtre de Molière venoit de fermer par ordre supérieur ou à défaut de recettes, malgré l'attrait que Lucrèce prêtoit à son répertoire. Lucrèce alloit disparoître, et mes parents me rappeloient à tous les courriers pour me faire terminer une sotte affaire en province. Ils s'étoient décidés à me marier, et, après les éclatantes disgrâces de mes trois premières intrigues, je vous demande quelle bonne figure de mari j'aurois faite! C'est précisément comme un homme qui embrasseroit le parti de la guerre avant d'avoir tiré vengeance d'un affront public. Il me falloit une réparation.

— De quoi vont se mêler les familles! Vos parents choisissoient bien leur moment!

— Ils n'en font jamais d'autres.—Je m'étois couché vers le matin, suivant mon habitude. Moins heureux que le poëte Villon, qui n'avoit qu'un souci, j'en portois deux en croupe, et des plus noirs qu'on puisse imaginer : une femme dont je ne voulois guère, et une maîtresse qui ne me vouloit pas.

— Dites-moi, en passant, quel étoit le souci du poëte Villon.

— Celui de savoir, madame, ce que devenoient les vieilles lunes ; et il le préoccupoit tellement, qu'il en oublia le jour où il devoit être pendu. — Je venois de me réveiller dans le paroxysme de l'amour, qui est, comme l'a très-bien observé Fontenelle, le plus matinal de nos sentiments, quand mon domestique m'apporta une lettre dont le timbre me fit craindre de nouvelles sommations paternelles. Jugez de ma surprise et de mon plaisir quand je m'aperçus qu'elle venoit du directeur d'une troupe de comédiens qui exploitoient ma province, et qu'il n'y étoit question que de Lucrèce. La clôture d'un théâtre de Paris lui fournissoit l'occasion de se recruter de quelque sujet précieux, capable de faire fureur dans une petite ville, et mon goût connu pour le spectacle lui avoit fait supposer que je pourrois lui servir d'intermédiaire auprès de la magicienne qui avoit tourné pendant six mois tant d'excellentes cervelles. C'étoit Lucrèce qu'appeloient tous les vœux d'un peuple idolâtre du talent et de la beauté. C'étoit sur moi qu'on se reposoit des soins de cette heureuse ambassade ! O folles joies de la jeunesse ! Mon premier prix de rhétorique m'avoit moins enorgueilli. On m'auroit annoncé la couronne du Tasse au Capitole, ou l'amarante aux jeux floraux, sans me distraire de mon ravissement. Cependant j'avois concouru.

Je ne vous laisserai pas à deviner la première pensée qui m'occupa. Vous ne vous en aviseriez jamais.— Ma foi, dis-je en m'habillant à la hâte, je ne sais pas pourquoi je ne me marierois pas. Une bonne dot en écus sonnants n'est pas à dédaigner dans l'état de délabrement où la bouillotte a mis mes affaires, et la plupart des moralistes disent d'ailleurs qu'il n'y a rien de si doux que l'union de deux âmes bien assorties. Je renoncerai, comme la raison l'exige, aux plaisirs tumultueux d'une vie dissipée ; mais l'éclat que ceci ne peut manquer de produire suffit de reste à l'ambition d'un jeune homme favorablement traité des femmes, et qui n'a pas mal employé ses belles années. Lucrèce aura du chagrin sans doute ; il le faut bien ! Elle en aura beaucoup ! Je m'arrangerai même pour qu'elle fasse manquer deux fois le spectacle par indisposition ; mais elle se consolera, j'en suis sûr, car il n'y en a pas une qui ne se console. Le principal, c'est qu'elle ne se console pas avant la cérémonie ; cela nuiroit à l'effet. Je me marierai tout en arrivant.

— Prenez garde, Maxime. Je comprends à merveille que le succès de cette combinaison auroit sauvé les intérêts de votre vanité ; mais vous ne m'aviez pas dit encore que vos affaires fussent aussi avancées auprès de Lucrèce.

— Vous comptez donc pour rien le chemin qu'elles viennent de faire ! Avez-vous lu l'Œdipe de Ballanche ? N'avez-vous jamais vu celui d'Ingres ? C'est tout un. Eh bien, madame, l'énigme étoit devinée ! J'avois pénétré le Sphinx. Elle m'étoit connue, la phrase talismanique ; elles m'appartenoient, les paroles fées qui devoient dissoudre le charme ! Un engagement superbe et une place dans ma chaise de poste ! Il n'y a point de Lucrèce qui résiste à cela !

— O fatalité de nos débiles vertus ! Cette rigoureuse héroïne, si habile à jouer tous les rôles, ne put soutenir jusqu'au bout celui de la chaste Romaine dont elle portoit le nom !

— Elle le soutint de son mieux, baronne, à deux légères circonstances près, la résistance et le suicide.

— J'entends, et j'assiste en imagination aux pompes de votre arrivée triomphale !

— Vous allez trop vite. Nous voyagions fort lentement. Lucrèce avoit toutes les qualités que vous pourriez désirer dans la figure fantastique d'une amoureuse de roman. Elle idolâtroit les beautés de la nature, et ne trouvoit jamais trop long le temps passé à les contempler. Nous nous arrêtâmes à Brie-Comte-Robert.

— Les beautés de la nature à Brie-Comte-Robert ! Où l'enthousiasme va-t-il se nicher ?

— Nous ne faisions que partir, et il faut l'avoir éprouvé pour savoir combien la nature a de charmes pendant vingt-quatre heures, quand on voyage avec sa maîtresse. A Nangis, nouvelle station. Cette allée solitaire de vieux arbres, qui circule autour de ses fossés, feroit envie aux jardins d'Armide. Et puis, le clair de lune a quelque chose de si suave et de si velouté à Nangis ! Si on peignoit un jour ce clair de lune comme je l'ai senti, comme je l'ai goûté, quand ses rayons d'un pâle azur pleuvoient à travers le feuillage naissant sur les plis de son voile, l'enveloppoient de leur clarté limpide, et me découvroient en elle mille beautés que je n'avois pas encore aperçues, je vous proteste qu'on ne voudroit plus de Claude Lorrain. Il faudroit plaindre le cœur insensible qui ne palpite pas d'une tendre émotion à la vue de ces plaines délicieuses de Nogent que la Seine embrasse d'une ceinture argentée, sur laquelle tous les astres du ciel sèment des feux étincelants. Tout cela n'est jamais si ravissant que lorsqu'on est deux à le voir ! — Quant aux promenades poétiques de la moderne Troyes, elles sont presque aussi classiques dans la mémoire des voyageurs que les bosquets des rives du Simoïs, où il n'est pas suffisamment démontré qu'il y eût des bosquets.

— Muse, suspends ton vol ! je ne croyois pas, au train dont nous marchions, que nous aurions le bonheur de gagner sitôt le département de l'Aube ! Votre pégase doit avoir besoin de s'y reposer !

— Vos pressentiments ne vous ont que trop bien avertie. Nous étions à Troyes le quatorzième jour, et le temps commençoit à nous presser autant que vous, mais il n'y eut pas moyen d'en partir. Lucrèce étoit tourmentée d'une fièvre ardente, et le médecin, que je fus obligé de mander, reconnut d'un coup d'œil qu'elle étoit hors d'état de continuer le voyage. La pauvre fille avoit la petite vérole.

— Vous me faites trembler, Maxime. Votre démon vous emporte, et nous marchons tout droit à un dénoûment tragique !

— Rassurez-vous, madame; nous marchons tout droit à un dénoûment assez bouffon. Je n'ai pas besoin de vous dire que je ne l'abandonnai pas pendant le danger; mais mes affaires m'appeloient, mes parents se mouroient d'inquiétude, et les intérêts de Lucrèce eux-mêmes exigeoient que j'allasse expliquer son retard. Le médecin ne m'avoit laissé aucune inquiétude sur les suites de cet accident, et j'avois payé ses soins en raison du succès qu'il me faisoit espérer. J'arrivai donc seul au but du voyage; mais le bruit de mon expédition m'y avoit précédé, et je regardois l'accueil qu'il alloit me procurer comme une épreuve embarrassante pour ma modestie. Elle en fut quitte à meilleur marché que je ne pensois. L'esprit des provinces est soupçonneux quand il n'est pas dénigrant. Accessible à toutes les préventions fâcheuses, il se cuirasse contre l'admiration; il se fortifie de suspensions, de restrictions et de réticences contre l'invasion des nouvelles gloires. La renommée n'y a de cours que lorsque ses lettres patentes ont été expédiées aux bonnes villes sous la bande d'un journal accrédité, et les journaux de l'an de grâce 1804 ne disoient mot des actrices des petits théâtres. La liste civile des princesses dramatiques de ce temps-là étoit beaucoup trop exiguë pour leur permettre d'entretenir à grands frais une meute d'historiographes. L'époque n'étoit pas arrivée où leurs faits et gestes devoient être immatriculés tous les soirs dans des chroniques officieuses, comme ceux de l'empereur de la Chine.

— On ne m'accueillit, par conséquent, que d'un certain : *Nous verrons bien* fort sec, accompagné d'un certain hochement de tête fort dubitatif. — *Nous verrons bien*, madame, entendez-vous ? On ne vit que trop tôt, hélas ! ce que vous allez voir !

— Permettez-moi de vous épargner la douleur de rouvrir de vos mains une blessure qui saigne encore. N'est-il pas vrai que Lucrèce étoit un peu changée?

— Un peu changée, madame! ah! je reconnois à ces tendres ménagements la compassion d'un cœur de femme! Un peu changée, grand Dieu! elle étoit à faire peur!

— Déplorable témoignage de l'instabilité des choses humaines! voilà pourtant des tours de la petite vérole!

— Il n'y eut qu'un cri sur son compte, et ce fut un cri d'épouvante! Non, non! jamais la nature n'a humilié d'un retour plus perfide la vanité d'une jeune fille!...

— Et la suffisance d'un jeune fat...

— J'allois vous épargner, madame, la peine de l'apostille, car, dans la circonstance où je me trouvois, il ne pouvoit me rester d'autre orgueil que celui d'une humble et repentante résignation. Toutefois mes espérances se rattachoient en secret à l'effet infaillible de son talent. « Il faudra bien qu'ils l'admirent, m'écriois-je avec fierté, et leur ivresse me vengera d'eux et de la destinée contraire. » — Je ne soupirois qu'après le jour du début. L'affiche enfin l'annonça; l'affluence fut énorme, et, pour ne rien cacher, le public paroissoit assez bien disposé. J'allois, je venois, je ne me sentois pas d'impatience. J'avois compté une à une les mesures d'une ouverture qui ne finissoit pas, quand la toile se leva. La pièce commençoit tout juste par un morceau de Lucrèce. O douleur! — les rigueurs que la petite vérole avoit exercées sur son épiderme n'étoient rien auprès de celles dont elle avoit affligé son larynx. La malheureuse avoit perdu deux notes, et ce qu'elle conservoit de sa voix de sirène auroit cloué l'aumône de la charité dans la main de l'auditeur le plus bénévole d'une chanteuse de place.

— On n'a jamais rien entendu de pareil!

— C'est ce que tout le monde disoit. Après deux désappointements aussi contrariants, j'osois à peine entrevoir un dernier moyen de salut dans les ressources incomparables de son jeu, comme un homme qui va se noyer se retient d'une main désespérée aux faibles roseaux du rivage ; et Dieu sait si je fus bien avisé d'y compter médiocrement ! Soit que l'impertinence du public eût paralysé ses moyens (style de théâtre s'il en fut jamais), soit que la petite vérole ait aussi quelques influences psychologiques jusqu'à ce jour méconnues des savants, Lucrèce dit la comédie juste comme si elle la chantoit. Tous ces petits riens délicieux que son visage céleste avoit fait valoir tant de fois étoient devenus communs et maussades sur la physionomie d'une laide. Ces subtiles finesses de détails, ces traits exquis de naturel et de sentiment, où se pâmoient à Paris l'orchestre et la galerie, passèrent pour gauches dans leur naïveté, et pour maniérés dans leur délicatesse. Enfin le mécontentement des spectateurs se manifesta par une explosion si bruyante, que la salle menaçoit de crouler au bruit des sifflets, quand le directeur aux abois vint, tout tremblant, promettre une nouvelle débutante à son turbulent auditoire. Lucrèce s'évanouit, et je me sauvai fort à propos, car, si je m'étois trouvé à ses côtés quand elle reprit connoissance, elle m'auroit certainement arraché les yeux.

— Vous m'avez attendrie sur le sort de cette pauvre créature ! je voudrois la savoir établie en bon lieu.

— Vous n'avez qu'à parler, madame, et je la ferai au besoin, comme Hippolyte Clairon, président du conseil d'un margrave ; mais, fiction à part, je vais combler vos vœux en deux mots. Sa mésaventure fut pour elle une source inépuisable de prospérités. Elle revint à Paris, où un de ses amants les plus rebutés, homme de peu d'esprit à ce que l'histoire rapporte, mais doué, selon toute apparence, d'une puissance incroyable de mémoire, se crut trop heureux de la retrouver telle qu'elle étoit, c'est-à-dire aux changements près qui s'étoient opérés en elle depuis Brie-Comte-Robert jusqu'à Troyes inclusivement. Il lui offrit son cœur et sa main, qu'elle se garda bien de refuser ; les voyages l'avoient trop formée pour cela ; et, comme l'épouseur étoit un de ces beaux caractères qui ne font pas les choses à demi, dix mois après il la laissa veuve et douairière avec cinquante mille livres de rente. Elle tient aujourd'hui grande maison, grand train de gens et de chevaux, table ouverte et bureau d'esprit.

— Je respire, et j'en avois besoin après de si rudes catastrophes!

— Vous voyez que j'ai seul à réclamer maintenant les sympathies de votre sensibilité, et vous aurez assez à faire. Lucrèce étoit partie sans me permettre de la revoir, et je lui sus plus de gré de ce procédé que mes lettres ne lui en témoignèrent de regrets. Elle me laissoit cependant à porter tout le poids de la dérision et des malins quolibets, et je vous réponds qu'on n'auroit pas été trop de deux pour le partager. Le pays en retentit; les colonnes en parlèrent, comme s'exprimoient les anciens; et si ma modeste Athènes avoit eu un Céramique, vous devinez de quel nom les petits enfants auroient barbouillé ses murailles!

Mon arrivée dans les salons ne manquoit jamais d'exciter un petit murmure qui n'avoit rien de triste, bien au contraire, mais qui me paroissoit infiniment désobligeant. J'attirois à la vérité dans les promenades les regards des jolies femmes, et beaucoup plus que je n'avois fait par le passé; mais j'avois beau donner à leur curiosité les interprétations les plus favorables, je n'en étois pas autrement flatté. J'allois rarement à la comédie, et seulement quand un spectacle qui attiroit la foule me laissoit l'espoir de me soustraire à mon effrayante popularité de loges et d'avant-scène. Un peu aguerri cependant contre les inconvénients des grandes réputations, je me carrois un jour avec dignité sur le premier banc de la galerie, au cinquième acte d'une tragédie nouvelle dont l'auteur venoit de détrôner Racine dans deux ou trois feuilletons. Je me fiois ingénument sur ce nouveau genre de scandale pour me faire oublier tout à fait, quand je remarquai subitement que la confidente profitoit du loisir d'une inutile et mortelle tirade que débitoit le jeune premier, pour chuchoter à l'oreille de la princesse un *aparté* malicieux qui n'avoit vraisemblablement aucun rapport direct à la pièce, et qui n'étoit pas fait pour le public. Mon cœur se serra, et une sueur froide inonda mon front, car je croyois lire bien distinctement sur les lèvres insolentes de la duègne maudite l'histoire de Lucrèce et la mienne. En effet, l'œil de la princesse décrivit lentement une longue parabole qui embrassa presque tout l'hémicycle de la salle, et qui finit par s'arrêter intrépidement sur moi comme le regard du basilic. Au même instant, les deux mégères furent saisies d'un accès de gaieté si expansif et si étourdissant, que le drame, qui étoit parvenu à l'endroit le plus pathétique, ne fit plus que se traîner en chancelant jusqu'au dénoûment, à travers les éclats de rire. Je profitai heureusement de la confusion universelle que produisoit cette péripétie inattendue pour gagner le corridor, l'escalier, le vestibule et la rue. Quand je fus dehors, ma poitrine se dilata comme celle d'un homme qui échappe à un mauvais rêve : — Je fais vœu, m'écriai-je de toute la force de mes poumons, de ne jamais remettre les pieds dans ce *tripudium* de saltimbanques, dussé-je être réduit à passer désormais toutes mes soirées au théâtre des marionnettes!

— Tu n'es réellement pas trop dégoûté, interrompit un de mes amis, qui s'empara brusquement de mon bras. Il est neuf heures précises, et j'y allois.

— Où allois-tu?

— De quoi parlois-tu? J'allois aux célèbres marionnettes de maître Siméon Balland de Wintertour, le plus habile et le plus ingénieux des nombreux héritiers de Brioché. Qui n'a pas vu les marionnettes de maître Siméon n'a rien vu, et n'a rien vu surtout qui n'a pas vu Jeannette! Il n'y a que les Suisses pour être aussi adroits en mécanique, et il n'y a que les filles des treize cantons pour être aussi jolies! C'est le rendez-vous de la meilleure compagnie en bambins, en bonnes appétissantes et en fringantes femmes de chambre, une excellente société!...

— Pourquoi pas? répondis-je en riant. Aussi bien le spectacle est détestable, et les actrices...

— Feroient reculer une compagnie de pandours, reprit mon étourdi. On n'en a pas vu de plus laides depuis...

Il s'interrompit par commisération. Je le compris, je soupirai, et j'allai aux marionnettes.

Ce n'est pas auprès de vous, madame, que j'essayerai de me justifier de mon penchant puéril pour Polichinelle [1]. Je me souviens que vous l'avez autrefois partagé, et qu'un des moments les plus doux et les plus cruels de ma vie, celui où je vous vis pour vous aimer, me fut accordé par le bizarre destin au théâtre des Fantoccini. Je ne me doutois guère alors que je n'étois moi-même dans vos mains qu'un pantin un peu plus industrieusement organisé, dont le fil...

— Reprenez, pour Dieu, le fil de vos aventures, sans me faire jouer un rôle déplacé dans vos intrigues de marionnettes, où je n'ai que faire, et permettez-moi de jouir paisiblement du bonheur de m'être dérobée à propos au funeste ascendant de votre étoile !

[1] Ainsi que Bayle, avec qui il a plus d'un rapport comme critique et comme érudit, Nodier avait, à ce qu'il paraît, une véritable passion pour Polichinelle et ses amusants comparses, et il s'en est occupé dans plusieurs de ses livres. Il en parle encore incidemment dans l'*Histoire du roi de Bohême et de ses sept châteaux*, page 205; et, de plus, il en a donné une *biographie* qui a été en dernier lieu réimprimée dans les *Nouvelles vieilles et nouvelles*. Enfin l'un de ses derniers écrits, véritable chef-d'œuvre de raillerie et d'atticisme, est une étude philosophique, dramatique et historique sur les *marionnettes*. Il disait comme l'Anglais Addison, qui lui aussi a célébré les *marionnettes*, en vers latins très-élégants :

  Admiranda cano levium spectacula rerum ;

mais Addison ne faisait que de la poésie descriptive, tandis que Nodier s'élève, comme Rabelais, à la satire morale. Les acteurs de bois des théâtres en plein vent ramènent sa pensée attristée sur les acteurs vivants de la comédie humaine ; et, comme conclusion de sa fantaisie charmante, il s'écrie : « J'ai vu passer une révolution, un empire, une restauration qui n'a rien restauré... et j'ai attendu patiemment, parce que la solution des grandes questions politiques est un secret réservé qui n'appartient pas aux puissances de la terre...

« C'est le secret de *polichinelle*. » (*Note de l'éditeur.*)

— M'y voilà, madame. — C'est que les marionnettes de maître Siméon n'étoient pas des marionnettes vulgaires! C'est que son polichinelle étoit le Talma de tous les polichinelles passés, présents et futurs! Quel aplomb imperturbable! quelle merveilleuse entente de la scène! quelle vérité naïve, et cependant quelle perfection académique de pauses et de déclamation! quelle énergie de débit! quelle magie de diction! quel jeu surprenant de physionomie! et, dans tout cela, quelle profonde intelligence du cœur humain! Remarquez bien, madame, que je ne parle ici que du polichinelle de maître Siméon, car tous les polichinelles que j'ai vus depuis étoient de bois. Celui-là seul avoit une âme. — Cependant, le croirez-vous? au bout de quelques jours, car je ne manquois pas une représentation, je devins moins exact à ma place accoutumée. A peine Jeannette avoit prêté à la femme ou à la maîtresse du héros le charme de son débit un peu monotone, mais naturel, expressif et mélodieux, je venois la rejoindre au bureau où le directeur l'avoit placée, comme ces trafiquants rusés qui mettent à l'étalage les richesses du magasin. Immobile contre un des piliers portatifs de l'architecture en toile peinte, je l'admirois sans me lasser jamais, accueillant les chalands avec un irrésistible sourire, et distribuant les billets ou recevant les coupons d'une main plus blanche, plus agile et plus gracieuse que celle de la jolie changeuse israélite de la galerie de Foy. J'y passois les heures trop vite écoulées. J'y aurois passé les jours, et surtout les nuits. Il eût été tout simple de me prendre, dans cette posture, pour l'inspecteur de la recette, et je ne serois pas étonné que de bonnes gens, qui avoient entendu parler favorablement de mes talents dramatiques, se fussent imaginé, en passant, que je n'étois si assidu à cette place que pour y régler mes droits d'auteur.

— Je tremble de vous dire ce que j'imagine, moi; vous me rappelez, Maxime, ce prince des contes orientaux qui avoit dédaigné les bonnes grâces de la reine des Péris, et dont elle se vengea en le rendant passionnément amoureux d'une oie de sa basse-cour, qui cherchoit fortune en domino rose, comme une oie évaporée qu'elle étoit, le long des pièces d'eau du palais. J'ai bien voulu vous faire grâce au théâtre de la rue Saint-Martin, mais je vous préviens que, avec toute la bonne volonté possible, je suis incapable de vous pardonner une extravagance pour la commère de Polichinelle.

— C'est que vous ne l'avez jamais vue, baronne! Je croyois n'avoir rien épargné pour relever sa modeste condition par l'illustration du grand acteur ou de l'automate miraculeux dont elle suivoit la fortune; il y avoit dans cet arrangement un certain art de composition sur lequel je comptois pour me justifier; mais vous êtes inexorable, parce que vous savez que je ne suis pas peintre de portraits, et que vous me défiez secrètement, dans votre profonde malice, de vous intéresser aux attraits de Jeannette. Oh! si je pouvois vous la montrer droite, menue et souple comme un roseau; la peau un tantet bise, mais nuée de fraîches couleurs; le nez fin comme une alêne, droit, classique, presque divin, comme celui d'une statue grecque, et terminé par un petit méplat riant et capricieux... comme le vôtre; la bouche plus vermeille que la grenade; les dents resplendissantes d'un émail plus diaphane et plus poli que l'albâtre! Si je savois des paroles pour représenter ses longs yeux taillés en amande, aux prunelles d'un bleu d'indigo, ses longs cils doux comme la soie et brillants comme l'acier bruni, ses longs sourcils noirs tracés en arc sur un front lisse et harmonieux avec la précision du pinceau, et cependant si voluptueusement mobiles quand ils daignoient exprimer le plaisir et l'amour! — S'il m'étoit permis de vous découvrir, avec leur chaussure coquette, de jolis bas blancs à coins roses, ses jambes toutes mignonnes, dont le ciseau magique de David auroit dévotement respecté le galbe précieux, et auxquelles s'attachoient deux pieds qui auroient fait mourir d'un jaloux dépit la princesse de la Chine! — Et, quand j'y pense, cela n'étoit pas difficile, car son jupon vert à liséré nacarat étoit extraordinairement court. — Si vous l'aviez vue enfin, comme je le désirois tout à l'heure, dans l'appareil simple et séduisant de son délicieux ajustement helvétique, vous n'auriez pas eu le courage de me blâmer, et mon extravagance changeroit de nom.

— Je veux croire à toutes ces merveilles; mais je suis décidée, Maxime, à ne pas sortir de là. Votre Jeannette, fût-elle Vénus et mieux encore, étoit la commère de Polichinelle, et vous me faites pitié !

— C'étoit, hélas! comme vous dites, la commère de Polichinelle. Le vulgaire du moins ne lui connoissoit pas alors d'alliances plus relevées. Je vous sauverai donc l'ennui de mes orageuses tribulations; je ne vous dirai ni mes regards passionnés fixés sur elle par une puissance invincible qui tenoit de la fascination, ni mes soupirs de flamme incessamment exhalés vers la banquette où elle recevoit l'argent et les hommages des curieux, ni mes lettres frénétiques où j'enchérissois sur les hyperboles, encore imparfaitement naturalisées chez nous, des romanciers allemands.

— Vous écriviez à Jeannette !...

— En prose et en vers, et je vous affirme qu'elle lisoit assez couramment. Cependant je faisois depuis huit jours des frais de sentiment en pure perte, et mon intrigue étoit si péniblement cousue, mon action traînoit si nonchalamment en longueur, qu'on l'auroit justement sifflée au théâtre de Polichinelle. — Tout à coup l'affiche indiqua la représentation de clôture, la dernière, la véritable clôture, la clôture sans appel et sans rémission. C'étoit l'instant ou jamais de songer au dénoûment; je résolus de le brusquer. J'avois, loin de la maison paternelle, un petit appartement clandestin, fort galamment décoré, dont je m'étois pourvu dans un esprit de prévoyance, pour donner libre carrière à des méditations mélancoliques et solitaires qui ont toujours fait mes délices, pour revenir de temps en temps à loisir sur mes études trop négligées, peut-être aussi pour quelques occasions imprévues qui se présentent quelquefois par hasard dans la vie d'un jeune homme chargé d'affaires. J'étois bien persuadé que ce domicile auxiliaire n'étoit connu que de moi, et de cinq ou six personnes tout au plus qui étoient particulièrement intéressées à me garder le secret. Je l'avois soigneusement désigné à Jeannette au *post-scriptum* de tous mes billets doux. Le *post-scriptum* est la partie positive des correspondances amoureuses ; c'est là qu'on traite les intérêts matériels d'une grande passion. Aussi ai-je rencontré des femmes qui n'en lisent pas autre chose.

Comme je n'avois pas reçu de Jeannette des marques prononcées d'indifférence, et que je croyois discerner au contraire quelques témoignages d'une tendre condescendance à mes vœux dans les prunelles indigo dont j'ai eu l'honneur de vous parler, toutes les fois qu'elle vouloit bien tourner sur moi leur disque éblouissant, je passois ordinairement à l'attendre et à l'espérer dans ma retraite philosophique tout le temps que je ne passois pas à la supplier d'y venir. Le lendemain de la clôture (je savois qu'elle devoit partir le soir), je rêvois au moyen de l'y amener le jour même, avant que la diligence me la ravît pour jamais, et je commençois à entrevoir qu'il faudroit recourir sans doute, pour y parvenir, à des procédés plus ou moins impérieux qui lui laissassent tout entiers les honneurs de la résistance, puisqu'elle étoit décidément formaliste. J'avois en conséquence formé dix projets plus étourdis les uns que les autres sans m'arrêter à aucun, quand j'entendis la clef de ma porte rouler doucement dans la serrure. La porte s'ouvrit, et Jeannette parut plus belle que jamais, belle d'émotion, de crainte et d'amour ! mais si troublée, que ses jambes défaillirent à l'instant où je m'élançai au-devant d'elle pour la recevoir ; je le supposai du moins, car elle tomba dans mes bras. Nous restâmes quelque temps muets ; — combien de temps ? je ne saurois vous le dire au juste, — ces moments-là sont très-difficiles à mesurer. Enfin elle se remit peu à peu, rétablit un léger désordre de sa toilette, que mon empressement ne m'avoit pas permis de ménager beaucoup en l'assistant à l'imprévu dans une crise si nouvelle pour son innocence et pour sa timidité, et prit un fauteuil après de moi. Depuis qu'elle étoit dans ma chambre, la pauvre fille ne s'étoit pas encore assise.

Je prenois plaisir à la regarder, comme on regarde la femme qu'on aime, la première fois qu'on a quelque bonne raison de croire qu'on en est aimé. Il n'y a pas de temps à perdre. Quel fut mon étonnement quand son visage, sur lequel je pensois trouver la même expression, vint à se composer graduellement dans je ne sais quel recueillement mystérieux, jusqu'à parvenir au plus imposant caractère de solennité! Je crus d'abord qu'elle méditoit un rôle pour une scène plus éminente que celle sur laquelle on lui avoit appris à exercer ses talents, et il en étoit bien quelque chose. Je voulus m'emparer de sa main avec la liberté familière que me permettoit une rencontre aussi favorable aux développements de la plus parfaite intimité ; mais elle me maintint à ma place d'un geste grave et doux à la fois, et elle prit enfin la parole dans des termes que je rapporterois volontiers, si je n'avois peur que vous n'eussiez déjà trouvé cette histoire trop longue.

— Je ne suis pas fâchée de me faire une idée du degré de dignité auquel peuvent s'élever, en pareille circonstance, les moyens oratoires de la commère de Polichinelle.

« — Je ne chercherai point à excuser, monsieur, dit Jeannette, la démarche qui m'a mise en quelque sorte à la discrétion de votre délicatesse et de votre vertu. L'estime que m'ont inspirée pour vous votre langage, vos lettres, et la réputation de vos nobles sentiments, peut seule la justifier à mes propres yeux. J'avois besoin depuis longtemps d'épancher mon triste cœur dans un cœur généreux, et je n'ai pas été maîtresse de résister à la confiance que j'ai placée dans le vôtre, du premier jour où je vous ai vu. Si je me suis trompée dans mes espérances, le sang d'où je sors me donnera heureusement assez de force pour que je n'hésite plus à me soumettre aux rigueurs de l'infortune qui me poursuit. »

— Je tressaillis de surprise et d'impatience, mais je n'interrompis point Jeannette.

— Et vous fîtes à merveille, Maxime ! Ceci promet, si je ne me trompe, des révélations d'un genre tout à fait nouveau.

Elle continua. — « Je ne suis point, monsieur, l'obscure et misérable créature que ma condition actuelle semble annoncer. Vous pouvez avoir entendu parler du brave comte de C..., officier supérieur des Cent-Suisses, assassiné en défendant la demeure de vos rois dans la fatale journée du 10 août 1792. Je suis sa fille unique et le dernier rejeton de son illustre famille. Mon père, atteint de six mortelles blessures, parvint à gagner notre maison dans la rue Saint-Florentin, qui est peu éloignée du château. Je n'avois que six ans alors, et il me reste une idée bien vague de cet horrible événement. Il eut à peine le temps et la force de demander à me voir, et de me confier, baignée de ses larmes et de son sang, aux soins d'un valet de chambre dont il croyoit la fidélité à toute épreuve, car je n'avois plus de mère. Quelques minutes après, il avoit cessé de vivre. — Permettez-moi d'achever, monsieur, car je n'ai pas tout dit. La fortune de mes parents, qui étoit toute réalisée en France, ne pouvoit échapper à la confiscation. Les foibles ressources que produisirent l'argent comptant et les bijoux de mon père furent bientôt épuisées. Ce fut alors que Siméon Balland (c'est le nom du valet de chambre) se trouva réduit à reprendre pour exister l'ignoble profession qu'il avoit pratiquée dans sa première jeunesse, et à me donner un honteux emploi dans son spectacle, pour se payer des frais de mon entretien. Enfant, je subis cette nécessité sans juger de sa bassesse et sans apprécier ses conséquences. Arrivée à l'âge de penser, je m'y soumis sans me plaindre, parce que je n'y voyois point de remède. Cependant je connoissois ma naissance, dont les titres ne sont pas détruits. Je savois qu'ils étoient déposés à Langres dans des mains que je crois sûres, et dont j'espère les retirer sans difficulté ; mais j'avois eu le bonheur de me faire une résolution conforme à la cruelle extrémité où j'étois réduite, et je ne m'en serois peut-être jamais départie, si mon indigne tyran, devenu veuf il y a deux ans, ne poussoit aujourd'hui mon courage aux derniers excès du désespoir, en m'imposant l'affreuse obligation d'accepter sa main et son nom. — Vous frémissez, monsieur, et je sens que je suis comprise. — Vous ne vous étonnerez donc pas de m'entendre jurer que rien ne peut me décider à reprendre une chaîne que je déteste, et, si vous m'aimez comme vous l'avez protesté tant de fois en termes si éloquents, le moment est venu de tenir les serments que vous m'avez fait ! Épouse, esclave ou pupille, je vous remets le sort de ma vie, et je vous abandonne ma destinée ainsi que mon cœur ! »

En achevant ces paroles, elle fit un mouvement pour tomber à mes genoux ; mais j'étois déjà aux siens.

— Brave Maxime ! je vous vois dans la position de Don Quichotte, quand il entreprit de ravir l'infante Mélisandre aux poursuites du farouche Marsille. Malheur aux marionnettes !

— Mademoiselle, m'écriai-je, dans la position respectueuse qui convenoit désormais à mes rapports avec elle, comptez que vous ne serez pas trompée dans la flatteuse espérance que vous avez fondée sur mon caractère et sur mes principes. Les droits que j'ai sur ce modeste appartement sont, grâce au ciel, un mystère pour la ville entière, et je me crois assuré qu'il vous soustraira aisément aux recherches de vos persécuteurs. A compter de ce jour, vous pouvez le regarder comme le vôtre ; je ne m'y présenterai moi-même qu'avec votre consentement, et si je ne réussis pas à le rendre digne de vous, je suis au moins garant qu'il ne vous y manquera rien de ce qui peut aider une femme jeune et sensible à supporter patiemment la solitude, pendant que je m'occuperai avec un zèle infatigable à vous faire rendre vos droits et votre liberté.

— Je serois curieuse, mon ami, de savoir si vous lui donnâtes des femmes?

— Je remplis en tout point, madame, les devoirs que me prescrivoit une hospitalité consciencieuse. — Je vous avouerai qu'en y réfléchissant, je fus passablement embarrassé de cette affaire, que je ne m'attendois pas à voir tourner au sérieux. Je n'avois pas pensé un moment à épouser Jeannette, et c'étoit peut-être le seul moyen de dénouer l'intrigue, depuis qu'elle s'étoit compliquée, en dépit de moi, d'une apparence de séduction et de rapt. Il faut que je sois bien disgracié de la Providence, dis-je d'abord, moi qui ai toujours eu la noblesse en guignon, pour m'être engagé à corps perdu dans une parentèle aristocratique, en choisissant ma maîtresse aux marionnettes. Qui diable auroit jamais pensé que le patriciat eût passé par là? Puisque Jeannette est comtesse, je vous demande à qui on osera maintenant se fier? — D'un autre côté, je venois de reconnoître en Jeannette des qualités de plus d'une espèce qui m'en rendoient plus amoureux que jamais. Ses beaux sentiments, qui se ressentoient merveilleusement de sa naissance, m'avoient pénétré aussi d'une profonde admiration; et j'étois d'ailleurs engagé par l'honneur, règle suprême de la conduite d'un homme bien né. Je craignois peu qu'on pénétrât le secret de sa retraite, où elle pouvoit tout au plus, comme je vous l'ai dit, recevoir par hasard la visite de quelques femmes d'assez bonne compagnie, naturellement fort compatissantes pour les peines de l'amour. C'étoient des cœurs éprouvés. Je me livrai donc sans réserve, suivant mon usage, à l'ivresse du bonheur présent, sans trop m'inquiéter de l'avenir, et le matin du cinquième jour je venois sans défiance m'informer du sommeil de Jeannette, quand je trouvai la porte ouverte et une femme de chambre gémissante, qui pleuroit sur sa belle maîtresse, brutalement enlevée par les estafiers de la police.

— Je m'y attendois. Les Mores étoient en campagne, et Marsille avoit dépisté Mélisandre.

— Ajoutez, s'il vous plait, baronne, qu'il venoit de dépister Galiféros. Un commissaire du quartier qui traquoit le ravisseur, et qui s'étoit flatté, avec assez de vraisemblance, de le prendre au gîte, me requit poliment de me rendre chez monsieur le maire, juge souverain de toutes les affaires de police occulte qui intéressent l'honneur des familles, l'inviolabilité des comédiennes de province, et le bon ordre moral des marionnettes. Le maire de ma bonne ville étoit alors un excellent et respectable vieillard dont vous pouvez vous souvenir; M. le baron D..., qui m'aimoit d'une façon toute paternelle, jusque dans les égarements où m'entrainoit souvent la fougue d'une jeunesse irréfléchie, me grondoit tout haut dans l'occasion, me pardonnoit tout bas en grondant, et se détournoit de temps en temps dans sa plus grande colère contre mes folies, pour rire sous cape de mes folies et de sa colère, car il joignoit à une âme parfaitement tolérante un tour d'esprit aimable et un peu facétieux. Près de lui étoit assis le Vaucanson de Wintertour, l'honorable maître Siméon Balland, qui avoit rétrogradé de vingt lieues sur son itinéraire pour venir demander justice, quand il s'étoit aperçu que sa jeune première, qui devoit le rejoindre en diligence, manquoit à l'appel de la troupe comique. Je fus ému, mais non troublé, parce que la pureté de mes intentions me rassuroit, et qu'à part quelques détails de peu d'importance dans la matière, qui échappoient du reste essentiellement aux investigations municipales, je pouvois prendre le ciel à témoin de mon innocence et m'envelopper de ma vertu. Je me sentois affermi d'ailleurs par la justice de la cause que je venois défendre. Ah! madame, il est bien doux de plaider pour la beauté, l'innocence et le malheur!

— *Quousque tandem, Catilina,* me dit d'abord M. le maire... — Mais, craignant probablement que ce magnifique modèle de l'exorde brusque ne fût trop pompeux pour la circonstance, il se reprit aussitôt. — C'est donc vous, continua-t-il d'un ton moins emphatique, mais aussi gravement burlesque, c'est vous qui, au mépris des excellents principes que vous avez reçus de l'éducation, portez l'insubordination, le désordre et le déshonneur peut-être parmi les sujets nomades de ce galant homme dont vos concitoyens ne conserveront le souvenir qu'avec délectation et reconnoissance? Il n'y a donc plus d'asile inviolable contre vos déportements, puisque la pudeur ne peut pas même y échapper dans la loge de Polichinelle! Il est difficile de prévoir d'après cela jusqu'à quels excès vous êtes capable de vous porter, et bien vous en prend, soit dit entre nous, de n'avoir pas vécu à temps pour souiller de pareilles profanations le collége des vestales et les fêtes de la bonne déesse; vous n'en auriez pas été quitte à si bon marché. Toutefois, dans l'impossibilité où je me trouve de vous morigéner autrement, ce que je laisse à faire, en désespoir de cause, au temps et à l'expérience, l'honnête et prudent Siméon que voici, voulant bien reprendre l'objet litigieux, sans le soumettre à une expertise que je n'aurois pas pu lui refuser, pour en constater les détériorations, avaries et déchets, il nous reste à régler l'indemnité dont vous lui êtes redevable, à raison de frais de voyage et de relâches forcés depuis que vous êtes en possession de l'actrice nécessaire qui représente à elle seule tout le personnel féminin de sa troupe. C'est à peu près à une centaine de francs que cela monteroit à son compte, et c'est sur cette réclamation que j'attends de vous une réponse, en vous prévenant qu'il ne me paroît pas possible de donner une meilleure tournure aux suites de votre escapade.

Je ne m'étois pas déconcerté un seul moment, et pendant qu'on auroit pu me croire occupé à formuler, à part moi, quelque acte de résipiscence, je méditois l'incursion la plus audacieuse sur le terrain de l'ennemi.

— Non, monsieur, m'écriai-je aussitôt que l'allocution du respectable magistrat fut terminée, je ne souscrirai point à l'indigne concession qui m'est proposée! Mon devoir est d'éclairer votre justice sur les manœuvres d'un grand coupable, et je me sens la force de le remplir. C'est moi, monsieur, qui viens demander à mon tour, au nom des mœurs publiques dont votre autorité tutélaire est la première sauvegarde, que l'infortunée Jeannette soit remise entre mes mains, parce que c'est à moi seul, comme son conseil et son fondé de pouvoir, d'en répondre devant les lois.

— Oh! oh! dit monsieur le maire, en voilà bien d'une autre! De pareilles procurations et de pareilles cautions, nous n'en manquerions pas, si on les tenoit pour valables en justice!

Maître Siméon ne dit rien. Il appuya ses deux mains sur ses genoux, comme un homme qui a besoin d'assurer son équilibre, et fixa sur moi des yeux ébahis.

— Il y a ici en effet, monsieur, continuai-je sans me troubler, des corps de délit qui impliquent le plus haut degré de criminalité, furt inique de personne, détention arbitraire, et supposition d'état; et le grand coupable que j'ai promis de vous désigner, c'est maître Siméon Balland de Wintertour, se disant mécanicien.

A ces mots, Siméon se releva de toute sa hauteur, croisa ses mains au-dessous de la ceinture, et regarda mélancoliquement le plafond. Jamais je n'avois vu une physionomie qui portât si naïvement empreint le type caractéristique d'un bon homme.

— Continuez, dit monsieur le maire.

J'avois assez profité de mes inutiles études pour posséder au moins quelques-uns des secrets du barreau, les apostrophes et les exclamations, les battologies de remplissage, les redondances verbeuses, les gestes démantibulés et les haut-le-corps spasmodiques des avocats en crédit. Je débitai donc tout ce que m'avoit raconté Jeannette avec de tels effluves d'éloquence, que je me crus assuré du gain de mon procès, et que je me sentis ému d'un reste de pitié en lançant au mécanicien un coup d'œil triomphateur. Il étoit retombé sur sa chaise avant ma péroraison, et, les mains appuyées sur les yeux en signe de confusion, il sembloit attendre en sanglotant que j'eusse fini de l'accabler.

— Vengeance impitoyable! il pleuroit amèrement!

— Il pleuroit, madame, il n'y a rien de plus certain. Amèrement, c'est une autre question. Vous avez peut-être appris dans vos excellentes lectures que les glandes lacrymales et les muscles zygomatiques appartiennent également au rire et au pleurer. Montaigne l'a remarqué quelque part.

— Je tremble maintenant qu'une si belle harangue n'ait pas répondu à vos espérances.

— Précisément comme le premier plaidoyer de Cicéron pour Milon. Siméon eut la parole à son tour, et, sans déployer, à mon exemple, les ressources de la rhétorique, dont je présume qu'il avoit fait une étude fort superficielle :

— Tout ceci seroit bel et bon, dit-il gaiement à monsieur le maire, s'il y avoit un mot de vrai dans l'histoire qu'on vient de vous débiter; mais ce sont des bourdes à faire pâmer de rire mes marionnettes. Je ne dis pas que monsieur soit capable de mentir, bien loin de là! mais c'est que notre Jeannette est une pièce qui en bailleroit à garder à de plus affinés qu'il ne paroît être, sauf le respect que je lui dois. Vertudieu, quelle espiègle! Oh! c'est une charmante enfant, et qui auroit fait son chemin si je n'y avois mis ordre! La probité avant tout. Le fait est qu'elle est fille légitime de mon pauvre frère Jude Balland, qui mourut il y a dix ans au pays, sans me laisser d'autre héritage que cette matoise. C'étoit deux ans après la malheureuse fin de monsieur le comte de C..., dont nous étions tous les deux domestiques, ainsi que ma belle-sœur Marion, mère de ma nièce Jeannette; car il aimoit notre famille, mais pas tout à fait au point de prendre la peine de faire nos enfants, d'autant mieux que cette bonne Marion, dont Dieu veuille avoir l'âme, étoit laide comme le péché, quoique bien digne femme au demeurant. Vous pouvez voir couramment toute la généalogie de l'histoire de Jeannette dans ces fameux papiers de Langres, que j'y ai repris avant-hier par précaution.

Le maire les étala sur son bureau.

— Comment ces papiers se trouvoient-ils à Langres, et par quel hasard sont-ils tombés entre vos mains? repris-je plus modestement, car mes convictions s'ébranloient de plus en plus à chacune de ses paroles.

— C'est tout simple, dit Balland. Je les y avois expédiés pour le prochain mariage de Jeannette, et son futur me les a rendus, quand il a vu qu'elle ne venoit pas. Je me doutois bien qu'ils me serviroient à quelque chose.

— Ce n'est donc pas vous qui deviez l'épouser?...

— Épouser ma nièce, monsieur! Le ciel veuille m'en préserver! Elle a trop d'esprit pour moi; mais elle étoit sur le point de faire un superbe établissement.

— Un superbe établissement!

— Sans doute. Elle alloit passer en secondes noces, car, afin que vous le sachiez, elle est veuve de mon trompette, qui étoit un joli sujet! Elle étoit sur le point, comme je vous le disois, d'épouser un artiste de la plus haute volée, qui joignoit sa troupe à la mienne. C'est une affaire d'or; on n'a jamais vu personne qui approchât de celui-là pour le saut du cerceau, la danse aux paniers et la voltige; un gaillard qui descendroit de la *Iungfrau* sur un fil de fer. Il n'est pas que vous n'ayez entendu parler de l'INCOMPARABLE PÉRUVIEN! nous sommes nés porte à porte.

— Malédiction! Que la foudre écrase les marionnettes et l'incomparable Péruvien!

— Il ne faut pas que monsieur s'afflige, reprit Siméon en patelinant. Les affaires ne sont pas bien avancées, et il m'est avis, entre nous, que l'incomparable Péruvien ne s'en soucie guère. Si monsieur persistoit dans ses bonnes intentions pour Jeannette, ce seroit une grande satisfaction à la famille. Il est vrai qu'elle n'est pas comtesse; mais les Balland sont honnêtes!

— Pensez-vous, maître Siméon, me faire jouer ici une scène de Polichinelle?

— Non, mon ami, répondit le maire en se penchant à mon oreille avec un sourire d'ironie d'ailleurs affable et caressant; — ce n'est pas une scène de Polichinelle, continua-t-il à basse voix en me tendant les papiers qu'il venoit de parcourir, et que je repoussois doucement de la main; — c'est, Dieu me pardonne, une scène...

— De Gilles, n'est-il pas vrai?

Il n'ajouta pas un mot. — Je tirai cent francs de ma bourse, je les déposai devant lui, j'enfonçai mon chapeau sur mes yeux, et je m'esquivai sans regarder derrière moi.

C'est là que finissoit naturellement mon histoire.

— Pensez-vous que cette anecdote transpira dans le public? me demanda la baronne après un moment de silence.

— Comment, madame! si elle transpira! On en fit une comédie pour les marionnettes, et, comme la pièce n'étoit pas mauvaise dans son genre, je crois qu'elle est devenue classique; de sorte que je n'ai jamais osé mettre le pied chez Séraphin, dans la crainte où j'étois de l'y voir représenter.

— Déplorable ami! Subir tant de tribulations pour plaire à une nymphe de Paris qui devient un laideron en Champagne, et pour faire un Ménélas de l'incomparable Péruvien!

— Le premier projet qui me passa dans l'esprit fut d'aller me jeter à la rivière avec une pierre au cou.

— C'étoit une résolution extrême. Ne m'avez-vous pas dit qu'on se proposoit de vous marier! — Et à propos, pourquoi ne me parlez-vous pas de votre future?

— Ma foi, baronne, je n'y pensois plus.

— Tant pis! Vous étiez dans les meilleures dispositions du monde pour l'affaire dont il est question. C'étoit autant de gagné sur l'avenir. Il y a des gens sans prévoyance qui ne s'avisent de cela que le lendemain.

— Quand mon père se fut aperçu que ma douleur commençoit à se calmer, et que je me montrois dans les rues de grand jour et le front haut, il fallut me résoudre à faire une visite à la famille d'Henriette. C'étoit le nom de la jeune personne. Comme je passois pour attendre encore une fortune assez sortable, et que les grands parents avoient compté sans le digne Salomon, sage intendant de mes menus plaisirs et de mes dépenses secrètes, je fus parfaitement accueilli. Après quelques moments d'oiseux propos, entra Henriette. Elle étoit jolie. Je ne vous parlerai pas de sa tournure. Vous avez vu plus d'une jeune fille à sa sortie de pension. Elles se ressemblent toutes. Sa mère fit, pendant quelque temps, d'inutiles efforts pour contraindre sa tête gracieuse et modeste à se soulever verticalement sur la perpendiculaire inflexible de son corps, qu'elle surplomboit d'une manière effrayante. Cependant la curiosité s'en mêla, et, lorsque Henriette se fut suffisamment exercée à pousser une reconnoissance aventureuse sur le parquet jusqu'à la pointe de mes escarpins (on ne faisoit pas encore de visites en bottes), elle gagna peu à peu du terrain en hauteur, et finit par me regarder presque horizontalement. Je n'ose dissimuler que je comptois beaucoup sur cette impression, qui m'a toujours été si singulièrement favorable, mais je n'étois pas assez vain pour craindre que les résultats en devinssent funestes à une femme qui me voyoit pour la première fois. Cependant la contrainte indéfinissable et convulsive qu'exprimoit sa physionomie me donna une sérieuse inquiétude quand je vis qu'elle étoit obligée de s'enfuir dans sa chambre pour me cacher le désordre où cette entrevue avoit jeté ses esprits.

— On n'a jamais entendu parler d'un effet de sympathie aussi subit !

— Ne vous y trompez pas, Eugénie ! La sympathie n'étoit pour rien là dedans. L'innocente Henriette avoit entendu raconter mes aventures, et tous les souvenirs de mes lamentables amours venoient de lui apparoître à la fois. A peine la porte fut retombée sur elle, qu'elle se mit à son aise et qu'elle éclata sans façon.

— Pauvre petite! il en étoit temps! elle seroit morte à la peine!

— Sa mère m'affirma que ces crises de folle joie auxquelles elle étoit sujette ne la possédoient pas longtemps; mais je ne me trouvois pas la moindre envie de savoir positivement à quoi m'en tenir sur leur durée, et je m'évadai comme j'en avois l'habitude en pareille circonstance. — Je vous demande pardon si je me suis répété souvent dans cette circonstance de mon récit. C'est un des inconvénients du sujet.

— Vous n'épousâtes donc pas?

— Non, vraiment!

— Pas si ridicule! Supposez que nous venons de jouer un proverbe.

— Et lequel encore?

— A QUELQUE CHOSE MALHEUR EST BON.

FIN DES SOUVENIRS DE JEUNESSE

MADEMOISELLE DE MARSAN

PREMIER ÉPISODE

LES CARBONARI[1]

Le vif intérêt que je prenois aux nobles résistances des peuples contre les envahissements de Napoléon, et qui m'avoit conduit à Venise à la fin de 1808, ne me faisoit point oublier que j'étois François, et que la terrible conflagration à laquelle une partie de l'Europe se préparoit alors

---

[1] La vive imagination de Nodier était comme attirée par les mystères des sociétés secrètes, et il y revient souvent dans ses livres. On peut rapprocher, ne fût-ce que par curiosité littéraire, les *Carbonari* et le *Tungend-Bund* de *Mademoiselle de Marsan*, des morceaux suivants qui se trouvent dans les *Souvenirs, épisodes et portraits de la Révolution et de l'Empire*, à savoir : — les *Compagnies de Jéhu*, — les *Maçons et les Carbonari*, — les *Philadelphes, histoire des sociétés secrètes dans l'armée*, — les *Sociétés secrètes du Tyrol et de l'Italie sous l'Empire*. Nous ajouterons que si Nodier s'est fait l'historien ou même le romancier des associations politiques les plus célèbres de notre époque, il s'est plu également, comme simple éditeur, à reproduire la *Conjuration de Fiesque* dans la « Collection des petits classiques françois, dédiée à madame la duchesse de Berry. » Et de plus il a annoté, avec M. Laurentie, les *Trois Conjurations*. (*Note de l'Éditeur.*)

coûteroit du sang à mes compatriotes. En admirant la ligue armée qui se formoit dans le silence au nord de l'Italie, je m'étois promis de n'y prendre aucune part active, et je ne pensois le plus souvent qu'à poursuivre mes explorations de voyageur naturaliste sur les longues grèves de l'Illyrie, dans des contrées à peine connues des savants et des poëtes. C'étoit, avec le besoin de me dérober enfin aux poursuites obstinées de la police impériale, moins vigilante et moins rigoureuse dans les pays conquis que sous les yeux de son maitre, le seul objet de ma récente émigration. Je ne pouvois cependant m'arracher de Venise, et on comprendra aisément pourquoi : j'étois encore une fois amoureux, quoique Amélie n'eût pas cessé d'être présente à ma mémoire depuis le jour qui nous avoit séparés à jamais. Il y a des mystères incompatibles en apparence dans le cœur de l'homme.

Parmi les anciens émigrés qui m'avoient accueilli avec bienveillance, en considération de ma qualité de François, de mes opinions et de mes malheurs, il en étoit un qui m'inspiroit le plus profond sentiment de respect et d'affection, et je puis le nommer sans inconvénient, contre mon habitude, sa famille, entièrement étrangère à celle qui porte encore le même nom, étant depuis longtemps éteinte, à l'exception d'une personne qui ne me lira jamais, et qui n'entendra plus parler de moi. C'étoit M. de Marsan.

M. de Marsan, dont quelques vieux courtisans se souviennent peut-être, avoit été un des plus brillants officiers de la maison militaire de Louis XVI. Sa belle figure, ses belles manières, son esprit, son courage, l'avoient fait remarquer dans un temps et dans une cour où ces heureuses recommandations personnelles n'étoient pas fort rares. Il leur dut un avancement rapide qui n'excita aucune réclamation, et un établissement considérable que tout le monde approuva. Sa fille, née en 1788, fut tenue sur les fonts de baptême, au nom de la reine de France, par celle des amies de cette auguste et infortunée souveraine qui jouissoit du crédit le mieux affermi à Versailles. La fille de M. de Marsan s'appeloit Diane.

M. de Marsan, cassé d'ailleurs par les fatigues de la guerre, étoit vieux en 1808; il s'étoit marié à trente-cinq ans, et avoit perdu trois enfants avant que le ciel lui accordât la fille unique dans laquelle s'étoient enfin concentrées toutes ses affections. Madame de Marsan, attachée au service de Mesdames, sœurs du roi, avoit peu survécu à leur établissement à Trieste. Elle les précéda au tombeau.

Le vieil émigré retiroit au moins quelque profit de ses longues infortunes : il étoit devenu philosophe. Assez riche à son gré d'une aisance modeste, sagement préservée par des précautions prises à propos de la catastrophe universelle, il passoit paisiblement le reste de sa vie entre d'agréables études et des distractions sédentaires. Le goût de l'histoire naturelle nous avoit subitement rapprochés [1], et j'étois fidèle à son piquet de chaque soir. Aussi sa prédilection pour moi, entre tous les jeunes gens dont il aimoit l'entretien, avoit pris en peu de temps quelque chose de paternel dont Diane auroit eu le droit d'être jalouse. Je ne

---

[1] Nodier a déjà parlé à diverses reprises, dans ce volume, de son goût pour l'histoire naturelle. C'est que dans sa jeunesse ce goût avait été très-vif en lui; et, s'il abandonna complètement les sciences pour la littérature, il garda toujours de ses premières études un souvenir attendri, parce qu'elles lui rappelaient de douces émotions et son premier succès. On sait en effet qu'il débuta, en 1798, par un mémoire intitulé : *Dissertation sur l'usage des antennes dans les insectes, et sur l'organe de l'ouïe dans ces mêmes animaux*. Besançon, an VII, in-4°, tiré à 50 exemplaires. « Ce mémoire, dit M. Mérimée, eut assez de succès pour trouver dans la suite de doctes usurpateurs; Nodier fut contraint de réclamer la priorité de sa découverte, et d'en donner des preuves irrécusables. » Nodier a publié en outre : *Bibliographie entomologique, ou catalogue raisonné des ouvrages relatifs à l'entomologie et aux insectes, avec des notes critiques et l'exposition des méthodes*. Paris. Montardier, an IX, 1 vol. pet. in-8° de 64 pag. — On peut voir, aux *Souvenirs de la Révolution*, dans le chapitre consacré à Pichegru, t. I, p 60, ce qu'il dit de la collection des papillons du ministre de Vindenheim, qui l'initia aux premières révélations de la science.

(*Note de l'Éditeur.*)

me suis jamais aperçu qu'il attachât beaucoup d'importance à cette vanité, réellement assez puérile, qu'on appelle le préjugé de la noblesse, et cependant je suis bien convaincu qu'il regrettoit quelquefois que je ne fusse pas noble, au point de faire sur lui-même un certain effort pour l'oublier.

— A vous, monsieur le chevalier, me disoit-il un jour en me donnant des cartes.

Et je ne sais dans quelle crypte de mes souvenirs, close depuis vingt ans, je vais retrouver cette historiette frivole.

— Je ne suis pas chevalier, m'écriai-je en riant, avant de les avoir déployées.

— Sur ma foi de chrétien, reprit M. de Marsan, les gentilshommes de ma maison en ont armé plus d'un qui étoit moins digne de cet honneur.

— Je suppose, répondis-je en me levant pour aller à lui, que ce n'étoit pas sans leur donner l'accolade!

Et je l'embrassai de grand cœur, car j'ai toujours attaché un prix extrême à l'affection des vieillards.

Il falloit pourtant lui passer un entêtement violent et passionné sur une question qui revenoit souvent dans les conversations de ce temps-là. Le nom seul de révolution lui causoit une révolution véritable, et, quoiqu'il regardât le prochain rétablissement des Bourbons sur le trône de leurs pères comme un événement infaillible, il s'étoit promis de ne jamais retourner à Paris, dont toutes les pierres lui sembloient baignées encore dans le sang des proscriptions. Cette antipathie contre tous les mouvements politiques du même genre n'épargnoit pas les conspirateurs de son propre parti, et, dans sa résignation aux décrets équitables et assurés de la Providence, il blâmoit amèrement les insensés qui cherchent à en précipiter l'accomplissement, sans égard aux sages temporisations de la prudence de Dieu. L'idée dont je parle se manifestoit si vite et si fréquemment dans ses discours, qu'elle m'avoit détourné de bonne heure de lui communiquer tous les secrets de ma turbulente jeunesse, et bien plus encore les rapports que j'avois noués, à mon arrivée à Venise, avec les *Carbonari* et les émissaires de la *Tungend-Bund,* dont le nom ne lui inspiroit pas moins d'horreur que celui des jacobins. Il faut convenir, au reste, que je commençois à me sentir quelque tendance pour son opinion, avant même de la connoître, et que je n'étois plus guère retenu dans le périlleux réseau des sociétés secrètes que par l'impossibilité de le rompre sans violence. J'avois vingt-six ans, éprouvés par des adversités presque sans exemple à mon âge, et le goût des occupations douces et des loisirs studieux me rappeloit incessamment à un autre genre de vie que je n'aurois jamais dû quitter ; mais il arrivoit de temps en temps aussi que mes passions orageuses reprenoient le dessus, et me replongeoient dans un nouveau chaos d'agitations et de misères dont mon cœur ne pouvoit se délivrer qu'en s'attachant fermement à l'espérance de quelque bonheur durable.

C'étoit ce bonheur que mon imagination insensée s'obstinoit à chercher dans l'amour.

Diana de Marsan avoit vingt ans, et ne paroissoit pas moins, car son teint, vif et brillant d'ailleurs, mais un peu hâlé, comme l'est en général celui des Vénitiennes, manquoit de cette fraîcheur qui est à la peau d'une femme ce qu'est aux fruits recueillis sur l'arbre le duvet fugitif qui les colore. Sa taille, grande et assez robuste, donnoit à son aspect quelque chose d'imposant, que relevoit encore l'expression ordinaire de sa physionomie. On ne savoit ce qui l'emportoit dans son regard triste et fier, dans le frémissement inquiet et hautain de ses sourcils, dans le mouvement méprisant et amer de sa bouche, de l'habitude d'un chagrin caché ou d'un désabusement dédaigneux. C'est ainsi que la statuaire antique a représenté cette Diane vraiment divine, que le ciseau du sculpteur a faite la digne sœur d'Apollon, comme la mythologie ; et cette impression ne m'étoit pas toute personnelle auprès de Diana, car le plus accrédité des poëtes de l'époque lui reprochoit, à la fin d'un de ses sonnets, d'être formée d'un marbre aussi froid que celui de Velletri. Diana étoit d'ailleurs, de l'aveu de tout le monde, la plus belle des jeunes filles de Venise.

Le cœur de l'homme, et surtout celui des amants, s'irrite par les difficultés. J'aimai Diana avec d'autant plus d'ardeur peut-être que tout me disoit en elle qu'elle ne vouloit pas m'aimer. Quant aux suites de ce sentiment, elles n'avoient rien qui fût capable de m'effrayer. La fortune de Diana étoit trop médiocre pour tenter des prétendants redoutables, et la condition d'un vieux gentilhomme françois exilé au bord des lagunes ne promettoit pas plus de chances à l'ambition d'un gendre qu'à sa cupidité. Ma position à venir devoit, au contraire, s'agrandir, selon toute apparence, par le triomphe de mon parti, dont M. de Marsan ne doutoit pas. J'avois tant hasardé, j'avois tant souffert, et les rois heureux sont si reconnoissants!

Diana ne se méprit pas sur la passion qu'elle m'inspiroit; les femmes ne s'y méprennent jamais. Je ne m'aperçus cependant de sa découverte qu'au rembrunissement sinistre de son regard et à la mesure de plus en plus sévère qu'elle gardoit envers moi dans ses paroles. Je me serois expliqué cette rigueur toujours croissante de procédés par la différence de nos conditions, car je savois déjà ce que c'est que l'orgueil de la noblesse, et comment il peut affecter les formes de la haine, si Diana eût été informée de cette circonstance; mais j'ai déjà dit que M. de Marsan tenoit avec opiniâtreté à m'anoblir, et, depuis le jour mémorable où j'avois reçu de lui l'ordre de chevalerie, d'un côté à l'autre d'une table de jeu, le titre de chevalier s'étoit tellement identifié avec le nom honorable, mais obscur, que j'ai reçu de mes ancêtres, que les Chérin et les d'Hozier n'auroient osé me le contester. Il suffit de connoître le génie hyperbolique des Vénitiens, surtout dans la classe du peuple, pour être sûr d'avance que la politesse des domestiques ne s'étoit pas arrêtée à si peu de chose. J'étois comte au moins à l'antichambre, et comte illustrissime, si je n'étois que tout juste aussi bon gentilhomme qu'il le falloit au salon. J'avois fini par n'y prendre plus garde, et je subissois sans façon une métamorphose qui humilioit un peu ma franchise et ma modestie, pour ne pas blesser la vanité capricieuse, mais innocente, d'un grand seigneur, dans lequel j'avois trouvé un ami.

Je m'étois bien promis de commencer avec Diana par cette explication, quand elle m'auroit donné le moindre signe de condescendance à mes sentiments ; mais elle m'en épargna l'embarras. Sa froideur passa rapidement jusqu'à la rudesse, son indifférence jusqu'au dédain. Au bout de quelques jours il n'y eut plus moyen de s'y tromper, et un homme plus convaincu que je ne le fus jamais de son ascendant sur le cœur des femmes n'auroit pas hésité à renoncer comme moi à des prétentions sans espérances. Quelques jeunes gens de Venise, mieux fondés dans leurs démarches, m'avoient déjà montré d'ailleurs l'exemple de ce sacrifice.

Je ne boudai pas. Il ne m'auroit manqué que cela pour être complétement ridicule. Je ne pleurai pas non plus. On ne pleure que lorsqu'il faut perdre l'espoir d'être uni à la femme dont on est aimé. Je m'indignai, je me révoltai contre moi-même, je me rongeai les poings de colère ; je prétextai des indispositions, des occupations, des voyages, pour expliquer la rareté de mes visites; je jouai gros jeu, je me battis en duel, et puis je me rejetai avec frénésie dans les complots téméraires dont j'avois cru un mois plus tôt me séparer à jamais. Je me réjouis de l'idée de mourir d'une manière tragique et glorieuse, pour qu'elle eût honte de m'avoir méprisé. Je me berçai dans cette fantaisie furieuse de conspirations, de proscriptions et de supplices, comme dans un rêve d'amour et de volupté. En un mot, je redevins fou.

Nos assemblées se tenoient aux environs du Rialto, dans l'appartement le plus délabré d'un vieux palais qui étoit lui-

18.

même abandonné depuis longtemps, et dont je ne désignerai pas le propriétaire, que sa haute position actuelle dans une cour d'Allemagne a probablement désabusé de nos folles théories populaires. Il n'y paroissoit point, mais il en avoit laissé la disposition à un de nos chefs, en se retirant dans la campagne de Venise, et peut-être un peu plus loin du danger. Il est presque inutile de dire de quelle espèce d'hommes se composoient ces réunions clandestines. On peut le deviner sans avoir une grande habitude des trames politiques, et même sans être livré à une étude approfondie de l'histoire. Cinq ou six jeunes gens sensibles et généreux, mais aigris par les malheurs de l'humanité et par les excès des tyrans, y tenoient tout au plus une place imperceptible, et, peu à peu détrompés comme moi, ils l'occupoient de jour en jour plus rarement; le reste, c'étoit ce qu'est partout la foule des ennemis de l'ordre établi, quel qu'il soit; une cohue d'ambitieux sans talents dont les prétentions s'accroissent et s'irritent en raison de leur nullité; des hommes perdus de dettes, de mœurs et de réputation, vils rebuts du pharaon et de la débauche; et quelques misérables cent fois plus vils encore, qui n'attendent que l'occasion de vendre au premier pouvoir venu la liste de leurs complices ou de leurs victimes, au prix d'un or infâme et d'une ignominieuse impunité. Ce jugement est celui que je commençois à en porter dès lors, mais il étoit moins général, et surtout moins arrêté dans mon esprit. Il faut avoir revu cela partout pendant le cours d'une trop longue vie pour être arrivé à y croire.

On conviendra que mon ambition de mort n'étoit pas tout à fait aussi vainement présomptueuse dans une pareille assemblée que mes projets d'amour auprès de Diana. J'avois des chances, et peu d'hommes, en vérité, auroient consenti à les courir à ma place; car le succès, presque étranger aux destinées de mon pays et à la mienne, ne devoit pas même me procurer la foible satisfaction que nous donne un coup de partie dans la main d'un inconnu au jeu duquel nous

nous sommes intéressés par hasard. Dans le cas contraire, c'étoit différent ; le bourreau emportoit mon enjeu. Cette prodigalité insensée de la vie est l'effet d'une passion sans nom, qui ne peut se faire comprendre que de ceux qui l'ont éprouvée, et il n'y a pas de mal.

Les associations de l'espèce de la nôtre marchoient à découvert dans tous les pays où Napoléon n'avoit pas daigné laisser en passant son administration et ses soldats. Elles y agissoient avec liberté, non publiquement avouées par les cabinets, qui n'avoient pas ce courage, mais flattées, enhardies et protégées sous main avec plus d'astuce que d'habileté, moyennant une certaine réserve mentale dont il seroit à souhaiter que le secret fût connu de tous les hommes sincères et dévoués qui engagent leur vie à la défense des couronnes, c'est-à-dire sauf l'intention lâchement préméditée de les sacrifier au besoin à une combinaison de paix. Cette organisation, cependant, auroit été incomplète si elle n'avoit pas pénétré jusqu'au cœur des États déjà soumis au grand empereur par les victoires et les traités, et il n'étoit pas une ville où l'on ne trouvât les éléments nécessaires à son développement. Tel étoit le but de ces audacieuses propagandes de la liberté européenne qui soulevoient çà et là des barrières d'hommes contre l'oppresseur du monde ; postes aventureux d'éclaireurs jetés au-devant de la sainte coalition des peuples dans le camp de l'ennemi, et qui auroient été si puissants s'ils avoient été plus purs. J'abuse jusqu'à un certain point des privilèges du conteur en introduisant cette page d'histoire dans un petit écrit dont la forme n'annonce qu'un roman, mais elle ne sera comptée que pour une page de roman par quiconque n'a pas vu l'histoire de près ; et de tous les jugements qu'on en peut porter, c'est celui qui m'inquiète le moins.

Le but primitif du *carbonarisme* de ce temps-là, qui n'avoit rien de commun avec celui dont nous voyons aujourd'hui se manifester l'œuvre informe, comme ces monstres gigantesques et hideux qui jaillirent du chaos dans les premières journées de la création, étoit donc certainement le plus noble qu'une conspiration pût se proposer. Il n'avoit pour objet que la pieuse fédération des patriotes de tous les pays contre les progrès d'un insatiable despotisme qui aspiroit sans déguisement à la monarchie universelle, et cadastroit l'Europe en préfectures pour la donner à ses capitaines. Cette pensée magnanime avoit remué profondément les esprits partout où l'indépendance et le bonheur de la terre natale étoient encore tenus pour quelque chose, mais plus particulièrement l'Italie et l'Allemagne. Je ne parle pas de la vertueuse et chrétienne Pologne, que l'ascendant d'une déplorable fortune avoit donnée pour auxiliaire au conquérant, et qu'une irrésistible fatalité de position réduisoit au choix d'un tyran.

Le mouvement imprimé à la pensée des peuples par ces graves questions en avoit soulevé d'autres. A force de s'occuper des garanties de l'équilibre universel, on exhumoit tous les jours quelques débris des libertés anciennes que les usurpations progressives du pouvoir détruisent lentement, et qui sont une propriété imprescriptible pour les nations. L'occasion étoit belle pour les réclamer; et c'est alors qu'arriva ce qui n'étoit jamais arrivé au monde, et ce qui n'arrivera peut-être plus : une stipulation amiable, solennellement promise entre les populations et les rois, jurée dans les palais, gardée dans les chaumières, et dont les termes synallagmatiques étoient, d'une part : *Résistance unanime aux armées de Napoléon;* et, de l'autre : *Franche et entière reconnoissance des droits politiques anciennement écrits dans tous les États de l'alliance.* Il est possible que ce contrat ne se retrouve pas dans les documents officiels de la diplomatie, et je ne vois pas que l'histoire en ait beaucoup parlé jusqu'ici; mais l'histoire ne sait rien en France, et ne dit ailleurs que ce qu'on lui fait dire, quand on lui permet de parler. Cette combinaison accidentelle d'intérêts si cruellement trahis par l'événement fut, du reste, beaucoup trop passagère pour être saisie dans tous ses détails par les observateurs les plus soudains et les plus avantageusement placés.

On comprend qu'elle avoit donné une grande importance à la position des sociétés secrètes, devenues, pour la première fois, dans le vieux système européen, une autorité légitime, et qui n'aspiroient pas encore à remplacer toutes les autorités légitimes pour essayer de la tyrannie à leur tour.

Elles n'en profitèrent pas alors. La diffusion des égoïsmes, des ambitions et des vanités se fait sentir trop vite pour cela dans ces tristes conciliabules, empreints de tous les vices de la société mère dont ils se séparent. Deux mois ne s'étoient pas écoulés que l'unité première étoit brisée en quatre ou cinq fractions dans la *vendita* suprême et dans toutes celles qui en dépendoient. L'une avoit pris les termes du traité dans une acception si large, qu'elle n'entendoit faire servir la victoire qu'à l'émancipation absolue du peuple et au rétablissement de cette funeste démocratie dont Venise conservoit un sanglant souvenir. L'autre, qui ne pouvoit manquer de réunir la majorité en recrutant au moment décisif, par l'ascendant de l'intérêt, les hommes indécis et les hommes corrompus, avoit fait bon marché à l'Autriche, par un pacte secret, de ces libertés du pays si vainement réservées. Quelques-unes passoient pour entretenir des intelligences mystérieuses avec le gouvernement de Napoléon, et se ménager ainsi une transaction dorée en cas de défaite. Le parti le moins nombreux, mais certainement le plus énergique et le plus pur, n'avoit engagé sa coopération intrépide et sincère que sous la condition expresse de l'indépendance des États vénitiens et de la restauration de leur ancienne république. Il s'appuyoit au dehors sur l'imposante coalition des montagnards, et il avoit pour chef un de ces hommes résolus, à longues vues et à puissante exécution, dont le nom seul vaut tout un parti.

Ce chef s'appeloit Mario Cinci, surnommé le *Doge*, et c'est à ce parti que des sympathies particulières m'avoient rattaché.

Mario Cinci descendoit de cette malheureuse famille romaine dont le crime exécrable n'a cependant pas tari pour elle toutes les sources de la pitié, et qui a fourni l'exemple unique d'un supplice de parricides arrosé des larmes de la religion, de la justice et du peuple. Le frère cadet de Béatrice, banni à perpétuité des États de l'Église, s'étoit réfugié dans un vieux château des bords du Tagliamente, où la tradition rapporte qu'il mourut frappé de la foudre dans un âge assez avancé. Une fatalité vengeresse s'étoit appesantie depuis de génération en génération sur chacun de ses descendants, dont l'histoire chronologique compose une tragédie à plusieurs actes, comme celle des Pélopides. Le dernier étoit mort sur l'échafaud de la révolution italienne, et, de ce sang proscrit par les lois et par le ciel, il ne restoit sur la terre que Mario Cinci.

La jeunesse de Mario, commencée sous de si funèbres auspices et privée de tout appui dans la société des hommes, avoit été violente et redoutée; il sembloit même qu'aucun sentiment doux n'en eût tempéré les emportements, car la seule pensée d'être aimées de lui étoit un sujet de terreur pour les Vénitiennes, qui n'en parloient qu'avec un mouvement de frisson. Il ne paroissoit jamais dans les lieux publics; mais, lorsqu'il parcouroit une des rues étroites de la ville, ou seul, ou tout au plus accompagné de quelques amis presque aussi mystérieux que lui-même, les hommes les plus aguerris se retiroient de son passage, comme pour se dérober à l'influence de ses regards. Cependant, et ceci étoit propre à ce caractère étrange, ou à je ne sais quelle sombre impression d'effroi qu'il produisoit sans le savoir, on le craignoit sans le haïr, ainsi qu'on craint des lions; et il n'y a pas loin de ce sentiment à ces admirations exaltées qui deviennent quelquefois un culte. Personne ne pouvoit lui reprocher un acte injuste ou une cruauté réfléchie, et on en racontoit au contraire une multitude d'actions généreuses, mais exécutées sans tendresse et sans sympathie. Souvent il avoit sauvé des enfants de la mort en les retirant des flots, et jamais il ne les avoit embrassés.

Depuis l'âge de vingt ans, et il en avoit alors vingt-huit, sa fortune, épuisée en prodigalités aveugles et en dissipations bizarres et solitaires, l'avoit réduit à se retirer dans son triste château de la terre ferme, avec un seul domestique albanois qui n'avoit pas voulu le quitter. Dès lors il ne rentroit de temps en temps à Venise que depuis qu'on voyoit reprendre un nouvel aspect, au moins en espérance, aux affaires de l'Italie. On remarquoit qu'il y avoit passé jusqu'à deux mois de suite, mais on ne connoissoit pas sa demeure.

Quoique Mario Cinci fût le chef réel de la *vendita*, où son empire s'accroissoit même de son absence, je ne l'avois jamais vu, ni à la *vendita* ni ailleurs; mais je connoissois ces détails par la voix du peuple, qui est plus communicatif à Venise qu'en aucun autre pays.

En effet, Mario Cinci n'avoit pas débarqué aux environs de la *Piazetta*, que le peuple en étoit instruit de tous côtés, le peuple amoureux de l'extraordinaire et qui se prévient volontiers en faveur des caractères qui le dominent et qui l'épouvantent : et il s'élevoit alors dans les groupes du port et de la place Saint-Marc des conversations presque aussi étranges que l'homme qui en étoit l'objet.

— Que vient faire ici, disoit l'un, ce démon de malheur qui porte les calamités après lui partout où il se présente; et qui n'aborde à Venise que sous le vent de la tempête? Annonce-t-il quelque peste qui a éclaté en Orient, ou une nouvelle guerre sur la mer? Je croyois qu'il avoit été foudroyé dans sa tourelle au dernier orage, comme le bruit en a couru, car jamais un Cinci n'a échappé depuis trois cents ans aux fléaux du ciel, au poignard ou à l'échafaud!

— En vérité, reprenoit un autre, je n'en serois pas fâché, quoiqu'il m'ait fait plus de bien que de mal quand il en avoit le moyen, mais parce que je n'en aurois plus le souci, et qu'il faut bien que cela lui arrive tôt ou tard, puisque c'est sa malheureuse destinée. Dieu lui fasse miséricorde en l'autre monde!

— Eh quoi! s'écrioit un troisième qui paroissoit plus instruit, et autour duquel le groupe se resserroit pour mieux entendre, ne savez-vous pas encore ce qui l'amène? Tout enfant, le noble Mario ne pensoit qu'à ressusciter notre vieille république avec son indépendance et son commerce, et ses vaisseaux rois des mers et du monde, et sa foi abandonnée par les mécréants, et la bienheureuse assistance de saint Marc! Et comme il a plus de courage et de génie dans son petit doigt que tout le peuple d'Italie, c'est lui qui nous délivrera des Allemands et des François, et qui sera notre doge. Vous savez que je ne l'aime point, et je n'ai jamais entendu dire que Mario fût aimé de personne; mais j'atteste Dieu que Mario Cinci sera doge de Venise et rétablira sa prospérité!

Ces propos se répétoient tous les jours; et la populace, qui se tenoit avec soin éloignée de Mario, de crainte d'exciter sa colère, crioit à son retour : *Vive Mario Cinci! vive le doge de Venise!*

Voilà pourquoi on l'avoit surnommé le *Doge*, sans que le gouvernement en prît beaucoup d'inquiétude, car Mario ne passoit que pour un misanthrope atrabilaire qui méprisoit trop l'opinion pour consentir à lui devoir la moindre importance, et il est possible que ce jugement se trouvât vrai.

Le jour de ma rentrée à la *vendita*, l'assemblée étoit peu nombreuse, quoique la convocation, qui s'exécutoit par un moyen fort ingénieux et tout à fait impénétrable aux investigations de la police, eût été exprimée dans cette circonstance sous ses formules les plus rigoureuses. Je m'étonnai que tant de monde y eût manqué, et que tout le parti de Mario y fût cependant réuni, en présence de ses adversaires les plus implacables; mais je ne tardai pas à comprendre qu'on avoit écarté à dessein les indifférents, parce qu'il s'agissoit sans doute d'une lutte décisive dont nous pressentions depuis longtemps la nécessité. Il n'étoit en effet question dans nos débats ordinaires que des griefs imputés à

Mario par les hommes de l'association que nous avions le plus de motifs à mépriser, et que j'ai assez caractérisés tout à l'heure. Alors rien n'étoit oublié de ce qui pouvoit nous le faire regarder comme un ambitieux animé par des intérêts personnels, qui n'aspiroit à une nouvelle forme de gouvernement que pour rétablir l'éclat de sa maison et venger la mort de son père, et qui couvroit d'un égal dédain ses instruments et ses ennemis. Nous ne répondions d'habitude à ces déclamations que par le cri du peuple : *Vive Mario Cinci!* et nos discussions n'alloient pas plus loin. Ce qui ne s'expliquoit pas pour moi dans cette dernière occasion, c'étoit la confiance que le parti contraire pouvoit fonder dans ses forces contre ce groupe déterminé de jeunes enthousiastes dont l'héroïsme fanatique m'avoit seul soutenu dans la foi de nos entreprises. Il est probable que la même idée nous frappa tous à la fois, car, au même instant, tous nos poignards sortirent d'un tiers hors du fourreau; mais nous les laissâmes retomber en criant : *Vive Mario Cinci!* parce que nous étions en nombre presque égal avec ses accusateurs, que notre jeunesse, notre force et notre courage nous donnoient sur eux des avantages certains, et que notre opposition prononcée avec une énergie menaçante suffisoit pour rendre la délibération impossible.

— C'est Mario Cinci que vous voulez? répondit avec fureur le chef de l'accusation. Eh bien, vous aurez sa tête!

— Viens la prendre! dit une voix qui s'éleva au même instant à la porte d'entrée, pendant que l'homme qui prononçoit ces paroles se hâtoit de la refermer soigneusement et d'en retirer la clef pour la glisser dans les plis de sa ceinture.

— *Vive Mario Cinci!* répétèrent mes camarades; et nous nous pressâmes à ses côtés pour lui former un rempart si on osoit l'attaquer. Je le vis alors pour la première fois, mais je ne pourrois le peindre que bien imparfaitement pour ceux qui ne le connoissent pas, et surtout pour ceux qui l'ont connu. L'écrivain qui l'a représenté sous les traits d'un ange de lumière incarné avec toute sa beauté dans le corps d'un Titan a fait une phrase ambitieuse et rien de plus. Il y avoit en lui un autre type que je ne saurois exprimer, celui d'un dompteur de monstres des temps fabuleux, ou d'un géant paladin du moyen âge. Un moment je le crus coiffé, comme Hercule, de la crinière d'un lion noir; c'étoient ses cheveux.

Il parcourut lentement la salle en se balançant sur ses hanches avec une nonchalance sauvage, s'accouda sur la table des dignitaires en poussant un rire farouche, et répéta : — Viens la prendre ! — La voûte en retentit.

Il se retourna ensuite de notre côté, secoua la tête et croisa les bras.

— C'est que les victimaires ont tout amené, dit-il. Où sont préparées les guirlandes? Cela feroit certainement un sacrifice agréable à l'enfer, si les pourvoyeurs des démons en étoient où ils pensent! Donne-moi la main, cher Paolo. Bonjour, Annibal, mon Patrocle et mon Cassius! Tout à toi, Félice! à toi, Lucio, dignes et intrépides enfants! Courage, mon petit Pétrovich! ta moustache martiale s'épaissit; la poudre la noircira. Qui est celui-ci? continua-t-il en s'arrêtant d'un pas au devant de moi. Je dois le reconnoître à sa grande taille, presque aussi élevée que la mienne, ainsi qu'on me l'avoit dit. C'est le voyageur françois que notre ami Chasteller nous a si vivement recommandé. — Quel dessein vous proposez-vous, jeune homme, dans les événements qui se préparent?

— De vous servir contre toutes les tyrannies, et de mourir avec vous si vous êtes surpris avant l'accomplissement de votre vertueuse entreprise; mais je dois déclarer que je briserai mon épée sur le champ de bataille le jour où les François y seront.

— Bien, bien, reprit Mario en me regardant fixement. Le lien qui nous unit n'auroit pas été de longue durée, si vous m'aviez répondu d'une autre manière. Nous aviserons à vous rendre utile au salut des nations, sans vous commettre avec les gens de votre pays, qui ont d'ailleurs, en résultat, le même intérêt que nous à l'affranchissement général, puisque nous ne voulons pour tous que l'indépendance de tous, et pour nous que les vieilles libertés de Venise. Mais il faudroit quitter Venise, dont les dalles brûlantes couvrent un volcan sous vos pieds, et les François de votre âge ne passent pas quelques jours dans les murs d'une ville voluptueuse sans s'y livrer à quelques folles amours; car cette distraction de jeunes filles est votre plus grande affaire après la gloire et les conquêtes.

— Vous me jugez mal, seigneur Mario. Je n'aspire qu'à m'éloigner de Venise pour toujours, et j'en partirois demain si je le pouvois sans lâcheté, au milieu des dangers qui vous menacent.

— Est-il vrai?... répondit-il avec un mouvement de joie. Nous en reparlerons tout à l'heure; mais il faut d'abord que je vous rassure en imposant silence au bourdonnement de ces guêpes qui m'importunent sans m'effrayer, insectes chétifs dont le venin ne fait pas de mal quand on les écrase sur la blessure.

La tempête, que l'arrivée de Mario avoit un moment interrompue, venoit en effet de reprendre son cours, et il paroissoit jusque-là le seul qui ne s'en fût pas aperçu.

— Assez, cria-t-il, et qu'on se taise! Je me suis rendu à votre appel, parce que cela me convenoit ainsi; mais ce n'est pas aujourd'hui qu'on me juge. Il me reste auparavant quelque récusation à exercer, et c'est un droit dont je ne ferai usage qu'à la face des Vénitiens, au milieu de la place Saint-Marc.

— Le jour, répliqua le plus acharné de ses ennemis, où tu monteras sur le Bucentaure, et où tu jetteras ton anneau à la mer?

— Pourquoi pas, dit Mario, si j'étois le plus digne, et si c'est le vœu de Venise? Mais tu t'abuses sur mon ambition, Tadeo, comme sur mon imprévoyance! Je crains trop les rigueurs de ma justice pour l'exposer à l'épreuve du pouvoir dans une république habitée par des hommes tels que toi. Quant à épouser la mer, c'est une destinée trop illustre pour un Cinci. Le prophète de Ravenne a prédit que le dernier de tous mourroit au passage d'un torrent.

La rumeur s'étoit accrue aux extrémités de la salle, et nous nous mettions en défense contre une de ces attaques inopinées qui terminent à Venise toutes les altercations violentes, quand Mario éleva la voix encore une fois.

— Paix! de par Saint-Marc et son lion, si vous ne voulez nous forcer à vous imposer un silence qui ne sera plus troublé que par la trompette du jugement dernier! Je n'ai pas fini de parler! — En ma qualité de grand maître de toutes les *vendite* d'Italie, je dissous la *vendita* de Venise, je romps l'alliance de ses membres comme je romps la bûchette de coudrier taillée de biseau qui nous servoit de ralliement[1], et je vous interdis la communauté du toit et du pain, de l'eau et du sel de mes frères, comme à des apostats et à des parjures. — Que murmurez-vous de mes droits? J'use de ceux que nos règlements m'ont conférés pour l'occasion maudite où la majorité d'une *vendita* se trouveroit saisie en flagrant délit de trahison, et la preuve de vos trahisons est entre mes mains. La contesterez-vous?

Au même instant, Mario déploya devant eux un papier chargé du sceau de la *vendita*, et il poursuivit :

— Regarde, Tadeo, regarde à ce cadran, où l'aiguille va marquer la vingt-quatrième heure. C'est quand elle sonnera que nous devons être livrés ici aux soldats que tu as mandés, et qui t'apportent, en échange de notre sang, les vils deniers auxquels tu as taxé ta lâche perfidie. Ce sont les conventions écrites de ton marché de Judas!...

---

[1] Il est aisé de comprendre pourquoi je ne me suis servi d'aucun des mots consacrés du *carbonarisme*. Le petit instrument dont Mario parle ici est cependant si connu, que je l'aurois désigné par son nom, qui n'est pas un mystère, si ce nom ne m'avoit pas échappé, par une rencontre assez singulière, en italien, en allemand et en françois. Je ne sais si l'emblème dont ce signe est l'expression est connu dans le *carbonarisme* moderne, mais le signe lui-même ne s'y est peut-être pas conservé.

Ce marché, le voici en original. Le pacha du grand empereur n'en a que la copie, et les noms que tu signalois à nos tyrans y sont remplacés par ceux de ces deux lâches que je vois à tes côtés, et qui ont eu la bassesse d'y souscrire. J'ai eu pitié du reste de tes fauteurs ordinaires, qui s'éloignent déjà de toi en rougissant, et dont la complicité aveugle ne mérite pas d'autre sentiment. — Ne t'alarme pas, Tadeo! Tu n'as pas perdu les infâmes honneurs de cette négociation; elle porte ta signature, et ton accusation pourra conserver un certain crédit si tu parviens à m'arracher avec la vie une pièce tout aussi importante, l'acte par lequel tu t'es engagé, il y a trois mois, à faire massacrer les François dans Venise, au moment où la guerre éclatera. Cet autre marché d'assassin, le voici en original comme le dernier. Tu t'es étonné, n'est-il pas vrai, qu'une proposition si avantageuse restât sans réponse; mais c'est que tu ne savois pas qu'elle eût passé d'abord dans mes mains, et que je l'avois dérobée à tous les yeux, par respect pour ce titre de Vénitien, dont je m'enorgueillirois davantage si je n'avois pas le malheur de le partager avec toi. Il ne te reste donc pour témoin que ton honnête émissaire, le secrétaire fidèle de tes commandements, un homme de bien qui s'étoit fait courtier de délation et entremetteur de calomnies pour se dédommager de n'être plus bourreau, un des iniques bandits qui se travestissent en juges pour égorger le vieil André Cinci! Celui-là, tu pourras l'attester dans la vallée des morts, si les abîmes du golfe daignent te le rendre!

Tadeo avoit fait un mouvement de rage, mais il s'étoit contenu en se voyant abandonné.

— La vengeance que je prétends tirer de vous, continua Mario, ne sera pas proportionnée à votre crime. Tadeo sera cru sans doute sur la justification de ses complices, puisqu'on a pu croire Tadeo sur quelque chose; et personne ici n'est tenté de vous arracher à l'ennui d'une indigne et honteuse vie. Si mes bras se plongent encore dans le sang un jour de bataille, c'est parce qu'il sera noble et pur comme le mien, et qu'il ne les salira pas. Allez donc en paix, vivez, jouissez demain comme aujourd'hui de l'air et du soleil, et que le ciel fasse une large part dans sa miséricorde à ceux qui deviendront meilleurs.

En parlant ainsi, Mario fit rentrer la clef dans la serrure, ouvrit la porte, qu'ils franchirent en se précipitant les uns sur les autres, et, à leur grand étonnement sans doute, il la renferma sur eux. Minuit sonnoit. Nous n'avions pas fait un pas.

— Que dites-vous, amis, reprit Mario, de cette bande d'aventuriers écervelés qui s'imaginent follement que je les ai introduits dans ce vieux palais sans m'y ménager une sortie inconnue? Il appartenoit à mes pères; j'y suis né, et je ne m'occupois qu'à en étudier les détours pendant mes heures de récréation, à l'âge où les autres écoliers s'extasient devant les marionnettes de Girolamo, ou se disputent sur la grande place une tranche de *zucca*. Je l'ai perdu d'un coup de dé, s'il m'en souvient, mais je n'avois pas joué mon secret.

Il appuya sa main sur un ressort caché entre les refends de la boiserie gothique, et une porte invisible s'ouvrit.

L'impression que cette scène avoit produite en moi enchaînoit mes mouvements, comme un de ces rêves fantastiques dont le sommeil est quelquefois fasciné; et je cherchois dans mon esprit si ce n'étoit pas là l'occasion de mourir que j'avois désirée tant de fois. Soit résignation, soit stupeur, le bruit des coups de crosse qui ébranloient la porte un moment plus tard ne m'avoit pas fait sortir de la méditation où j'étois absorbé, quand Mario revint subitement sur ses pas, me saisit d'une main de fer, et m'entraîna après lui dans le passage qu'il referma de nouveau avec précaution. Je le suivis sans résistance à travers de longs corridors qu'éclairoit à peine devant nous la lampe de son domestique albanois. Nous descendîmes des marches d'escaliers tortueux, nous en remontâmes d'autres, nous parcourûmes des espaces plus larges et plus aérés, mais toujours couverts; nous suivîmes à plusieurs reprises des galeries autrefois somptueuses et encore chargées de noires dorures, mais depuis longtemps solitaires, et nous arrivâmes en quelques minutes de marche à une poterne basse comme un guichet, qui donnoit sur un canal. J'entendis encore au loin de l'un et de l'autre côté la rame de nos amis et le cri d'avertissement des gondoliers. Je montai sur la gondole de Mario, et, sur sa demande, je lui répondis à voix basse : A l'auberge de la Reine-d'Angleterre. C'étoit mon logement. Quand nous fûmes à l'instant de nous quitter, il se leva près de moi à la proue de la barque, et me prit les mains avec une émotion affectueuse qui m'étonnoit dans un homme de ce caractère, au moins selon l'idée que je m'en faisois jusqu'alors sur la foi de la multitude.

— Si vous ne changez pas de sentiments, dit-il, et que rien en effet ne vous retienne à Venise, où votre liberté et votre vie ne sont pas en sûreté, nous nous reverrons bientôt. Vous me trouverez avant deux mois, le propre jour de Sainte-Honorine, à la chapelle qui lui est consacrée dans l'église paroissiale de Codroïpo, quand le prêtre donnera la bénédiction de la première messe.

— Il ne me faut que vingt-quatre heures pour préparer mon départ, qui ne peut être trop rapproché au gré de mes souhaits, répondis-je, et, comme l'emploi de ces deux mois dépend tout à fait de ma volonté, je vous jure de me trouver fidèlement au jour, à l'heure et au lieu que vous désignez, pour y recevoir vos ordres suprêmes, si la mort ne porte empêchement à l'exécution de ma promesse.

— Je puis mourir aussi, reprit Mario avec une sorte de gaieté, mais cet accident n'annuleroit pas nos engagements. Prenez ce morceau de la bûchette de coudrier que j'ai rompu à la *vendita*, et suivez où elle le voudra, et quelle qu'elle soit, la personne qui vous présentera l'autre.

Ensuite il m'embrassa; je descendis sur le perron de

l'hôtel, et la gondole fila sur le canal comme une chauve-souris.

La lumière qui descendoit de mes croisées m'annonça que j'étois attendu dans ma chambre. J'y montai précipitamment, et j'éprouvai une surprise qui ne le cédoit à aucune de celles de ma journée, quand j'y trouvai M. de Marsan; non que cette heure avancée de la nuit fût indue à Venise, mais parce qu'il n'y avoit aucune raison pour qu'un homme de cet âge et de cette qualité me fît une pareille visite.

— Assieds-toi, me dit-il pendant que je balbutiois quelques mots, et prends le temps de me répondre d'une manière calme et posée. La démarche que je fais auprès de toi, Maxime, doit t'annoncer assez que j'ai besoin de ton attention; et, si tu rends justice à mon amitié, je pense avoir aussi quelques droits à ta sincérité. Je t'ai cru occupé ou absent, parce que j'ai l'habitude de te croire, et je sais cependant que tu n'as pas quitté Venise. Apprends-moi sans hésiter quels motifs t'ont éloigné de ma maison.

Je sentis que je me troublois; je penchai ma tête sur mes mains, et je ne répondis point.

— Ne crains-tu pas, continua-t-il, que j'interprète mal ton silence? On ne cache à l'amitié que des secrets honteux.

Je tressaillis. — Non, non, m'écriai-je, rien de honteux n'a flétri mon cœur! Mais il y a une autre pudeur que celle de la vertu, et l'aveu d'une témérité absurde que j'ai dérobée à tous les yeux, et que j'aurois voulu me dérober à moi-même, peut coûter un effort pénible à ma vanité. Vous l'exigez pourtant, continuai-je sans relever les yeux vers lui. Prenez du moins pitié des illusions d'un insensé! J'aimois Diana!

— Diana est assez belle pour être aimée, et il n'y a point de femme dont l'amour te soit interdit. Ta seule faute, Maxime, est d'avoir tenté d'intéresser son cœur dans ta passion sans que je fusse prévenu de tes vues. Mes rapports paternels avec toi demandoient peut-être plus de confiance, et je crois avoir assez fait pour m'en rendre digne. Cette distance qui nous sépare au jugement de la société, penses-tu que j'aie épargné quelque chose pour l'effacer?...

Dès le commencement de cette phrase, mon courage m'étoit revenu. J'osai regarder M. de Marsan.

— Intéresser son cœur sans vous prévenir de mes vues!... ah! cela pouvoit m'arriver auprès d'une jeune fille que le monde auroit regardée comme mon égale, avec une femme née pour moi, et dont la main seroit tombée dans la mienne à la joie de ses parents! Mais loin de moi la pensée d'émouvoir un cœur que la raison des convenances ou l'orgueil des rangs peut me refuser! Jamais ma bouche n'a inquiété Diana d'une déclaration, d'un aveu, d'un soupir, et, si elle se plaint des ennuis que lui a donnés mon amour, c'est qu'elle l'a deviné. A dire vrai, cela n'étoit peut-être pas difficile.

— Tu ne lui as pas dit que tu l'aimois? Tu ne sais pas si elle aime, et si c'est toi qu'elle aime! Oh! si elle t'aimoit!

— Écoute-moi cependant, car c'est à moi maintenant à te rendre franchise pour franchise, et je te dirai tout, comme tu m'as tout dit. N'insiste pas, j'en suis sûr! — Diana est mon seul enfant; je l'aime, comme mon seul enfant, de toute l'affection que le cœur d'un homme peut contenir, quoique son caractère noble et bienveillant, mais sombre et austère, m'ait procuré peu de ces douces joies dont le bonheur des pères se compose. Toute ma vie s'est passée, depuis sa naissance, à rêver pour elle un établissement honorable; et, malgré la médiocrité de ma fortune et l'abaissement passager de ma condition, il s'en est présenté un grand nombre qui auroient fait envie aux familles les plus illustres de l'Italie. Diana les a tous repoussés. Les qualités les plus brillantes, les vertus les plus signalées, les assiduités les plus tendres, ont échoué contre l'opiniâtreté de ce caprice farouche que je ne peux m'expliquer, et qui me condamne à voir mourir en elle les espérances de ma vieillesse. Il y a là dedans, je te l'avoue, un mystère qui m'épouvante et me confond.

— Permettez, mon père, dis-je, et pardonnez-moi de vous interroger à mon tour, car il le faut absolument pour que je parvienne à éclaircir vos doutes et à dissiper vos inquiétudes : êtes-vous bien sûr que sa tendresse n'appartient pas secrètement à un homme qui a eu des raisons de ne point se faire connoître, ou dont vous avez peut-être vous-même rebuté les prétentions?

— L'idée qui te frappe n'est pas tout à fait nouvelle à mon esprit, répondit M. de Marsan d'un air soucieux; mais la circonstance que tu supposes ne s'est présentée qu'une fois, et si j'ai cru devoir la dissimuler à Diana, c'étoit pour lui épargner un mouvement d'indignation et d'horreur qui auroit pu devenir fatal à son repos. Tu en jugeras par le nom seul de celui qui osoit prétendre...

— Je n'ai pas besoin de savoir son nom, et je sens au bouillonnement de mon sang que je ne l'apprendrois pas sans danger pour l'un de nous deux! Que diriez-vous cependant, mon noble ami, car le cœur des femmes est rempli d'énigmes impénétrables, que diriez-vous si l'indigne amant que vous avez rejeté avec tant de dédain étoit précisément celui qu'elle auroit choisi?

— Ce que je dirois! s'écria M. de Marsan en se levant de sa chaise avec emportement, je dirois : Fille indigne de moi, sois maudite à jamais, et que la colère et les vengeances de Dieu s'attachent à toi comme le vautour à sa proie ! que le reste de tes jours s'écoule dans la solitude et dans les remords! que le pain quotidien de tous les hommes se change en gravier sous tes dents!...

Il alloit continuer. J'imposai ma main sur sa bouche, et je le pressai contre moi de l'autre bras.

— Que le ciel, mon ami, intercepte cette horrible malédiction entre vous et Diana, et la fasse plutôt retomber sur ma tête, qui est dévouée dès l'enfance à toutes les épreuves et à toutes les misères. Mais il paroît que ma supposition étoit complètement dénuée de vraisemblance, et je regrette de l'avoir hasardée, puisqu'elle pouvoit développer en vous une si vive irritation. — Il ne me reste qu'à savoir, repris-je en souriant pour le distraire de plus en plus de son émotion, quelle part vous m'avez donnée à supporter dans vos chagrins domestiques, et ce qui a pu vous résoudre à exiger d'un cœur foible, mais sans reproche, l'aveu humiliant que je vous ai fait.

M. de Marsan se rassit. — Je croyois avoir remarqué que tu aimois Diana, et tu conviens que je ne me trompois pas. Je pensois qu'elle devoit t'aimer ; je le pense encore, peut-être parce que je le désire, et que mon propre bonheur est intéressé dans le tien. J'attribuois ses refus au sentiment que tu lui avois inspiré ; ton silence, je l'attribuois à une timidité délicate et défiante, et c'étoit ce vain obstacle que je me flattois de rompre d'un mot. Sois mon fils par le sang, t'aurois-je dit, comme tu l'es, ou peu s'en faut, par l'amitié que je te porte. Voilà tout ce que je voulois. Nos affaires ne me paroissent plus aussi avancées, mais je n'en désespère pas encore. Tu me parlois dans ta dernière lettre d'un projet arrêté de partir après-demain. Il n'y aura pas de mal, si je me trompe sur les dispositions de Diana, car tes peines s'aggraveroient de la déception de nos espérances ; et, d'un autre côté, la société où tu vis d'habitude, au moins depuis que tu t'es éloigné de moi, n'est pas bonne par le temps qui court pour un jeune homme déjà suspect au pouvoir. Viens donc dîner demain avec moi, avec Diana. Tu lui feras cet aveu que j'autorise, et duquel dépend notre avenir à tous trois. Qui sait si nous ne devons pas nous réveiller le jour suivant sous un soleil plus favorable que celui qui m'éclaire depuis quelques mois ?

— Hélas ! répondis-je, pendant qu'il prenoit mon bras pour regagner sa gondole, je n'augure pas tout à fait aussi favorablement que vous de cette démarche ; mais, si elle ne sert qu'à me convaincre de mon infortune, j'espère au moins inspirer assez d'estime et de confiance à mademoiselle de Marsan pour obtenir d'elle le secret qui vous touche, et voir se rétablir en vous quittant la tranquillité que vous avez perdue. Quant à ma propre destinée, il y a longtemps que je n'y fonde plus d'aussi douces espérances, et que d'autres épreuves m'ont accoutumé à la résignation. Mais, quel que soit mon sort, il ne changera rien à ma reconnoissance envers vous, et le titre de fils que vous m'avez donné, je le garde pour toujours.

 Je n'ai pas besoin de dire que cette nuit se passa dans d'étranges agitations; mais l'espérance eut si peu de part à mes rêves, que j'achevois d'arrêter au point du jour tous les arrangements de mon départ pour le jour suivant, et que j'employai la matinée à les régler avec le calme impassible d'un homme dont les résolutions n'ont plus de vicissitudes à subir. J'arrivai enfin chez M. de Marsan, où tout avoit un air de fête, car l'excellent vieillard ne voyoit dans cette solennité d'adieux que les approches d'un heureux évènement qui alloit me fixer à Venise, et l'assurance de son contentement crédule éclatoit dans ses regards de manière à m'enhardir à la fois et à me désespérer. Je cherchai ceux de Diana; ils n'avoient pas changé d'expression, et je me connoissois aux symptômes de l'amour, car j'avois été aimé. Il n'est pas nécessaire d'être bien des fois malheureux pour savoir lire dans le cœur d'une femme, et la plus habile ne m'auroit pas trompé sur ses impressions secrètes; mais l'antipathie ingénue de Diana avoit quelque chose de plus cruel, je ne sais quoi d'accablant et de froid qui me pesoit sur le sein comme du plomb. — On me plaça cependant auprès d'elle à table. Je frissonnai d'une émotion mêlée de crainte, et je ne la regardai plus.

 Les convives étoient nombreux. La conversation fut longtemps ce qu'elle est à Venise, ce qu'elle est partout, un frivole échange de nouvelles sans importance. Le vin de Chypre l'anima.

 — Qu'est-ce donc, dit un des *signori*, que cette nouvelle tentative qui a failli troubler hier la tranquillité de la ville? On dit que la garnison et les sbires ont été sur pied toute la nuit.

— Eh quoi ! répondit un autre, ne le savez-vous pas? Un complot d'aventuriers, pour la plupart étrangers, qui se proposoient d'égorger les François et de changer le gouvernement.

— En vérité, interrompit M. de Marsan, il n'y a qu'à les laisser faire; leur sagesse est éprouvée, et les nations ne peuvent pas choisir de plus dignes législateurs ! Cette ivresse des peuples durera-t-elle encore longtemps?

— Heureusement, reprit le second, cela est si misérable, qu'une poignée de soldats a suffi pour les disperser, et le bruit de leur conspiration ne parviendra peut-être pas à la Judecque.

— Mais que veulent-ils encore, les malheureux? Leur projet échoué ne pourroit-il pas servir de prétexte à quelque nouvelle persécution contre les serviteurs de la vieille dynastie françoise?

— Nullement! il ne s'agissoit que de Venise et de sa république. Savez-vous que, s'ils avoient réussi, nous vivrions aujourd'hui sous le gracieux gouvernement de Mario Cinci, doge de Venise?

— Mario Cinci ! dirent tous les assistants.

— Mario Cinci ! répéta M. de Marsan, le poing fermé sur le manche de son couteau.

— C'est le dieu de la populace, ajouta un vieillard, et cela fait trembler pour l'avenir !

— Rassurez-vous, au nom du ciel ! les bandits s'étoient assurés de précautions si prudentes, qu'on n'a pas pu en arrêter un seul; mais on sait par des rapports certains que Mario ne se trouvoit point parmi eux, car il se commet rarement aux dangers qu'il fait courir à ces misérables, dont la vie n'est dans ses mains qu'un jouet de peu de valeur. Il se renferme, pendant qu'on agit pour lui, dans sa *Torre Maladetta* du Tagliamente, à la grande épouvante des voyageurs, pour s'y livrer sans doute à la fabrication de la fausse monnoie et des poisons, comme toute sa famille de parricides.

— Malédiction ! m'écriai-je en me levant, tout cela est

horriblement faux! Quiconque vous l'a dit est un calomniateur infâme, plus coupable que l'assassin mercenaire qui vend à la haine des lâches son âme et son stylet! Le projet de ces horribles vêpres vénitiennes dont vous parlez, c'est Mario Cinci qui l'a déjoué, ce sont ses ennemis qui l'avoient conçu. Il n'en a pas coûté de grands efforts aux soldats pour dissiper les conspirateurs, car personne n'ignore maintenant qu'ils ont parcouru un palais désert, et, comme ils sont François, je vous jure que le bruit de leurs pas répété par un écho n'étoit pas capable de les épouvanter. Le gouverneur de Venise, que j'ai visité ce matin pour le prévenir de mon départ, ne voit dans ce prétendu complot que ce qui étoit réellement, la basse spéculation de quelques espions, qui se flattoient d'attirer sur eux des faveurs et des récompenses, la prime du mensonge et l'aumône honteuse de la police, en supposant des crimes pour faire valoir des services. Ceci est la vérité, messieurs! — Quant à Mario Cinci, je ne sais quels torts de sa jeunesse ont pu attirer sur lui la réprobation universelle; mais j'avoue que je ne crois pas aux folles haines de la multitude, et que je ne crois guère davantage aux aveugles colères de la fatalité. Tout ce que je connois de lui me l'a montré comme le plus généreux des hommes. L'injustice de l'opinion qui le poursuit le grandit encore à mes yeux, et je dois vous prévenir, messieurs, au moment de vous quitter pour toujours, que cette conversation ne se prolongeroit pas sans porter mon cœur à des mouvements que je voudrois éviter. La cause de Mario Cinci est la mienne; et quel ami subiroit sans transport et sans vengeance les injures faites à son ami absent? Vénitiens, je vous le demande!

— Ton ami? dit M. de Marsan. Connoissois-tu Mario?

— Je ne l'ai vu qu'une fois; sa voix n'a pas frappé mon oreille pendant cinq minutes, mais je suis plus prompt à me saisir d'une affection, et mes affections ne se démentent jamais.

— Je ne t'avois jamais vu cette exaltation, continua-t-il

en se rapprochant de moi ; car la conversation générale avoit fini, et les invités s'étoient distribués deux à deux dans la grande salle, sans témoigner l'envie de s'entretenir davantage. — Et cependant je ne peux te savoir mauvais gré, ajouta M. de Marsan, des erreurs d'un cœur follement affectueux, qui prend part sans réflexion à la querelle des absents. L'expérience t'apprendra trop tôt qu'il ne se faut pas fier à des apparences imposantes dans le jugement qu'on porte du premier venu, quand il auroit, comme Mario, la taille d'Antée, qui lutta contre Hercule, mais qui ne reprenoit de force qu'en embrassant la boue dont il étoit sorti. L'imagination dupe le cœur. Je ne t'en parlerai donc pas, quoique cette explosion passionnée ait cruellement tourmenté le mien. Il est question d'autre chose entre nous, et l'intérêt si vif que Diana te témoigne aujourd'hui semble m'annoncer que jamais l'occasion n'a été plus favorable et mes prévisions plus justes. Accompagne-la chez elle, et songe que j'attends mon arrêt du tien !

En effet, et, je l'avouerai, je m'en étois à peine aperçu, tant je me croyois désintéressé dans cette espérance, Diana, qui avoit quitté sa place aussitôt que moi, venoit de lier sa main à ma main, et, autant que j'en pouvois juger sans l'avoir revue, sa tête se penchoit vers mon épaule, presque de manière à la toucher. Je me retournai vers elle, et je vis qu'elle étoit pâle. Je pressai cette main qui trembloit ; je reconduisis Diana, et je la fis asseoir, plus disposé à la quitter qu'à la troubler d'une émotion inutile. J'allois m'éloigner quand elle me retint. Je m'assis. Nous gardâmes quelque temps le silence ; mais ses doigts, que tant de fois j'aurois voulu presser au prix de ma vie, s'étoient unis plus étroitement aux miens ; ils étoient humides et tièdes. Elle palpitoit d'une émotion que je ne comprenois pas ; je ne savois si c'étoit là un sujet de joie ou de désespoir, et cela dura plusieurs minutes, ces longues minutes que vous savez, et que durent les troubles et les inquiétudes de l'amour. Elle parla enfin.

— Maxime, dit-elle, combien je vous aime!

— Prenez garde! m'écriai-je, les mots que vous avez prononcés là sont affreux pour moi, si vous n'en prévoyez pas les conséquences. Vous ne savez peut-être pas, Diana, que je viens vous demander votre main, parce que votre père me l'avoit promise!...

Elle se leva, marcha, passa devant moi les bras croisés, le front penché, le sein haletant. Elle s'arrêta; elle appuya ses mains sur mes épaules, les croisa derrière mon cou, et me dit d'une voix qui s'éteignoit sur ma joue : — Pauvre Maxime! L'ami de Mario Cinci ne savoit donc pas son secret quand il le défendoit tout à l'heure?...

Je ne répondis point : un voile se déchiroit devant mes yeux; mais je ne devinois pas tout.

— Pourquoi, sans cela, continua-t-elle, aurois-je insulté à ta tendresse de bon et digne jeune homme? Ah! cela seroit odieux si l'on n'avoit pas aimé! mais je l'aimois, vois-tu!... mais il étoit mon âme et ma vie! il en disposoit à jamais, et ton amour me remplit de douleur en s'égarant vers moi, qui ne pouvois le payer de retour. Le caractère et l'aspect que je me fis pour te rebuter devoient me rendre haïssable. Je m'en flattois amèrement, parce qu'il falloit pour ton bonheur que je fusse haïe de toi, et comprends ce qu'il m'en coûtoit, à moi, Maxime, qui t'aimai du premier jour comme un frère, et qui t'aurois donné volontiers tout un cœur si j'en avois deux!... Me pardonneras-tu?

Je restai quelque temps sans parler et sans voir; ensuite je la regardai.

Elle pleuroit. Je baisai ses bras palpitants, et puis ses joues, ses yeux humectés de larmes, et je mêlai mes larmes aux siennes.

— Vous aimez Mario, Diana! c'est un digne choix! Que le ciel vous favorise!

— Je l'aime, dis-tu!... reprit-elle avec force. Mon existence est plus complète que tu ne le crois : je suis sa femme!...

— Sa femme! Et votre père, mademoiselle, avez-vous pensé à lui?...

Elle abaissa ses paupières, comme si elle avoit été honteuse de me laisser lire dans son âme.

— Mon père!... mon excellent père!... Oh! qu'aux dépens de mes jours la nature prolonge les siens! qu'aux dépens de mon bonheur, elle les embellisse!... Mais, quand Mario, prosterné devant lui, cherchoit à vaincre son cœur :
— Votre femme! dit mon père; j'aimerois mieux qu'elle fût morte! — Il l'a dit. Mon père m'aura morte comme il l'a souhaité, et Mario m'emmènera vivante.

— Votre raison se trouble, Diana!... Que dites-vous?

— Ce que je dis, l'avenir l'expliquera; mais n'accusez pas ma volonté, elle ne m'appartient plus. Conservez-moi un souvenir, un souvenir rigoureux si vous le voulez, pourvu qu'un peu d'amitié, cher Maxime, en adoucisse la sévérité... Et, si ma vie vous intéresse encore, ne craignez pas que j'en dispose sans votre aveu. — Maintenant l'heure s'approche où il faut... Êtes-vous prête, Anna?...

Sa femme de chambre entra et vint se placer à côté d'elle.

— Mon père vous attend, Maxime; allez lui dire que vous m'accompagnez à ma gondole.

Il n'y avoit qu'une porte à ouvrir. Il m'attendoit, les yeux fixes et ardents d'impatience; je tombai à ses pieds.

— Au nom du bonheur de Diana et du vôtre, mon ami, revenez sur vos injustes préventions contre le noble Mario Cinci! C'est l'époux que vous devez à Diana pour sauver sa vie...

— Mario Cinci! cria le vieillard en me repoussant avec dureté... Qu'elle l'épouse et qu'elle meure!... Une parricide de plus dans la famille des Cinci!... Béatrice et Diana!...

Il marchoit précipitamment et il m'entraînoit sur ses pas, parce que mes mains s'étoient attachées à ses genoux.

Il s'arrêta en me disant : — Va-t'en, traître!... Et ensuite

20.

il me regarda en pitié. — Va-t'en, dit-il plus doucement en passant ses deux mains sous mes bras pour m'aider à me relever, va-t'en, pauvre enfant, et que je n'entende plus parler de tout ce que j'ai aimé, car le reste de mes vieux jours a besoin de solitude et de repos.

Je me retrouvai près de Diana, je lui offris la main sans prononcer un mot, et elle ne m'interrogea pas, car j'avois laissé la porte entr'ouverte, dans le trouble de ma démarche, et il étoit impossible qu'elle n'eût pas entendu.

Quand je la quittai à sa gondole, j'approchai ses doigts de mes lèvres; elle les retira et se jeta dans mes bras. Un moment après, j'étois seul.

Je suivis longtemps du regard la gondole de Diana entre toutes les autres, et je la reconnoissois de loin, parce qu'elle étoit ce jour-là, contre l'usage, marquée d'un nœud flottant de rubans cramoisis.

Je me présentai inutilement le même soir chez M. de Marsan. Sa maison étoit interdite à tout le monde.

Au lever du soleil, par un jour triste et froid de janvier 1809, le petit bâtiment qui me conduisoit à Trieste déboucha des lagunes dans la grande mer, qui étoit haute et houleuse, car la nuit avoit été fort mauvaise. Notre patron héla quelques barques de mariniers, qui paroissoient occupés à relever sur la pointe d'un îlot une gondole échouée.

— Quelqu'un a-t-il péri? s'écria-t-on de notre bord...

— Selon toute apparence, répondit le maître; mais il est probable que les cadavres ont été emportés par la lame, puisqu'on ne les a pas trouvés sur les accores. Cette gondole sans chiffre et sans nom ne se distinguoit d'ailleurs des autres que par ce chiffon de rubans.

Je m'en saisis, je l'attachai à ma chemise, et je défaillis. Je fus longtemps à revenir à moi.

Le lendemain j'étois à Trieste.

DEUXIÈME ÉPISODE

LE TUNGEND-BUND

Ce que je redoute le plus dans mes frivoles compositions, c'est de passer pour avoir la prétention d'inventer, et la raison en est toute simple : ce n'est pas du tout mon talent, et je m'en aperçois aussi bien que personne quand je suis obligé de travailler d'imagination. Quant à mes souvenirs, il n'en est pas de même. Ils peuvent être plus ou moins romanesques dans l'aspect, plus ou moins emphatiques dans l'expression, tenir de l'hyperbole par la parole et du drame par l'arrangement ; mais c'est la faute de mon organisation, et non pas celle de ma sincérité. Je ne saurois trop répéter qu'il faut s'en prendre au malheur de l'artiste, qui voit noir, qui voit jaune, qui voit vert, qui voit le ciel plomb, la mer ardoise, la verdure velours, et qui copie ce qu'il voit. Ce n'est pas « bien écrire » qui est le plus beau de tous les dons de la nature, comme l'a dit Pope ; c'est « bien voir, » et je ne m'en suis jamais flatté. Du reste, il ne faut pas s'en rapporter au lecteur insouciant, quoique ingénieux et sensible, qui vous dit du coin de son feu : *Voici du vrai, du vraisemblable et du faux,* en parlant d'un événement éloigné ou d'une époque d'exception, qu'il auroit vue autrement lui-même à vingt-cinq ans, avec l'intérêt de sa vie et les passions de son âge. Au commencement de 1809, les hommes de ma façon n'étoient pas des spectateurs à moitié endormis sur des banquettes, qui regardent froidement la pièce en clignant de l'œil jusqu'à la chute du rideau. C'étoient, et le malheur en est à la nécessité des temps et des caractères, ou des acteurs très-préoccupés de leur importance dramatique, ou des comédiens très-habiles à calculer les chances de la recette. Les acteurs que j'aimois ont disparu; les comédiens sont là : *Plaudite, cives!*

Jamais je n'ai été moins intéressé à cette explication qu'à la tête de ce chapitre, dont mon pauvre barbet noir, l'honnête Puck, pourroit vous rendre aussi bon compte que moi, s'il avoit joint à ses dignes facultés de chien celle d'exprimer le pensée, et surtout s'il n'étoit pas mort trois ans après sur mon oreiller, dans un petit bourg du Valais. Pauvre Puck, que j'ai appelé dix ans mon dernier ami avant de trouver un homme qui méritât de le remplacer dans mon cœur!... Je vous réponds que la plus grande preuve des justes vengeances de Dieu contre notre folle espèce, c'est la brièveté de la vie du chien. Il ne faut aimer que lorsqu'on est vieux; on a moins à regretter quand on s'en va.

Mais ce n'étoit pas cela que je voulois dire ; c'est que cet épisode n'est guère plus attrayant que ce que vous venez de lire jusqu'ici. Ce sont des faits assez vulgaires qui ne lient les deux extrêmes de ma trilogie que par des rapports peu visibles, mais fort essentiels, et qui ne manqueroient pas d'un certain mérite d'artifice et de combinaison, s'il y avoit de l'artifice et de la combinaison dans ce que j'écris. Il n'y sera plus question de mon amour extravagant dont vous savez que l'issue n'a pas été heureuse. Les personnages avec lesquels vous aviez fait connoissance n'y reparoîtront pas, et vous en verrez d'autres que vous connoissez tout au plus de nom, mais dont le portrait n'est pas indigne de l'histoire, qui ne leur a jusqu'ici accordé que de courtes et froides notices peu satisfaisantes pour un esprit curieux. C'est dans cette galerie que je vous introduis, et je n'y ferai que l'office d'un cicerone exact; le rôle fort insignifiant auquel j'ai été réduit parmi eux ne me permet pas d'autre emploi.

La seule particularité de mon premier récit qu'il soit essentiel de vous rappeler maintenant, c'est que j'avois lieu de croire, en arrivant à Trieste, que Diana de Marsan étoit morte victime d'un naufrage ou d'un suicide. Un billet noué d'un ruban cramoisi comme celui de sa gondole, et que le patron me remit au débarquement, me tira de cette cruelle angoisse : il n'étoit point signé, et je ne connoissois point l'écriture de Diana ; mais il ne pouvoit venir que d'elle. J'en rapporterai sans peine les propres expressions, car on doit imaginer que je ne l'ai pas perdu : « Ne vous alarmez pas, « Maxime, des bruits qui pourront vous parvenir : un cœur « que vous avez pénétré de reconnoissance et d'amitié pal- « pite encore pour vous. Un cœur! il falloit dire deux. On « vous engage à n'oublier ni le rendez-vous, ni l'église, ni « le signal, et je sens que je suis intéressée aussi à l'accom- « plissement de votre promesse par un sincère désir de « vous revoir. »

Tout s'expliquoit ainsi. Le rendez-vous dont il m'étoit parlé, c'étoit certainement celui qui devoit me réunir à Mario Cinci, dans l'église de Codroïpo, à la chapelle de Sainte-Honorine. Mes inquiétudes s'évanouirent, et je ne songeai plus qu'à me reposer des agitations passées dans les douces émotions de l'étude, qui devenoit déjà le premier de mes plaisirs.

Cela n'étoit pas facile à Trieste, où le parti allemand et le parti de la conquête divisoient tous les esprits et toutes les conversations; mais, par un hasard qui vaut la peine d'être remarqué, l'émigration françoise n'y étoit pas suspecte. Les hommes de cette classe qu'un heureux choix avoit fixés dans ces contrées charmantes s'y naturalisoient si facilement, qu'on oublioit de jour en jour leurs titres d'origine en les voyant se livrer à d'utiles et laborieuse industries. Un de nos plus brillants marquis y avoit fondé une vaste maison de commerce dont la réputation est européenne. La meilleure auberge du pays étoit tenue par un chanoine, l'aimable et savant abbé Maurice-Trophime Reyre, et il en étoit à peu près de même pour tout le reste. Les opinions s'étoient identifiées comme les mœurs, suivant les positions et les caractères; mais les séductions de la gloire ont tant d'empire sur notre vanité nationale, que le parti de Bonaparte dominoit un peu. Il faut l'avoir vu pour le croire. Ainsi, je le répète, il n'y avoit point de prévention exclusive contre les François, parce qu'il n'y avoit point de simultanéité entre eux; chacun comptoit les siens.

J'arrivois déjà dans mes moments lucides à cet âge d'éclectisme qui est celui de la raison; mais les moments lucides étoient rares dans ma vie de jeune homme, et le vieux levain de la ligue, comme avoit dit Henri IV, fermentoit quelquefois dans mon cœur au seul nom de Napoléon : belle et savante inimitié qui nous a menés loin, le monde et moi; — grâce pour le rapprochement! — J'en étois d'ailleurs venu au point de regarder la part obscure que je prenois à cette opposition impuissante comme une condition imposée par la fatalité qui me dominoit. Je ne croyois plus à la possibilité de cette république du genre humain, pour laquelle une poignée d'écoliers ingénieux, passionnés et absurdes, avoient fait une langue, des institutions et des lois; mais j'étois retenu à leur cause par le souvenir même de leurs inutiles et malheureux sacrifices. Leur sang crioit à mes oreilles et me reprochoit de n'être pas mort avec eux, si je n'étois capable de servir leur mémoire et leurs projets, au moins par le concours des forces qu'ils m'avoient connues et auxquelles ils s'étoient si tendrement confiés. Je pensois souvent que nous avions eu tort; mais aucune réflexion ne pouvoit me détourner du devoir de les suivre et de finir comme eux.

Pour le peu de temps que j'avois à rester à Trieste, il falloit cependant me décider, parmi mes compatriotes, entre deux sociétés bien distinctes, et que le peuple lui-même avoit signalées, celle des *Nasoni* et celle des *Gobbi*. Ces appellations insultantes, déterminées probablement par quelque défaut physique des deux personnages les plus imposants de l'une et de l'autre opinion, séparoient d'une manière insurmontable nos voyageurs, nos réfugiés et jusqu'à nos proscrits, tant il est vrai que les hommes les plus faits pour se rapprocher trouvent partout d'excellentes raisons de se haïr. Comme je ne voulois haïr personne, je pris un parti non pas moyen, mais excentrique avec les deux opinions, et je me sauvai, sans qu'on y prît garde, à la plus simple auberge du quartier des juifs, qui n'étoit fréquentée ordinairement que par les petits marchands et les paysans des montagnes. Cette solitude très-réelle que l'on trouve au milieu d'une multitude indifférente m'agréoit fort. Il n'y a rien de moins importun que la foule quand on n'y est pas connu.

Mon premier objet avoit été de commencer de là mes excursions, si belles en espérance, aux villages poétiques des Morlaques, aux tribus toutes primitives du Monténègre, aux ruines de Salone, d'Épidaure, de Trigurium et de Macaria. Mes engagements avec Mario ne me permettoient plus ce long voyage, et d'ailleurs la petite mais brillante armée du général Marmont se répandoit déjà sur le pays intermédiaire, pour aller exécuter, sous les ordres de ce brave capitaine, cette fameuse jonction de Brug, qui est une des plus belles opérations militaires des temps modernes, et qui sembla fixer éternellement à Wagram les destinées du nouvel Empire. Je me bornai donc à parcourir des lieux plus rapprochés de ma station de banni, les restes d'Aquilée, les grands débris de Pola, les merveilles naturelles de Zirchnitz, les mines fantastiques d'Idria, et ces antiquités nominales qui n'ont que la tradition pour monument, le bord de la Save, où restent imprimés, à ce qu'on dit, les pieds de Castor et de Pollux, l'endroit où Jason fit sceller la première pierre de sa jeune ville d'Emona, le rocher d'où parloit Japix, et le cirque de Diomède.

Je passois mes jours de résidence à errer dans le *Farnedo*, vaste bosquet qui tenoit lieu de promenade à Trieste avant que son spirituel et habile intendant, Lucien Arnault, en eût ouvert de nouvelles, plus régulières, plus élégantes, plus françoises, plus rapprochées de la ville et du port, mais qui ne me rappelleront jamais autant de douces rêveries et d'impressions délicieuses. Le *Farnedo*, c'est la forêt du naturaliste, du poëte et de l'amant. La saison n'étoit pas favorable à en jouir au commencement de mon séjour; mais dès la fin elle commençoit à s'embellir. Le printemps prêtoit à peine au *Farnedo* ses premières grâces; mais c'étoit le printemps du *Farnedo*, qui a, tout en naissant, des femmes, des fleurs, des papillons; qui avoit cette fois-là, pour qu'il ne manquât rien à son attrait romanesque, des brigands et des dangers. Je ne sais si j'y ai été plus heureux sous la protection de nos gouverneurs, de nos régiments et de nos canons.

La table d'hôte à laquelle je m'asseyois tous les soirs, au retour, offroit peu de ressources à la conversation, et j'en étois enchanté. Les convives étoient ordinairement de très dignes gens, fort préoccupés de leurs affaires, qui me laissoient jouir en paix du bonheur de n'en point avoir, et qui avoient d'ailleurs la complaisance, pour me mettre tout à fait à mon aise, de s'expliquer dans un des cinquante dialectes de l'esclavon, ou dans un des cinquante patois, plus impénétrables à mon intelligence, du Frioul, du Tyrol et de la Bavière. Cependant le renouvellement journalier de ces rapports devoit finir par établir entre quelques-uns de mes commensaux et moi une espèce d'intimité. Il s'en trouvoit deux parmi eux qui parloient d'ailleurs françois avec une grande élégance, et qui étoient plus versés que moi-même dans la technologie des sciences physiques, mon principal objet d'étude et d'affection. Nous fîmes bientôt connoissance.

Le premier étoit connu à Trieste sous le nom du docteur Fabricius, et c'est ainsi que je le désignerai à l'avenir, quoique j'aie entendu dire qu'il s'appeloit autrement. Dans sa vie extérieure, il s'étoit fait une haute réputation médicale fondée sur des théories singulières, mais extrêmement contestées par les gens qui prétendoient s'entendre à cet art d'hypothèses dont il ne faisoit pas fort grand cas.

Le second étoit un jeune Polonois, nommé Joseph Solbioski, et non Solbieski, comme disent les biographes. Joseph avoit tout ce qu'il faut d'esprit et de cœur pour entraîner une âme moins attirable que la mienne, qui ne demandoit qu'à aimer quelqu'un. Je l'aimai tout de suite. Il étoit à peu près de mon âge; ce que j'aimois, il l'aimoit aussi; ce que je savois, il le savoit mieux. J'étois plus fort et plus grand; il étoit plus doux, plus sage et plus beau. On fait avec cela des sympathies indissolubles. Je ne le croyois pas éloigné de mes opinions; mais une opinion est si peu de chose auprès d'une affection!

Nous nous tenions tous les deux, de crainte de nous contrarier réciproquement, dans une réserve si étroite sur les questions politiques dont le monde étoit occupé, et j'attachois, de mon côté, si peu d'importance à m'assurer d'une harmonie de plus dans nos sentiments, tant il suffisoit des autres pour nous unir inséparablement à jamais, que je n'essayois pas d'en savoir davantage. Comme celui-ci a obtenu depuis en Allemagne une réputation historique dont le bruit n'est probablement pas venu jusqu'à vous, vous me pardonnerez de vous le faire connoître avec plus de détails au commencement d'un récit où il ne me quittera presque plus. Nous commencerons cependant par l'autre.

Le docteur Fabricius avoit près de soixante-dix ans; mais c'étoit un de ces septuagénaires, adolescents d'âme et d'imagination, qui imposent à l'esprit des jeunes par leur verve et leur vivacité. Ce qui frappoit le plus dans sa singulière physionomie, c'est un type fort prononcé qui n'avoit rien d'allemand, et dont le galbe mince, effilé, saillant, tenoit plutôt quelque chose de l'Andalous ou du Maure. Sa maigreur brune et osseuse, qui laissoit presque à nu le jeu actif et passionné de ses muscles; l'*acutesse* pénétrante de ses yeux ardents et mobiles, dont le disque étoit un charbon, et le regard une flèche; l'étrange propriété de ses cheveux encore noirs, qui se hérissoient comme spontanément au moindre pli de son front, tout cet ensemble extraordinaire lui donnoit quelque chose de l'aspect de l'aigle. J'ai entendu peu d'hommes plus abondants en paroles; mais son abondance, pleine, soutenue, éloquente, même quand elle étoit diffuse, ne se répandoit en épisodes et en figures que par excès de richesse, et s'y complaisoit sans s'y perdre. Un homme ainsi organisé ne pouvoit pas être entièrement étranger aux grandes pensées qui émouvoient alors l'Europe; mais il s'abstenoit avec une sorte d'affectation de tous les entretiens dans lesquels le mouvement naturel des esprits faisoit rentrer ces idées en dépit de nous. La préoccupation qui le dominoit sembloit être un spiritualisme exalté, une théorie spéculative combinée des principes de Swendenborg, de Saint-Martin et peut-être de Weissaupt; mais son enthousiasme très-expansif pour les livres d'Arndt et de quelques autres philosophes *tungend-bundistes* révéloit en lui un profond sentiment de la liberté.

Le docteur ne s'étoit arrêté à Trieste que pour y régler quelques affaires d'intérêt avec des régisseurs chargés de l'administration de ses biens dans un rayon assez étendu, car on le disoit fort riche, ce qu'on n'auroit deviné d'ailleurs ni à la modestie de ses dépenses, ni à la simplicité de ses mœurs. Il n'y avoit donc rien de surprenant à le voir souvent en rapport avec des voyageurs venus pour lui, et qui ne résidoient pas. Si je les avois devinés alors, j'aurois eu cependant assez de temps pour les observer, et j'en conserverois un souvenir assez présent pour les peindre; mais j'ai dit qu'il n'existoit aucune espèce de contact politique entre nos nouveaux amis et moi. Ces étrangers qui se succédoient chaque jour, c'étoit Kolb, c'étoit Marberg, les Pélopidas, les Thrasybules du Tyrol; c'étoient les braves frères Woodel, fusillés depuis à Wesel, le 18 septembre de la même année; c'étoit l'aubergiste André Hofer, que je remarquai davantage, parce que je l'avois entendu nommer souvent chez le marquis de Chasteler, à l'occasion des événements de 1808 ; et celui-là est si connu, que les impressions qu'il m'a laissées n'apprendroient rien à personne, si elles ne différoient un peu de celles que mes lecteurs ont pu prendre dans l'histoire. La célébrité des uns et des autres n'atteignit d'ailleurs à son apogée qu'un mois après le passage d'André Hofer à Trieste, c'est-à-dire à cette mémorable victoire des paysans, dont le Tyrol marque le glorieux anniversaire au 29 février.

J'avois bien formé quelques conjectures sur l'apparition du Samson de Passeyer dans notre méchante hôtellerie de l'*Ours*, mais sans y donner de suite. Il étoit tout naturel qu'André Hofer, qui, en vertu de sa profession, exerçoit une agence d'affaires fort étendue, suivant l'usage du Tyrol, eût des intérêts à démêler avec un propriétaire opulent comme le docteur Fabricius. Quant à la part très-active que Joseph Solbioski prenoit à leurs négociations secrètes, elle n'étoit pas plus difficile à expliquer, Joseph étant destiné à devenir le gendre du docteur à une époque assez rapprochée, car *on attendoit la future.* J'ai compris depuis que cette expression, qui couvroit un sens mystique dans notre *zergo* des sociétés secrètes, pouvoit bien m'avoir caché quelque double sens; mais je suis si peu curieux, et j'étois déjà si porté d'ailleurs à me déprendre de ces mystères, qu'il ne m'est pas arrivé une seule fois d'y saisir autre chose que sa valeur littérale.

Il n'y a guère d'hommes de ces derniers temps dont les Allemands se soient plus passionnément occupés que d'André Hofer, et il n'y a certainement point d'homme qui ait plus dignement justifié leur enthousiasme : les vertus et la piété d'André Hofer l'avoient fait surnommer le *Saint du Tyrol*, comme Cathelineau avoit été surnommé, quinze ans auparavant, le *Saint de l'Anjou;* et nul homme n'a mieux répondu qu'André Hofer, parmi tous ceux que j'ai vus, à l'idée que je m'étois faite de Cathelineau. Il faut cependant que j'accorde d'abord un point important à la critique; c'est que cette opinion ne s'est composée que depuis sur des impressions très-légères et très-fugitives; car je n'ai vu André Hofer que pendant deux jours, et je ne lui ai pas adressé la parole, par l'excellente raison qu'il savoit infiniment peu d'italien et qu'il ne savoit pas un mot de françois. L'impression récente de son premier rôle historique m'intéressoit cependant à le voir, et celui qu'il joua quelque temps après dans les événements de l'Allemagne força mon esprit à s'en refaire le type physique et moral avec autant de vivacité peut-être que si je n'avois pas perdu un moment de vue le modèle, de sorte que je crois le connoître aussi bien que ceux qui l'ont peint; mais, comme je ne me sens pas doué de l'aptitude assez rare qu'exige l'*appréhension* d'un personnage complet, je ne m'exposerai point au reproche que m'attireroit ma présomption, si j'essayois de reproduire encore une fois, après tant d'autres, cette forte et naïve figure. Je ne ferai donc que rectifier très-humblement ce que l'on a dit de lui, d'après mes propres sensations et mes intimes souvenirs.

Il est presque convenu entre les Allemands de la génération actuelle qu'André Hofer avoit la taille démesurée d'un demi-dieu. C'est le propre des peuples poëtes de figurer ainsi les héros, et l'Allemagne a encore toute la poésie d'un peuple primitif, comme elle en a toute la grandeur. Oh! c'est une sublime nation! — André Hofer étoit grand, mais sans excéder de beaucoup la taille ordinaire des montagnards. Seulement l'extrême développement de ses muscles et de ses os lui donnoit, comme on l'a dit, quelque chose d'athlétique. Toute sa constitution physique étoit prise dans des proportions si fortes, qu'elle en pouvoit paroître immense. Il touchoit alors tout au plus à l'âge culminant de la vigueur dans les hommes sobres, chastes et bien organisés, s'il n'avoit en effet qu'une quarantaine d'années; mais il paroissoit plus vieux, et ce n'étoit pas l'effet de cette lassitude que produit la continuité des émotions passionnées et des violentes contentions d'esprit; car il ne s'est peut-être jamais vu de physionomie plus calme et plus reposée que la sienne. On a écrit dans nos dictionnaires historiques et dans nos *Revues* qu'il étoit très-courbé, ce qu'on y attribue à l'habitude des Tyroliens de porter péniblement de lourds fardeaux dans les montées ardues et rapides. André Hofer, dont le père étoit assez riche, et qui avoit augmenté lui-même sa fortune par d'honnêtes industries, ne devoit avoir porté en sa vie qu'autant de fardeaux qu'il lui plaisoit d'en charger sur ses vastes et robustes épaules. *Courbé* est, selon toute apparence, une petite faute de traduction. Il étoit *voûté* à la manière des paysans alpins, et laissoit retomber, ainsi qu'eux, son énorme tête sur sa poitrine, sans égard à la noble perpendicularité qui caractérise notre espèce. On a remarqué que ce genre de conformation étoit propre aux races belliqueuses et aux grands hommes de guerre. Alexandre, Charlemagne, Henri IV, le maréchal de Saxe, Napoléon, Pichegru, étoient *voûtés*. Cathelineau, le ménechme moral d'André Hofer, étoit *voûté* comme lui.

André Hofer n'avoit pas non plus, quand je le vis, cette longue barbe dont on le gratifie, et qu'il avoit conservée par défi, pour contrarier au moins en quelque chose la volonté de sa femme, dont l'empire étoit d'ailleurs absolu sur lui, circonstance ingénue et touchante qu'on a eu tort d'oublier dans son histoire. S'il l'a reprise depuis, c'est à l'abri des rochers et au milieu des précipices qui lui servirent quelque temps d'asile, jusqu'au jour où il en fut arraché, en 1810, pour aller mourir à la porte Cesena de Mantoue, une vingtaine de pas au-dessous du bastion.

Ce qui l'a distingué dans la guerre comme dans l'administration, c'est un profond sentiment moral, poussé, au dire des hommes d'État, jusqu'à la puérilité. C'est une philanthropie si douce, qu'il n'avoit pas à se reprocher une goutte de sang répandu dans les batailles, où il se portoit toujours le premier. Personne ne lui avoit vu manier une arme offensive. Dans le monde, c'étoit une créature simple, bienveillante, riante, aussi affectueuse que peut l'être un géant qui caresse des nains, un vieillard qui se fait enfant avec les enfants. Pour la multitude, André Hofer n'étoit réellement qu'un bon homme, et il ne seroit encore que cela pour moi s'il n'avoit été André Hofer.

J'arrive à Joseph Solbioski, dont le nom me rappelle, ainsi que je l'ai dit, des sentiments plus personnels, et qu'un mois de rapports affectueux m'avoit presque donné pour frère. Fils d'un des nobles et malheureux guerriers qui tombèrent dans les guerres de la liberté de Pologne, en 1794, sous les drapeaux de Kosciusko, il avoit été adopté, à dix ans, par le docteur Fabricius, et cette alliance, probablement fondée sur quelque sympathie politique entre les pères, suffit pour expliquer la forte direction qui avoit été imprimée à ses études, sous les yeux d'un des hommes les plus éclairés de l'Allemagne. Solbioski s'exprimoit avec une facilité souvent éloquente dans la plupart des langues de l'Europe, et possédoit à un degré rare, même parmi les savants de profession, la doctrine et les nomenclatures des sciences physiques et philosophiques, auxquelles l'analyse et la méthode venoient de faire faire de si grandes conquêtes, dans ce pays d'invention et de perfectionnement qui a seul le droit de croire encore à la marche progressive de l'esprit humain. Il étoit certainement redevable de ces richesses d'instruction à l'heureuse tutelle sous laquelle le hasard l'avoit placé, et il en rapportoit religieusement les résultats à son père d'adoption; car la tendresse de son âme ne cédoit en rien à l'élévation de son esprit. Ce dévouement reconnoissant et pieux contient sans doute le principal secret de sa vie. Son amour pour une des filles du docteur, qui en avoit trois, devoit faire le reste; mais on sait déjà que je n'étois entré que par hasard dans ces confidences. Le temps seul m'a depuis appris que Joseph Solbioski avoit été, dans la campagne de 1808, l'âme des généreuses entreprises d'André Hofer, dont l'intelligence droite et saine, mais peu développée, n'auroit pu suffire à la complication des affaires dans lesquelles l'engageoit sa nouvelle fortune, quand il devint, par la force des événements, le chef militaire et politique, le commandant et le législateur du Tyrol; époque presque unique entre toutes les époques, où un homme du peuple, sans lettres et sans ambition, se trouva dépositaire de l'autorité sans l'avoir voulu, et en usa sans en abuser. On n'ignore pas que l'administration d'André Hofer fut comparée alors à celle de Sancho dans l'île de Barataria, et je doute qu'on puisse en faire un éloge plus magnifique et plus complet, car les peuples ne peuvent avoir de meilleur arbitre que le bon sens d'un homme naturel et moral. La pensée sourit sans doute à quelques-unes de ces lois de circonstance, improvisées par un pauvre aubergiste de village qui a été investi par la guerre, et au milieu d'une ceinture de bataillons ennemis, des droits du suprême pouvoir; mais il se mêle des larmes d'attendrissement à ce sourire, quand on a lu comme nous le texte de ces proclamations paternelles inspirées par un si profond amour de l'humanité. Ce qu'il recommande à ses frères, à ses enfants, traqués dans leurs rochers comme des bêtes fauves, ce qu'il les supplie d'accorder à son amour, car il n'ordonne jamais qu'au nom de l'affection, c'est d'épargner l'effusion du sang étranger hors le cas légitime de leur défense personnelle; et puis, c'est de sanctifier leurs armes par la prière, par les bonnes œuvres et par les bonnes mœurs. Il y en a une, datée d'Inspruck, où il venoit d'entrer vainqueur des Bavarois, à la tête de vingt mille paysans, dans laquelle ce géant de quarante ans, que la nature avoit organisé comme un autre pour les passions, s'adresse à la piété des femmes, les rappelle à la pudeur antique, et les conjure de cacher leur sein et leurs bras, suivant le chaste usage de leurs mères. Cela est fort ridicule peut-être; mais cela seroit sublime dans Plutarque, à la vie de Scipion, d'Aratus ou de Philopœmen.

Je n'ai pas perdu de vue Solbioski dans cette digression, puisqu'il étoit, à l'époque où j'ai remonté, secrétaire d'André Hofer. Il y avoit entre ces deux nobles créatures une sorte d'identité. C'étoit un corps et une âme. Qu'on juge par là de Joseph !... Au premier aspect, son teint frais et pur, son regard plein de douceur, son rire toujours affable, quoique souvent amer et mélancolique, ses cheveux longs, blonds et bouclés, n'annonçoient pas le héros des temps difficiles; et cependant l'effet singulier de ses cils, de ses sourcils et de ses moustaches brunes, lui permettoit d'animer quelquefois sa physionomie d'une manière imposante. Il acquéroit alors cet air de résolution et de fierté qui révèle un grand caractère; mais il auroit fallu plus d'expérience et de perspicacité que je ne me suis jamais piqué d'en avoir, pour deviner un conspirateur dans cet ange aux yeux bleus.

Nous ne parlions donc entre nous qu'amitié, amour, poésie, beautés de la nature réveillée, charmes de la campagne printanière, et tout ce qui enchante un cœur jeune que le malheur n'a pas encore entièrement desséché. Cela ne dura pas longtemps. Les affaires du docteur, qui paroissoient se compliquer tous les jours, le forçoient à s'absenter souvent. L'acquisition d'un vieux château dans le voisinage du Tagliamente le retint éloigné près d'une semaine, et il s'en falloit d'autant que le terme de mon rendez-vous fût échu, quand il arriva pour repartir avec Joseph, car il étoit cette fois accompagné de sa fille, qui descendit avec lui chez un ami. Nos adieux furent tristes, et cependant je cherchois à les prolonger. Il m'en souvient, Joseph et moi nous avions peine à nous quitter, quoiqu'il sourît avec une sorte de malice à l'idée de notre séparation éternelle, et nous marchions encore bien tard, les bras entrelacés, à la lueur des flambeaux qui éclairoient la place et le péristyle du théâtre, parce que c'étoit pour le peuple un jour d'ivresse joyeuse et de bruyante gaieté, ce jour du carnaval qui a conservé longtemps tout son attrait dans les

États vénitiens. Je me doutois à peine de ce spectacle, moi, pauvre jeune homme que dix verrous tenoient reclus à Paris pendant ces fêtes éblouissantes des riches et des heureux de la cour impériale, que madame la duchesse d'Abrantès a décrites avec tant de naturel et de grâce ; mais il devoit avoir un aspect particulier à Trieste, où il faisoit foisonner sous les colonnades et à travers les illuminations cette partie casanière de la population qui est aussi un spectacle : les Grecs, les Albanois, les Turcs, dans leurs vêtements si variés et si pittoresques ; les jolies filles juives qui percent d'œillades si ardentes et si acérées les anneaux coquets de leur noire chevelure ; celles d'Istrie, qui s'enveloppent presque tout entières dans leurs longs voiles blancs, et le paysan du littoral lui-même, avec ses rubans flottants et sa toilette d'opéra, que la saison permettoit ce jour-là, car la soirée étoit aussi tiède qu'une des plus belles du mois de mai. Je n'ai pas besoin de le dire à ceux qui se souviennent comme moi du carnaval de Trieste en 1809, si quelqu'un s'en souvient : c'étoit une féerie.

Une femme en domino s'étoit emparée de ma main, et c'étoit une femme, car j'avois touché la sienne. J'oserois dire qu'elle devoit être fort jolie ; on sait si bien cela ! Joseph, qui s'étoit entretenu un moment avec nous, avoit profité de ce moment de préoccupation pour s'éloigner, et je n'en étois véritablement pas fâché, car le dernier mot de cette dernière entrevue me coûtoit beaucoup à lui dire. La conversation de cette inconnue absorba bientôt d'ailleurs toutes mes pensées. Un mystère incompréhensible l'avoit fait lire dans ma vie. Le *moi* qu'elle connoissoit ne pouvoit être connu que d'elle dans ce pays, où j'étois presque étranger à tout le monde, et mon cœur palpita de plus d'étonnement que de frayeur quand elle me dit *adieu* sous mon nom, qui ne pouvoit être arrivé même à Venise que par la correspondance de mes amis les plus secrets. J'étois sûr que Diana ne l'avoit jamais entendu prononcer, — à moins que ce ne fût par... — mais Diana étoit plus grande.

Elle s'échappoit; je la retins. La fascination du masque, de la tournure, de la voix, s'étoit augmentée en un moment de tout ce qu'il y a de saisissant et d'extraordinaire dans une apparition, dans un rêve!

— Je vous suivrai partout, m'écriai-je, ou bien je vous retrouverai si vous essayez de me fuir!

Elle s'arrêta.

— Pourquoi pas? dit-elle en riant; mais ce seroit un peu loin peut-être, et ce ne seroit qu'un seul jour. Êtes-vous décidé à me rejoindre partout où je serai... le jour de Sainte-Honorine?

— Attendez, attendez, madame! le jour de Sainte-Honorine? Oh! cela n'est pas possible! mon honneur y est engagé!

— Adieu donc, reprit-elle en dégageant ses doigts des miens; allez où votre honneur vous appelle!...

— J'irai! mais ne pourrois-je savoir au moins où je vous reverrois ce jour-là, s'il m'étoit permis de vous y chercher?

— Où vous me reverriez?... Je le veux bien. Dans la chapelle placée sous l'invocation de ma sainte patronne, à l'église de Codroïpo, quand le prêtre aura donné la bénédiction de la première messe.

Lorsque je revins à moi, elle s'étoit cachée dans la foule. Ce rendez-vous, c'étoit celui que j'avois reçu de Mario Cinci.

Quelques jours s'écoulèrent en nouvelles et solitaires promenades; mais, le jour de Sainte-Honorine, j'étois déjà depuis longtemps arrêté devant la façade de l'église de Codroïpo, quand les portes s'ouvrirent.

Le soleil se levoit à peine; la nef étoit encore humide et noire. Quelques lampes qui avoient veillé toute la nuit indiquoient seules la chapelle de la sainte; le sacristain achevoit de l'illuminer.

Je n'étois pas dévot, mais j'étois pieux, et jamais une aventure de galanterie, un caprice de volupté, ne m'auroit distrait dans un temple de la profonde émotion que m'inspire la maison de Dieu, surtout quand elle est vide, et que l'âme s'y trouve recueillie en présence de son Créateur et de son Maître. J'avois d'ailleurs interprété d'une autre manière qu'on est porté à le faire en Italie ce second ajournement. J'étois placé sous l'empire d'une association immense, qui pouvoit compter des femmes au nombre de ses affidés les plus intelligents et les plus actifs, et ressaisir à propos un adepte tiède ou découragé par les illusions les mieux appropriées à son âge et à son caractère. Je dois dire à mon honneur que je n'en avois pas douté un moment.

J'entrai donc dans la chapelle sans y porter d'autre dessein que de prier et d'y offrir au ciel le sacrifice de mon aveugle dévouement pour je ne sais quelle parole qui m'avoit lié par des sentiments généreux à la cause de la vieille foi et des vieilles libertés. Mes yeux eurent bientôt parcouru l'étroite enceinte. J'étois seul; le sacristain étoit sorti, le prêtre n'étoit pas venu, mais le tableau de l'autel resplendissoit de son éclat de fête; c'étoit une heure imposante, un lieu solennel, un beau spectacle pour un chrétien; et, toutes les fois que le malheur s'est appesanti sur moi, ou que la solitude m'a rendu à moi-même, je me suis retrouvé aussi sincèrement chrétien que dans les bras de ma mère, quand elle me passoit avec orgueil une longue veste de toile d'argent, à compartiments de verroterie rouge et bleue, pour aller recevoir la première fois le bienfait de l'eucharistie, à la paroisse de Saint-Marcellin. — Cette effusion finie, je regardai le tableau : sainte Honorine condamnée à mourir de faim dans un cachot, pâle, échevelée, palpitante, offrant dans ses traits le mélange de la douleur humaine et d'une divine résignation, mais tendant vers moi des bras suppliants, comme pour implorer un secours. Ses yeux avoient des regards, ses lèvres des mouvements. Qu'elle étoit touchante et sublime !...

Ce qui me frappa davantage cependant, c'est une de ces ressemblances qu'on est si porté à trouver quand on aime, une ressemblance poignante et mortelle dans la situation où elle avoit été saisie, le portrait de Diana ! Heureusement cette image merveilleuse n'étoit que le chef-d'œuvre de Pordenone.

J'avois froid. Je souffrois de cette émotion, vive comme la réalité. Je me levai ; je marchai sans projet dans la chapelle, dans l'église, où les rayons du jour commençoient à percer les vitraux et à trembloter sur les murailles. Personne ne se mouvoit ni en dedans ni en dehors. Le seul bruit qui troublât le silence des voûtes, c'étoit celui de mes pas qui retentissoient sur les pavés. Je cherchai à gagner la porte ; je m'appuyai en grelottant sur un baptistère qui est placé à l'entrée. J'écoutai, je crus entendre, j'entendis des gémissements, sans savoir s'ils venoient de la chapelle ou du parvis ; mais je crus un instant que c'étoit encore la sainte qui pleuroit d'angoisse et de faim. Impatient de m'affranchir de ce prestige qui troubloit ma raison, je franchis les degrés d'un élan. Les pleurs, les gémissements, me poursuivirent dans la rue, déjà entièrement éclairée par le soleil ; je me retournai vers le portail, où j'avois été devancé par mon fidèle Puck, qu'un sentiment de compassion plus qu'humain appeloit, caressant et consolant, partout où il entendoit des plaintes. Je vous ai parlé de Puck.

Je vis alors une petite fille de treize à quatorze ans, fraîche et jolie comme une rose, et dont les yeux devoient avoir un charme incomparable, quand ils n'étoient pas noyés par des larmes. Elle étoit assise au haut du grand escalier, près de la porte où je venois de passer, et, le menton appuyé sur sa main, le coude sur son genou, ses cheveux blonds abandonnés à l'air, la pauvre enfant sanglotoit amèrement en regardant un petit éventaire déposé devant elle, et que recouvroit un linge plus blanc que la neige.

— Pauvre Onorina ! disoit-elle...

Au bruit que fit mon chien en s'élançant à son côté, elle changea d'attitude, et, la vue arrêtée sur moi, elle s'écria subitement :

— Achetez, monsieur, achetez ma belle lazagne! étrennez, étrennez la petite marchande.

Je remontai deux ou trois degrés, et je m'assis un peu au-dessus d'elle.

— Qu'avez-vous donc à pleurer, chère petite, puisque votre corbeille est pleine, et qu'il ne paroît pas qu'il lui soit arrivé d'accident?

— Achetez, monsieur, achetez ma belle lazagne! Il n'y a pas de meilleure lazagne à Venise!

Et elle essuyoit ses yeux du bout de ses jolis doigts, pour paroître plus engageante.

— Je vous demandois, mon enfant, la cause de votre chagrin, et ce qui pourroit le soulager. Répondez-moi avec confiance.

— Oh! du chagrin, monsieur, j'en ai beaucoup! — Achetez, monsieur, achetez ma belle lazagne! — Il faut vous dire que c'est aujourd'hui la fête de sainte Honorine, ma patronne, et que toutes les jeunes filles de Codroïpo, dans leurs plus beaux habits de fête, vont accompagner sa châsse à la procession... une châsse superbe, garnie de longs rubans, et chacune d'elles en tient un qui est assorti par sa couleur aux rubans de sa parure. Ah! cela est bien beau à voir! — Achetez, monsieur, achetez ma belle lazagne! — Ensuite il y en a quatre qui portent deux à deux de grands paniers pleins jusqu'au bord de violettes, de primevères et de toutes les fleurs de la saison, et qui s'arrêtent de loin en loin pour en jeter par poignées sur la châsse de sainte Honorine. — Et ce sont les plus sages, les plus jolies, et celles qu'on regarde le plus. J'étois une des quatre l'année passée, et je n'ai mis que ce jour-là ma belle robe de toile de Perse à bouquets. — Achetez, monsieur, achetez ma bonne lazagne!

— Mais la cérémonie va commencer, Onorina! Et pourquoi ne mettez-vous pas aujourd'hui votre belle robe de toile de Perse à bouquets?

— Pourquoi, monsieur, pourquoi? C'est pour cela que

je pleure. Mon père s'est remarié, et ma belle-mère m'a dit ce matin, quand je lui ai demandé ma robe : « Il vous sied « bien, petite effrontée, de vouloir vous parer comme la « châsse de sainte Honorine avant d'avoir commencé votre « journée ! On vous donnera la robe que vous demandez, si « vous avez vendu votre lazagne à l'heure de la proces- « sion. » Achetez, monsieur, achetez ma bonne lazagne !

Et elle recommença de pleurer.

— Calmez-vous, mon enfant, il y a des remèdes à tout, et vous avez encore le temps d'aller prendre votre place de l'année passée auprès d'un de ces grands paniers qui sont pleins jusqu'au bord de violettes, de primevères et de toutes les fleurs de la saison. Je vous jure que vous y serez.

— Ah! vraiment, je n'en aurois pas été en peine, reprit-elle, du temps du seigneur Mario Cinci. Il venoit tous les mois depuis longtemps s'approvisionner à Codroïpo pour sa maison et pour ses pauvres, et depuis deux mois il y ve- noit jusqu'à deux fois par semaine ; il emportoit toute ma lazagne, et ne s'en alloit jamais sans me laisser quelque ba- gue, quelque épingle, quelque petit bijou, et sans me dire, en me frappant doucement la joue : « Sois sage, Nina, sois « sage, ma belle, et tu feras un jour quelque bon mariage, « car tu es vraiment aussi gentille que ta pauvre mère. »

— Eh bien, chère Onorina, vous avez maintenant deux raisons de vous consoler et de vous réjouir, puisque Mario Cinci va arriver.

— Comment arriveroit-il, s'écria-t-elle, puisqu'il est mort?...

— Mario est mort !

— Vous le connoissez et vous ne le savez pas ! Il y a quinze jours, il étoit là où vous êtes, et, contre son ordi- naire, il avoit passé la nuit à Codroïpo chez son ami le riche docteur Fabricius, pour faire ses dévotions le matin. Je lui vendis toute ma lazagne.— Achetez, monsieur, achetez ma bonne lazagne.

— Elle est achetée. — Continuez, Nina, je vous en prie, et je ne vous retiendrai plus.

Ses yeux s'éclaircirent ; ils rayonnèrent. Le contraste que faisoit avec la nature de son récit cette innocente joie de jeune fille, si heureuse de remettre une robe de toile de Perse à bouquets, me serra vivement le cœur. Je déposai un sequin sur son éventaire, et je l'écoutai depuis sans la regarder.

— Vous me donnez beaucoup trop, monsieur, et je ne saurois comment changer...

— Je vous donne trop peu, Onorina; mais continuez, continuez seulement !...

— La nuit avoit été bien mauvaise; qu'importe! Rien ne pouvoit arrêter le seigneur Mario quand il avoit mis quelque chose dans son esprit. « Il faut que je traverse le tor- « rent quelque temps qu'il fasse, dit-il au docteur, j'ai des « raisons pour cela; d'ailleurs, je reviendrai bientôt, et, si « j'étois retenu, les renseignements que je vous ai donnés « vous permettent de vous passer de moi. » Hélas! il ne revint pas, et il ne reviendra jamais !

— Et encore, apprenez-moi du moins, Onorina, comment cela est arrivé...

— Je vous dirai, monsieur, ce que j'en ai entendu dire. Tous les jours avoient été très-doux jusqu'à cet orage; il faisoit si beau dans le carnaval ! les neiges s'étoient fondues aux montagnes; les rivières s'étoient grossies, de manière que le Tagliamente, augmenté par la pluie de la veille, étoit large et houleux comme un bras de mer. Le batelier ne voulut pas s'exposer à passer, mais le seigneur Mario se mit à la rame avec son Albanois, je ne sais si vous le connoissez, et ils allèrent longtemps, longtemps, bien loin, bien loin, sans malheur; mais ils ne furent pas plutôt arrivés au milieu du courant, où est l'endroit dangereux, que voilà la vague qui monte tout à coup à perte de vue, et qui passe sur le bateau qui disparoît. Le seigneur Mario, qui nageoit comme un poisson, ne s'en inquiétoit guère; mais l'Albanois, qui étoit un homme vieux de près de quarante ans, se débattoit inutilement contre le flot. Les gens qui regardoient de la rive droite disent que c'étoit une chose terrible ; car le seigneur Mario avoit à peine fendu l'eau de quelques brasses, qu'il étoit forcé à retourner pour ressaisir son domestique et pour le ramener avec lui, parce qu'il étoit si bon et si courageux, le brave homme, qu'il auroit hasardé cent fois sa vie pour celle d'un paysan ! — Il y avoit une heure que cela duroit, et toutes les barques s'étoient avancées aussi près que possible du courant sans y entrer pour leur porter du secours. Alors on vit distinctement l'Albanois s'arracher des bras de son maître, et plonger dans le gouffre à dessein de mourir seul. Oh ! le noble Mario étoit bien capable de gagner le rivage, s'il l'avoit voulu, mais il plongeoit toujours après l'Albanois, qui s'obstinoit à se renoyer toujours, en lui criant des choses qu'on n'entendoit pas. Il le ramenoit sur le fleuve, il redescendoit avec lui, remontoit et reparoissoit encore, — et enfin on ne les vit plus ni l'un ni l'autre, et jamais leurs cadavres ne se sont retrouvés. On assure dans le pays que cela avoit été prédit par le prophète de Ravenne, ou par un autre.

Je laissai pendre ma tête sur mes genoux, et je ne parlai pas, je ne pensai pas.

Onorina me tira doucement par le pan de mon habit : — Voilà l'heure de la procession qui sonne. — Achetez, monsieur, achetez ma belle lazagne ; il n'y a pas de meilleure lazagne à Venise !...

— Es-tu encore là, petite, et ne t'ai-je pas payée ? Va mettre ta robe de toile de Perse et tes rubans avant qu'on ait pris ta place.

— Alors, dit-elle, prenez votre lazagne, monseigneur ; car, si je reparoissois devant ma belle-mère avec la corbeille et l'argent, elle supposeroit, tant elle est méchante, que j'ai gagné ma journée à quelque œuvre de péché.

Et pendant ce temps-là elle introduisoit dans la longue poche de ma redingote de voyage un sac copieux de lazagne.

— Que veux-tu que je fasse de ta lazagne? lui dis-je en riant malgré moi; je n'en ai pas besoin.

— Et les pauvres, répondit-elle, et les affamés?... Madame sainte Honorine mourut à défaut d'un sac de lazagne!

Cette idée me frappa : le tableau du Pordenone se représenta devant mes yeux comme je venois de le voir. J'éprouvai un invincible désir de le revoir encore : je me levai. Onorina n'y étoit plus.

La première messe étoit assez avancée; je m'agenouillai au fond de la chapelle. Après quelques instants de recueillement, je promenai mes yeux sur les fidèles : une poignée de pauvres gens du peuple qui venoient là implorer l'intercession de la sainte et les grâces de Dieu, avant de reprendre leurs labeurs quotidiens; dignes et pieuses familles de l'indigent qui travaille, qui croit, qui prie et qui aime, et auquel le royaume des cieux est assuré, selon mon cœur comme selon l'Évangile. Une seule femme, qui se confondoit avec la foule par sa ferveur et son humilité, s'en distinguoit par une sorte d'élégance d'ajustement : une cape de soie noire à petites dentelles d'argent. Elle passa devant moi quand l'office fut fini, en soulevant négligemment un coin de son voile, et s'arrêta vers la porte après avoir laissé tomber dans chaque tronc une aumône qu'elle cachoit de la main.

— Honorine? dis-je à basse voix en m'approchant d'elle pour l'accompagner, comme l'autorise la politesse italienne.

— Honorine Fabricius, répondit-elle gaiement quand nous fûmes arrivés au parvis; et, pour mieux me recommander au tendre et touchant intérêt que vous portez à toutes les dames, la fiancée de votre ami Joseph Solbioski. Je vous laisse à deviner les occupations qui le retiennent ce matin aux environs de Codroïpo; mais il vous attend demain matin aux bateaux du Tagliamente, une heure avant le jour, et ce signe singulier qu'il m'a chargée de vous remettre ne

22.

vous permettra aucun doute, suivant lui, sur l'autorité de ma mission. Promettez donc, et ne me suivez pas !

Le signe, c'étoit le fragment de la bûchette mystique que Mario avoit rompue à la *vendita;* il étoit lié, comme la lettre de Diana, d'un petit ruban cramoisi, à la livrée de sa gondole.

Je protestai de mon exactitude par une inclination respectueuse, et Honorine disparut sans peine au milieu de la multitude qui couvroit l'escalier et qui encombroit les rues; car la procession arrivoit avec toutes ses magnificences pour venir prendre la châsse. Je cherchai autour des paniers de fleurs la petite Onorina. Elle y étoit déjà, et superbement vêtue de sa belle robe de toile de Perse à bouquets, et si préoccupée, l'heureuse fille, de sa parure et de sa beauté, que je ne fus pas étonné du tout qu'elle ne prît pas garde à moi ; elle avoit bien d'autres pensées!...

Je n'étois pas encore arrivé, la nuit suivante, à l'endroit du rendez-vous, que je m'entendis nommer dans l'obscurité par une voix connue. Je m'arrêtai aussitôt et j'embrassai Solboski.

— Tu ne verras personne ce matin de la famille du docteur, me dit-il; elle est partie hier pour Saint-Veit, sur la rive où nous allons aborder, et M. Fabricius doit seul nous rejoindre demain au château de notre malheureux ami Mario, dont tu ne peux ignorer la destinée. Il a cru devoir faire l'acquisition de ces ruines, dont le séjour seroit, dit-on, trop sévère pour des femmes. N'impute donc pas notre séparation à quelques insultantes précautions de la jalousie, quoique tu m'aies donné lieu d'en concevoir un peu. Dans peu de jours, mon Honorine recevra de toi un baiser de frère, et la mobilité de ton cœur me promet que tu oublieras facilement un amour contracté sous le masque.

J'allois me justifier. Il m'embrassa de nouveau en riant.
— Écoute des explications plus essentielles, reprit-il, et commence par me pardonner de ne t'avoir pas ouvert toute mon âme dans nos entretiens. Livré par le malheur de ma

destinée à ces idées qui ont failli perdre irréparablement la tienne, je te voyois avec plaisir t'en distraire et t'en éloigner pour des études pleines de charme auxquelles tu es appelé par tous les souvenirs de ton éducation et par tous les penchants de ton caractère. Mon père apprit cependant de Mario que tu lui appartenois par un serment; il l'apprit dans une occasion solennelle. C'étoit la veille du tragique accident qui a ravi à la liberté son épée d'Italie. Ce dernier malheur nous auroit détournés plus que jamais de t'entraîner avec nous dans nos travaux et dans nos dangers, si quelques mots échappés à Mario ne nous portoient à croire que la *Torre Maladetta* cache quelques secrets qui ne sont connus que de toi. Les signaux qu'il t'envoyoit, ce bâton rompu, ce ruban, ces couleurs, tout cela est un mystère qui nous reste celé si tu ne nous le découvres, et qui compromettroit peut-être la vie d'une multitude de nos frères, si les recherches auxquelles nous allons nous livrer n'étoient éclairées que par le hasard. C'est ce qui a décidé M. Fabricius à prendre possession du vieux castel des Cinci, où tu ne resteras d'ailleurs qu'autant qu'il le faut pour nous diriger, dans le cas où tu ne répugnerois pas à m'y suivre.

— Te suivre en enfer, s'il le faut, répondis-je ; mais ce mystère est impénétrable à ma pensée comme à la tienne. Mario l'a emporté dans le torrent. Il ne me reste, comme à toi, qu'à le deviner. — Auparavant je te dirai tout ce que je sais.

Et je lui dis tout ce que je savois.

— J'ai entendu parler de cet événement, dit Solbioski après un moment de réflexion. Une femme enlevée ! On n'a jamais enlevé femme à Venise depuis dix ans, qu'on ne soit venu la chercher à la *Torre Maladetta*, mais toujours sans succès. Mario devoit ce tribut à sa réputation romanesque, et, je pense, un peu fantastique. On y a recherché Diana, qui n'y étoit point, et on a profité de cette occasion pour visiter les recoins les plus cachés d'une retraite si justement suspecte à nos ennemis. Il n'y a pas deux opinions aujourd'hui sur cette déplorable histoire. La commémoration même des couleurs de Diana dans le dernier message de Mario ne prouve rien. Ce n'étoit qu'un appel de plus à ton souvenir. Mademoiselle de Marsan périt en effet le jour de son départ de Venise, après avoir écrit le billet que tu en as reçu à Trieste, et je suis persuadé que son père en avoit acquis de tristes preuves, puisqu'il lui a survécu si peu de jours.

— Son père aussi! m'écriai-je, le père de Diana aussi! M. de Marsan seroit mort!

— Eh bien, que fais-tu donc? reprit Solbioski en passant son bras autour de mon corps. Tout doit mourir autour de nous, et avant nous les vieillards, si nous ne dérobons au temps une généreuse mort. Retourne à Codroïpo, mon frère, ou viens avec moi à la *Torre Maladetta*, et crois que nous serons bien malheureux s'il lui reste ce soir un secret pour nous. Il en est peut-être quelques-uns qui intéressent le sort de nos amis et celui du genre humain.

Je lui répondis en m'élançant sur le bateau; car nous étions parvenus, en causant, jusqu'à la grève roulante et penchée que l'aube blanchissoit déjà.

— Bon courage! cria le batelier. La passe sera forte ce soir, et monseigneur Mario ne seroit pas mort s'il s'y étoit pris, comme ces nobles seigneurs, avant l'heure où le soleil échauffe et fond les glaçons. Ah! que c'est une saison dangereuse pour le pauvre voyageur! Mais il s'en soucioit bien, lui qui se seroit colleté avec le démon, si le démon avoit osé se trouver en face de lui sur la terre! Aussi le démon n'avoit garde. Il l'attendoit au piége où il l'a pris pour le malheur des pauvres gens de la contrée. — Voyez, voyez, comme le courant donne déjà! Ces gros bouillons sont d'un mauvais présage à la soirée. En avant, batelier, en avant!

Et il chanta. Les vagues commençoient en effet à se rouler autour de la rame en flocons écumants. Les nuages se débrouilloient de plus en plus, et, quand nous fûmes sortis du courant pour rentrer dans les eaux mortes, le soleil luisoit déjà gaiement à leur surface, en les marbrant devant nous de larges losanges d'un vert foncé, encadré de filets tremblants d'un jaune d'or. Quelques oiseaux de mer, qui remontent jusque-là au temps des grandes eaux, les rasoient de leurs ailes, et le lieu du débarquement se déployoit triste, sévère, profond, sous la lumière horizontale qui gagnoit graduellement le rivage. Solbioski, accablé de veilles, s'étoit assoupi contre moi, et j'étois seul à jouir de ce spectacle, quand un nouvel incident le changea. La barque tourna subitement sa proue sur un point que je n'avois pas encore remarqué. L'horizon y étoit fermé par un roc immense en forme de cube, que surmontoit un donjon très-élevé, mais dont le sommet ruineux s'inclinoit comme la tête d'un géant blessé à mort. Les vastes murailles qui l'avoient appuyé autrefois, dégradées par le temps, par la foudre et par le canon, ne se soudoient plus que par quelques pierres à ses épaules inégales, et s'étendoient de part et d'autre comme des bras fatigués qui alloient reposer leurs larges mains sur les angles de la montagne. Ce qui me frappa le plus, c'est qu'un balcon arrondi, seul vestige de sa plate-forme qui fût resté suspendu sur l'abîme, paroissoit avoir été adapté à ce séjour de terreur dans des années de paix et de joie. J'en étois assez près alors pour distinguer tous ces détails, et pour comprendre que ces bâtiments et leur base devoient s'isoler du monde entier, à toutes les crues du Tagliamente. Nous débarquions alors, et nous n'avions pas plus de vingt toises à parcourir avant de gagner les degrés taillés dans le roc qui conduisoient au château. Le batelier reprit brusquement le large, après nous avoir quittés.

Le sol se composoit d'énormes galets roulés, ovales ou ronds, qui noircissent là depuis des siècles sous l'action alternative de l'air et des eaux, mais dont un grand nombre sont relevés de taches hideuses par des lichens couleur de sang. Le pied a peine à s'y affermir, car il n'y a point de route tracée, et la crainte des invasions quelquefois subites du Tagliamente dans ce long défilé entre la rivière et la montagne en éloigne moins les paysans riverains que d'anciennes et formidables superstitions. Le domestique de Solbioski, chargé de notre mince bagage, ne s'y engageoit qu'avec une sorte de terreur. Puck ne m'y précédoit pas à son ordinaire; il m'y suivoit en hurlant.

Le silence de Solbioski me fit penser qu'il n'étoit pas tout à fait dégagé de ce sommeil du matin qui venoit de le ressaisir, à la suite, sans doute, de bien des jours de fatigue et d'émotions.

— Où allons-nous, mon ami, dis-je en le prenant par le bras pour assurer mutuellement notre marche?

— Me le demandes-tu? dit-il en tournant sur moi un regard abattu, car il n'avoit pas tardé à partager mon impression. Nous allons à la *Torre Maladetta*, et la *Torre Maladetta*, la voilà!

TROISIÈME ÉPISODE

LA TORRE MALADETTA

OU LA FAMINE

Depuis l'acquisition que le docteur avoit faite de la *Torre Maladetta*, elle étoit occupée par un de ses régisseurs que j'avois vu à Trieste, homme petit de taille et de capacité, fort claudicant de la jambe droite et du jugement, singulièrement exagéré en doctrines politiques, — c'est le propre des sots, — extraordinairement méticuleux en exécution, mais plus retors dans les affaires d'intérêt qu'on n'auroit pu l'attendre de son intelligence. Je n'aurai guère d'occasion d'en parler, et il suffira de savoir qu'il s'appeloit Bartolotti.

A notre arrivée, M. Bartolotti n'étoit point au château. La peur l'en avoit délogé depuis trois jours.

— La peur! signora Barbarina, dit Solbioski à la vieille et inamovible concierge, en apprenant cette nouvelle de sa bouche, la peur, dites-vous! Et quelle peur peut-on éprouver à la *Torre Maladetta*, si ce n'est celle d'être un jour écrasé dans sa chute? Mais elle dure depuis si longtemps, menaçant de tomber toujours, et tant de générations sont couchées à ses pieds, qu'il faut espérer qu'elle restera debout au moins aussi longtemps que nous.

— Ce n'est pas tout à fait cela, répondit la vieille après nous avoir fait asseoir dans le vaste parloir du rez-de-chaussée : il y a bien d'autres choses à dire sur cette noble habitation à laquelle je suis accoutumée depuis l'enfance; car mes pères ont toujours vécu ici, et le premier y étoit venu de Rome avec le premier Cinci. Maintenant m'y voilà restée seule, décrépite et penchée comme la tour, et sans laisser personne qui prenne le soin de jeter un pauvre drap de mort sur mes os! Le Tagliamente nous recouvrira, la tour et moi, et tout sera fini. Que le ciel fasse paix à ceux qui ont, comme nous, une bonne conscience! Mais je ne me rappelle plus ce que je vous disois tout à l'heure. Ah! j'ai bien vu des événements dans la *Torre Maladetta*, si ce n'est de ces derniers temps, que je suis devenue infirme et cassée, et qu'il me reste à peine la force de marcher du parloir à la porte, et de revenir de la porte au parloir, tant je suis accablée d'âge et d'ennuis. Depuis quelques années, je n'étois plus rien au château; l'Albanois de monseigneur entroit toujours le premier, me prenoit brutalement les clefs, car il étoit impérieux et téméraire comme son maître, et, me soutenant de la main pour hâter ma marche, il me renfermoit ici à double tour, en me criant de sa grosse voix :
— Bonne nuit, Barbarina! les femmes de votre âge ne sont plus bonnes qu'à dormir! — Je vous demande, messeigneurs, si c'est ainsi qu'on traite une vieille domestique, née de pur sang romain, qui nous a veillé au berceau, et qui nous a porté si souvent dans ses bras jusque sur les créneaux pour voir les étoiles de plus près. C'étoit l'idée qui tourmentoit le sommeil de monseigneur quand il étoit petit, et sa mère, la pauvre signora, déjà bien malade au lit, me crioit : — Que faites-vous donc, Barbarina, que vous ne portez pas Mario sur les créneaux pour voir les étoiles! Voulez-vous le laissez mourir de sa crampe et de sa colère?

Alors je l'enveloppois de son drap, et je le recouvrois de ma cape ou du manteau de son père, et je montois, je montois jusqu'au donjon ; mais il y a plus de vingt ans qu'on n'y monte plus. Et c'étoit un contentement quand il voyoit les étoiles ! Il ne parloit pas encore, mais il avoit des cris pour les nommer toutes. Hélas ! ce n'est pas de la terre qu'il les voit aujourd'hui, mon malheureux enfant !

— Voilà qui est bien, Barbarina ; mais ceci s'éloigne un peu de notre sujet. Nous jugions d'abord, par le commencement de votre récit, que vous aviez eu à vous plaindre des procédés de Mario.

— Me plaindre de monseigneur Mario ! O mon Dieu ! ai-je dit cela ? Ce n'est pas sa faute s'il étoit devenu triste et sauvage ! Mais il ne me disoit plus ses chagrins comme du temps qu'il étoit tout jeune. Il n'avoit de confiance que dans son Albanois. Quand je lui en faisois reproche, il s'arrêtoit devant moi et croisoit les bras en riant, et cela me faisoit plaisir de le voir rire. « Brava, brava, Barbarina ! Je n'agi-
« rai plus sans vous consulter : mais c'est à condition que
« vous ne vous laisserez manquer de rien, que vous vivrez
« ici comme une châtelaine, et que vous vous coucherez de
« bonne heure. Quant à vous enfermer chez vous, c'est une
« précaution qui regarde votre sûreté et la mienne. » Et là-dessus il me baisoit le front en riant encore, et il me prenoit sous les deux bras pour m'asseoir dans mon fauteuil.

— Arrivons donc, Barbarina, au sujet de la peur de M. Bartolotti !...

— Eh bien, répondit Barbarina, ne croyez-vous pas qu'il y ait de quoi, quand on n'en a pas l'habitude ? Vraiment, pour moi, je n'y prends plus garde ! Mais ces bruits sourds qu'on entend sous les voûtes, comme si on vouloit les renverser ; mais ces cris plaintifs qui partent de tous les côtés des ruines, tantôt ici, tantôt là ; mais ces deux dames noires qui déploient, en signe de désolation, des écharpes rouges et blanches sur le balcon de l'ancienne plate-forme, avec des gémissements à fendre le cœur ! Vous n'êtes pas sans savoir, messieurs, le nom de la signora Lucrezia et de la signora Béatrice Cinci?

— Oui, oui ; nous connoissons cette histoire; mais elles sont mortes depuis plus de deux siècles.

— Mortes en effet, et c'est pour cela qu'elles reviennent où ne pourroient venir des vivants; car aucun être vivant ne parviendroit maintenant, ni du dedans ni du dehors, au balcon de la plate-forme, s'il n'avoit les ailes d'un oiseau. Je les avois bien entendues deux fois déjà dans ma trop longue vie, quand Felippino Cinci, le grand-père de Mario, fut tué à coups de stylet sur la place Saint-Marc, et puis quand son père André eut la tête coupée par arrêt de justice, en face de l'arsenal; mais jamais leurs gémissements n'avoient été plus douloureux, à ce qu'on assure, que depuis la mort de mon très-digne seigneur, le noble Mario, et cela est bien naturel, puisqu'il est le dernier de leur race. Enfin, Dieu soit loué d'avoir épuisé sa colère! Ces pauvres âmes n'auront plus rien à pleurer!

— Il suffit, dis-je à Barbarina; nous savons, ma chère dame, tout ce que nous voulions savoir. Un de ces enfants qui nous ont guidés ira chercher M. Bartolotti au village voisin, où il s'est réfugié. Ton domestique, ajoutai-je en me retournant vers Solbioski, prendra soin de nous préparer des lits, s'il est possible, dans la chambre que cette bonne femme lui indiquera, et de s'assurer aux environs de provisions suffisantes avant l'invasion totale du Tagliamente. Nous enfin, nous profiterons du jour, si tu m'en crois, pour tout parcourir et pour tout voir. Ou je me trompe étrangement, ou ceci en vaut la peine.

La distribution de l'intérieur ne nous offrit rien qui méritât d'être remarqué. De vieilles parois, de vieilles boiseries, des meubles caducs, des tapisseries en lambeaux, tout l'aspect délabré d'une vieille maison qui s'écroule faute de soins ou d'argent; pas un endroit où cacher un crime ou une bonne action! Puck, qui furetoit avec plus d'habileté que moi, se coucha en bâillant.

Quand cette perquisition inutile fut terminée, nous redescendîmes sur le rocher.

— Maintenant fais le tour de cette enceinte, dis-je à Solbioski, pour reconnoitre les points les plus accessibles, car c'est de l'extérieur que doivent venir les auteurs mystérieux de ces épouvantes, si elles sont fondées sur quelque chose de réel. Pendant ce temps-là, je visiterai soigneusement ces murailles, et je saurai s'il y a effectivement moyen d'y pénétrer.

Leur approche étoit fort difficile à la base, à cause des nombreuses dégradations qu'elles avoient souffertes et des énormes amas de décombres qui s'y étoient accumulés; mais à l'endroit où leur déclivité ruineuse, augmentée de siècle en siècle, faisoit pendre les deux pans latéraux vers le sol, on les gravissoit presque aussi aisément qu'une échelle inégale et hasardeuse prolongée entre deux abîmes. C'étoit un jeu pour mes habitudes de naturaliste, mon pied de montagnard, et mes yeux exercés à sonder les précipices les plus effrayants sans crainte de vertige. Ainsi je m'engageai dans cette route extraordinaire sans regarder derrière moi, et sans prendre garde au croulement, jusqu'au lieu d'où s'élevoit le donjon, sur un entablement plus commode et mieux conservé que le reste. Je n'avois pas oublié que cette partie de la tour penchoit beaucoup à la vue depuis le Tagliamente, et je profitai de cette inclinaison pour atteindre le sommet, en introduisant successivement mes mains et mes pieds dans tous les endroits où la chute d'une pierre avoit laissé un espace vide. Je fus bientôt debout sur le front chancelant de ce colosse que j'avois mesuré avec effroi le matin.

Le spectacle qu'on embrassoit de cette hauteur étoit si large et si profond, que, malgré toute mon assurance, je sentis ma tête près de tourner. Je m'étois trouvé souvent sur des sommets plus élevés, mais solides au pied, et tout au plus perpendiculaires au regard. Celui-ci trembloit presque sous mon poids, et il surplomboit d'une manière horrible la vallée du Tagliamente. Je m'assis sur un tas de pierres formé des débris du parapet, que le temps y avoit amassés confusément, et je détournai les épais moellons un à un, dans l'intention d'affermir mes pas sur une surface plus unie. Quand j'en eus relevé un assez grand nombre à mes côtés, j'essayai de marcher pour découvrir de là dans tout son ensemble immense le tableau qui se développoit devant moi. J'entendis résonner sous le fer de mes bottes une sorte de bruit métallique, et je me baissai avec empressement, afin de savoir d'où il pouvoit provenir. J'écartai de la main quelques pierres qui m'embarrassoient encore : je me rassis pour continuer à déblayer et pour dégager entièrement cette trappe dont je voyois déjà deux côtés. Il me sembloit important de m'assurer si elle étoit retenue à l'intérieur, ou seulement arrêtée par sa propre pesanteur dans l'encadrement de dalles où l'ouverture qu'elle fermoit avoit été ménagée. Je comprenois cependant que l'inclinaison progressive de la tour, en la surchargeant d'un fardeau énorme sur le côté même où ses charnières devoient se fixer, en avoit probablement rendu le jeu impossible ou très-difficile, et le long temps depuis lequel son simple mécanisme étoit resté sans exercice, au moins selon toutes les apparences, avoit nécessairement contribué aussi à la souder dans son champ. Je l'eus bientôt tout à fait découverte, mais je ne portois d'autre outil que le ciseau et le marteau du minéralogiste, qui ne quittoient jamais ma ceinture. J'introduisis mon ciseau dans la fente que je jugeai opposée aux ferrures, et je produisis sans trop d'efforts, à ma grande satisfaction, un déplacement de quelques lignes. Il n'en falloit pas davantage pour me convaincre que la trappe n'étoit fixée en dedans ni par gonds ni par verrous, et que ce moyen de nous introduire dans la tour seroit infaillible, s'il pouvoit jamais nous devenir nécessaire. Ensuite je redescendis lentement, en assurant mes pieds avec précaution sur chacun des degrés accidentels de cette ruine, pour contempler d'espace en espace les modifications que le moindre changement apportoit au tableau général, à mesure que je tournois le front du donjon; suivant quelquefois du regard le long ruban du Tagliamente, qui bouillonnoit toujours, bleu, moiré de vagues blanches, rapide et sonore, mais encore éloigné des bases du rocher; tantôt le reposant sur la tour brune, solitaire et carrée de Saint-Veit, sœur plébéienne de la noble tour de Saint-Marc; tantôt l'égarant au loin sur les lagunes aux canaux d'un vert mat et vitreux, comme ceux dont les bimbelotiers ornent les paysages en relief qu'on donne aux enfants, à travers d'innombrables ilots tout rougissants de bourgeons printaniers.

Mon absence fut assez longue pour donner des inquiétudes, car Solbioski étoit revenu sur ses pas dans son voyage circulaire, en s'arrêtant à l'endroit où il lui devenoit impossible de le continuer, et M. Bartolotti rentroit au château. Puck, qui avoit retrouvé ma trace, gémissoit lamentablement sur la dernière pierre des murailles inférieures, et regardoit la tour en pleurant.

J'arrivai. J'échangeai rapidement quelques détails avec Solbioski. La découverte de la trappe du donjon le préoccupa sérieusement. Nous convînmes d'envoyer son domestique en observation sur le seul point pénétrable qu'il eût remarqué, pour nous mettre à l'abri d'une incursion inattendue, et nous nous rendîmes dans la salle commune au banquet fort modeste que nous avions fait préparer. La nuit commençoit à tomber, mais la lune étoit superbe.

M. Bartolotti paroissoit si inquiet, si gêné, si péniblement attentif sur la chaise longue où nous l'avions placé par honneur, que le commencement du repas se ressentit malgré nous de sa tristesse. Au bout de quelque temps, cependant, nous nous regardâmes, Solbioski et moi, comme pour nous demander si nous sympathisions aux dispositions mélancoliques de son esprit, et nous partîmes d'un éclat de rire. Cette boutade nous détourna des idées noires qu'inspiroit assez naturellement ce triste séjour, et auxquelles sembloit se conformer l'appareil d'une salle incommensu-

23.

rable où nos trois lits étoient disposés de distance en distance comme des couches funèbres, imparfaitement éclairés par les deux minces flambeaux de la table où nous étions assis. Toutefois notre conversation retomba d'elle-même, comme c'est l'usage, sur les idées que nous avions le plus à cœur d'éviter, mais en se soutenant sur ce ton badin qui est la bravoure des esprits forts.

Sobiolski se leva enfin, et, me tendant son verre avec solennité pour le choquer contre le mien : « Je bois, dit-il, à « l'éternel repos de la famille des Cinci, et de tous les morts « qui ont jamais habité ces redoutables murailles ! Que le « ciel s'ouvre un jour à leurs mânes tragiques, et qu'en « attendant la terre des tombeaux leur soit légère ! »

J'allois répondre à sa provocation, car c'étoit le moment de nous coucher, et les fatigues de la journée nous en faisoient sentir le besoin, quand un choc violent ébranla les voûtes sous nos pieds. Nous restâmes un instant sans parler.

— Ce n'est rien, reprit Solbioski ; le Tagliamente monte sans doute, et vient frapper les fondements de la tour par une voie souterraine qu'il s'est faite.

— Cela est probable, répondis-je en me dirigeant du côté de la fenêtre ; — mais il étoit visible que le Tagliamente n'avoit pas pris le moindre accroissement. Je le vis blanchir à la même distance qu'auparavant contre les mêmes rochers.

Pendant ce temps-là, le même bruit s'étoit renouvelé plusieurs fois, suivi de gémissements semblables à la plainte d'un agonisant. Puck, en arrêt, l'œil en feu, les oreilles dressées, l'accompagnoit à chaque reprise d'aboiements douloureux. M. Bartolotti, pâle comme un spectre, se choquoit les dents d'épouvante.

— Il y a certainement ici, et non loin de nous, repris-je alors, quelque chose d'extraordinaire qu'il nous importe de connoître. Cette pièce est de toutes parts enceinte par les murailles, mais sur quoi repose-t-elle? Si je ne me trompe, le bruit vient d'en bas.

Au même instant, je soulevai le vieux tapis qui couvroit le sol, et je ne découvris sur les quatre coins qu'un enduit de pouzzolane fermement cimenté, dont j'eus peine à faire voler quelques éclats en le frappant de mon ciseau à coups de marteau redoublés. Je le pénétrai enfin dans toute son épaisseur, et je ne m'arrêtai qu'au roc nu.

— Le rocher ! m'écriai-je, le rocher ! Plus rien que le rocher ! Oh ! ce mystère est horrible !

Solbioski se rapprocha de moi, me saisit fortement les bras et m'entraîna dans l'embrasure de la croisée.

— Ce mystère, dit-il, l'humanité nous fait un devoir de l'approfondir ; mais nous n'en trouverons l'explication que dans la tour. J'ai remarqué ici tout ce qui peut nous être utile pour tirer parti de la découverte que tu as faite ce matin, et je t'attends à minuit pour cette expédition, au pied des ruines par lesquelles tu es parvenu au donjon. Songe seulement que nous ne pourrions mettre cet homme foible dans le secret de notre entreprise sans achever de le briser de terreur, et qu'il conviendroit mieux de le rassurer par une insouciance affectée !

Nous sommes bien fous, continua-t-il en venant se remettre à table, de nous laisser émouvoir par de fausses apparences qui s'éclaircissent assez d'elles-mêmes. Le docteur Fabricius, qui fréquente depuis longtemps ce château, et qui en connoît les détours les plus cachés, a jugé à propos d'exercer notre résolution par une épreuve d'un genre nouveau, comme c'est l'usage dans le *Tungend-Bund;* parce qu'il nous réserve probablement pour cette nuit les honneurs de la haute initiation à laquelle aucun de nous trois n'est encore parvenu, si M. Bartolotti n'est toutefois de la confidence ; je serois assez porté à le croire un des acteurs essentiels de cette scène, au talent parfait avec lequel il vient de jouer les émotions de la peur, si difficile à contrefaire pour un brave tel que lui. Heureusement, des cœurs comme les nôtres ne se laissent pas vaincre à des prestiges de roman, et nous portons défi, de ce verre de Sebenico préparé pour un toast, à tous les périls qui peuvent alarmer une âme d'homme.

Bartolotti, flatté et fier d'être flatté, comme le sont ordinairement les gens de peu de cœur et de peu d'esprit, avoit repris en effet assez d'assurance pour présenter son verre sans trembler au flacon de Solbioski, et pour le laisser arroser d'un rouge-bord horizontal dont il ne tomba pas une goutte.

J'avouerai que l'hypothèse rencontrée si à propos par Solbioski n'étoit pas dépourvue pour moi de toute vraisemblance, et qu'elle me faisoit comprendre assez distinctement l'absence extraordinaire du docteur, au moment où la crue du Tagliamente pouvoit rendre la *Torre Maladetta* inaccessible pendant plusieurs jours. Nous arrivâmes donc à rivaliser de bravades, comme si tous les synodes et toutes les *vendite* de l'Allemagne et de l'Italie nous avoient entendus, au point de couvrir tous les bruits qui se seroient élevés sous nos pieds, et nous nous jetâmes au lit plus ou moins tranquilles, mais avec cette différence que Solbioski et moi, qui ne destinions pas cette nuit au sommeil, nous ne quittâmes point nos vêtements.

Quand le silence se fut rétabli, j'écoutai plus attentivement que je n'avois encore fait. Le choc retentissant avoit cessé de se faire entendre; mais je saisissois de temps à autre une plainte lamentable comme le glas d'une cloche éloignée, et Puck, à demi endormi, traînoit sur ce murmure le murmure douloureux d'un chien qui rêve.

Solbioski sortit enfin le premier, ainsi que nous en étions convenus, pour se munir du levier et des autres instruments qu'il jugeoit nécessaires à notre investigation nocturne. Peu de temps après, je me glissai au dehors en retirant doucement la porte sur moi, pour que Puck ne se hasardât pas à me suivre dans une route interdite à son courage et sa fidélité. Je gagnai la pente des murailles et je n'attendis qu'un moment. Joseph me rejoignit avec tout l'équipage nécessaire à de pareilles aventures, contenu dans un sac de chasseur. Nos ceintures étoient garnies chacune de deux pistolets, et la mienne d'un bon poignard, outre le ciseau et le marteau accoutumés. Je marchois devant, la lanterne sourde au poing. Joseph, moins aguerri à de tels chemins, s'appuyoit derrière moi sur la forte barre de fer qui devoit nous servir à soulever la trappe. L'accès du donjon, qui étoit, en apparence, la partie la plus périlleuse de notre voyage, offroit cependant peu de difficultés sous la lumière pleine et pure de cette nuit resplendissante.

Après quelques efforts, notre marche, enhardie par les premiers obstacles, se ralentit un peu. J'entendois moins distinctement les pas de Joseph à la suite des miens. Je me retournai et je vis qu'il reprenoit haleine. J'ai dit que nous étions déjà fatigués par les courses du matin. Je l'encourageai de la voix : il monta; mais je m'arrêtai bientôt à mon tour. Nous ne gagnions pas trois ou quatre toises sur la hauteur, que l'espace ne s'approfondit en apparence, à droite et à gauche, dans une proportion qui n'avoit plus de rapport avec nos progrès réels. Je n'étois pas accoutumé au vague de ces clartés de la nuit qui dérangent tous les calculs de la vue en changeant la forme, la couleur et la distance des objets de comparaison. Les fossés n'avoient plus de fond, et la tour dressée sur nos têtes n'avoit plus de sommet. Les moindres renfoncements étoient redoutables à voir, les moindres inégalités périlleuses, et les débris que nous laissions çà et là derrière nous avoient l'air de se dresser à notre poursuite comme des têtes menaçantes. A mesure que l'horizon devenoit plus large et plus clair, le penchant que nous gravissions sembloit devenir plus sombre et plus étroit; la région inférieure que nous venions de quitter, inondée du jour lunaire, paroissoit infinie et vide comme le ciel; et la voix furieuse du Tagliamente, toujours croissant, qui mordoit ses rivages en criant, parvenoit seule à nos oreilles de tous les bruits de la terre. C'étoit affreux comme une vision.

Nous fûmes heureux, je l'avouerai, de nous asseoir sur le petit ressaut du donjon, quoiqu'il n'eût pas plus de saillie qu'il n'en falloit pour nous appuyer commodément contre la tour, à cent cinquante pieds au-dessus du sol. Il étoit temps; la dernière pierre sur laquelle Joseph eût appuyé son pied s'ébranla, roula, en entraîna cent autres dans sa chute. Elles arrivèrent en bas avec un fracas de tonnerre.

— Voilà notre chemin détruit, me dit-il en se pressant soudainement contre moi.

— Le voilà renouvelé, repris-je, et beaucoup plus aisé à parcourir au retour. Tu sais mieux que moi, mon frère, que toutes les constructions coniques ou pyramidales qui s'éboulent sous l'action du temps ou les efforts de l'homme ne font qu'étendre leur pente et qu'élargir leur base. Ce sont des accidents pareils qui nous ont permis de monter jusqu'ici.

— Tu as raison, répondit Solbioski; mais la tour, cette horrible tour, comprends-tu un moyen de t'y élever?

J'étois à vingt pieds au-dessus de lui avant de lui avoir répondu, et il me suivoit alternativement, de vide en vide ou de degré en degré, selon que la tour présentoit des intervalles ou des reliefs à la clarté de ma lanterne tournée sur la muraille, en glissant ses mains dans tous les endroits que mes pieds abandonnoient, ou en les appuyant sur toutes les saillies où ils s'étoient reposés. Parvenu près du sommet, je le débarrassai de son levier et du reste de ses ferrements, et je les jetai dans l'intérieur du donjon, où il arriva presque aussitôt que moi, quoiqu'il ne se fût pas exercé comme moi le matin aux difficultés de cette ascension extravagante.

La retraite n'étoit peut-être pas aisée, mais nous n'y pensâmes guère. Nous étions au-dessus de la *Torre Maladetta*; et nous nous embrassâmes en riant sur ce donjon, où il est permis de croire que personne n'avoit jamais ri. Nous nous trouvions si bien au milieu de cet air élastique et frais qui jouoit dans nos cheveux! Il faisoit si beau! la nuit étoit si douce! le serein si suave et si caressant! et lui, mon Joseph, il ouvroit son cœur à un si bel avenir! Ce fut une courte mais délicieuse causerie entre la terre et le firmament, comme celle de deux enfants du ciel, j'osai le penser, qui se seroient posés en volant sur la *Torre Maladetta*.

— Pardonne, dit-il, si je t'ai affligé de ma joie; Honorine est là, continua-t-il en me montrant Saint-Veit, dont la tour se dessinoit à l'horizon sous nos pieds, comme une frêle colonne de basalte noire, et j'oubliois que si Diana étoit restée au nombre des vivants, elle ne t'appartiendroit pas.

— Viens, lui répondis-je en l'embrassant encore, et laissons là mes foiblesses et mes douleurs. Quelqu'un souffre dans cette tour.

Nous introduisîmes facilement le levier sous la trappe à l'aide de mon ciseau. Bientôt, et qui pourroit exprimer notre joie? nous entendîmes les charnières gémir sur leur axe rouillé. La lourde porte se souleva et s'appuya presque verticalement contre les pierres dont je l'avois débarrassée dans mon premier voyage au donjon. Ma lanterne, plongée dans la crypte, au moyen d'une ficelle à laquelle je me hâtai de la suspendre, s'arrêta sur un terrain solide, à six pieds de profondeur.

Je descendis; je promenai la lumière sur tous les points, sous tous les côtés rentrants de l'entablement, et je finis par me trouver placé au-dessus d'un escalier en hélice, beaucoup moins dégradé que l'extérieur.

— Attends, attends, criai-je à Solbioski, nous arriverons, ou je me trompe étrangement, à connoître ce que nous avons tant d'intérêt à savoir.

Il auroit inutilement tenté de me suivre, car je dus disparoître en achevant de parler. La tige de la volute étoit si serrée dans son tambour, qu'on ne découvroit nulle part plus de deux degrés à la fois de sa profonde spirale, et qu'à force de tourner sur elle je sentis mon cœur défaillir et mes yeux se troubler. Je me laissai tomber, étourdi à demi, sur le dernier pas, à une espèce de parvis, qui surmontoit un escalier plus large et parfaitement direct, où trois hommes auroient pu passer de front. Je fus frappé alors, en le suivant de l'œil jusqu'en bas, d'une lueur inattendue, que je regardai d'abord comme un reste d'éblouissement. Un peu remis, je fis passer ma lanterne derrière la longue colonne de la vis, et je regardai de nouveau. Ce n'étoit plus une illusion; c'étoit le ciel, le ciel avec le bleu velouté de la lune, si magnifique et si doux au milieu des ténèbres de cet affreux édifice !

— La lune et le ciel, dis-je en remontant avec empressement, la lune et le ciel ! une issue ! une issue ! la tour est ouverte !

— Une issue ! répondit Joseph; oh ! pourrions-nous sortir d'ici sans redescendre ces murailles !

Au même instant il s'élança; mais il étoit à peine à mes côtés, que la trappe de fer retomba sur nous, en ébranlant de l'épouvantable commotion de sa chute la ruine chancelante du donjon, qui en retentit dans toute sa hauteur.

— Qu'ai-je fait ! dit-il, nous voilà prisonniers, et pour jamais, dans la *Torre Maladetta;* car tous les instruments qui pourroient servir à notre salut, je les ai laissés en dehors !

— Mais ne t'ai-je pas annoncé, Joseph, que j'avois trouvé une issue, une issue facile et sûre que tu n'as pas remarquée ce matin ?

— J'ai vu, reprit Solbioski d'un ton soucieux, tout ce que l'homme peut découvrir de l'extérieur de cette tour, et, si elle a quelque entrée ruineuse et inaccessible sur les rives du Tagliamente, oses-tu espérer que le Tagliamente ne soit pas débordé ?

— Viens, viens, m'écriai-je en l'entraînant, et ne t'abandonne pas à des inquiétudes inutiles, en quelques moments nous serons sortis. Vois plutôt, regarde, regarde...

— Ah! dit Solbioski, c'est le ciel! c'est le côté de Saint-Veit! et la plage étoit haute encore!

Nous descendîmes une douzaine de dégrés du nouvel escalier en nous tenant embrassés, en haletant d'espérance, car il n'y avoit plus de crainte. Je voulois arriver plus vite encore; je courois.

— Arrête! cria Joseph, et il me saisit de toute sa force; ne vois-tu pas, malheureux, que l'escalier est rompu?

Nous nous assîmes alors. Je laissai filer avec précaution deux brasses de la ficelle qui soutenoit ma lanterne.

— Bon, bon, repartis-je, rompu! dis plutôt interrompu à dessein, car le mur de revêtement qui a remplacé les dégrés paroît d'une construction bien plus nouvelle que le reste du bâtiment. Mario s'en est sans doute avisé pour empêcher les communications du dehors avec l'intérieur de son château. C'est au reste une sotte précaution, car un enfant descendroit d'ici sans danger, et tu vois que les dégrés ne cessent pas de se prolonger au delà de ce court intervalle. Ils descendent jusqu'à cette porte de lumière qui nous rend à la liberté.

— Un enfant descendroit d'ici, répondit Solbioski, mais le mur est neuf, comme tu le disois tout à l'heure, et un homme n'y monteroit pas. — Reviens, Maxime, reviens. Quatre bras vigoureux peuvent soulever cette trappe... nous ne l'avons pas essayé. Demain nous nous ferons suivre de Frédéric, que j'ai mal à propos éloigné, et qui est entreprenant et robuste. Nous nous assurerons mieux de nos précautions et de nos ressources; nous indiquerons notre itinéraire à quelques voisins courageux que nous attirerons au château à force d'argent, si le débordement ne nous en a pas encore séparés, et nous n'exposerons pas notre vie à des périls sans remède, et peut-être sans utilité.

Nous n'avions calculé ni l'un ni l'autre l'effet d'une action produite par les quatre bras vigoureux dont parloit Solbioski, à une toise de notre point d'appui commun. La trappe s'ébranloit sous nos efforts, mais il auroit fallu d'autres bras au bout des nôtres pour la soulever et pour la replacer d'aplomb auprès des pierres contre lesquelles nous l'avions d'abord appuyée. Mon ciseau ne nous prêtoit qu'un secours de peu de valeur, et nous n'avions pas tenté deux ou trois essais que, brisé près du manche, il tomba inutile à nos pieds. Je me gardai bien de hasarder à cette entreprise impuissante la pointe de mon poignard; elle pouvoit nous servir à quelque chose.

Nous redescendîmes sans nous parler, et nous étions un moment après au bas de la muraille qui coupoit si brusquement l'escalier. Je m'assurai qu'il seroit impossible d'atteindre des mains à cette hauteur, si nous étions forcés à revenir; mais la lune brilloit toujours, et sa lumière, plus vive encore et plus étendue à mesure qu'elle approchoit de son coucher, inondoit tous les bas degrés au point qu'on les auroit comptés facilement. L'espace extérieur étoit sans bornes.

Il y avoit là une vingtaine de pas que nous descendîmes avec une insouciance presque joyeuse; mais là aussi la route étoit fermée, et la hauteur de la coupure auroit été effrayante, si le poids des constructions supérieures ne lui eût donné un peu de penchant.

— Presque rien, mon ami, presque rien, je te le jure! quinze ou dix-huit pieds tout au plus, et nous allons être libres! et nous n'avons plus d'autre moyen de sortir vivants de la *Torre Maladetta;* car le retour est impossible. Vois le ciel! vois le jour qui va naître! On n'entend pas même d'ici le bruit du Tagliamente, et c'est le côté de Saint-Veit!

Je lui disois déjà cela du pied de la muraille. Il tomba près de moi et courut à la lumière.

— Oh! mon Dieu! s'écria-t-il, perdus, perdus à jamais! Ceci n'est pas une issue, ou c'est l'issue de la vie à la mort! c'est le balcon de la plate-forme détruite, ce balcon où apparaissent Lucrèce et Béatrix, et dont Barbarina nous disoit ce matin ou hier que nul être vivant ne peut y parvenir s'il n'a des ailes!... Et il faudroit, en effet, des ailes pour remonter cette tour ou pour en descendre! Maxime, nous sommes perdus!

Je m'avançai, je me penchai sur le balcon; son élévation étoit immense, parce qu'elle dominoit à pic sur le côté le plus profond de la grève. Pour comble de malheur, le Tagliamente ne s'étoit pas arrêté dans sa crue; il montoit, montoit toujours. Je m'assis sur les dalles et je reposai ma tête dans mes mains.

Après un moment de réflexion, je revins à moi; car, si je cède au découragement avec facilité, je ne tarde pas non plus à trouver de bonnes raisons pour reprendre confiance dans ma destinée. Solbioski n'étoit pas sorti de son abattement.

— Notre position est fâcheuse, repris-je; elle est périlleuse, si tu veux; mais il s'en faut de beaucoup qu'elle soit désespérée.

— Et qui pourroit nous en tirer, malheureux que nous sommes! As-tu des ailes?

— Calme-toi, et ne me refuse pas un moment d'attention. Notre disparition presque fantastique de la salle où nous étions couchés portera sans doute au dernier degré les épouvantes de Bartolotti; mais l'imagination de cet homme n'est pas de celles qui accordent un grand empire au merveilleux. J'ai observé que la nature de ses craintes étoit plus positive, et je suis sûr qu'il attribuera une cause naturelle à notre absence. Il n'agira pas, à la vérité, je n'y compte pas plus que toi, mais il parlera. Les portes ne tarderont pas à s'ouvrir, car le jour va se lever, et l'on ne sortira du château que pour venir à notre recherche. Puck m'a suivi hier, le pauvre animal, autant qu'il a pu me suivre, jusque vers la base du donjon; il indiquera le chemin que nous avons tenu, et qu'un éboulement récent fera aisément reconnoître; car plus d'une de ces pierres noires et moussues, qui ont croulé sous nos pas, présentera au soleil alors une de ses faces qui n'en avoit jamais été frappée. M. Fabricius sera probablement arrivé; il a un vif intérêt à nous rejoindre, et les progrès du torrent qui s'augmente à vue d'œil le décideront sans doute à partir de bonne heure de Saint-Veit, avant d'être séparé de nous pour plusieurs jours. Tu connois son activité, sa résolution et son courage. D'une autre part, le bon Frédéric, que tu avois placé en observation au delà des parties basses que les eaux menacent d'envahir, n'attendra pas leur irruption pour nous rejoindre; il l'aura calculée avec sa pénétration ordinaire, et il ne sera pas resté en sentinelle perdue à un poste qui n'a plus besoin d'être gardé, quand la *Torre Maladetta* va être enfermée par l'inondation. Il arrivera au sommet du donjon tout aussi aisément que nous; les degrés y sont marqués si visiblement, que je les ai retrouvés de nuit. La découverte de notre levier, de notre sac et de nos instruments abandonnés près d'une trappe mobile, achèvera de le diriger. Il ne lui manquera, pour nous délivrer d'ici, à lui tout seul, que deux ou trois brasses de corde qu'il se procurera sans peine au château, et nous reverrons à midi, de la grande salle de compagnie, le soleil qui commence à gravir l'horizon, car notre trajet a été plus long que je ne l'avois pensé. Rassure-toi donc, mon ami, et ne crains pas que la Providence nous abandonne.

— Ainsi tu comptes donc, reprit Solbioski en hochant la tête, sur l'arrivée de M. Fabricius, parce que le Tagliamente n'est pas débordé, et sur l'arrivée de Frédéric, parce que le Tagliamente déborde!

Je sentis la portée de cette objection. — Je compte, Joseph, sur l'une, — ou sur l'autre.

Et puis, dis-je en reprenant brusquement ma lanterne, rien ne prouve jusqu'ici que ce reste d'esplanade ne communique pas à quelque chose. — Ce n'étoit pas du haut de la tour qu'on amenoit les dames à ce balcon merveilleux que l'art d'un architecte du moyen âge avoit ouvert pour le plaisir des yeux, en face d'une des plus belles pages de la nature pittoresque. Je garantis qu'avec un peu d'attention... — Et tiens plutôt! cette embrasure est étroite comme une meurtrière, mais elle est ouverte et praticable,

Ouverte, en effet, pour le passage d'un homme de profil, et si étroite dans sa longueur, que je sentis mon cœur battre violemment à la pensée que le moindre tassement des ruines pouvoit nous fermer à jamais l'entrée de ce trou, pendant que nous en cherchions la sortie. Nous y avions déjà fait plus de cinquante pas, quand tout à coup les pavés solitaires qui composoient un à un toute sa largeur descendirent en pente glissante et rapide, où j'avois peine à affermir mes pieds. La lanterne étendue du bras droit, je fixois un regard inquiet et oblique sur le court espace qu'elle éclairoit à mon côté. Je m'arrêtai brusquement à une ouverture cylindrique, où se terminoit cette voie mystérieuse avec ses murailles latérales, qui achevoient de se refermer derrière dans un angle impénétrable. C'étoit une hélice du même genre que celle que nous avions parcourue, mais qui n'étoit propre qu'à recevoir le corps d'un homme. Il n'y avoit pas lieu d'hésiter, et j'y engageai un de mes pieds avec précaution ; il se fixa sur un degré solide, et nous nous plongeâmes dans cet abîme en frémissant de rencontrer un obstacle, car le mouvement de retour auroit été difficile à exécuter.

Nous parvînmes enfin à une vaste salle assez régulièrement bâtie, dont nous nous empressâmes de toucher les parois. Les parties inférieures étoient prises dans le roc vif. Nous étions, à n'en pas douter, dans les souterrains du château, et à peu de toises, suivant nos conjectures, au-dessous des constructions habitables.

Cette pièce, d'un aspect imposant et sombre, n'offroit de remarquable d'ailleurs qu'un puits creusé dans son centre, et qui avoit dû coûter d'incroyables travaux pour être prolongé jusqu'au niveau des eaux de la plaine. Un seau vide, mais humide encore, étoit appuyé sur le rebord ; la corde qui le soutenoit à sa poulie n'étoit pas entièrement desséchée à l'endroit où elle se renouoit à son anse de fer.

— Quelle preuve te faut-il de plus, dis-je à Solbioski, que ce lieu est habité?

— Je n'en doutois pas à mon départ, répondit-il tristement, mais ce n'est pas sans inquiétude que je m'attends à rencontrer ses habitants.

Pendant que nous disions cela, j'avois détourné une vieille portière de drap noir, qui étoit suspendue à la muraille au moyen d'une tringle appuyée sur des crampons; elle fermoit une salle plus spacieuse encore que celle par laquelle nous avions pénétré dans ces horribles cachots.

Là tout annonçoit, en effet, la demeure d'une famille... ou le repaire d'une bande qui le négligeoit depuis longtemps. Ses quatre côtés étoient garnis de fauteuils à l'antique d'une grande proportion; une cheminée assez difforme, dont le canal paroissoit aboutir au-dessus des grèves du Tagliamente, à la base des murailles, étoit surmontée d'une glace de Venise, dont le reflet m'effraya, tant l'aspect de l'homme est redoutable pour l'homme isolé qui manque de l'appui des institutions et de la société. Une découverte plus rassurante pour moi fut celle des doubles girandoles de bronze qui garnissoient les deux montants, et qui étoient encore chargées de bougies intactes, mais noircies par l'humidité et par le temps. Cet appareil, si extraordinaire dans un tel endroit, me remplit d'une joie d'enfant qui s'augmenta de beaucoup lorsque j'eus regardé la lanterne sourde. Elle n'avoit qu'un moment à luire, et tant de troubles différents que nous venions d'éprouver nous avoient fait oublier le plus sérieux de nos dangers. Nos torches et nos briquets étoient restés dans le sac abandonné sur le donjon. La mèche, penchée sur un enduit de cire qui s'étoit amassé autour de la bobèche, ne jetoit plus que de petites aigrettes blanches et bleues, qui dansoient sur elle comme si elles alloient la quitter, et ne la ressaisissoient que par une sorte de fantaisie. Je m'emparai de deux bougies, et avec quel soin je fis rouler sur sa brochette la vitre de cristal bombée qui celoit notre trésor, pour que l'agitation de l'air n'achevât pas de nous le ravir! Avec quelle tremblante anxiété je rapprochai le coton de ce foible reste de flamme près de s'évanouir! Avec quelle volupté je le vis s'incendier d'une large lumière, et la communiquer de bougie en bougie! car j'allumai tout pour m'assurer que le jour au moins ne nous manqueroit pas. Tout brilloit, tout resplendissoit autour de moi; mais les coins éloignés de la salle, où la clarté ne se faisoit de moins en moins sentir que pour s'éteindre tout à fait dans les ténèbres, en paroissoient encore plus obscurs et plus formidables. J'y plongeois la vue avec horreur, quand un cri déchirant partit derrière moi. Je me retournai, et Solbioski tomba le front sur ma poitrine, en liant ses mains tremblantes à mon cou.

— Là, là, me dit-il en me montrant du doigt tourné derrière lui la partie de la salle qui nous étoit opposée, c'est là!

— Eh! quoi encore, mon ami?... Tu ne m'as pas même dit ce que tu crois avoir vu.

— Un cadavre! un cadavre! le corps d'une femme assassinée!

Je pris une des lumières. — C'étoit un cadavre en effet, une femme en robe noire, étendue sur une couche basse, et dont les bras traînoient sur la pierre. Je les relevai, je la replaçai dans son lit sanglant, sans remarquer cependant sur elle d'autres blessures que celles de ses poings mutilés, qu'on auroit crus broyés à demi sous les dents d'une bête féroce. J'exprimai cette conjecture tout haut.

— Vois, Maxime, vois, reprit Solbioski en déployant un des rideaux blancs qui tomboient sur elle, et en m'y montrant l'empreinte de cinq doigts teints de sang... les bêtes féroces de la *Torre Maladetta* ont des mains!

— Joseph, lui dis-je avec autant de calme que pouvoit m'en permettre cette scène de terreur, — et pardonnez-moi si je suis forcé d'en prolonger encore les angoisses, — Joseph, ce n'est point ici l'infortunée créature dont nous avons entendu les cris hier au soir, il n'y a guère plus de douze heures : tout l'aspect du cadavre annonce que la vie n'en est pas retirée depuis moins de trois jours. Il y avoit d'ailleurs deux dames noires sur la plate-forme, et il n'y en a qu'une là. Selon toute apparence, nous avons une victime à sauver.

— Mais en quel endroit te promets-tu de la découvrir, puisque tout est parcouru?

— Tout jusqu'ici. — Elle est derrière cette autre portière qui avoisine la cheminée, et que j'ai remarquée en éclairant cette pièce.

Nous armâmes nos pistolets, nous détournâmes la portière; nous entrâmes dans une troisième salle.

Celle-ci différoit beaucoup des précédentes par sa décoration. Le roc à hauteur d'appui et la muraille qui le surmontoit y avoient été revêtus avec soin d'un stuc frais et brillant encore, dont l'application ne pouvoit pas être antérieure aux plus belles années de la jeunesse de Mario. D'espace en espace, de longs pans d'étoffes veloutées ou de papiers peints varioient à la manière vénitienne la monotonie du fond. Cinq ou six petits tableaux de bons maîtres, placés entre des porte-flambeaux en bronze agréablement ciselés, relevoient encore l'apparence de ce triste séjour, qu'on avoit du moins cherché à rendre aimable. Quelques instruments de musique à l'usage des femmes et un complet mobilier de toilette, chargé de livres d'imagination et de poésie épars au milieu des rubans, des dentelles et des parfums, indiquoient assez sa destination. L'alcôve étoit garnie d'un lit élégant qu'on avoit négligé de refaire, et dont le froissement annonçoit qu'il devoit avoir été récemment occupé.

La cheminée étoit large et haute, suivant l'usage ancien, mais travaillée avec art et assez richement ornée. Le pendule de l'horloge et l'aiguille du cadran étoient immobiles. Déjà, depuis quelques jours sans doute, on avoit oublié, dans ce lieu de douleur, de mesurer le temps. Les quatre candélabres qui garnissoient les deux extrémités de la tablette ne portoient point de lumières, mais, dans la moitié, les bougies avoient fini de mourir; dans l'autre, elles n'avoient pas été allumées. Cette précaution m'avertit de la nécessité de ménager celles qui restoient à ce souterrain, dans lequel nul rayon du jour ne pouvoit jamais pénétrer, et où la nuit absolue devoit être horrible. J'allumai deux bougies des candélabres, j'en conservai une dans ma main, et je me hâtai d'éteindre toutes celles que j'avois imprudemment enflammées en traversant la chambre de la morte. Je revins ensuite prendre part aux explorations inquiètes de Solbioski, dont aucune circonstance rassurante n'avoit détourné les funestes pressentiments. Il étoit plongé en silence dans un fauteuil au coin du foyer, où les débris de quelques tisons, depuis longtemps refroidis peut-être, avoient noirci dans les cendres.

— Il n'y a plus rien, me dit-il, plus rien que le cabinet exhaussé où l'on parvient par ces degrés, et que j'ai visité d'un coup d'œil. C'est là probablement que cette malheureuse prisonnière rangeoit ses provisions; mais elles sont si complètement épuisées, qu'il ne reste pas une indication qui puisse faire connoître l'endroit où elle déposoit son pain. Le bûcher seul est garni.

— Le bûcher! répondis-je en courant à l'escalier. Eh bien! du feu, du feu! Le froid, la fatigue, le sommeil, ont tellement abattu mes sens, que je ne saurois, sans un moment de repos, retrouver ma présence d'esprit et ma fermeté. Du feu, Joseph, un grand feu, et nous rêverons quelque moyen de salut, car la nuit m'a toujours porté conseil!

J'avois déjà passé dans ses mains je ne sais combien de tronçons d'un pin résineux qui ne demandoit qu'à pétiller, quand, en soulevant brusquement une bûche de plus, je frappai de son extrémité, par mégarde, le plafond de cette soupente; il rendit un son métallique dont le retentissement extraordinaire me surprit, et nous nous regardâmes, Solbioski et moi, comme pour nous consulter mutuellement.

— Oui, oui, me dit-il en répondant à ma pensée; tu ne

t'es pas trompé. Nous avons déjà entendu ce bruit ; c'est celui qui s'est renouvelé hier à plusieurs reprises sous la grande salle du château.

Je m'élançai sur la pile de bois, et je frappai de mon marteau à la même place : le bruit se répéta plus intense et plus facile à reconnoître.

— Ceci est évident ! m'écriai-je. Regarde, on n'a pas même pris la peine de déguiser aux yeux l'enchâssement de cette trappe, et c'est par là que cette malheureuse femme est descendue ; car il n'y a certainement point d'autre issue au pied de la tour. L'âge qu'elle annonce d'ailleurs, autant que j'ai pu en juger par le regard d'effroi que j'ai jeté sur elle, ne lui auroit pas permis d'escalader les murailles, et si nous ne savions de Barbarina elle-même que, depuis vingt ans, on n'est pas monté au donjon, l'état dans lequel j'ai trouvé les ruines que j'ai visitées le premier ne me laisseroit pas la possibilité d'en douter. Seulement, il ne s'agit plus d'une trappe mobile comme celle à laquelle nous devons la funeste connoissance de ces mystères. Celle-ci est solidement fermée en dehors sous ce tapis qui couvre un revêtement de pouzzolane, au moyen duquel on est parvenu à la dissimuler habilement. C'est sur ce point qu'il faut agir, car c'est de là que doit arriver notre délivrance, et ne doute pas qu'on nous entendra !

— Qui nous entendra ? dit Joseph en me regardant douloureusement. Bartolotti qui s'est enfui, Frédéric qui n'est pas revenu, M. Fabricius à qui le Tagliamente a fermé le passage ? Barbarina peut-être ? Tu ne t'es pas avisé toi-même de soulever ce tapis dans toute son étendue, et tu veux qu'on s'en avise !

Pourtant nous attaquâmes la trappe de manière à ébranler la tour jusqu'à son sommet, et rien ne nous répondit.

Nous redescendîmes ; nous attisâmes un feu large et ardent ; nous nous mîmes à disposer les matelas du lit aux deux côtés du foyer, et cela sans nous parler. Seulement nous remontions de temps à autre pour renouveler nos ef-

forts contre cette voûte sonore, mais inébranlable, où toutes
nos percussions inutiles grondoient sur nous comme une
menace et comme un arrêt de mort. Dans le silence que
nous gardions après chaque tentative, je crus saisir un murmure de plainte ou une voix d'agonie. Je me baissai, car
cela étoit parti de mes pieds ; je vis quelque chose alors qui
ressembloit à un second cadavre. J'y touchai en frissonnant :
c'étoit une femme étendue sur la face à l'extrémité du bûcher, avec une pièce de bois dans ses mains. Je la soulevai,
je l'emportai entre mes bras, je la déposai sur une des
couches que nous avions préparée, j'écartai les longs cheveux qui recouvroient son visage pour m'assurer qu'elle
existoit encore ; mais ses yeux étoient fermés, et le peu de
vie qui restoit à ses lèvres convulsives étoit aussi affreux à
voir que la mort...... Et, quand Solbioski eut rapproché de
nous la lumière, je sentis que ma vie elle-même alloit s'échapper : mes sens se troublèrent, mes jambes défaillirent,
mon âme fut près de s'anéantir. Cette femme mourante ou
morte, c'étoit Diana !

— Diana ! Diana ! m'écriai-je en tombant à genoux auprès d'elle et en portant sa froide main à ma bouche.

— Tout s'explique maintenant, dit Solbioski : Mario, justement soupçonné de l'enlèvement de mademoiselle de
Marsan, n'avoit trouvé d'autre moyen de la soustraire aux
recherches que de la cacher jusqu'à nouvel ordre dans ces
souterrains avec sa femme de compagnie. Comme des approvisionnements inaccoutumés auroient décelé son secret, il avoit multiplié, pour y suppléer, ses petits voyages
à Codroïpo. Il est mort au retour, et ces deux infortunées sont mortes de faim dans cette prison, où nous allons
mourir !...

— Morte ! repris-je. Diana n'est pas morte ! Elle vit ! elle
ne mourra pas ! La chaleur de ce foyer commence à la ranimer !

— Tant pis ! répondit amèrement Solbioski. Hélas ! il vaudroit mieux qu'elle fût morte ; nous ne pouvons que prolonger sa triste agonie par des secours cruels. Avec quoi la nourriras-tu?...

— Malédiction du ciel! dis-je en me relevant et en parcourant la salle à pas précipités dans un accès de frénésie et d'horreur. La Providence est donc sourde comme le néant! Point de salut pour Diana!

— Et point de salut pour nous! répéta Solbioski, dont la voix lugubre retentissoit sur la mienne comme le répons mélancolique du trappiste : Frère, il faut mourir!

Mes mains se crispoient, pendantes sur mon habit; c'étoit ma redingote de voyage : une des poches repoussa ma main.

— Ah! criai-je avec ivresse, elle ne mourra pas!... J'ai bien dit qu'elle ne pouvoit pas mourir! Grâces te soient rendues, Onorina! Pauvre Onorina, que le ciel te protége! Mon Dieu, pardonnez-moi! — Sainte Honorine, priez pour nous!...

— Que dis-tu, mon ami? Le désespoir trouble ta raison! Ta tête s'égare! calme-toi!...

— Sainte Honorine, priez pour nous! Diana ne mourra pas! Voilà de l'eau, du feu, des vases, — et de la lazagne.

Ce qui suivit immédiatement n'a pas besoin d'être raconté. Notre étonnement religieux et reconnoissant, nos élans d'amour pour la Providence un instant méconnue, qui nous envoyoit ce bienfait miraculeux; notre empressement à secourir Diana, nos précautions pour la ramener à la vie par des transitions habilement ménagées et qui n'eussent rien de dangereux, tout cela se comprend bien mieux que cela ne pourroit jamais s'écrire. — Au bout d'une heure son pouls battoit avec lenteur, mais avec régularité; le sang, ranimé dans ses veines, étoit remonté à ses lèvres pâles; sa bouche respiroit, son cœur palpitoit sous ma main, ses yeux s'ouvrirent; elle les promena vaguement sur toute l'enceinte, les arrêta un moment sur moi sans montrer de surprise, et les referma en soupirant.

Je ne devinois que trop ce qu'elle avoit cherché, et je tremblois de deviner ce qu'elle avoit compris.

Nos soins se continuèrent autant qu'il le falloit pour nous rassurer sur son existence, et nous oubliâmes alors quelles foibles espérances nous restoient d'entretenir ce souffle fugitif que nous venions de ranimer. L'âme de l'homme se laisse relever dans les circonstances les plus extrêmes par de si trompeuses joies! Elle a si grand besoin de croire à un lendemain, de se ressaisir d'une illusion, et c'est cela qui fait vivre!

Diana, depuis sa resurrection, avoit paru cependant incapable d'articuler une parole. Son regard fixe et morne, qui s'étoit à demi dégagé des ténèbres de la mort sans perdre cette expression, n'avoit pas même réfléchi une pensée, une émotion intérieure. Une seule fois elle pressa ma main en détournant sa bouche des aliments dont elle ne sentoit plus le besoin, ferma les yeux de nouveau, mais sans témoigner de douleur, et puis elle s'endormit.

Après avoir regarni le foyer et renouvelé les flambeaux, nous cédâmes aussi au sommeil; il dura longtemps.

Je m'éveillai le premier, et il le falloit, car tout alloit s'éteindre. Diana reposoit dans un calme profond et qui paroissoit doux. Je m'en approchai autant que cela étoit nécessaire pour entendre sa respiration et sentir la tiédeur de son haleine. Je plaçai ensuite à sa portée, sur un petit meuble éclairé par deux lumières, ce qui restoit de lazagne, et, muni de ma lanterne, je regagnai en silence l'escalier du balcon. Je ne pouvois m'imaginer qu'on n'eût fait aucune démarche pour nous retrouver, et je craignois seulement que les perquisitions ne fussent arrêtées à cette galerie étroite où il n'étoit effectivement pas naturel de chercher un passage.

Rien ne répondit à mes conjectures. Il n'y avoit point de changement : on n'étoit pas venu.

Le soleil avoit déjà passé le point du ciel qu'il occupe à midi. La journée de la veille, dont nous n'avions vu que l'aube, devoit avoir été belle. La fonte des neiges continuoit. Le Tagliamente inondoit ses rivages; il remontoit en vagues blanches et retomboit en vapeur contre le pied du rocher. La campagne qui nous séparoit de Saint-Veit disparoissoit tout entière sous un lac immense au milieu duquel sa tour se dressoit comme un mât immobile. Je pensai que M. Fabricius n'avoit pas pu se mettre en chemin.

Solbioski ne s'informa pas des motifs de mon absence, et je ne lui en parlai point. Il avoit le temps d'apprendre que notre espoir le mieux fondé s'étoit évanoui.

— Malheur, malheur! dit-il en s'asseyant sur sa couche. La nuit t'a-t-elle porté conseil, comme tu l'espérois?

— Elle m'a conseillé, mon ami, de ne compter que sur nous. La trappe de ce cabinet ne peut s'ouvrir, et, si elle cédoit sous nos efforts, elle nous laisseroit une nouvelle difficulté à vaincre, car l'ouvrage de maçonnerie qui pèse sur elle cache dans sa construction quelque artifice que nous ne pouvons pénétrer. — Le chemin le plus court, c'est le plus long. — Il faut regravir cet escalier de désespoir, et pour cela il faut une échelle que nous aurons bientôt fabriquée. Il y a dans les dossiers de ces fauteuils que nous avons remarqués en entrant, il y a dans leurs traverses des montants et des échelons qui n'ont besoin que d'être ajustés assez solidement pour nous porter tour à tour. Les instruments que Mario a recueillis en désordre dans les coins du bûcher, pour le service de son foyer, suffisent à ce travail, auquel suffiroient la pointe et le tranchant de mon poignard, le superflu de la ficelle qui soutient notre lanterne, et peut-être nos bras, nos bras seuls! Quant à la trappe, nous la soulèverons sans peine. J'ai observé qu'un des barreaux du balcon ne demandoit qu'un effort pour être déchâssé de sa soudure, et un trait de cette petite scie à main qui est pendue à la cheminée réduira notre échelle à la proportion nécessaire pour nous élever jusqu'à la porte rebelle qui n'a résisté à nos efforts que parce que nous l'attaquions de trop bas. Du courage seulement, car il n'y a point de temps à perdre.

— En effet, dit-il, cette ressource est la dernière, l'unique ressource qui nous reste, si le Tagliamente est débordé...

Ensuite il s'assit sur son lit, essuya son front, pâlit et me dit : — J'ai faim.

— Ces premières irritations du besoin restent longtemps sans se renouveler quand on les a vaincues la première fois; c'est une grâce d'État pour les prisonniers et les acteurs des guerres civiles. Pense que dans quelques heures nous pouvons être délivrés.

Et je me hâtai de distribuer entre nous les différentes parties de notre travail.

Oh! ce travail fut bien long! Nous étions également inexpérimentés à la besogne, et la rigueur de notre apprentissage s'augmentoit de notre affoiblissement toujours croissant. Indépendamment des distractions nécessaires que nous donnoient de temps en temps les légers repas de Diana, dont j'avois divisé en très-petites portions la lazagne presque épuisée, nous étions pris alternativement de langueurs et de défaillances qui faisoient tomber nos outils de nos mains. Nous en vînmes enfin à bout, s'il est permis de regarder comme un ouvrage terminé les objets informes et grossiers que nous avions si peu solidement ébauchés. Nous nous trouvâmes heureux cependant.

Après cela, nous disposâmes tout dans l'appartement pour le temps que devoit, selon nous, durer notre absence, et nous gagnâmes le balcon avec des difficultés que multiplioient à chaque pas les embarras de notre équipage.

Qui le croiroit? Les heures qui avoient paru si longues à mon impatience étoient plus nombreuses encore que je ne l'aurois pensé. L'ouverture de la plate-forme étoit éclairée par le jour, par un jour nouveau, par le soleil du troisième midi. Je m'étonnai d'avoir tant souffert et d'avoir mesuré si mal la longueur de mes souffrances. La douleur marche vite.

Solbioski se hâta de courir au balcon. Je n'avois plus rien à y apprendre et je m'arrêtai derrière lui.

— Le Tagliamente est débordé, dit-il en laissant retomber sa tête sur sa poitrine.

— Qu'importent le Tagliamente et ses débordements! répondis-je. Nous allons au donjon et non au rivage!

Et alors je tentai d'ébranler le barreau que j'avois senti vaciller, que j'aurois probablement détaché la veille, si je l'avois voulu. Il résista. Mon sang se figea dans mes veines; car, sans le secours d'un levier, tous les autres préparatifs de notre entreprise devenoient inutiles. Comme j'en cherchois un qui fût plus mal affermi, comme je le cherchois sans le trouver, et sans faire connoître à Solbioski le sujet de mon inquiétude, un corps long, dur et arrondi roula sous mes pieds; c'étoit un barreau qui étoit tombé de lui-même aux secousses de l'orage ou à la suite des dégradations du temps. Je m'en emparai et je le traînai après moi de degré en degré, parce qu'il étoit lourd. Nous montâmes lentement, à pas tardifs, à stations multipliées; car le courage nous manquoit, même pour nous délivrer. Nous nous reposâmes un moment au-dessous des degrés qui aboutissoient à l'escalier à vis, pour scier notre échelle à la hauteur de la trappe. Nous laissâmes le reste, qui en étoit la plus longue partie, sur le terre-plein de la dernière muraille, et nous arrivâmes au sommet.

Nous nous assîmes encore; nous nous embrassâmes; nous échangeâmes quelques paroles d'encouragement : nous en avions besoin.

Enfin, le dos tourné à une paroi d'où notre levier pouvoit agir dans tous les sens avec facilité, nous nous affermîmes de commun sur les bâtons de notre courte échelette, que nous avions eu soin de choisir robustes et solides, parmi les mieux enclavés dans leurs mortaises. Nous courbâmes nos épaules sous la porte de fer qui nous séparoit du ciel et de la vie, et, introduisant peu à peu la pointe de notre barre aiguë au point où les rebords de la trappe s'appuyoient mal hermétiquement sur son cadre, nous fîmes peser à son extrémité opposée l'effort de nos quatre mains réunies, avec le peu de vigueur que nous prêtoit l'espérance ou le désespoir.

Les charnières crièrent comme la première fois; la trappe bâilla et s'ouvrit à laisser passer un homme; la pleine lumière du matin pénétra dans la tour par gerbes éblouissantes, avec l'air pur et vif de cette région élevée.

— Nous sommes sauvés! m'écriai-je. Un moment encore, et nous sommes sauvés!

Au même instant, toutes les pierres qui entouroient la trappe, ébranlées par son mouvement, se précipitèrent sur elle avec un épouvantable fracas; elle retomba comme la foudre, et nous chassa violemment au loin sur les dalles.

— Nous ne sommes pas sauvés, répondit Solbioski en m'entourant de ses bras; je te l'avois bien dit : nous sommes perdus !

Nous restâmes quelque temps en silence au bruit des ruines qui continuoient à s'amasser sur notre tête, car l'ébranlement s'étoit communiqué aux parties les plus chancelantes du parapet du côté où il s'inclinoit sur le front penchant du donjon, et les pierres qui le couronnoient tomboient et rouloient toujours.

Je pensai, sans le craindre, qu'il alloit crouler tout entier et nous anéantir. — Mais le bruit cessa enfin, pendant que les profondeurs du bâtiment le répétoient encore dans leurs échos. La tour vibra un moment comme un peuplier dont le tonnerre a frappé la cime, ou comme un pendule chassé par le doigt qui rétrécit peu à peu l'arc de ses oscillations. Et puis tout fut muet et immobile.

Notre lanterne, heureusement close, n'avoit pas été éteinte par la commotion. Je la repris avec une apparence de sécurité sur laquelle j'avois peine à me faire illusion à moi-même, et saisissant la main de Solbioski :

— Viens, lui dis-je, rien n'est désespéré encore. Cette catastrophe se sera fait ressentir jusque dans la cour du château, où des fragments des murailles seront tombés du sommet. Leur direction naturelle est de ce côté. L'accident qui nous accable fera deviner nos efforts, notre position, nos dangers. Sois assuré qu'au moment où je te parle la trappe inférieure est ouverte. Viens, au nom du ciel qui ne nous abandonnera pas !

Solbioski arrêta sur moi un regard où se confondoient une incrédulité douloureuse et une triste dérision.

Je détournai les yeux, et je l'entraînai sur mes pas dans l'escalier tournant.

Nous descendîmes sans nous parler. Notre échelle s'ajusta facilement à la première muraille, malgré la diminution que nous lui avions fait subir pour en soustraire l'échelette que nous venions de laisser au sommet. A la seconde coupure de l'escalier direct, elle se trouva beaucoup trop courte. C'étoit un inconvénient facile à prévoir, si nous avions prévu que nous devions revenir. Je n'y avois pas pensé. Nous eûmes peine à y atteindre, en nous suspendant à nos mains affoiblies et tremblantes, après de longues et timides précautions. Enfin nous arrivâmes, comme à un lieu de refuge, au balcon inaccessible du Tagliamente.

Il étoit nuit. La lune, épaissement voilée, ne jetoit qu'une foible clarté sur le torrent, mais il se rapprochoit visiblement de son lit ; le vent de *Bora* qui souffloit avoit refroidi la température, et tari pour quelques jours l'urne des débordements. Les nuées rapides et sifflantes fouettoient autour de nous un givre piquant. J'osai m'en réjouir avec toute l'expansion qui me restoit pour exprimer un sentiment d'espérance.

— Il fait froid, dis-je ; les neiges ne fondront plus ; le Tagliamente s'éloigne ; la grève est libre. Si le docteur Fabricius n'est pas arrivé aujourd'hui à la *Torre Maladetta*, il y arrivera certainement demain.

— Et qu'importe à notre salut qu'il y arrive demain? dit Solbioski en s'évanouissant dans mes bras.

Je fis d'abord des efforts impuissants pour le rappeler à la vie, qui paroissoit l'avoir tout à fait quitté. Enfin il se ranima de lui-même un instant, et un instant après défaillit de nouveau. Peu à peu ces deux états devinrent alternatifs et mesurés par des périodes presque égales. Je compris que le même symptôme menaçoit de m'atteindre à mon tour, et qu'il étoit temps d'arriver à l'appartement encore si éloigné de Diana. J'en calculai la distance avec épouvante. La lumière étoit d'ailleurs près de sa fin, car je n'avois pas imaginé le matin qu'il fût nécessaire de me précautionner pour le retour, dont je n'aurois pas même compris la possibilité. Des études physiologiques, faites d'ailleurs avec assez de soin sous des maîtres illustres, ne m'avoient laissé, chose étrange, aucune notion positive sur le temps pendant lequel l'homme peut se passer d'aliments. Je m'étonnois de vivre encore.

Hélas ! il m'est facile de vous épargner les détails de cet interminable trajet; mais j'essayerois inutilement de vous soustraire à la douleur de les deviner. Vous vous rappelez ce corridor étranglé qui paroissoit plutôt avoir été pratiqué pour des couleuvres que pour des hommes. Vous vous rappelez ce puits étroit et profond, antre spiral qui ne promettoit qu'un tombeau. C'est là que vous suivrez sans moi de la pensée deux mourants qui se traînent à lentes reprises à travers des espaces presque impénétrables à l'agilité, à la force et à la patience. Combien cela dura, qui pourroit le dire ? Combien de fois, accablés d'une fatigue sans but et sans espérance, nous répétâmes-nous : « C'est assez. Il est aussi bon de mourir ici ! » — Combien de fois, ranimés par je ne sais quelle vigueur de l'âme que donne l'amour de la vie, redoublâmes-nous d'efforts pour atteindre inutilement le seuil d'un autre sépulcre ! Nous étions parvenus, tantôt marchant, tantôt rampant, à la chambre de la morte, quand notre lumière jeta subitement un éclat plus vif, et s'éteignit.

— Sommes-nous arrivés ? me dit Solbioski en se couchant sur le rocher. Pourquoi ne vois-je plus rien ?

— Nous ne sommes pas arrivés, répondis-je, et nous n'avons plus de feu; mais la seconde portière sera facile à trouver, si je ne me trompe, en suivant de la main le tour des murailles. Attends-moi, mon frère, attends-moi.

Je me glissai alors en chancelant le long des froides parois, me reposant de temps à autre sur mes genoux pour reprendre haleine.

Un meuble en saillie me détourna. Incapable de le suivre dans toute sa longueur sans être appuyé, j'étendis mes mains pour retrouver le mur, qui ne pouvoit pas être éloigné; je le cherchois sans y atteindre. Une idée horrible traversa mon esprit; le pied me manqua, et je tombai sur le cadavre.

— Est-ce là? cria Solbioski; as-tu laissé retomber la portière? Pourquoi ne vois-je pas?

— Ce n'est pas encore ici, répondis-je en grelottant de terreur; attends-moi, Joseph, attends-moi.

Je repris mon affreuse route dans cette épouvantable obscurité, dont aucune des nuits de la terre ne peut donner l'idée. Après bien du temps, la portière céda sous mes doigts; je la tirai brusquement. Tous les feux étoient éteints.

— Pourquoi as-tu fermé la portière sur moi? dit Solbioski. Tu es arrivé et je ne vois pas. Hélas! m'abandonnes-tu?

Je ne prononçai pas une parole. Une minute de délai pouvoit achever de nous perdre. Je me dirigeai vers le foyer en me soutenant à droite et à gauche sur les couches où nous avions reposé le second jour; je le fouillai de mes mains.

— O bonheur! m'écriai-je avec une sorte d'extase; encore, encore cela!...

— La trappe est-elle ouverte? reprit Solbioski. La trappe est ouverte! Maxime, ne m'abandonne pas!

— Une étincelle, mon ami, une étincelle et des charbons! Et la chambre s'éclaira.

Je crus retourner à la vie; je conduisis ou plutôt je traînai sur son lit mon pauvre Joseph, dont l'agonie étoit plus hâtive que la mienne.

J'allai ensuite à Diana; ses yeux étoient ouverts et fixes

comme à l'ordinaire, mais plus brillants, plus ardents, plus météoriques; son teint étoit enflammé; son pouls battoit avec désordre et précipitation.

— A-t-elle tout mangé? dit Solbioski en se soulevant péniblement sur ses mains.

— Oui, lui répondis-je, tout mangé! mais la fièvre préserve de la faim : le peuple dit qu'elle nourrit.

Il se laissa retomber.

Je voulois tenter un dernier moyen de frapper l'attention des habitants du château, — s'il lui en restoit encore. Mais je craignois qu'il ne produisît sur Diana, réveillée à l'improviste, une émotion mortelle, et je lui fis part à haute voix, de manière à être entendu distinctement de Solbioski, de toutes les particularités de notre situation, en lui laissant à deviner le nom des amis absents dont nous attendions notre délivrance, pour qu'elle pût se consoler au moins dans la pensée que Mario vivoit encore. Elle me regardoit fixement et immobile à ma voix, comme si elle m'avoit écouté avec une attention réfléchie. Je le pensai d'abord. Quand j'eus fini de parler, elle ne me répondit pas du moindre signe; elle se retourna du côté opposé et parut s'endormir.

Je dégageai de la ceinture de Solbioski les deux pistolets dont il étoit armé. Je remontai sous la trappe sonore du cabinet, et je fis double feu. Après un moment d'interruption, je renouvelai l'explosion des deux miens, et je prêtai l'oreille aux bruits extérieurs. Il me sembla que j'entendois un murmure confus, comme un bruit de trépignements et de voix; mais depuis deux ou trois jours ces bruissements sans cause offusquoient si souvent mon ouïe et mon cerveau, que je n'étois plus capable de distinguer de la réalité les illusions de mes sens malades.

Je voulois cependant profiter de cette chance d'être entendu; — c'étoit la dernière. — Je soulevai un tronçon de pin pour en frapper la trappe encore une fois; je l'exhaussai de quelques pieds au-dessus du sol, et je le laissai retomber. Je me baissai pour le reprendre et le soulever encore, et je ne le soulevai plus.

Je descendis alors à pas incertains vers la cheminée pour ranimer le foyer et renouveler notre luminaire funèbre. J'y employai tout ce qui restoit à ma portée de bois et de bougies; je savois qu'il ne nous en falloit pas désormais davantage. Une heure, des heures peut-être se passèrent à ce travail, et j'en mis une encore à me glisser dans le suaire qu'aucune main ne devoit recoudre sur moi. — C'étoit fini pour jamais.

Solbioski se retourna de mon côté, et me dit d'une voix qui s'éteignoit :

— Quel jour est-il?

Je pensois que ce devoit être le commencement du cinquième, mais je ne répondis pas.

Le temps se partagea dès lors entre d'incroyables souffrances et des langueurs anéantissantes où je croyois que ma vie alloit m'échapper. Il y avoit des moments de prestige où tous les objets prenoient un aspect fantastique et capricieux, comme la décoration d'un spectacle ou les apparitions du sommeil. Les ombres des murailles éloignées se mouvoient, se détachoient, se mêloient avec des formes étranges et gigantesques, s'embrassoient, se lioient les unes aux autres et tournoient autour de moi, pressées, confuses et hurlantes. Les flammes des bougies bondissoient si haut sur les flambeaux, que j'avois peine à les suivre. Des voix connues s'introduisoient dans mon oreille comme un souffle, ou retentissoient au-dessus de ma tête avec un rire moqueur et insultant. Si je fermois les yeux pour me dérober à ces fascinations, la dernière perception qu'une liaison inexplicable d'idées avoit portée à mon esprit se prolongeoit d'une manière indéfinie dans ma pensée. C'étoit un chant borné, un refrain monotone, un vers grec ou latin à l'assourdissante mélopée, la reprise d'un virelai ou d'une redondille, dont l'obstination importune sembloit s'attacher à moi pour l'éternité, comme cette terrible mouche hippobosque qui revient toujours avec une précision infaillible à l'endroit d'où on l'a chassée.

Quelquefois je passois d'un évanouissement délirant au sommeil, et la scène changeoit alors d'une manière étrange. Il y avoit dans mes rêves de l'air, du soleil, des femmes et des fleurs. Je me trouvois tout à coup dans des assemblées joyeuses, où l'on ne s'occupoit que de plaisirs et de festins. Des tables splendides se chargeoient de mets délicats, que j'essayois d'atteindre, et qui se convertissoient dans ma bouche en sable insipide ou amer. Onorina revenoit partout avec son petit éventaire comblé de lazagne appétissante. — Achetez, monsieur, disoit-elle, achetez ma bonne lazagne et mon fin vermicelle de Padoue ! cela peut servir dans l'occasion, et il n'y en a pas de meilleurs à Codroïpo. — Mais, quand je voulois me précipiter sur sa lazagne, mes mains ne pouvoient s'étendre pour la saisir, ni mes dents spongieuses s'affermir pour la broyer...

Puis je sortois en sursaut de mes songes, au bruit d'une plainte déchirante qui se traînoit encore longtemps sur mon réveil.

— Qu'est-ce donc que cela ? criai-je une fois de toute la force qui me restoit.

— Rien, répondit Solbioski. C'est probablement mademoiselle de Marsan qui meurt.

— Mon Dieu, repris-je, prenez pitié de moi ! Sainte Honorine, priez pour nous !

Ce temps-là ne peut pas se calculer ; car quelquefois aussi mon sommeil étoit morne et long. Je me rappelle qu'il arriva un moment où, en ouvrant les yeux, je n'aperçus plus de clarté. C'étoit cette nuit finale, cette nuit éternelle, que j'avois prévue avec tant d'horreur, et retardée avec tant de soin, le jour précédent, ou la veille, ou un autre jour encore auparavant. C'étoient mes dernières ténèbres. — J'entrepris de me lever. — Je ne pus pas !

— Voilà qui est bien, dis-je à part moi. Tout est fini. Ceci est la mort !

Et je me rajustai pour mourir ; mais, en essayant d'étendre mon bras pour y reposer ma tête, je l'appuyai sur un bras froid.

— Qui est là ? murmurai-je en frissonnant, comme si la rencontre d'un assassin avoit pu m'effrayer. Un assassin, hélas! un assassin! Il n'y en avoit point de si cruel qui n'eût rompu son pain avec moi !

— C'est moi, répondit Solbioski, dont la force plus promptement abattue que la mienne s'étoit plus longtemps conservée. Ne tremble pas! n'aie pas peur! Je ne veux pas te faire de mal. Je n'ai besoin que de ton poignard.

— Que peut-on faire ici d'un poignard? Croirois-tu qu'il y eût des hommes cachés dans les souterrains de la tour?

— Non. Il n'y a que des cadavres ; mais il y en a un dont l'obstination à vivre me fatigue, et dont j'ai le droit de me débarrasser. Donne, donne ton poignard, et bois mon sang; on dit que cela soutient la vie. Qui sait? Le Tagliamente est peut-être redescendu entre ses rivages. M. Fabricius est peut-être revenu.

Je jetai mon poignard aussi loin que j'en fus capable. J'étois bien sûr que nous n'irions pas l'y chercher. Cette pensée, je l'avois eue.

— Mon frère, dis-je en pleurant, tu es couché sur le roc; viens, viens jusqu'à moi. Joseph, ne me quitte pas! Mon Dieu! ayez pitié de nous!

Je ne sais si je l'attirai à moi ou si je me rapprochai de lui, mais nous finîmes par nous toucher.

— Honorine! s'écria-t-il, pauvre Honorine! la jeune fiancée qui prépare ses rubans et ses bouquets! Honorine, qui étoit si bonne et si belle! Et toi, Maxime, que j'aimois et que je ne verrai plus! Oh! si le jour seulement nous avoit encore éclairés une fois! Mais il y a trop loin d'ici, et le balcon est trop élevé... Jamais! jamais!

J'étois frappé d'un vertige accablant. Quand Joseph ne parla plus, je cherchai à me pencher vers lui pour m'assurer qu'il respiroit encore. Il se détourna de moi avec un affreux gémissement. J'entendois des bruits vagues; je les perdois comme s'ils n'avoient pas été. J'essayois de les ressaisir. Enfin ma pensée m'échappa tout à fait. Je retombai dans le vague de mes rêves. Je revis ces festins que j'avois quittés, et la petite Onorina criant sa lazagne, et sainte Honorine me tendant des bras consolateurs du fond du tableau fantastique du Pordenone.

Cependant les bruits revenoient toujours. C'étoit le pic, c'étoit la sape, c'étoit le Tagliamente qui passoit, en gémissant, sur la tour ; c'étoit la mine qui la faisoit sauter ; c'étoit Onorina tout en larmes, au seuil de l'église, qui ne cessoit de répéter : — Achetez, monsieur, achetez ma bonne lazagne ! Il n'y en a pas de meilleure à Codroïpo ! — Je dormois.

Lorsque je revenois à moi, je disois à Solbioski : — Dors-tu ? — et il ne me répondoit point.

Ma stupeur devint peu à peu plus profonde. Je perdis le souvenir des temps, et des lieux, et de moi-même. Je me demandois vaguement : Où suis-je? et ma mémoire étoit un abîme où je ne pouvois me retrouver.

Je finis par ne plus penser. L'ouïe seule m'apportoit encore des sensations incomplètes et confuses, des cris, des lamentations, un fracas de cataractes et de tempêtes. J'essayois d'y répondre par des lamentations et par des cris, pour me mettre à l'unisson de cette nature souffrante qui alloit mourir, et la voix me manquoit.

L'horloge de l'éternité ne suffiroit pas à mesurer de pareilles heures. Quand elles furent passées, je me retrouvai quelque part, dans un endroit où le jour venoit du ciel. C'étoit peut-être un matin. Je refermai les yeux aussitôt que je les eus ouverts, parce que le soleil les blessa. Ma bouche étoit moins ardente, mes organes moins languissants. Quelques sucs savoureux récréoient mon palais, et je les goûtois encore. Je sentois au moins mes souffrances. Je m'imaginai que je vivois.

— Ceci vaut mieux, dis-je en moi-même. Il faudroit rester et mourir comme cela.

Je regardai de nouveau, parce qu'un nouveau breuvage doux et substantiel avoit encore ranimé ma vie. C'étoit là un spectacle bien étrange! Une salle si vaste et où je ne m'étois jamais éveillé, qui n'étoit pas de la maison de mon père, qui n'étoit pas de mon auberge, qui n'étoit pas de ma caserne, qui n'étoit pas de ma prison! Le sol surtout m'étonnoit. Il étoit profondément remué et couvert de laves éparses. Il y avoit seulement au milieu une large ouverture carrée qui sembloit communiquer à un caveau.

— La *Torre Maladetta!* criai-je, la *Torre Maladetta!* la trappe est ouverte! Diana, Joseph, Anna, venez à moi, venez! j'ai trouvé un chemin! Oh! ne tardez pas à venir, il y en a déjà tant de morts!

— Personne n'est mort qu'Anna, me répondit le docteur Fabricius, qui étoit appuyé sur le chevet de mon lit. Il étoit trop tard.

— Fabricius! mon ami, mon père! dis-je en saisissant sa main. — Et Diana! et Joseph!

— Ils sont vivants! — Mais te voilà mieux maintenant, continua-t-il, et je puis m'expliquer avec toi. Il le faut, car le temps nous presse. Tu connoîtras plus tard les obstacles qui ont retardé ta délivrance. Aujourd'hui ce récit nous feroit perdre des instants trop précieux. Les espérances du monde se sont anéanties en peu de jours. Des succès brillants ont enivré les partisans et les armées de Napoléon. La cause de l'indépendance des peuples n'est pas perdue : elle ne le sera jamais sans doute; mais il n'est peut-être pas réservé à ma vieillesse de jouir de son triomphe. Ma tête et celle de Joseph sont menacées, mises à prix. A la première lueur de salut que j'ai reconnue pour lui, je me suis hâté de le faire transporter dans un lieu sûr, d'où il regagnera notre Allemagne. Elle n'appartient pas encore tout entière au tyran. La *Torre Maladetta* ne peut manquer d'être incessamment investie; je ne devois pas la quitter tant que je ne t'avois pas rappelé à la vie. Le moment de nous séparer aussi est venu. Te sens-tu la force de partir?

— Joseph ! mon cher Joseph ! il m'avoit dit que nous ne nous reverrions jamais !... Diana, mon ami, où est-elle?

— Diana vivra. Le temps, plus puissant que mes secours, la fera probablement sortir de l'état de mutisme et d'aliénation où elle est restée plongée jusqu'ici. Aucun mot ne s'est échappé de sa bouche, aucune émotion ne s'est peinte sur son visage, même quand la nouvelle femme de chambre que je lui ai donnée lui a présenté ce matin la robe de deuil qu'elle doit porter comme veuve et comme orpheline. Je comptois sur cette secousse; je m'y étois confié en désespoir de tous les remèdes. Seulement, sur la proposition que je lui ai faite de se retirer jusqu'à nouvel ordre à l'*Annunziata* de Venise, où elle a des compatriotes, et, je crois, des parentes, elle a paru me répondre par un signe de consentement; et, depuis, son agitation inquiète et empressée a manifesté souvent le besoin qu'elle éprouve de quitter cette tour, qui doit lui rappeler de si affreux souvenirs. — J'arrive à ce qui te concerne personnellement. Le désir que Mario témoignoit de te revoir ici s'explique facilement par un récit que Solbioski tenoit de toi-même, et qu'il m'a communiqué hier. Le spectacle de ce qu'il appeloit son bonheur, l'infortuné jeune homme, étoit le moindre prix dont il pût reconnoître ta généreuse amitié. Un autre motif étoit venu se joindre à celui-là, si j'en juge par cette lettre de Chasteler, qui le charge de te faire savoir que ton mandat d'arrêt est levé en France, et que l'avis a dû en parvenir aux autorités vénitiennes. Aucun fait nouveau n'a pu te compromettre dès lors, et rien ne s'oppose à ce que tu retournes enfin dans les bras de ton père. Ta sûreté l'exige comme ton bonheur; car, si tu étois surpris dans la *Torre Maladetta*, où des circonstances si cruelles ont dissimulé ton séjour, tu ne saurois échapper à la proscription qui frappe ses derniers habitants. Je sais ce que tu veux me dire, mais cette preuve aveugle d'un dévouement inutile ne feroit qu'embarrasser notre malheur d'un malheureux de plus. Tu as d'ailleurs une mission plus sacrée à remplir aujourd'hui. L'état de Diana ne permet pas qu'elle soit abandonnée à elle-même pour gagner sa dernière retraite; et où pourrois-je, au milieu des tristes soucis que m'inspire ma propre famille, lui trouver un ami plus fidèle et plus sûr que toi? Cherche donc à reprendre des forces dans un repas plus abondant et plus solide, et dispose-toi à partir ce soir avec elle quand le soleil sera couché, pour que rien n'indique à la vigilance de nos espions l'endroit d'où tu seras sorti. Tu trouveras un bâtiment tout préparé à Porto-Gruaro, et Diana est attendue au couvent.

Maintenant, continua-t-il en me pressant dans ses bras, va, mon fils, et souffre que je m'occupe de mes pressantes dispositions sans attendrir notre séparation par de plus longs adieux. Tout vieux que je sois, je ne renonce pas à te voir encore; mais, quoi qu'il arrive, conserve ton cœur à tes amis et ta vie à la liberté.

Aussitôt que la nuit fut entièrement tombée, — et elle étoit obscure, car la lune ne brilloit plus, — un domestique du docteur vint m'avertir que la voiture étoit prête, et me dirigea vers l'endroit où je devois la prendre. J'y montai, et je m'assis en face de deux femmes que je ne vis point. Deux heures après, nous étions à Porto-Gruaro; quelques minutes encore, et nous voguions sur les lagunes. J'avois offert ma main à Diana pour monter sur le bateau, et sa main, fortement liée à la mienne, ne l'avoit point abandonnée. Elle ne parloit pas, mais elle soupiroit, rêvoit et se rapprochoit quelquefois de moi en tressaillant, comme si elle avoit été saisie d'une peur subite. Cette scène est vague à ma mémoire, et cependant je ne me la rappelle jamais sans frissonner. Elle avoit quelque chose du trajet de deux ombres sur la barque des enfers, mais de deux ombres qu'un arrêt anticipé condamne à deux destinées différentes, et qui vont se séparer pour l'éternité. Je m'étois endormi toutefois enfin au bruit monotone de la rame, qui battoit les flots en cadence, et au chant mélancolique des bateliers.

Je ne m'éveillai qu'au mouvement des vagues qui aunonçoit la pleine mer. Le soleil étoit plus beau que je ne l'eusse vu jamais, le soleil que j'avois cru ne jamais revoir. L'azur du golfe se dérouloit sous lui comme un autre ciel, et Venise, avec ses hauts frontons, ses tours, ses dômes et ses clochers, rayonnoit à son aspect comme si elle avoit été son palais. La plaine immense des eaux étoit comme un grand parvis de lapis au devant de la cité miraculeuse. Je croyois sommeiller encore, car j'avois presque oublié de vivre et de jouir de ma vie. La main de Diana reposoit toujours dans la mienne ; je me retournai vers elle pour savoir si elle partageoit mon enchantement, et si elle renaissoit ainsi que moi à cette brillante résurrection de la nature. Son regard sans mouvement n'exprimoit que le désespoir silencieux que j'y avois lu dans la *Torre Maladetta*. Je me rappelai que, parmi ces faîtes pompeux qui s'éclairoient tour à tour en passant du rose le plus tendre au vermillon le plus vif, et de cette nuance à celle du feu, illuminés comme pour un jour de joie, elle pouvoit reconnoître celui de la demeure de son père. Je me rappelai que, moins de trois mois auparavant, le même bâtiment peut-être avoit sillé sur les mêmes flots, en la transportant éperdue d'amour sur le cœur de Cinci. Tout cela se représenta vivement à ma pensée ; je contins ma folle expansion ; je cessai d'être heureux et ravi, je retombai avec une angoisse inexprimable dans les tristesses du monde réel.

Ma main s'étoit relâchée, car je ne comprenois pas qu'elle eût été si longtemps entrelacée à ses doigts. Je ne sais si Diana m'entendit. Pourquoi pas ? Il y a tant de choses dans ce langage ! Mais elle me retint. Je la regardai, et je crus voir passer un sourire douloureux sur ses lèvres comme un éclair sur un nuage.

Nous débarquâmes au milieu du peuple agissant et tumultueux des gens de mer.

— Hélas ! dit un *Nicolotto*[1], qui étoit debout sur le ri-

[1] On appelle *Nicolotti* les habitants d'un quartier de Venise occupé par les gens de peine ; c'est notre faubourg Saint-Marceau.

vage en attendant un fardeau, — c'est la galiote du brave Cinci, celle qu'il a donnée de ses deniers aux pauvres mariniers de Gruaro. Mais le brave Cinci n'y est plus !

— Tais-toi, lui dis-je de manière à couvrir sa voix, et en glissant un sequin dans sa main. Prends les paquets qu'on va te donner et porte-les à l'*Annunziata*, mais ne parle pas, sur ta tête !

Heureusement la vague attention de Diana étoit distraite alors par les soins empressés de deux converses qui l'attendoient depuis le point du jour, et qui n'avoient tari, les dignes filles, de glorifications sur sa piété et sur la sainteté de leur couvent que depuis qu'elles avoient cru comprendre que Diana étoit folle et qu'elle étoit muette.

Elles marchèrent devant nous en faisant rouler sous leurs doigts agiles les grains polis du rosaire jusqu'au seuil de la sainte maison. La porte s'ouvrit, et on nous introduisit cérémonieusement dans le parloir.

L'abbesse étoit Françoise. Elle avoit été belle, parmi toutes les belles et jeunes femmes de l'émigration, et son nom, qui n'est plus écrit que sur une tombe, pauvre Claire !... suffiroit seul à sa gloire mondaine, si de telles vertus avoient encore quelque chose de commun avec le monde. Elle me prit les mains avec abandon, avec tendresse, quoiqu'il y eût d'autres sœurs présentes, parce que nous nous étions connus enfants.

— Je sais, cher Maxime, dit-elle, tout ce dont notre sœur bien-aimée vous est redevable. Vous aurez un jour votre récompense, mon fils, si vous la cherchez dans le ciel. — Adieu !

Pendant ce temps-là, Diana m'avoit regardé avec plus d'attention, comme si elle apprenoit seulement à me reconnoître, et puis elle s'étoit replongée dans sa pensée. Je m'éloignai lentement.

— Maxime ! Maxime ! s'écria-t-elle enfin d'une voix nette et forte, adieu, Maxime ! adieu pour jamais !

Au même instant, deux portes se fermèrent : celle qui la

cloîtroit dans cette maison d'asile et de paix, et celle qui me rejetoit pour y périr au milieu des troubles et des anxiétés de la vie.

Je marchois sous un soleil ardent, sans but et presque sans pensée. Mon front brûloit. Des idées confuses s'entrechoquoient dans mon esprit; mes jambes mal affermies se déroboient sous moi. Quand j'arrivai à mon hôtel ordinaire, je tombai d'accablement et de douleur, et je perdis connoissance.

Je passai les trois mois suivants dans les alternatives de délire et d'inertie morale d'une fièvre ataxique. Je n'ai su que depuis et par le rapprochement des dates combien cela devoit avoir duré. Je ne me rappelle rien.

Je me trouvai enfin en état de partir de Venise le 16 juillet. Mes forces étoient loin d'être rétablies; mais j'avois hâte de me soustraire aux cruelles impressions que tous les objets dont j'étois entouré renouveloient incessamment dans mon âme. Je sortis à dix heures, quoique l'embarcation ne dût être prête qu'à midi.

Je m'assis, selon mon ancien usage, au devant du café Florian, dans la galerie de la tour, et je demandai du chocolat.

Il y avoit foule à mes côtés; on lisoit les journaux avec empressement, et toute l'insouciance que pouvoit m'inspirer le profond affoiblissement de mes facultés ne m'empêcha pas de prêter à ce qui se passoit une vague attention. Depuis plus de cent jours, à cette époque mémorable où tous les jours fournissoient une page à l'histoire, j'étois aussi étranger aux événements de la terre que si la trappe de la *Torre Maladetta* ne se fût pas rouverte sur moi. Je savois tout au plus, par quelques paroles du docteur Fabricius, que les espérances de la liberté étoient à peu près perdues pour l'Allemagne comme pour la France, et je m'en souvenois par hasard.

Je jetai donc un regard sur la feuille : c'étoit le *Courrier de Trieste* de l'abbé Coletti.

On se rapprochoit à l'envi pour entendre les dernières lignes du *Bulletin*. J'écoutai.

« La victoire remportée le 6 courant à Wagram par les
« armes de l'Empereur, dit le lecteur italien avec son accentuation pittoresque et sa déclamation mimique, a détruit pour toujours l'espoir des ennemis de la France et
« du genre humain.

« Jamais la magnanimité de S. M. I. et R. ne s'est manifestée avec plus d'éclat que dans cette occasion ; elle a
« couvert de son indulgence les égarements des peuples.
« Les lois ne frapperont que les factieux.

« Le château où se rassembloient les conspirateurs, et
« qui appartenoit à Cinci dit Marius, et surnommé le *Doge*
« *de Venise*, a été rasé. On a trouvé dans les souterrains une
« multitude de cadavres.

« Un infâme agent d'intrigues nommé Fabricius, mais
« dans lequel on croit reconnoitre l'illuminé Hooschmann,
« complice d'Arndt, de Palm et de Chasteler, est parvenu à
« s'échapper jusqu'ici. On est à sa poursuite.

« La tête du lâche et hypocrite André Hofer est mise à
« prix. Ce monstre, couvert de crimes, ne se dérobera pas
« au châtiment qui lui est dû.

« Son secrétaire, Joseph Solbieski, aventurier bohémien,
« se disant Polonais, a déjà été saisi. Solbieski est un bandit
« rusé, féroce et d'une force peu commune : il en sera fait
« prompte justice. »

— Solbioski, dis-je en moi-même, Solbioski féroce et rusé ! et les misérables ne savent pas même son nom !

Je me mordois les poings de rage et de désespoir. Oh ! pourquoi n'étois-je pas mort à la *Torre Maladetta !*

— Attendez, attendez, messieurs, dit le lecteur en souriant ; il y a un petit *post-scriptum* du rédacteur :

« Ce matin 13 juillet, à dix heures et demie précises, au
« bout de la pointe Saint-André, le traître Joseph Solbieski
« a été fusillé en présence d'une population innombrable ;
« ce misérable a montré quelque courage. »

FIN DE MADEMOISELLE DE MARSAN

LA NEUVAINE
DE LA CHANDELEUR

I

La vie intime de la province a un charme dont on ne conçoit aucune idée à Paris, et qui se fait surtout sentir dans les premières années de la vie. On peut aimer le séjour de Paris dans l'âge de l'activité, des passions, du besoin des émotions et des succès; mais c'est en province qu'il faut être enfant, qu'il faut être adolescent, qu'il faut goûter les sentiments d'une âme qui commence à se révéler et à se connoître. Ce n'est pas à Paris qu'on éprouvera jamais ces émotions incompréhensibles que réveillent au fond du cœur le son d'une certaine cloche, l'aspect d'un arbre, d'un buisson, le jeu d'un rayon du soleil sur la ferblanterie d'un petit toit solitaire. Ces doux mystères du souvenir n'appartiennent qu'au village. J'entendois l'autre jour une femme de beaucoup d'esprit se plaindre amèrement de n'avoir point de patrie : « Hélas ! ajouta-t-elle en soupirant, je suis née sur la paroisse Saint-Roch. »

Dieu me garde de faire un reproche à Paris de cette légère imperfection. C'est moins un vice qu'un malheur, la grande métropole de la civilisation a d'ailleurs, pour se consoler, tout ce qu'il est possible d'imaginer de séductions et d'amusements : l'Opéra, le bal Musard, la Bourse, l'association des gens de lettres, l'homœopathie, la phrénologie, et le gouvernement représentatif. Je pense seulement que le lot de la province vaut mieux, mais je le pense avec mon esprit de tolérance accoutumé. Il ne faut pas disputer des goûts.

La réminiscence même de ces jeunes et tendres impressions, qui ne se remplacent jamais, conserve encore une partie de sa puissance, même quand on s'est éloigné par infortune ou par choix des lieux où on les a reçues, et cela se remarque aisément dans les écrivains qui ont un style et une couleur. La prose de Rousseau se ressent de la majesté des Alpes et de la fraîcheur de leurs vallées. On devineroit que Bernardin de Saint-Pierre a vu le jour sur des rives toutes fleuries, et qu'il a été bercé au bruit des brises de l'Océan. Sous le langage magnifique de Chateaubriand, il y a souvent quelque chose de calme et de champêtre, comme le murmure de son lac et le doux frémissement de ses ombrages. J'ai quelquefois pensé que Virgile ne seroit peut-être pas Virgile, s'il n'étoit né dans un hameau.

A la province elle seule, à la petite ville, aux champs, ces charmantes impressions qui deviennent un jour la gracieuse consolation des ennuis de la vieillesse, et ces pures amours qui ont toute l'innocence des premières amours de l'homme dans son paradis natal, et ces chaudes amitiés qui valent presque l'amour ! Avec un cœur sensible et une imagination mobile, on rêve tous ces biens à Paris[1]. On ne les y goûte

---

[1] Il est facile de voir, par plusieurs passages de Ch. Nodier, que, malgré ses goûts littéraires, il ne se laissa jamais prendre aux séductions de la vie artificielle de Paris, et que l'Institut ne lui faisait point oublier ses montagnes. Ce gracieux début de la *Neuvaine de la Chandeleur* nous rappelle une autre page, écrite dans un ton différent,

jamais. Le Dieu qui parloit à Adam a beau vous crier : « Où es-tu? » il n'y a plus de voix dans le cœur de l'homme qui lui réponde.

En province tous les berceaux se touchent, comme des nids placés sur les mêmes rameaux, comme des fleurs écloses sur la même tige, quand, au premier rayon du soleil, tous les gazouillements, tous les parfums se confondent. On naît sous les mêmes regards, on se développe sous les mêmes soins, on grandit ensemble, on se voit tous les jours, à tous les moments; on s'aime, on se le dit, et il n'y a point de raison pour qu'on finisse de s'aimer et de se le dire. La différence même des sexes, qui nous impose ici une réserve prudente et nécessaire, mais sévère et sérieuse, n'exclut que bien tard ces intimités ingénues, ces délicieuses sympathies qui n'ont pas encore changé d'objet. Ce sont les passions qui marquent cette différence, et l'en-

mais qui se rattache au même ordre d'idées, et qui montre ce que notre auteur pensait des grandes villes. Cette page, perdue dans un article de journal sur la colonie de Sierra-Leone, trouverait difficilement place dans le recueil des *Œuvres*, et nous croyons faire plaisir au lecteur en la transcrivant ici : « Les révolutions hâtent les siècles; mais elles n'en tiennent pas tout à fait lieu, et le sceptre du monde social appartient encore, pour des siècles sans nombre, à l'heureux Paris. Qu'ils se consolent, les esprits chagrins que l'amour de la gloire nationale tourmente d'inquiétudes si ingénieuses sur notre suprématie politique. Cette suprématie, ce n'est jamais la force des armes qui la donne; c'est bien moins encore la sagesse des institutions, la parfaite convenance des lois, la jouissance des idées religieuses et morales. Vingt gouvernements, dont l'histoire n'a pas conservé le nom, étoient contemporains de la ville de Tibère et de Caligula, dont la renommée plane sur les âges. Chaque fois qu'une ville immense rassemblera en elle toutes les aberrations de la raison humaine, toutes les folies de la fausse politique, le mépris des vérités saintes, la fureur des nouveautés spécieuses, l'égoïsme à découvert et plus de sophistes, de poëtes et de bateleurs qu'il n'en faudrait à dix générations corrompues, elle sera nécessairement sans rivales la reine des cités. Rome n'avait plus ni ses consuls, ni son sénat, ni ses orateurs, ni ses guerriers, lors des fréquentes irruptions du Nord. Elle n'opposait aux barbares que des mimes, des courtisanes, des gladiateurs, les restes hideux d'une civilisation excessive et dépravée qui sortait de tous les égouts, et Rome demeura la capitale du monde. »   (*Note de l'Éditeur.*)

fant n'en a point. L'abandon familier des premiers rapports de la vie se prolonge sans danger jusques au delà de cet âge où le moindre abandon devient dangereux, où la moindre familiarité devient suspecte entre les jeunes filles et les jeunes garçons des grandes villes. Les affections les plus ardentes continuent à se ressentir de la tendresse du frère et de la sœur, et celle-ci est mêlée de trop d'égards et de pudeur pour que les mœurs aient rien à en redouter. Bien plus, l'adolescent qui commence à deviner le secret de ses sens exerce encore une espèce de tutelle sur cette foible enfant qu'il aime, et que la nature et l'amour semblent confier à sa garde. Plus il apprend dans la funeste science des passions, plus il se rend attentif à protéger la douce et timide créature dans laquelle il met son bonheur ou ses espérances. Il ne se contente pas de la défendre contre des inspirations étrangères, il la défend contre lui-même, dans l'intérêt d'un avenir qui leur sera commun. Il la respecte, il la craint.

Et combien de voluptés impossibles à décrire cet amour délicat d'une âme qui vient de se connoitre ne laisse-t-il pas à désirer à l'âge qui le suit! Oh! le premier signe de la préférence de cet ange de la pensée, le premier regard expressif que la petite amie adresse à son ami entre les deux battants d'une porte qui se ferme, la première articulation de sa voix pénétrante, qui s'est émue, qui s'est attendrie en passant entre ses lèvres, la première impression d'une main livrée à la main qui l'a saisie, la tiède moiteur de son toucher, le frais parfum de son haleine!... et, bien moins que cela! une fleur tombée de ses cheveux, une épingle tombée de son corset, le bruit, le seul bruit de la robe dont elle vous effleure en courant, c'est cela qui est l'amour, c'est cela qui est le bonheur! Je sais le reste, ou à peu près; mais c'est cela que je voudrois recommencer, si on recommençoit.

On ne recommence plus; mais se souvenir, c'est presque recommencer.

On goûte à Paris les doux loisirs de l'enfance ; on y connoît la valeur de ses jeux ; on y jouit de ces délicieuses soirées de rien faire qui suivent les jours laborieux de l'étude ; mais ce n'est qu'en province qu'une heureuse habitude prolonge ces innocents plaisirs, sous l'œil attentif des mères, jusque dans l'ardente saison de l'adolescence. On est homme déjà par la pensée, qu'on est encore enfant par les goûts ; on commence à éprouver d'étranges et turbulentes émotions, qu'on subit toujours, à certaines heures d'oubli, des sentiments pleins de grâce et de naïveté. On se demande quelquefois ce qu'il y a de vrai entre le passé que l'on quitte et l'avenir que l'on commence ; mais on devine, en y plongeant un regard inquiet, que l'avenir ne vaudra pas le passé. Il se trouve même des esprits simples et tendres qui seroient volontiers tentés de ne pas aller plus loin, et qui sacrifieroient sans hésiter les voluptés incertaines du lendemain aux pures jouissances de la veille. A dix-huit ans, j'aurois fait ce marché bizarre avec l'ange familier qui préside aux changeantes destinées de l'homme, s'il s'étoit communiqué à mes prières ; et nous y aurions gagné tous les deux, car j'imagine que mon émancipation insensée pourroit bien lui avoir donné quelque chagrin.

Le 24 janvier 1802, je n'en étois pas encore là. J'aimois ces belles jeunes filles, parmi lesquelles je passois les heures les plus douces de la journée, de toute la force d'un cœur accoutumé à les aimer, mais sans fièvre, sans inquiétude et presque sans préférence. Je me trouvois bien parmi elles ; je me trouvois mieux tout seul, parce que mon imagination commençoit à se former, dans la solitude, un type qui ne ressembloit à aucune femme, et auquel une seule femme devoit complétement ressembler, quoique j'aie cru le retrouver cent fois. C'étoit mon rêve chéri, et, dans le vague immense où il m'étoit apparu, il me donnoit une idée plus distincte du bonheur que toutes les réalités de la vie. Cependant je ne faisois que l'entrevoir à travers mille formes douteuses ; mais je le cherchois toujours, et le délicieux fantôme ne manquoit jamais à mes rêveries. Tantôt il venoit me tirer de ma mélancolie en frappant mon oreille de rires malins, et en balançant sur mon front les noirs anneaux de sa chevelure; tantôt il s'appuyoit sur le pied de ma couche d'écolier, en me regardant d'un œil triste, et en cachant sous une touffe de cheveux blonds une larme prête à couler; et mon cœur gonflé s'élançoit vers lui avec des battements à me rompre la poitrine; car je savois que toute ma félicité consistoit dans la possession de cette image insaisissable qui me refusoit jusqu'à son nom.

Le 24 janvier 1802, nous étions donc réunis, comme à l'ordinaire, avant l'heure de souper, car on soupoit encore, et nous causions en tumulte autour de nos mères, qui causoient plus gravement de matières non moins frivoles : notre conversation rouloit sur le choix d'un jeu, question fort indifférente au fond, l'intérêt d'un jeu reposant tout entier dans la *pénitence;* et qui ne sait que la *pénitence* est l'acccomplissement du devoir qui rachète un *gage?* C'est le moment des aveux, des reproches, des secrets dits à l'oreille, et surtout des baisers. C'est le moment de la soirée pour lequel on vit tout le jour, et celui de tous les moments de la vie qui laisse le moins d'amertume après lui, parce que les sentiments auxquels on commence à s'exercer ne sont pas encore pris au sérieux; quand on est sorti de là une fois avec une de ces idées orageuses qui tourmentent le cœur, c'est qu'on en est sorti pour la dernière fois; le plaisir n'y est plus.

— Nous ne serions pas si embarrassés, dit la brune Thérèse, si Claire étoit arrivée. Claire connoît tous les jeux qu'on a inventés, et, quand par hasard elle ne s'en rappelle aucun, elle en invente un sur-le-champ.

— Elle a bien assez d'imagination pour cela, remarqua Émilie en se mordant les lèvres et en baissant les yeux pour se donner l'air de circonspection dont elle accompagnoit toujours une petite médisance. On craint même qu'elle n'en ait trop, et j'ai entendu dire qu'elle donnoit de temps en temps des marques de folie. Ce seroit un grand malheur pour sa famille et pour ses amies.

— Claire ne viendra pas, s'écria Marianne d'un ton de voix pétulant qui annonçoit qu'elle ne répondoit qu'à sa propre pensée, et qu'elle n'avoit pas entendu l'observation désobligeante d'Émilie; elle ne viendra pas, j'en suis sûre! elle commence aujourd'hui la neuvaine de la Chandeleur.

— La neuvaine de la Chandeleur! dis-je à mon tour; et à quel propos? je ne la savois pas si dévote.

— Ce n'est pas par dévotion, reprit Émilie avec une gravité méprisante; c'est par superstition ou par ostentation.

J'avois oublié de dire qu'Émilie étoit philosophe. Tout le monde se mêloit alors de philosophie, jusqu'aux petites filles.

— Par superstition, répéta Marianne, qui ne saisissoit jamais qu'un mot de la conversation la mieux suivie. Par superstition, en effet; la superstition la plus capricieuse, la plus bizarre, la plus extraordinaire, la plus extravagante...

— Mais encore? interrompis-je en riant. Tu excites notre curiosité sans la satisfaire.

— Bon! répondit Marianne en me regardant avec une expression marquée d'ironie, cela est trop stupide pour un savant de votre espèce! Quant à ces demoiselles, elles n'ignorent pas, j'imagine, que la neuvaine de la Chandeleur est une dévotion particulière des jeunes personnes du peuple, qui a pour objet... Comment dirai-je cela?

— Qui a pour objet?... murmurèrent une douzaine de petites voix, pendant que douze jolies têtes se penchoient vers Marianne.

— Qui a pour objet, reprit Marianne, de connoître d'avance le mari qu'elles auront.

— Le mari qu'elles auront! répétèrent encore les douze voix sur le mode varié d'inflexions que devoient leur fournir douze organisations différentes. Et quel rapport le mari qu'on aura peut-il avoir avec un acte de dévotion comme la neuvaine de la Chandeleur?

— Voilà la question, pensai-je tout bas, et je voudrois bien le savoir ; mais, si Marianne le sait, elle le dira.

— Vous sentez bien que je ne le crois pas, continua-t-elle, et, si je le croyois, je ne m'en soucierois pas davantage. Que m'importe, à moi, le mari que j'aurai, pourvu qu'il soit honnête homme, qu'il soit aristocrate et qu'il soit riche? Mes parents ne m'en donneront pas un autre. Beau ou laid, jeune ou vieux, aimable ou bourru d'ailleurs, il ne pourra pas se dispenser de me conduire dans les sociétés, dans les bals, dans les spectacles, et de fournir, selon ma fortune, aux dépenses de ma toilette. Le mariage, c'est cela, j'imagine ? Et puis, je ne m'en inquiète pas de si loin.

— Ni moi non plus, dit Thérèse en rapprochant sa chaise de celle de Marianne. Mais le moyen?

L'impatience étoit à son comble, et celle de Marianne ne le cédoit pas à la nôtre, car elle prenoit plus de plaisir à parler vite et longtemps que personne au monde n'en prit jamais à écouter. Elle promena donc sur cet auditoire empressé un regard de satisfaction, qu'elle cherchoit à rendre modeste, et elle reprit la parole en ces termes :

— Vous saurez, dit-elle, qu'il n'y a point de dévotion plus agréable à la sainte Vierge que la neuvaine de la Chandeleur, et c'est pour cela qu'on s'est persuadé qu'elle récompensoit par une faveur singulière les personnes qui lui rendoient cet hommage. Quant à moi, je ne le crois pas, et je ne le croirai jamais ; mais Claire le croit fermement, parce qu'elle croit tout ce qu'on veut. Elle est si bonne ! Seulement il y a beaucoup de cérémonies et de façons à cette expérience, et j'ai peur de m'embrouiller, si Émilie ne m'aide un peu. Elle étoit près de nous le jour où Claire m'en a parlé.

— Moi? repartit dédaigneusement Émilie. Je ne me mêle pas de vos conversations.

— Je ne dis pas que tu t'en mêles, poursuivit Marianne, mais tu les écoutes. — Il faut donc, ajouta-t-elle après avoir un peu rongé ses jolis doigts, commencer la neuvaine ce soir, à la prière de huit heures, dans la chapelle de la Sainte-Vierge. Il faut ensuite y entendre la première messe tous les jours, et y retourner à la prière tous les soirs jusqu'au 1ᵉʳ février, avec une piété qui ne se soit pas ralentie, avec une foi qui ne se soit pas ébranlée. C'est terriblement difficile. Et puis, le 1ᵉʳ février, c'est bien autre chose, vraiment. Il faut entendre toutes les messes de la chapelle, depuis la première jusqu'à la dernière; il faut entendre toutes les prières et toutes les instructions du soir sans en manquer une seule. Attendez, attendez! j'allois oublier qu'il faut aussi s'être confessée ce jour-là, et que si, par malheur, on n'avoit pas reçu l'absolution, tout le reste seroit peine perdue, car la condition essentielle du succès est de rentrer dans sa chambre en état de grâce. Alors...

— Alors on y trouve un mari! s'écria Thérèse.

— Tu es bien pressée, répliqua froidement Marianne. Je n'en suis pas encore à la moitié de mes instructions. — Alors on recommence à prier; on s'enferme pour accomplir toutes les conditions d'une retraite sévère; on jeûne, et cependant on dispose tout pour un banquet, mais pour un banquet, à dire vrai, auquel la gourmandise n'a aucune part. La table doit être dressée pour deux personnes, et garnie de deux services complets, aux couteaux près, qu'il faut éviter avec grand soin. Ceci mérite une extrême attention, car il y a des exemples affreux des malheurs auxquels on s'expose en oubliant cette règle. Je vous les raconterai, si vous voulez, tout à l'heure. Je n'ai pas besoin de vous dire que ce couvert exige un linge parfaitement blanc, aussi propre, aussi fin, aussi neuf qu'on puisse se le procurer, et que le bon ordre et le bon goût du petit appartement ne sauroient trop répondre à la bonne mine du festin, car ce sont des choses qu'on a coutume d'observer quand on reçoit une personne de considération...

— Tu nous parles banquets et festins, interrompit une des jeunes filles, et je n'ai pas encore vu le moindre préparatif de cuisine.

— Je ne peux pas tout dire à la fois, reprit Marianne. Je vous ai prévenues que le repas seroit fort simple. Il se compose de deux morceaux de pain bénit qu'on a rapportés du dernier office, et de deux doigts de vin pur répartis entre les deux couverts, qui occupent, comme de raison, les deux côtés de la table. Seulement, le milieu du service est garni d'un plat de porcelaine ou d'argent, s'il est possible...

— Nous y voilà donc enfin ! dit la petite fille.

— Et qui renferme, continua Marianne, deux brins soigneusement bénits de myrte, de romarin ou de toute autre plante verte, le buis excepté, placés l'un à côté de l'autre, et non en croix. C'est encore un point qu'il est très-essentiel d'observer.

— Ensuite? demanda Thérèse.

Et le cercle tout entier répéta sa question comme un écho.

— Ensuite, répondit Marianne, on rouvre sa porte pour faire passage au convive attendu, on prend place à table, on se recommande bien dévotement à la sainte Vierge, et on s'endort en attendant les effets de sa protection, qui ne manquent jamais de se manifester, suivant la personne qui les implore. Alors commencent d'étranges et admirables visions. Celles pour qui le Seigneur a préparé sur la terre quelque sympathie inconnue voient apparoître l'homme qui les aimera, s'il les trouve, qui les auroit aimées, du moins, s'il les avoit trouvées; le mari que l'on auroit, si des circonstances favorables le rapprochoient de nous; et heureuses celles qui le rencontrent! Ce qu'il y a de rassurant, c'est qu'on prétend qu'un privilége particulier de la neuvaine est de procurer le même rêve au jeune homme dont on rêve, et de lui inspirer la même impatience de se rejoindre à cette moitié de lui-même qu'un songe lui a fait connoître. C'est là le beau côté de l'expérience. Mais malheur aux jeunes filles curieuses dont le ciel ne s'est pas occupé dans la distribution des maris, car elles sont tourmentées par des pronostics effrayants. Les unes, destinées au couvent, voient, dit-on, défiler lentement une longue procession de religieuses, chantant les hymnes de l'Église; les autres, que la mort doit frapper avant le temps, et cela glace le sang dans les veines, assistent vivantes à leurs propres funérailles. Elles se réveillent en sursaut à la clarté des torches funèbres et au bruit des sanglots de leur mère et de leurs amies, qui pleurent sur un cercueil drapé de blanc.

— Je prends Dieu à témoin, dit Thérèse en se retirant un peu, que je ne m'exposerai jamais à de pareilles terreurs. On tremble seulement d'y penser.

— Tu pourrois cependant t'y exposer sans crainte, répliqua Émilie. Je suis caution que tu dormirois jusqu'au matin d'un bon sommeil, et qu'il faudroit t'éveiller, comme à l'ordinaire, pour prendre ta leçon d'italien.

— C'est mon avis, reprit Marianne, et je serois bien étonnée si ce n'étoit pas aussi celui de Maxime, qui paroit abîmé dans ses réflexions, comme s'il cherchoit à expliquer un passage difficile de quelque auteur grec ou latin.

— Je ne sais, répondis-je en revenant à moi, et vous me permettrez de ne pas me prononcer si vite sur une croyance appuyée du témoignage du peuple, qui se fonde presque toujours lui-même sur l'expérience. La question vaut bien, selon moi, la peine d'être étudiée; mais, pardonne, chère Marianne, continuai-je en lui adressant la parole, si les détails que tu viens de nous donner avec ta grâce accoutumée ont laissé quelque chose à désirer à mon esprit. Tu n'as mis en scène, dans ton récit, qu'une jeune fille inquiète de son avenir; et tu conviendras sans peine que le même doute peut tourmenter l'imagination d'un jeune homme. Penses-tu que la neuvaine de la Chandeleur ne produise son effet que pour les femmes, et que la sainte Vierge n'accorde pas les mêmes grâces aux prières des garçons?

— Nullement, s'écria Marianne, et je te demande pardon de ma distraction. La neuvaine de la Chandeleur, accomplie dans ce dessein, a la même efficacité pour toutes les personnes à marier, et le sexe n'y fait rien. Aurois-tu l'envie étrange de t'en assurer?...

— Vraiment, dit Émilie en relevant de côté ses lèvres pincées, il feroit beau voir un jeune homme raisonnable, qui recherche la société des gens éclairés, et dont le père étoit l'ami de M. de Voltaire, donner, comme Claire, comme un enfant honnête, mais sans instruction, dans ces honteuses folies !

Je ne répliquai pas, et je n'aurois pas eu beau jeu contre Émilie, qui n'avoit pas lu Voltaire, mais qui le citoit avec d'autant plus d'autorité que personne entre nous ne l'avoit lu. Je me levai doucement, sous l'apparence de quelque préoccupation subite ; je me glissai peu à peu derrière le banc des mères, je m'emparai de mon chapeau, et je courus à la chapelle de la Sainte-Vierge, pour y commencer la neuvaine de la Chandeleur.

Je n'étois pas fort dévot ; je ne pouvois l'être ni par habitude d'imitation, ni par l'effet d'une conviction raisonnée ; mais je trouvois la religion belle, je la croyois bonne, je respectois ses pratiques sans les suivre, j'admirois ses dévouements sans les imiter ; j'avois la foi du sentiment, qui est peut-être la plus sûre, et je professois dès lors une haine instinctive contre cet esprit d'examen qui a tout détruit, ou qui détruira infailliblement tout ce qu'il n'a pas détruit encore. Je ne connoissois, en vérité, aucune objection plausible contre la neuvaine de la Chandeleur.

— Pourquoi cela ne seroit-il pas ainsi ? me demandai-je à moi-même quand j'eus fait quelques pas vers l'église. La nature a vingt mystères plus merveilleux que celui-là, et qu'il n'est jamais arrivé à personne de mettre en doute. Des corps grossiers, et insensibles en apparence, ont entre eux des affinités qui les appellent les uns vers les autres à travers un espace incalculable : l'aiguille aimantée, consultée sous l'équateur, sait de là reconnaître le pôle ; un papillon qui vient d'éclore vole, sans se tromper, à sa femelle inconnue ; le pollen du palmier se livre aux vents du désert, et va féconder sur leurs ailes une fleur solitaire qui l'attend. A l'homme seul, si privilégié d'ailleurs entre tous les êtres créés, il seroit interdit de pressentir sa destinée, et de se joindre à cette partie essentielle de lui-même que Dieu a mise en réserve pour lui dans les trésors de sa Providence! Ce seroit calomnier la puissance et la bonté du Père commun que de croire à cet oubli. Mais, si l'homme avoit perdu cet avantage par une faute dont l'expiation est imposée à toute sa race! repris-je avec inquiétude... — Eh bien, l'intercession de Marie implorée avec confiance ne suffit-elle pas à le relever de sa condamnation? A qui appartient-il mieux qu'à la pure et douce Marie de protéger les chastes amours et les penchants vertueux? N'est-ce pas là sa plus belle mission dans le ciel? Oh! si le mythe merveilleux qui est caché sous cette croyance du peuple n'est pas vrai comme je le crois vrai, il faut convenir qu'il devroit l'être!

Les esprits froids, qui ne comprennent pas le charme de la dévotion pratique, m'ont toujours beaucoup étonné; le dédain des œuvres pieuses me paroit encore plus incompréhensible dans ces âmes vives et passionnées pour lesquelles la vie positive n'a pas de sensations assez fortes, et qui sont obligées d'en demander incessamment de nouvelles à l'imagination et au sentiment. Que sont, grand Dieu! les hypothèses de la philosophie et des sciences, le prestige des arts et les inventions de la poésie, auprès de cette poésie du cœur qui s'éveille aux inspirations de la religion, et qui transporte la pensée dans une région d'idées sublimes où tout est prodige, et où cependant tout est vérité! Il faut croire, sans doute; mais ce qu'il faut croire est mille fois plus probable, mille fois plus facile à croire, s'il est permis de comparer des choses si étrangères, que tout ce qu'il est nécessaire de croire dans les rapports communs de la vie sociale, pour la supporter sans amertume et sans dégoût. Examinons, au bout de quelques années, les sensations dont nous avons joui avec le plus d'ivresse, et nous n'en trouverons peut-être pas une qui ne soit une erreur et un mensonge; les illusions que nous avons goûtées, tout en les prenant pour des illusions, n'étoient pas plus fausses, hélas! que celles que nous avons prises pour des réalités. Et nous dédaignons la religion, si féconde en joies ineffables, en consolations, en espérances, la religion qui seroit encore le bonheur le plus pur et le plus complet de l'humanité, si elle n'étoit qu'une illusion! celle-là au moins n'auroit pas les angoisses du désabusement et du regret. On n'en est pas détrompé sur la terre !

J'avois donc rempli, avec une joie nouvelle pour moi, toutes les obligations de la neuvaine, et, comme si l'habitude de ces exercices avoit élevé ma raison elle-même à une hauteur qu'elle n'avoit jamais pu atteindre auparavant, je me faisois quelque reproche de m'y être livré dans le seul objet de satisfaire à une curiosité puérile. C'étoit, en effet, ma confiance aveugle pour de misérables contes d'enfants qui m'avoit inspiré tant d'actes de soumission et de foi dont une piété plus sincère et plus désintéressée se seroit fait un devoir, et dont j'osois attendre la récompense, comme si je ne l'avois pas trouvée dans la satisfaction de mon propre cœur. Ce remords me saisit surtout au moment où, mes préparatifs achevés et ma porte ouverte à l'apparition prochaine, je me disposois à proférer ma dernière prière. Il est probable que j'y exprimai plus de regrets que de vœux, et je ne sais si cette réparation fut agréée, mais je pus du moins m'en flatter, à la douce sérénité qui rentra dans mes sens, qui calma en un moment toutes les agitations de mon esprit; j'eus à peine regagné mon fauteuil, que j'y fus surpris du sommeil le plus profond.

Je ne sais combien il dura, ni comment s'éclaircirent les ténèbres dans lesquelles il m'avoit plongé; mais il me sembla tout à coup que j'avois cessé de dormir. Ma chambre reprit son aspect accoutumé, à la lueur vacillante de mes bougies. Je discernai tous les objets, j'entendis tous les bruits, ces bruits foibles, indéterminés, sans origine sensible, qui semblent ne s'élever un moment que pour rassurer l'âme contre l'envahissement du silence éternel. Le parquet extérieur ne crioit pas, mais il rendoit un petit murmure, comme s'il avoit été caressé d'une touffe de plume ou d'un bouquet de fleurs. Je tournai les yeux vers ma porte, et j'y vis une femme; je voulus m'élancer pour aller la recevoir, et une puissance invincible me retint à ma place. J'essayai de parler, et les paroles restèrent clouées à ma langue. Ma raison ne se perdit pas dans ce mystère; elle comprit que c'étoit un mystère, et que les prières de ma neuvaine étoient exaucées.

L'inconnue s'approcha lentement, sans m'apercevoir peut-être, comme si elle avoit obéi à une sorte d'instinct, d'impulsion irrésistible. Elle arriva au fauteuil que je lui avois préparé, s'assit et resta ainsi exposée à ma curiosité, dont rien ne réprimoit l'impatience, car elle avoit toujours les yeux baissés. J'attachai sur elle des regards enhardis par son immobilité, par son silence. Je ne l'avois certainement jamais vue, et j'éprouvai cependant, au milieu de la conscience vague d'un songe, la conviction que cette existence, étrangère à tous mes souvenirs, n'en étoit pas moins réelle et vivante. L'imagination même de mon âme, épurée par le recueillement et par la prière, ne devoit rien produire qui approchât de ce rêve. Il appartenoit à un ordre d'inspirations auquel l'homme ne sauroit s'élever de lui-même, et que cette science délicate et choisie de la sensation qu'on appelle aujourd'hui l'esthétique est incapable de contrefaire. Ma métaphysique d'écolier philosophe veilloit encore dans mon sommeil, mais elle s'humilioit devant l'œuvre de la puissance de Dieu. Je comprenois qu'une création aussi pure et aussi parfaite ne pouvoit pas être mon ouvrage.

Je ne parlerai pas de la beauté de cette jeune fille; on ne fait pas de portraits avec des mots. J'ai douté quelquefois qu'on pût en faire avec des traits et avec des couleurs. Il y a dans l'ensemble de toutes les formes d'un être animé je ne sais quel jeu de passion et de vie qui ne se reproduit guère mieux sous le pinceau que sous la plume, et ce qui n'est pas moins sûr, c'est que la signification de cet ensemble n'est pas également intelligible pour tout le monde. Chacun la lit selon son aptitude à en démêler les caractères, à en pénétrer le sens, à s'en approprier l'esprit. Quand elle est montée au ton d'une parfaite harmonie avec l'intelligence et la sensibilité de celui qui regarde, elle se sent mille fois mieux qu'elle ne s'analyse, et l'effet en est trop saisissant, trop simultané, pour laisser la moindre place à l'observation des détails. J'imagine qu'il faut être déjà un peu blasé sur les impressions de l'amour pour s'arrêter à l'effet piquant d'un pli de la lèvre ou du sourcil, d'une dent qui se soulève presque imperceptiblement sur son clavier d'émail, d'une petite boucle de cheveux rebelles, échappée à l'arrangement de la coiffure. Les sympathies puissantes qui décident de la vie tout entière procèdent d'une manière plus soudaine, et on se rappelle que l'apparition de la Chandeleur ne s'accomplit qu'en raison d'une sympathie complète et absolue entre les personnes qu'elle met en rapport. Je ne me demandai pas pourquoi j'aimois cette femme, je ne me demandai pas même si je l'aimois ; je sus que je l'aimois. Je me dis ce que dut se dire Adam quand Dieu combla le bienfait de la création en lui donnant une épouse : J'achève d'être ; je suis !

L'étrangère paroissoit habillée, comme moi, pour un festin de fiançailles ; mais ses vêtements n'étoient pas familiers aux nouvelles mariées de ma province. Ils me rappeloient ceux que j'avois remarqués plusieurs fois, en pareille circonstance, dans une ville peu éloignée que l'invasion de nos armes et de nos doctrines venoit d'attacher à la République. C'étoit le costume piquant et gracieux de Montbelliard, que la société la plus élevée du pays conservoit encore par tradition dans certaines cérémonies solennelles, et qui est probablement abandonné aujourd'hui par le peuple lui-même. Elle avoit déposé à côté d'elle, sur la table, un de ces petits sacs à mailles d'acier poli dans lesquels les jeunes femmes rênfermoient alors ces légers chiffons qu'il leur plaisoit d'appeler leur ouvrage, et je n'avois pas tardé à m'apercevoir que sa plaque étoit décorée de deux lettres relevées en clouterie d'acier, qui devoient être les initiales des deux noms de ma future; mais j'aurois mieux aimé les apprendre tout entiers de sa bouche. Malheureusement le charme qui m'avoit interdit la parole n'étoit pas rompu, et toutes les facultés, toutes les puissances de mon âme, avoient passé dans mes yeux, car ils venoient de rencontrer les siens. La fascination de ce regard céleste auroit suffi d'ailleurs pour me rendre muet. Je concevois à peine la possibilité d'en supporter l'expression sans mourir, et je ne devois sans doute la force de résister à une émotion si vive qu'au privilége de la neuvaine, dont mon esprit n'oublioit point le mystère. C'est que jamais le feu d'une tendresse innocente n'anima des yeux plus doux et ne révéla mieux ces secrets ineffables du pur amour, pour lesquels aucune voix humaine ne sauroit trouver des paroles. Cependant un nuage étrange obscurcit tout à coup ses paupières. Il sembla qu'une notion confuse de l'avenir qui venoit d'éclore dans sa pensée s'y manifestoit peu à peu sous une forme plus sensible, et l'accabloit d'une horrible certitude. Son sein palpita, ses cils s'humectèrent de quelques pleurs qu'elle cherchoit à retenir; elle repoussa doucement de la main le pain et le vin que j'avois placés devant elle, se saisit avec ardeur d'un des brins de myrte bénit, et le fit passer sous un des nœuds de son bouquet. Ensuite elle se leva et reprit le chemin par où elle étoit venue. Je triomphai alors de l'horrible contrainte qui m'enchaînoit à ma place, et je m'élançai sur ses pas pour en obtenir un mot de consolation et d'espérance. — Oh! qui que vous soyez, m'écriai-je, ne m'abandonnez pas à l'horrible regret de vous avoir vue et de ne pouvoir vous retrouver! Songez que mon avenir dépend de vous, et ne faites pas un malheur éternel du plus doux moment de ma vie! Apprenez-moi du moins si je pourrai presser une fois encore cette main que je couvre de larmes, si je pourrai vous voir encore une fois!...

— Une fois encore, répondit-elle, ou jamais!... Jamais! répéta-t-elle avec un cri douloureux.

En parlant ainsi, elle s'échappa. Je sentis mes forces me manquer et mes jambes défaillir. Je cherchai un point d'appui; je m'y fixai, je m'y abandonnai sans résistance. Le plus obscur des voiles du sommeil avoit remplacé sur mes yeux le voile transparent des songes. Je ne fus réveillé qu'au grand jour, par les éclats de rire d'un domestique qui enlevoit les apprêts de ma collation nocturne, et qui attribuoit cet appareil à des fantaisies de somnambule, auxquelles j'étois en effet sujet. Je ne m'en défendis pas, mais j'oubliai de m'assurer, dans mon trouble et dans ma confusion, si les deux brins de myrte avoient été retrouvés; c'étoit la seule circonstance qui pût donner à mon rêve une espèce de réalité positive, ou la lui faire perdre. Dans le doute, un esprit plus grave que le mien se seroit abstenu; il auroit regardé l'étrange illusion de la nuit précédente comme l'effet d'une longue préoccupation, de l'imagination, du jeûne, et on est libre de croire que ce n'étoit pas autre chose. Mais un amoureux de vingt ans, qui aime pour la première fois, n'est pas capable de tant de raisonnements. Et j'aimois de toute la puissance de mon cœur, et avec frénésie, cette jeune fille inconnue qui peut-être n'existoit pas.

Je n'étois pas d'un caractère qui se déprît facilement des idées dont il s'étoit fortement occupé une fois. Celle-là devint mon idée fixe, l'unique pensée de ma vie, le seul but de ma destinée. J'abandonnai tout à fait ce monde innocent et doux dans lequel s'étoient renfermés jusque-là mes habitudes et mes plaisirs; je cherchai la solitude, parce que la solitude étoit la seule manière d'être où je pusse m'entretenir librement avec moi-même de mes vœux et de mes espérances. A quelle docile amitié, à quelle crédulité complaisante aurois-je osé les confier? Il me sembloit, dans mon délire, qu'une circonstance prochaine, presque aussi imprévue que celle qui m'avoit montré ma fiancée imaginaire, ne tarderoit pas à la ramener sous mes yeux ; je l'attendois, je croyois la rencontrer dans toutes les femmes inconnues que le hasard me faisoit apercevoir de loin, et partout elle m'échappoit comme dans le rêve où je l'avois vue. Cette succession perpétuelle d'illusions et de désabusements finit par prendre un ascendant funeste sur mon esprit ; elle étoit devenue une manie assidue, invincible, inexorable. Ma raison et ma santé cédèrent à la fois, et la médecine, vainement appelée à mon lit de douleur, renonça en peu de jours à l'espoir de me guérir. La médecine ne pouvoit deviner la cause de mon mal, et une juste pudeur m'empêchoit de l'avouer.

Je n'avois cependant négligé aucun moyen de découvrir ma mystérieuse amie. Les initiales du sac en filet d'acier n'étoient pas sorties de ma mémoire, et je les avois fait connoître, sous la réserve d'un profond secret, à un de mes jeunes camarades d'étude qui habitoit Montbéliard, en y joignant le portrait le plus circonstancié de la jeune fille dont elles devoient exprimer le nom. La description ne pouvoit pas manquer de ressemblance : les traits, hélas ! en étoit trop profondément empreints dans mon cœur, où je sens qu'ils vivent encore. Quant au danger de l'exagération, rien n'étoit moins à craindre. Quelle expression, quel langage paroîtroit exagéré à ceux qui l'auroient vue ?

La réponse avoit tardé longtemps. Elle vint tout à coup ranimer mon cœur dans un de ces moments d'angoisse extrême où mes forces épuisées ne sembloient plus capables de lutter avec la mort. L'être idéal que j'avois rêvé dans la nuit de la Chandeleur existoit réellement ; la ressemblance étoit parfaite. On avoit reconnu la personne que je désignois avec tant de soin, à tous les traits de ce signalement fidèle, et même à un petit signe empreint derrière le cou, qu'elle m'avoit laissé apercevoir dans sa fuite. Elle s'appeloit Cécile Savernier, et ces noms commençoient par les deux lettres que je me souvenois si bien d'avoir lues sur le sac en mailles d'acier. Elle habitoit ordinairement, seule avec son père, une maison située à quelque distance de la ville, et c'étoit cette particularité qui avoit rendu les informations plus difficiles et plus lentes. Depuis quelque temps ils étoient rentrés à Montbéliard, où les grâces et la beauté de Cécile faisoient l'objet de toutes les conversations. Mon officieux condisciple, qui regardoit ces renseignements comme les préliminaires d'une demande en mariage dans laquelle j'avois consenti à servir d'intermédiaire, se croyoit obligé d'insister sur les qualités incomparables de mademoiselle Savernier; mais il finissoit par ajouter, non sans exprimer quelque regret, qu'elle avoit peu de fortune. Cette circonstance ne me fut pas moins agréable que les autres; car ma fortune ne me permettoit pas d'aspirer à un mariage opulent, et il n'y avoit d'ailleurs rien de plus éloigné de ma manière de comprendre le mariage.

Je n'avois plus rêvé. Mon illusion prenoit un corps, ma chimère devenoit une réalité. C'étoit Cécile Savernier que j'aimois, et Cécile n'étoit plus l'enfant capricieux de mes songes. Elle existoit à quelques lieues de moi; je pouvois, je devois la trouver, et passer près d'elle, avec elle, une vie tout entière, douce comme la première pensée de l'amour. Ma langueur disparut avec mes inquiétudes; ma santé se raffermit; il ne me resta de mon mal qu'un peu de trouble et de foiblesse, et mon père, consolé, plus heureux de jour en jour, se réjouit enfin de l'espoir assuré de ma guérison. Un jour qu'il pressoit ma main avec tendresse, appuyé sur le lit que je n'avois pas encore quitté : — Dieu soit loué! me dit-il, tu as su triompher de ta douleur, et tu me rendras mon fils! je t'en remercie.

— Ma douleur, répondis-je en me rapprochant de lui pour l'embrasser, croyez-vous en avoir le secret?...

— Oh! reprit-il en souriant, tous les chagrins de ton âge viennent de l'amour, je les ai connus comme toi. Je vois aujourd'hui d'assez loin ceux qui ont tourmenté ma jeunesse pour n'y penser qu'avec dédain; mais je sais qu'ils peuvent être mortels. Aussi n'aurois-je pas hésité à voler au-devant de tes vœux s'ils avoient pu être remplis. Je te félicite d'avoir pris ton parti contre un malheur inévitable que l'avenir ne tardera pas à réparer, et que tu compteras gaiement un jour parmi les folles déceptions d'une imagination de dix-huit ans. Promets-moi seulement de me mettre le premier dans ta confidence, quand un nouveau sentiment surprendra ton cœur. Nous en parlerons sérieusement ensemble, comme deux amis, dont l'un a sur l'autre l'avantage de l'expérience, et je m'engage, si tu persistes, à ne rien épargner pour te rendre heureux! Dis-moi sincèrement, cher enfant, si cet arrangement te convient.

Je saisis la main de mon père, et je la portai à mes lèvres.

— Vous êtes le meilleur des pères, répliquai-je, et votre fils ne l'a pas oublié un moment; mais êtes-vous bien sûr de ne pas vous tromper sur la cause de ma maladie? Je ne comprendrois pas que vous l'eussiez devinée!...

— Cela n'étoit pas si difficile que tu te l'imagines, dit mon père avec un nouveau sourire. C'étoit l'amour, et tes regards ou ton silence me l'ont dix fois avoué. Il ne s'agissoit plus que d'en chercher l'objet parmi les jeunes filles qui font partie de notre société habituelle. Ce n'étoit pas Thérèse; elle est trop légère et d'un esprit trop superficiel pour t'occuper. Ce n'étoit pas Marianne, dont le babillage t'amuse, mais qui n'a ni solidité dans l'esprit, ni tendresse réfléchie dans l'âme, et qui n'est bonne que par instinct. Ce n'étoit pas Émilie, qui est froide, pincée, raisonneuse, et qui a appris à lire dans le baron d'Holbach. Ce ne pouvoit être que ta cousine Claire, qui est jolie, qui est simple, qui est modeste, et dont l'exaltation naïve s'accorde assez bien avec le tour de ton esprit. Crois-tu que je m'entende si mal à deviner?

— Claire! m'écriai-je dans une sorte d'élan qui put tromper mon père, car il étoit bien loin d'en connoître le sujet.

C'étoit précisément cette jeune fille qui avoit fait la neuvaine de la *Chandeleur* en même temps que moi, et dont l'exemple m'avoit suggéré cette idée.

— En vérité, continuai-je après un moment de réflexion, vous avez eu raison de supposer que je préférois Claire à toutes les autres. J'aime Claire comme amie, comme parente, comme une personne excellente qui sera, j'espère, une digne femme et une digne mère; mais je n'ai jamais pensé à la faire ma femme et la mère de mes enfants !... Croyez, je vous prie, à la sincérité de mes paroles.

Mon père me regarda d'un air étonné.

— Je n'ai aucune raison pour en douter, me dit-il; mais ta réponse a trompé mes conjectures. Ce n'est donc pas le mariage de Claire qui t'a réduit à cet état de mélancolie auquel je t'ai vu près de succomber, et qui m'a causé tant d'affreux soucis ?...

- Claire se marie? repartis-je en me soulevant sur mon lit... Claire se marie! dites-vous... Oh! rassurez-vous, mon ami! je ne vous ai pas trompé. Ce transport n'est que de la joie : puisse ce mariage être conforme aux intentions du ciel, et la combler d'un parfait bonheur !...

— Je le souhaite, reprit mon père, et j'aime à l'espérer, quoiqu'il ait quelque chose de fort extraordinaire. Claire avoit refusé cette année trois établissements très-avantageux, et sa mère la croyoit disposée à embrasser la vie religieuse, dont elle suivoit les pratiques avec une singulière ardeur, quand un jeune homme inconnu, presque arrivé de la veille, a obtenu son consentement dès le premier entretien. Les renseignements ont été favorables, et les deux familles se sont promptement trouvées d'accord. Claire se trouve heureuse de cette union, que la sainte Vierge lui prépare, dit-elle, depuis le jour de la *Chandeleur*. Tu reconnois là cette imagination mystique et romanesque à la fois, qui m'avoit fait croire à quelque sympathie entre vous.

— Je vous proteste, mon ami, que je comprends à merveille le mariage de Claire, et que je ne pense pas qu'elle en eût jamais pu faire un meilleur.

— A la bonne heure, répliqua-t-il en éclatant de rire, et cela dépend de votre manière de voir à tous deux. Mais nous ne parlons pas du tien?

— Pensez-vous qu'il soit déjà temps de s'en occuper? Je n'ai pas vingt ans !

— Entre nous, c'est une affaire qui te regarde; mais pourquoi pas? Je me suis marié trop tard, ou les années ont coulé trop vite, et je laisserois à goûter les plus douces joies de la vie si je mourois sans avoir été aimé d'une fille que tu m'aurois donnée, sans avoir joué avec des enfants, sans confier le souvenir de mes traits et celui de ma tendresse à la mémoire d'une génération nouvelle qui sera sortie de moi. C'est là, mon ami, l'immortalité matérielle de l'homme, la seule que la foiblesse de nos organes et de notre intelligence nous permette de pressentir clairement. L'autre est un grand mystère que la religion et la philosophie s'abstiennent prudemment d'expliquer. Ton mariage, à toi, est donc devenu l'objet principal de mes pensées, de mes espérances, et je te dirai franchement que je m'en suis beaucoup occupé depuis la *Chandeleur* dernière...

— Depuis la *Chandeleur*, mon père!...

— Depuis la *Chandeleur*, répliqua-t-il en témoignant un peu de surprise et en me regardant fixement. C'est le temps où les idées de mariage commencent à fermenter, avec la jeune saison, dans le cœur des jeunes gens, et viennent éveiller la sollicitude des pères, car il y a entre les uns et les autres de secrètes harmonies d'instinct et de prévoyance; mais je me rappelle que cette date a pu te remettre en mémoire la folle préoccupation de notre pauvre Claire. Ce qu'il y a de certain, c'est que j'ai conçu le même projet pour toi à la même époque, et selon toute apparence à l'insu de la sainte Vierge. Si j'ai négligé de t'en parler, tu en connois les raisons. Alors commençoit pour toi cette longue période de maladie dont tu es à peine sorti, et qui m'a fait craindre pour ta vie. Si l'amour n'est pour rien dans tes souffrances, nous sommes encore à temps aujourd'hui pour parler de mes vues, mais sans qu'elles puissent tirer à conséquence le moins du monde, au cas où elles auroient le malheur de contrarier les tiennes ; car j'entends expressément que ton choix et ton établissement restent libres, et je ne me départirai jamais de cette promesse.

— Vous me comblez de reconnoissance et de joie, m'écriai-je en m'asseyant sur mon lit et en rajustant mes habits, car je sentois mes forces se raffermir avec l'espoir de retrouver et d'obtenir Cécile. J'attends de votre tendresse que vous ne m'imposerez point un engagement auquel je ne puis souscrire, et que je ne saurois contracter sans violer les plus saintes obligations. Je vous jure de mon côté, mon unique et parfait ami, que je n'aurai jamais de secret pour votre cœur, et que je ne ferai entrer de ma vie dans votre maison une fille que vous n'aurez pas adoptée d'avance.

— Comme tu voudras, dit mon père; et cependant cette idée, dont il faut bien que je te fasse le sacrifice, étoit le plus doux des rêves de ma vieillesse. Laisse-moi du moins t'en parler pour la dernière fois. Je n'ai peut-être jamais prononcé devant toi le nom d'un de ces amis d'enfance dont le souvenir rappelle un jour les seules amitiés réelles que l'on ait goûtées dans la vie, les amitiés sincères et désintéressées du collége. Celui-là n'étoit pourtant pas sorti de ma mémoire; mais une grande différence de vocation, d'habitudes et de domicile sembloit nous avoir séparés pour toujours. Il étoit devenu colonel d'artillerie; il émigra, et cette dernière circonstance rendit notre éloignement plus irrévocable : car j'avois suivi, comme tant d'autres, le mouvement de la révolution, quand j'étois loin d'en prévoir encore le but et les résultats. Heureusement cette direction passagère d'un esprit trompé par les apparences m'avoit valu un crédit politique que j'ai eu la consolation de voir quelquefois utile. Mon ami, désabusé à son tour d'un autre genre d'erreurs, regrettoit le séjour de la patrie, toujours si chère aux cœurs bien nés. Je parvins à obtenir sa radiation et à lui rendre ses foyers, le champ paternel et l'air natal. Nous ne nous sommes pas revus depuis; mais ses lettres ne cessent de me témoigner une tendre reconnoissance qui récompense bien doucement mes efforts. Des confidences réciproques nous ont mis au fait des plus petits détails de notre intérieur et de notre fortune. Mon vieil ami Gilbert sait que j'ai un fils sur lequel repose tout mon avenir, et que des rapports multipliés lui ont fait connoître, dit-il, sous le point de vue le plus avantageux ; il a une fille de seize ans dont l'éloge est dans toutes les bouches, et qui fera certainement le bonheur de son mari comme elle a fait celui de son père. Je ne te cache point que nous avions vu dans cette union projetée un agréable moyen de nous réunir pour le reste de nos jours, chacun de nous deux étant bien décidé à ne pas quitter son unique enfant. C'étoit une vie d'élection que nous nous étions préparée dans notre folle confiance, tant il est vrai qu'on s'abuse à tout âge, et que la vieillesse, mûrie par l'expérience des choses, ne se laisse pas moins entraîner à ses illusions que l'adolescence elle-même. Cette perspective étoit délicieuse, il faut y renoncer !

— Pardon, mon père, mille fois pardon ! Pourquoi le ciel m'a-t-il condamné à si mal reconnoître votre tendresse ?...

— Rassure-toi, me dit-il, j'oublierai facilement, quelque joie que je m'étois promise à voir mes espérances réalisées, pour ne plus penser qu'aux tiennes. — Et c'est vraiment dommage, car Cécile Savernier passe pour la plus jolie fille d'un pays où on a le droit d'être difficile.

— Cécile Savernier ! m'écriai-je en m'élançant de mon lit, Cécile Savernier ! O mon père ! vous ai-je bien entendu ?...

— A merveille, répondit-il ; Cécile Savernier, fille de Gilbert Savernier, ancien colonel d'artillerie ; demeurant à Montbelliard, département du Mont-Terrible. C'est d'elle que je te parlois.

Je tombai aux pieds de mon père dans un état d'agitation impossible à décrire; je m'emparai de ses mains; je les couvris de mes baisers, de mes larmes; je restai longtemps sans retrouver la parole ni la voix. Mon père, inquiet, me releva, me pressa contre son cœur, m'interrogea dix fois avant que j'eusse la force de me faire entendre.

— Cécile Savernier! c'est elle, c'est elle, mon père! criai-je enfin d'une voix étouffée. C'est elle que je vous demandois à genoux!

— En vérité? répliqua-t-il. Alors tes vœux seront facilement exaucés, puisque l'affaire est presque toute faite; mais te crois-tu bien assuré de cette résolution? Sur quoi est-elle fondée? Où peux-tu avoir vu Cécile? Où peut-elle t'avoir connu? Montbelliard est la seule ville de France où elle ait paru depuis son retour de l'étranger, et, quand tu traversois ce pays, il y a deux ans, je suis positivement certain qu'elle n'y étoit pas encore.

Je rougis. Cette question touchoit de trop près à un secret que je n'avois pas la force de révéler, et dans lequel mon père pouvoit ne voir qu'une illusion ou un mensonge.

— Croyez, lui répondis-je, que j'ai vu Cécile, et que je suis autorisé à penser qu'elle ne repoussera pas mon amour. Sur les circonstances ou l'événement qui nous ont rapprochés un instant, soyez assez bon, je vous prie, pour ne pas m'en demander davantage.

— Dieu m'en garde! reprit-il en m'embrassant. Je respecte trop ce genre de mystère pour t'enlever le mérite de la discrétion. *Il est des nœuds secrets, il est des sympathies* qui ne sont connues que des amants, et qu'on devine mal à mon âge. Celle-ci répond si bien à mes désirs, que je n'ai aucun intérêt à m'informer de son origine. Pourquoi, d'ailleurs, ajouta-t-il en riant, la sainte influence qui se fait sentir depuis quelque temps dans les affaires de ma famille n'y auroit-elle pas ménagé deux mariages au lieu d'un? Occupons-nous seulement du tien, qui s'accomplira sans remise aussitôt que tu seras gradué. — Ce délai paroît t'effrayer, mais il n'est pas si long que tu l'imagines. Tes succès dans les écoles font depuis plusieurs années mon bonheur et ma gloire, et le temps que ta maladie t'a fait perdre sera promptement regagné. Tu conçois qu'il te conviendroit mal de te présenter à l'acte le plus solennel de la vie sans y porter en dot un titre honorable et sérieux. Ne t'alarme pas, au reste, des rigueurs d'une séparation dont j'éloigne un peu le terme, et qui rendra ta félicité plus parfaite; car le bonheur qu'on espère est le bonheur le plus sûr de la vie. Il est d'ailleurs tout à fait conforme aux bienséances que tu voies ta future et son père avant de pousser plus loin les choses, et que tu obtiennes un aveu plus positif encore que celui dont nous nous flattons tous les deux. Puisque voilà ta convalescence en bon train, j'espère qu'un mois de séjour à Montbelliard ne peut que l'affermir, et tu assisteras à la noce de Claire en passant, car elle se fait à moitié chemin, dans sa jolie maison du bois d'Arcey. Qu'en dis-tu ? Cet arrangement te convient-il ?

Je me jetai dans ses bras; il me baisa sur le front, rentra dans son cabinet, et en sortit bientôt avec une lettre à l'adresse du colonel Savernier.

Je partis le lendemain pour Montbelliard, plus heureux qu'on ne peut le dire. — Qu'est-ce, mon Dieu, que les joies de l'homme ?

II

J'ai dit que l'étrange illusion qui remplissoit toute ma vie, qui absorboit toutes mes pensées, depuis la nuit de la *Chandeleur*, étoit devenue équivalente pour moi aux vérités les plus positives. Le résultat de mes recherches lui avoit donné une extrême vraisemblance. Le concours inattendu des projets de mon père avec l'époque et les circonstances de mon rêve le faisoit sortir de la classe des rêves ordinaires. Ce n'étoit plus un rêve : c'étoit une révélation; Dieu lui-même, touché de la soumission de mes prières, m'avoit choisi l'épouse que j'allois chercher. Cette idée augmentoit mon bonheur de toute la sécurité dont le bonheur passager des hommes a besoin pour être réellement quelque chose. Disposé par caractère à recevoir facilement l'impression du merveilleux, je m'abandonnai sans résistance à celle-là. Les cœurs qui ressemblent au mien n'auront pas de peine à me comprendre.

J'embrassois pour la première fois la pensée d'un bonheur dont rien ne paroissoit devoir troubler la sérénité ; je volois vers Cécile dans toute la confiance, dans tout l'abandon de mon cœur ; et, par une singulière rencontre qui me sembloit faite exprès pour moi, la fin de ce doux hiver avoit pris tout à coup les grâces et jusqu'à la parure du printemps. Les frimas avoient disparu de la base à la cime des montagnes ; un air tiède et embaumé circuloit à travers les massifs toujours verts des sapins ; les pousses précoces des autres arbres commençoient à se colorer de ces nuances d'un rouge vermeil qui peignent les bourgeons pressés d'éclore ; et de petites fleurs, inconnues de la saison, émailloient la mousse comme une semence de perles. Nous n'étions cependant qu'à la fin de janvier, et je fus frappé d'un étrange saisissement quand je remarquai que le jour de la noce de Claire étoit précisément le jour de la *Chandeleur*. J'arrivai à temps pour assister à la célébration : une joie modeste et religieuse, sans mélange d'aucune inquiétude, remplissoit tous les esprits ; la physionomie des mariés exprimoit un contentement parfait, mais céleste, car il étoit calme et recueilli. Le jeune homme étoit beau, plein de tendresse et de prévenances, et toutefois sérieux, de sorte qu'on l'auroit moins pris pour l'heureux fiancé de la veille que pour un ange envoyé, comme témoin, par le Seigneur, au mariage d'une chrétienne. Lorsque la cérémonie fut achevée, je m'approchai de ma cousine, et je lui dis doucement, en portant sa main à mes lèvres : — J'aime à croire, petite amie, que cet époux est celui qui t'a été annoncé dans la veillée de la *Chandeleur*. — Claire éleva les yeux sur moi en rougissant, avec un regard qui sembloit dire : — Comment savez-vous cela?... — et puis elle me répondit en me pressant la main : « Je n'en aurois pas épousé un autre. » — Oh! non, sans doute, car elle savoit bien que cette destinée de sa vie, c'étoit Dieu qui la lui avoit faite. Je me sentis agité d'une émotion délicieuse et impossible à décrire, en songeant qu'une pareille félicité m'étoit promise.

Pendant que les fêtes du mariage de Claire me retenoient au bois d'Arcey un peu plus longtemps que je n'aurois voulu, mon excellent père avoit prévenu le colonel Savernier sur ma visite, dont celui-ci, curieux de me connoître d'abord, n'avoit pas jugé à propos d'avertir Cécile. Lorsque j'eus présenté ma lettre au colonel, il se contenta d'y jeter un regard et un sourire, et venant à moi les bras ouverts : — Je n'ai pas besoin, me dit-il avec une tendre cordialité, de m'informer de ton nom; tu ressembles tellement à l'ami de ma jeunesse, qu'il me semble le voir encore quand toutes les matinées rappeloient un de nous deux auprès de l'autre. Tu es seulement un peu plus grand. Sois le bienvenu, mon garçon, comme un ami, comme un fils, si ton cœur parvient à se faire entendre, ainsi que je l'espère, de celui de ma Cécile. Et puis, maintenant, assieds-toi et repose-toi, pendant que je lirai la lettre de ton père, et que je te considérerai plus à mon aise.

La douceur de cet accueil fit venir à mes paupières quelques douces larmes, que je cherchai à réprimer en promenant ma vue sur l'intérieur de l'appartement : un chapeau de paille, garni d'un frais ruban bleu-de-ciel, étoit pendu à un clou; c'étoit celui de Cécile. Une harpe étoit placée dans un des angles du salon; c'étoit la harpe de Cécile. Un sac à mailles d'acier avoit été abandonné négligemment sur un fauteuil voisin du mien, et j'y distinguois aisément le chiffre en clouterie qui m'avoit frappé dans la nuit de ma vision; c'étoit le chiffre de Cécile..... — Et cependant, si ce n'avoit pas été Cécile!... Cette idée, qui ne m'étoit pas encore venue, surprit tout à coup mes esprits et me glaça de terreur. Je me trouvois engagé de la manière la plus sacrée, la plus irrévocable, par les vœux que j'avois exprimés à mon père, par la démarche que je faisois auprès de M. Savernier, et mon aveugle précipitation n'aboutiroit peut-être qu'à me séparer pour toujours de l'épouse qui m'étoit promise. Un frisson mortel parcouroit mes membres, quand j'aperçus loin de moi un portrait de jeune femme coiffée d'un chapeau de paille; je recueillis toutes mes forces pour y courir, persuadé que la maladresse même d'un peintre de village ne seroit pas parvenue à me dissimuler entièrement des traits si bien empreints dans mon cœur. J'arrivai, je restai pétrifié de désespoir; la foudre, tombée sur ma tête, ne m'auroit pas accablé d'un coup plus cruel. C'étoit le portrait d'une femme charmante, dont la physionomie avoit quelque rapport avec celle de ma Cécile imaginaire. Ce n'étoit pas elle.

Mes jambes fléchissoient sous moi, quand le bras de M. Savernier, passé autour de mon corps, me soutint. — Hélas! me dit-il en essuyant une larme, tu ne verras plus celle-là! c'est Lidy, ma belle et douce Lidy! c'est la mère de notre Cécile! Puisses-tu ne jamais éprouver comme moi l'horrible douleur de survivre à ce que tu aimes!...

Je me retournai vers lui, je m'appuyai sur son sein, et je baignai ses joues de mes pleurs, mais sans démêler, dans mon émotion, s'ils étoient produits par l'attendrissement ou par la joie. Il n'y avoit plus rien qui démentît mes espérances, il n'y avoit plus rien qui ne parût les confirmer. Mon effroi s'évanouit.

— Oui, tu seras mon fils, reprit M. Savernier d'un ton de résolution solennelle, tu seras mon fils, car tu as une âme! Tu seras l'époux de Cécile, si elle y consent. Et pourquoi n'y consentiroit-elle pas? ajouta-t-il en me regardant avec complaisance et en m'embrassant encore. Je n'avois réellement pas encore remarqué que tu fusses si bien.

Causons maintenant, continua-t-il en me faisant asseoir et en prenant ma main dans la sienne. Les bienséances ne permettoient pas que tu logeasses chez moi, mais nous nous y verrons tous les jours, pendant le temps que tu as à passer à Montbelliard avant d'aller reprendre tes études. La douce intimité qui doit précéder un engagement sérieux et inviolable s'établira d'elle-même. Il ne faut pas procéder légèrement dans les affaires de la vie entière et de l'éternité. Cette époque d'épreuves a d'ailleurs un charme que le bonheur lui-même fait quelquefois regretter, et j'imagine que ton père te l'a dit comme moi ; et puis elles ne seront ni longues ni rigoureuses, car les vieillards ont encore de meilleures raisons que les jeunes gens pour se hâter d'être heureux. Je te parle en tout ceci comme si je n'avois point de doute à former sur un consentement réciproque entre la jeune fille et toi, et Dieu me garde de me tromper ! Mais j'y suis autorisé par les communications que ton père m'a faites, et dont il résulte, à mon grand étonnement, que tu aimes déjà ma Cécile. Ce qu'il y a de plus étrange, s'il est possible, c'est que son cœur naïf, qui ne m'a jamais rien caché, se sent entraîné vers toi du même penchant, quoique vous ne vous soyez jamais vus... à moins pourtant que ma vigilance n'ait été déjouée par quelqu'un de ces artifices que la jeunesse pratique d'instinct et que la vieillesse oublie. Ah ! je te le déclare, c'est là un point sur lequel je désire avec ardeur des éclaircissements, et ma bonne et franche amitié pour toi me donne quelque droit à les obtenir !...

Le colonel me regardoit fixement, et le trouble où sa question me plongeoit ne pouvoit pas lui échapper. Je baissai les yeux, j'hésitai, je cherchai une réponse, et je ne la trouvai pas.

— Je jure sur l'honneur, monsieur, répondis-je enfin, que je n'ai jamais vu Cécile, que je n'ai jamais vu son portrait, que je n'ai jamais eu l'audace de lui écrire, que son nom m'étoit connu depuis deux jours à peine, quand mon père l'a prononcé devant moi. Cependant je l'aime depuis près d'un an, je l'aime pour toute ma vie! Je l'aime plus encore que je ne me croyois capable d'aimer, du moment où vous avez daigné m'apprendre que nos âmes s'étoient entendues! Voilà la vérité, monsieur! Le reste est pour moi-même un incompréhensible mystère.

— Incompréhensible, en effet, reprit M. Savernier d'un air soucieux, tout à fait incompréhensible, car je ne suppose pas que tu puisses mentir!... Et cependant...

— Et cependant je ne vous ai rien déguisé : j'en prends à témoin la puissance inconnue qui m'a ménagé tant de félicités, et qui a jeté dans mon sein l'amour dont je viens demander le prix. N'est-il donc point d'exemple de ces sympathies qui s'emparent de nous à l'insu de nous-mêmes, et qui nous entraînent avec toute la véhémence d'une passion? La Providence, qui veille au bonheur à venir des familles, n'a-t-elle jamais préparé, dans le trésor de ses grâces, de semblables rapprochements? Ce qu'elle a fait pour tous les êtres créés, ne l'a-t-elle jamais fait pour l'homme? C'est ce que j'ignore profondément, et c'est pourtant ce qu'il faut que je croie, car je n'ai point d'autre explication à vous donner.

— Bon! bon! reprit le colonel. C'est qu'on jureroit qu'ils se sont concertés; ne faudra-t-il pas croire maintenant qu'ils se sont vus et aimés en rêve? Si le secret de ce genre de rendez-vous vient à se répandre, c'en est fait pour toujours de la surveillance paternelle. Je la mets bien au défi d'aller jusque-là. Qu'importe, au reste, ajouta-t-il, pourvu que vous vous aimiez, puisque je ne souhaite pas autre chose? Voilà ce que nous saurons tous avant peu d'une manière plus positive, car tu dîneras avec Cécile... demain.

— Demain! m'écriai-je.

Et je ne tardai pas à regretter cette expansion indiscrète; mais je m'étois flatté de l'espoir de la voir plus tôt.

— Demain, dit-il en souriant. C'est plus tard que tu ne voudrois, mais ce délai n'est pas assez long pour te causer une véritable affliction. Ce demain, si redoutable pour les amants, n'est l'éternité que pour les morts. Je n'avois pas voulu prévenir Cécile de ton arrivée ; je m'étois réservé le plaisir de découvrir, à votre première entrevue, quand je te connoîtrois déjà un peu, ce qu'il y a de réel dans votre sympathie, et j'ai saisi volontiers l'occasion de tenir ma fille éloignée à l'instant où je t'attendois. Une nombreuse famille catholique du pays dans laquelle Cécile ne compte pas moins de six amies, toutes sœurs, solennise aujourd'hui l'anniversaire de naissance d'une bonne aïeule qui est ma vieille amie, à moi. Comme les longues retraites de la *Chandeleur* sont finies, et que le temps qui nous reste à passer d'ici au carême est consacré, par un usage immémorial, à des divertissements plus ou moins innocents, mais que la piété même ne s'interdit pas, on dansera, on se réjouira, on se déguisera, je crois même qu'on sera masqué. Ne t'effraye pas, mon garçon : le programme de la fête n'admet que les femmes, et aucun homme n'y sera reçu, mari, père ou frère, avant l'heure où il convient que les douces brebis rentrent au bercail. En attendant, nous allons dîner tête à tête, car voilà Dorothée qui nous appelle...

Notre petit repas fut aussi agréable et aussi gai qu'il pouvoit l'être sans Cécile, car M. Savernier étoit d'un caractère cordial et enjoué, comme la plupart des hommes d'un certain âge dont la vie a été bonne et honnête. Lorsque nous fûmes près de quitter la table :

—Sais-tu, me dit-il tout à coup, qu'il me vient une idée dont tu me sauras probablement quelque gré, car ton impatience s'est trahie tout à l'heure par un mouvement sur lequel je ne me suis pas mépris. Nous essayerons au moins de la tromper jusqu'à demain, puisque demain te paroît si loin, et en voici le moyen. J'ai dû te rassurer sur la composition de la petite société dont ma fille fait aujourd'hui partie, en t'affirmant que les parents seuls y sont reçus, et cela est exactement vrai; mais cette règle n'est pas si rigoureuse que je ne puisse la faire fléchir en ta faveur. J'entrerois seul d'abord, et en quelques mots d'entretien j'aurois sans doute aplani toutes les difficultés. Un domestique, aposté d'avance, attendroit de moi le signal convenu pour t'introduire, et tu serois accueilli, sans autre éclaircissement, en ami de la maison. Il est bien convenu que nous jouerions notre rôle avec toute l'adresse dont nous sommes capables, et que nous aurions soin de paroître entièrement étrangers l'un à l'autre. De cette manière, je pourrai apprécier ce qu'il y a de réel dans ces merveilleuses sympathies dont tu me parlois tantôt; car rien ne t'empêchera, sinon de voir Cécile, au moins de l'entretenir avec liberté, et j'espère que tu n'auras pas beaucoup de peine à la reconnoître sous son déguisement de fiancée de Montbelliard.

— Elle est déguisée en fiancée de Montbelliard, dites-vous? En fiancée de Montbelliard! seroit-il possible?

— Eh bien, oui, en fiancée de Montbelliard, continua-t-il sans prendre garde à mon agitation, dont il ne soupçonnoit pas le motif. Cela est de bon augure, n'est-il pas vrai? Mais ce costume est si gracieux, il a tant d'attrait pour les jeunes filles, que plus d'une de ses compagnes pourroit l'avoir choisi comme elle. Dans ce cas, tu la distingueras des autres à un petit rameau de myrte séparé de son bouquet qu'il lui a pris fantaisie d'attacher sur son sein, et auquel je dois la reconnoître moi-même.

Cette seconde circonstance, qui me rappeloit si vivement une des particularités de mon songe, me causa une nouvelle émotion; mais je parvins à m'en rendre maître, et je ne répondis à la proposition de M. Savernier que par les témoignages de la plus tendre reconnoissance. Une heure après, il avoit exécuté son projet dans tous ses points, et j'étois auprès de Cécile. Je la distinguai aisément aux indices que son père m'avoit donnés. Il me sembla même que je l'aurois reconnue sans cela. De son côté, elle avoit manifesté quelque émotion à mon approche, et, quand j'eus obtenu la permission de prendre une place qui étoit restée libre auprès d'elle, je crus m'apercevoir qu'elle trembloit.

— Excusez, lui dis-je, une témérité que le masque et le déguisement expliquent au moins un peu. Étranger ici à tout le monde, je vous importune probablement du voisinage d'un inconnu, et je doute beaucoup que mes traits vous rappellent un de ces souvenirs qui donnent matière aux entretiens malicieux du bal masqué.

— Je ne comprends pas ce genre de plaisir, répondit-elle, et je n'imagine aucune circonstance qui puisse m'inspirer la fantaisie de m'y livrer. Dans tous les cas, vous n'auriez pas à redouter de moi ces petites contrariétés qui occupent ici tout le monde, et qu'on paroît trouver amusantes, car je ne crois pas, en effet, avoir jamais eu l'honneur de vous voir.

— Jamais, lui dis-je, en vérité?...

— Jamais, interrompit-elle avec un rire forcé, si ce n'est peut-être en rêve; et vous pouvez croire à ma parole, car je suis incapable de feindre; je n'ai pas même entrepris de déguiser ma voix.

C'étoit sa voix, en effet, la voix que j'avois entendue plus d'une année auparavant, mais qui n'avoit cessé depuis de retentir dans mon cœur.

— Permettez-moi donc, répliquai-je avec chaleur, de chercher entre nous quelque motif de rapprochement qui puisse suppléer aux douces habitudes d'une connoissance déjà faite; mon nom, ou plutôt celui de mon père, a dû être prononcé plus d'une fois devant vous par le vôtre, et je n'ignore point que c'est à la fille de M. Savernier que je parle. Ce nom seroit-il assez malheureux pour n'éveiller dans votre âme aucune espèce de sympathie? Je m'appelle Maxime...

Et j'avois à peine prononcé deux syllabes de plus, que Cécile tressaillit en tournant sur moi des regards qui sembloient exprimer un mélange d'attendrissement et d'effroi.

— Oui, oui, s'écria-t-elle d'un son de voix altéré, votre nom m'est bien connu. Il est cher à mon père — et à moi aussi — parce qu'il nous rappelle des souvenirs qui ne

s'effacent jamais d'un cœur honnête, ceux de la reconnoissance !... — Il est donc vrai, continua Cécile en s'entretenant avec elle-même, comme si elle avoit subitement oublié ma présence, mais de manière à ne pas me laisser perdre une de ses paroles ; — ce n'étoit point une illusion ! tout s'est accompli jusqu'ici ; tout s'accomplira sans doute.
— Que la volonté de Dieu soit faite !

Et elle tomba dans un sombre abattement où toutes ses idées parurent s'anéantir.

Une de ses mains touchoit presque à ma main. Je m'en emparai sans qu'elle fit le moindre effort pour me la dérober. Seulement elle me regarda d'un œil plus attentif.

— C'est lui ! dit-elle.

— Oh ! ma vue ne doit pas vous causer d'alarmes, repris-je en pressant sa main dans les miennes. Le sentiment qui m'a conduit auprès de vous est pur comme votre cœur, et il a l'aveu d'un père dont votre bonheur est l'unique pensée. Vous êtes libre, Cécile, et notre destinée à venir ne dépend que de vous.

— Notre destinée à venir ne dépend que de Dieu, répondit-elle en penchant sa tête sur son sein avec un soupir profond. — Mais vous avez parlé de mon père. Vous l'avez déjà vu sans doute. Il sait qu'à cette heure de la nuit j'éprouve depuis quelque temps un mal inexprimable qui m'étouffe et qui me tue. Je souhaitois si vivement d'en prévenir l'accès ! Comment mon père n'est-il pas venu ?...

Quoique le colonel m'eût dit quelque chose de cet accident qui n'inspiroit aucune crainte, l'expression de souffrance qui accompagnoit ces paroles me glaça le sang. Le père de Cécile s'étoit d'ailleurs arrêté devant nous au moment même où elle paroissoit le chercher dans la salle d'un regard inquiet. Je m'étonnai qu'elle ne l'eût pas vu.

— Je suis près de toi, dit-il en l'enveloppant d'un bras qui la soutint, car elle alloit défaillir.

Elle s'appuya sur son sein et y passa un de ces instants d'angoisse qui sont si longs pour la douleur. Une de ses mains, que je n'avois pas abandonnée, s'étoit d'abord crispée sous mes doigts, et puis elle s'étoit relâchée et refroidie, comme si elle eût été gagnée par la mort. Je poussai un cri de terreur.

Les amies de Cécile s'étoient empressées autour d'elle; et, dans les soins qu'elles lui prodiguoient, elles avoient dérangé son masque. Hélas! tous mes doutes étoient dissipés; mais une pâleur effrayante couvroit ces traits si chers à ma mémoire. Je sentois la vie près de m'échapper aussi, quand Cécile respira, releva son front et fixa ses regards sur les personnes qui l'entouroient.

— Ah! dit-elle, c'est bien; je suis mieux, je vis, je ne souffre plus. Je vous demande pardon à tous, et je vous remercie. Cette crise n'est jamais longue, mais j'aurois voulu vous en épargner le souci. Il falloit ne pas venir, ou partir plus tôt. — Et cependant, ajouta-t-elle en se tournant à demi de mon côté, — cependant je regretterois de n'être pas venue ou d'être trop tôt partie. Je n'interromps pas plus longtemps vos plaisirs; l'air et la marche vont achever ma guérison.

Nous partîmes peu de temps après, et M. Savernier, rassuré, me confia le bras de sa fille. Elle étoit près de moi, près de mon cœur. Je communiquois librement avec sa pensée; je respirois son haleine; je possédois les dix minutes de vie pleine et heureuse que Dieu m'avoit réservées sur la terre, et j'en jouissois avec délices, car aucun souci n'en altéroit la pureté. Cécile ne souffroit plus; elle l'avoit dit, elle le répétoit à chaque pas. Elle marchoit d'un pas sûr et léger; elle paroissoit heureuse; elle rioit en parlant de ce mal capricieux, qui ne la saisissoit que pour l'effrayer de l'incertitude et de la rapidité de nos plaisirs. Son père, un bras passé autour d'elle, se félicitoit de la trouver si bien, et de pouvoir attribuer le malaise passager qu'elle venoit d'éprouver aux fatigues de la danse, ou à quelque soudaine émotion dont il se refusoit gaiement de pénétrer le mystère. L'espace que nous avions à parcourir étoit fort court, et je ne savois pas si je devois désirer qu'il se prolongeât sans fin pour éterniser la pure félicité que je goûtois, ou que le terme en fût atteint plus vite pour rendre plus tôt à Cécile le repos dont elle avoit besoin. Nous étions arrivés; la main de Cécile se dégageoit de la mienne, et je ne sais quoi me disoit que cette nuit seroit trop longue. Je ressaisis cette main qui m'échappoit, et je n'osai la porter à mes lèvres; mais je la pressai peut-être avec plus d'amour, et je crois que la main de Cécile me répondit... La porte s'étoit ouverte.

— A demain, dit le colonel, à demain! Demain, le plus beau jour de notre vie à tous, si mes espérances ne sont pas trompées... Mais la nuit est à demi passée; ce beau demain doit déjà toucher à sa deuxième heure, et Cécile a besoin de dormir longtemps, car sa santé nous a un peu inquiétés aujourd'hui. A quatre heures du soir, continuat-il en m'embrassant, et cette fois-là nous serons tous trois à table, en attendant mieux. Bien des occupations pourront abréger pour toi le temps qui nous reste à n'être pas ensemble : le sommeil, la toilette et l'espérance.

Ils entrèrent; la porte retourna lentement sur ses gonds, et Cécile me jeta d'une voix émue un adieu que j'entends encore.

Le sommeil que mon vieil ami m'avoit promis ne m'accorda pas ses douceurs, et je l'attendis inutilement jusqu'au lever du soleil, dans une insomnie inquiète et fiévreuse dont je ne m'expliquois point les alarmes. Il ne me surprit plus tard que pour me faire changer de supplice. Je voyois Cécile cependant, mais je la voyois comme elle m'étoit un moment apparue, pâle, défaillante, le front couvert des ombres de la mort; ou bien elle penchoit vers mon oreille sa tête voilée de cheveux épars, en me répétant cet adieu sinistre qu'elle m'avoit adressé quelques heures auparavant. Je me retournois alors de son côté pour la retenir, et mes mains ne saisissoient qu'un vain fantôme. Quelquefois je sentois ma face comme effleurée par le vol d'un oiseau nocturne, et, quand je m'efforçois de suivre du regard l'objet inconnu de mes craintes, j'apercevois Cécile encore qui s'enfuyoit sur des ailes de feu en m'appelant à sa suite. « Ne viendras-tu pas? me crioit-elle avec un long gémissement. Pourquoi m'as-tu laissée partir la première? Que deviendrai-je dans ces déserts, si je n'y suis accompagnée de quelqu'un qui m'aime et qui me protége? — Me voilà! répondis-je enfin; » et l'éclat de ma voix me réveilla. Le jour étoit fort avancé. Cette nuit sans fin s'étoit prolongée de toutes les heures de la matinée. C'étoit un dimanche; on sonnoit le dernier office à la chapelle catholique.

Je m'étois déjà quelquefois vaguement reproché de n'avoir pas encore reconnu par un seul témoignage de piété le bienfait de ma divine protectrice. Je me hâtai de gagner l'église, et de m'y mêler au petit nombre des fidèles. J'arrivai au moment où le prêtre se rendoit à la chaire. C'étoit un homme à cheveux blancs, dont la noble figure portoit l'empreinte d'un chagrin profond, tempéré par la résignation et par la foi. Il s'arrêta un instant devant moi, et me regarda fixement, comme s'il avoit été surpris par l'aspect d'un chrétien étranger à son auditoire ordinaire, ou comme s'il eût été préoccupé, au moment de me voir, d'une impression que je venois retracer à son esprit. Il soupira, passa, monta à sa chaire, y donna quelques minutes à un acte d'adoration auquel je m'associai par de ferventes prières, se recueillit et parla. Son discours avoit pour objet les vaines espérances des hommes qui ont placé leur avenir dans les choses de la terre, et qui ont compté, pour régler leur vie, sans les décrets de la Providence. Il déploroit l'aveugle présomption de la créature, dont la foible intelligence ne peut comprendre ni les causes ni les motifs des événements les plus simples; qui ne sait rien du passé, qui ne sait rien du futur, qui ne sait rien de ce qui touche à ses seuls intérêts véritables, aux intérêts de son âme immortelle, et qui se révolte jusqu'au désespoir contre de misérables déconvenues de cette vie fugitive, parce qu'elle est incapable de pénétrer dans les vues secrètes de Dieu. « Et cependant, ajoutoit-il, qu'est-ce donc que cette vie qui occupe toutes vos pensées, pour qu'on attache la moindre importance à ses plus sérieuses vicissitudes? Qu'est-ce que la pauvreté? qu'est-ce que le malheur? qu'est-ce que la mort, sinon d'imperceptibles accidents de position et de forme dans l'immensité des siècles qui vous appartiennent? Épreuves nécessaires d'une âme mal affermie, ou conditions irrévocables de l'ordre universel, ces accidents qui indignent votre orgueil et qui brisent votre constance doivent concourir peut-être, dans le plan sublime de la création, à l'ensemble de sa merveilleuse harmonie. Ce qui est, c'est ce qui doit être, puisque Dieu l'a permis. Vous ne savez pas pourquoi il l'a permis, et vous ne pouvez pas le savoir; mais ce que vous ne savez pas, Dieu le sait!... »

Le langage de ce prêtre vénérable étoit nouveau pour mon esprit. Les méditations dans lesquelles il m'avoit plongé absorbèrent tellement mes facultés, que je m'aperçus à peine de ma solitude au milieu de l'église, à l'instant où l'on éteignoit les dernières lumières du sanctuaire. C'étoit l'heure que m'avoit indiquée le colonel, l'heure si impatiemment attendue, l'heure si lente à venir où je devois enfin voir Cécile! — Cécile dont je pouvois me croire aimé, Cécile que j'adorois! — Je la nommai à haute voix, comme si elle pouvoit déjà m'entendre, et toutes mes idées, toutes les inexplicables inquiétudes dont j'étois tourmenté depuis la veille, vinrent s'anéantir dans le sentiment de mon bonheur. Il me sembloit si bien savoir qu'elle étoit à moi, et qu'elle étoit à moi pour toujours!

La rue que je parcourois, et que j'avois vue presque déserte la veille, étoit alors remplie de monde. J'attribuai d'abord cette différence à la solennité du dimanche; mais je ne pus pas m'expliquer pourquoi cette foule, que devoient appeler en des sens différents les loisirs d'un jour de fête, se tenoit au contraire immobile, ou se bornoit à se former çà et là en groupes silencieux. Comme j'avois hâte d'arriver, je me frayois rapidement un passage au travers de ces petits attroupements, et je n'y saisissois qu'au hasard quelques paroles confuses, dont la plupart ne composoient point de sens suivi.

« Un anévrisme! disoit-on, on ne meurt point d'un anévrisme à cet âge. — On meurt quand l'heure de mourir est venue, » répondoit l'interlocuteur. Un peu plus loin c'étoit un jeune homme qui paroissoit me porter envie. « Que ne suis-je à la place de cet étranger, disoit-il : du moins il ne l'a pas connue! » — Plus loin encore, une petite fille parée et voilée, qu'une de ses compagnes écoutoit en pleurant : « A deux heures et demie, en sortant du bal... Elle avoit bien dit qu'elle ne seroit jamais fiancée! »

Une horrible lumière éclaira ma pensée. Je n'étois plus qu'à vingt pas de la maison ; je courus... — Mon Dieu! tant d'années écoulées n'ont pu affoiblir l'impression de cet affreux moment.

La porte étoit drapée de blanc ; dans l'allée il y avoit un cercueil drapé de blanc. Quelques flambeaux l'entouroient.

— Qui est mort? qui est mort dans cette maison? m'écriai-je en saisissant violemment par le bras un homme qui paroissoit veiller à cet appareil.

— Mademoiselle Cécile Savernier!

Je tombai sans connoissance sur le pavé, et, quand je revins à moi, par rares intervalles, ma raison m'avoit abandonné. Je ne sais combien de jours cela dura.

Cependant mes yeux se rouvrirent tout à fait à la lumière, mais je restai longtemps sans pensée, sans réflexion, sans souvenir. Je venois d'acquérir ou de retrouver le sentiment que j'étois, mais sans savoir encore ce que j'étois : il faudroit rester comme cela.

Quelque mouvement qui se faisoit près de moi, le bruit d'un soupir, d'un sanglot peut-être, attira enfin mon attention. Debout à mon côté, je reconnus le vieux prêtre dont j'avois un jour entendu les puissantes et sévères paroles; il me regardoit de l'air impassible d'un juge qui n'attendoit plus qu'un mot de ma bouche pour m'absoudre ou me condamner. Plus loin, vers le pied de mon lit, un autre vieillard venoit de se lever de sa place, et se précipitoit vers moi, en me tendant des bras tremblants.

— Mon père, m'écriai-je en cherchant ses mains pour les porter sur mes lèvres, mon père, est-ce vous?...

— Il m'a donc reconnu! dit-il; vous voyez bien qu'il m'a reconnu! J'ai encore un fils. Mon fils est sauvé!...

Mes idées commençoient à s'éclaircir, le passé se dégageoit lentement de la nuit de mes songes.

— M. Savernier, dis-je à mon père, M. Savernier? où est-il?

— Il est parti, répondit mon père; il est retourné aux extrémités de l'Europe; mais le temps affoiblira peut-être sa résolution, et j'espère le revoir encore.

— Et Cécile, Cécile! repris-je avec exaltation. Cécile est-elle partie aussi? Cécile, qu'en a-t-on fait? continuai-je en retenant mon père par la main. O mon ami! je vous en prie! répondez-moi sans déguisement, car je me sens du calme et de la force. Ne trompez pas mon cœur, que vous n'avez jamais trompé : il y avoit ici une jeune fille qu'on appeloit Cécile, je l'ai vue hier au bal, je lui ai parlé, j'ai pressé sa main de cette main qui presse la vôtre. — Seroit-il vrai qu'elle fût morte?...

Mon père se détourna en fondant en larmes, et alla se jeter dans un fauteuil à l'autre bout de la chambre.

— Elle est morte, dit le prêtre; le Seigneur n'a pas permis que l'union à laquelle vous aspiriez pût s'accomplir sur la terre. Il a voulu la rendre plus pure, plus douce, plus durable, immortelle comme lui-même, en la retardant de quelques minutes fugitives qui ne méritent pas de compter dans l'éternité. Votre fiancée vous attend au ciel.

— Eh quoi! repartis-je en le regardant fixement, vous

croyez que le ciel n'est pas fermé à la tendresse des amants et des époux? Vous croyez que l'amour aussi ressuscitera pour un avenir sans fin, que deux âmes séparées par la mort pourront voler l'une vers l'autre devant le Dieu qui les avoit formées, sans offenser sa puissance, et je retrouverai Cécile?...

— Je crois fermement, répondit-il, que, dans la vie de l'homme, la mort ne met un terme qu'aux erreurs et aux misères de la vie ; je crois que l'âme, c'est la bienveillance, la charité, l'amour ; je crois que tous les sentiments tendres et vertueux que Dieu avoit placés dans nos cœurs participeront de notre immortalité, qu'ils en composeront le bonheur immuable et sans mélange, et qu'ils se confondront, sans se perdre, dans l'amour de Dieu, qui les embrasse tous.

— Oh! l'amour du Dieu que vous me faites comprendre, dis-je en mouillant ses mains de mes larmes, est le plus naturel des sentiments de la créature, comme le premier de ses devoirs. Mais pourquoi m'a-t-il enlevé Cécile?

— De quel droit, jeune homme, s'écria-t-il, demandez-vous compte à Dieu de ses volontés? Savez-vous si, dans le coup qui vous a frappé, il n'a pas eu en vue votre félicité même, et si sa prescience infaillible ne vous a pas ménagé un bonheur qui ne doit cesser jamais, au prix d'un bonheur bientôt écoulé? Connoissez-vous tous les écueils qui pouvoient briser vos espérances, tous les poisons qui pouvoient corrompre votre miel, tous les événements qui pouvoient relâcher ou dissoudre vos liens, s'il ne les avoit pas mis à l'abri des périls de cette vie passagère? A compter d'aujourd'hui seulement, la possession de Cécile vous est acquise sans inquiétude et sans trouble, car c'est Dieu qui vous la garde! Oserez-vous le blâmer d'avoir veillé sur vos intérêts plus attentivement que vous, et de s'être réservé votre avenir tout entier, pour vous le rendre en échange d'une foible et incertaine portion de cet avenir infini, qui vous auroit peut-être fait perdre le reste? Quand votre père exigea de vous qu'une année s'accomplît entre le moment où il accédoit à vos vœux et celui où la main de Cécile sembloit devoir les combler, ne vous rendites-vous pas sans efforts aux conseils de sa prudence? et pourtant une année est un long terme dans la vie de l'homme, un délai plus effrayant encore quand on le compare à la brièveté de la jeunesse, au cours presque insaisissable de cet âge que le temps emporte si vite. Voici maintenant qu'un autre père, qui est le père commun de tous, vous impose un délai de quelques années de plus, de quelques mois, de quelques jours peut-être, car la mesure de votre existence n'est connue que de lui; et ce ne sont pas des années, ce ne sont pas des mois et des jours qui payeront ce faible sacrifice; plus prodigue envers vous, parce qu'il est plus puissant, il vous donne tous les temps qui ne finiront pas. S'il ajourne un instant votre bonheur temporel, c'est pour le perpétuer à travers ces myriades de siècles qui sont à peine les minutes de l'éternité. Tel est le marché que vous venez de contracter, sans le savoir, avec la Providence, et dont une pieuse soumission à ses décrets doit un jour vous faire recueillir le fruit. — Subissez les jugements de Dieu, mon fils, et ne l'accusez pas!...

— Je saurai me conformer à sa volonté, répondis-je d'une voix ferme, et j'en hâterai l'accomplissement par tous les moyens qu'il a laissés en mon pouvoir! Oui, mon père, j'aime à penser que Dieu avoit béni ce mariage, et je crois l'avoir appris de Dieu lui-même! je crois qu'il ne m'a séparé de Cécile que pour me la rendre, et qu'il ne nous a pas permis d'être heureux sur la terre, parce qu'il nous réservoit pour lui! J'irai vers lui, mon père, j'irai tout à l'heure. Je lui demanderai Cécile, et il me la redonnera!...

— Que dis-tu, malheureux? cria mon père en courant à moi; n'es-tu pas aussi à ton père, et veux-tu le quitter?...

— J'avois, hélas! oublié, dans mon égarement, que mon père étoit là!

— Calmez-vous, dit le vieux prêtre en l'éloignant de la

main. Ne craignez pas que sa pensée s'arrête à ces résolutions forcenées de l'athéisme et du crime. Le suicide, qui désespère de la bonté de Dieu, calomnie Dieu. Il fait plus que de le nier. Il proteste contre son âme en lui cherchant le néant pour refuge, et il ne trouvera pas le néant, car l'âme ne peut mourir. Tout ce que Dieu a créé vivra toujours, et, si Dieu pouvoit lui-même rendre au néant l'être qu'il anima de son souffle, c'est le néant qui seroit le châtiment du suicide; mais le suicide en aura un autre : il saura ce qu'il perd, il comprendra les biens que la patience et la résignation lui auroient acquis, et il n'espérera plus. Les méchants, peut-être, attendront quelque rémission dans l'éternité; il n'y aura point de rémission pour le suicide, il vivra toujours, toujours, dans un monde fermé qui n'aura plus d'avenir; il a rompu avec l'avenir, et son pacte ne se résoudra jamais. Entre Cécile et l'époux que son père lui avoit donné, il n'y a qu'un petit nombre d'instants qui se succèdent et qui s'effacent l'un l'autre. Il y a l'infini entre Cécile et le suicide...

— Arrêtez, arrêtez, mon père! m'écriai-je en m'appuyant sur son sein. Je vivrai, puisqu'il le faut!...

Et voilà pourquoi j'ai vécu.

FIN DE LA NEUVAINE DE LA CHANDELEUR
ET DU VOLUME

TABLE DES MATIÈRES

Avis sur cette édition.. 1
Avertissement de l'auteur.. 5
Souvenirs de Jeunesse. 7
    Séraphine. 7
    Thérèse. 40
    Clémentine. 64
    Amélie. 102
    Lucrèce et Jeannette. 167
Mademoiselle de Marsan. 203
    Premier épisode. 203
    Deuxième épisode. 235
    Troisième épisode. 265
La Neuvaine de la Chandeleur. 309